德勤国企改革系列丛书

BUILD WORLD-CLASS ENTERPRISES:
Going Global with Evolving Excellence

建设世界一流企业
全球竞争力进化之道

德勤国资国企发展研究中心 ◎ 编著

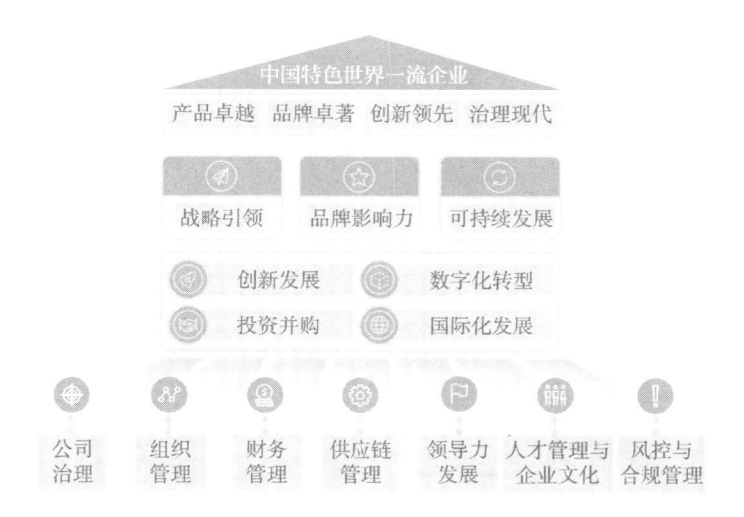

中国特色世界一流企业

产品卓越　品牌卓著　创新领先　治理现代

战略引领　品牌影响力　可持续发展

创新发展　数字化转型
投资并购　国际化发展

公司治理　组织管理　财务管理　供应链管理　领导力发展　人才管理与企业文化　风控与合规管理

中国经济出版社
CHINA ECONOMIC PUBLISHING HOUSE

·北京·

图书在版编目（CIP）数据

建设世界一流企业：全球竞争力进化之道／德勤国资国企发展研究中心编著．--北京：中国经济出版社，2024.3（2024.4重印）

ISBN 978-7-5136-7689-2

Ⅰ.①建… Ⅱ.①德… Ⅲ.①国有企业-企业管理-研究-中国 Ⅳ.①F279.241

中国国家版本馆CIP数据核字（2024）第051287号

责任编辑	陈　瑞
责任印制	马小宾
封面设计	任燕飞

出版发行	中国经济出版社
印 刷 者	北京富泰印刷有限责任公司
经 销 者	各地新华书店
开　　本	710mm×1000mm　1/16
印　　张	25
字　　数	422千字
版　　次	2024年3月第1版
印　　次	2024年4月第2次
定　　价	98.00元

广告经营许可证　京西工商广字第8179号

中国经济出版社 网址 http://epc.sinopec.com/epc/　社址 北京市东城区安定门外大街58号　邮编 100011
本版图书如存在印装质量问题，请与本社销售中心联系调换（联系电话：010-57512564）

版权所有　盗版必究（举报电话：010-57512600）
国家版权局反盗版举报中心（举报电话：12390）　　服务热线：010-57512564

修订版序言 PREFACE

德勤中国以专业智库角色支持中国企业建设世界一流企业，已走过13个年头。我们在2011年受国务院国有资产监督管理委员会（以下简称国务院国资委）委托进行了"对标世界一流研究"的课题研究，根据调研成果在2013年出版了《对标世界一流企业——做优做强，管理提升之路》。在2019年，根据形势变化与政策更新，我们再版了《对标具有全球竞争力的世界一流企业——国际前瞻视野，领航管理创新》一书，得到了业界的广泛关注和较高评价，被许多企业认为在其对标世界一流的实操中提供了重要的借鉴和参考。作为专业服务机构，我们深感荣幸。

企业强则国家强，企业兴则国家兴。随着国家对世界一流企业的重视和有关政策的提出，特别是立足国内外环境的变化，我们决定第二次再版此书。第三版体现了德勤中国对全球领军企业实践的持续总结，以及长期服务中国特色世界一流企业的经验与前瞻视野，旨在更好地支持中国企业走向全球、成就卓越，助力一批具有全球竞争力的世界一流中国企业脱颖而出。

过去5年，世界百年未有之大变局加速演进。特别是在全球新冠疫情后，伴随着世界经济长期结构性调整，宏观经济复苏缓慢、国际贸易增长乏力、发达市场面临衰退、逆全球化抬头等不确定因素增多。从中国企业（包括国有企业、民营企业）的微观层面看，效率不够高、效益不够优仍是制约其迈向世界一流企业行列的主要障碍。与世界一流企业相比，中国企业在创新能力、质量效益、品牌价值、治理水平、国际影响等方面还有较大差距，建设世界一流企业依然任重道远。以2023年《财富》世界500强榜单为例，中国以142家上榜企业在数量上居全球第一位，但中国上榜企业的平均销售收益率为4.0%，总资产收益率为1.8%，净资产收益率为6.5%，而世界500强平均水平的对应数据分别为6.8%、4.5%、11.6%。行业领先的中国大型企业在新时代、新征程中肩负的转型升级使命任重道远，由此可见一斑。

2022年，党的二十大报告指出，完善中国特色现代企业制度，弘扬企业家精神，加快建设世界一流企业。习近平总书记高瞻远瞩地提出，加快建设一批产品卓越、品牌卓著、创新领先、治理现代的世界一流企业。随后，国务院出台了《关于加快建设世界一流企业的指导意见》。该意见强调，世界一流企业是国家经济实力、科技实力、国际竞争力的重要体现，是引领全球产业发展和技术创新的关键力量。意见还特别总结提炼我国企业应全面提升五项能力：技术牵引和产业变革的创造力，全球竞争力，现代企业治理能力，彰显自信与担当的影响力，优秀企业家的引领力。

因此，当前和今后一段时间，我国建设世界一流企业的意义重大。

第一，建设世界一流企业是中国领军企业的使命担当，是一项具有全局性、战略性、牵引性的重大国家战略。中国领军企业一方面要在经济发展进程中加快形成"新质生产力"，响应国家培育战略性新兴产业和未来产业的政策方向；另一方面要有能力更有效地参与国际市场竞争。这需要在产品创新、技术研发、供应链管理、风险管控、品牌建设、公司治理等方面取得更大突破，形成新质生产力核心优势。国家推动开展"企业家培育行动"、研究"中国跨国企业的治理模式"等举措，都是在为实现建设世界一流企业的战略目标而行动。唯有如此，"更多跻身全球前列的中资跨国公司"才能不断涌现。

第二，建设世界一流企业是构建新发展格局、进一步推动国内国际双循环的客观需求。中国企业只有打造具有全球竞争力的世界一流企业，充分参与国际分工，在全球产业链供应链中发挥重要作用，才能实现保链强链，带动"双循环"高质量运行。在当前逆全球化的挑战下，中国企业抓住创新变革机遇，在更广范围、更深层次上参与国际合作，提供有效供给、优质供给和高端供给，为中国引领的"再全球化"注入活力，达到国内国际市场有效对接、融合发展的目的。

第三，建设世界一流企业是探索中国式现代化企业实践，讲好中国故事，体现新时代中国特色社会主义优越性的必然要求。中国打造世界一流企业，就要在伴随这些企业发展壮大的过程中，成就自身在治理能力、制度建设、企业文化、企业家精神等方面的世界一流。我们应该在学习世界先进企业的同时，总结中国卓越企业的发展实践经验，提炼中国式企业管理之道，并使之与全球企业管理的各种理念与方法相互交流激荡，从而更鲜明生动地讲好中国故事，与各国企业家及利益相关方共享中国方案。

修订版序言

本书（第三版）基于过去 5 年新形势下国内外世界一流企业的新动向、国家有关世界一流企业的政策分析和实践，全面更新和完善了世界一流企业核心能力要素框架，未来建设世界一流企业实施重点的方法、路径和案例，并提出了中国企业实现世界一流企业价值的路径。本书旨在协助众多中国企业更好地领航创新驱动发展模式，支持价值创造与国家战略行动，为各级企业未来 5~10 年建设思路提供新洞察。

伟大的国家需要伟大的企业。中国需要一批产品卓越、品牌卓著、创新领先、治理现代的世界一流企业。我们新的社会阶层人士和专业服务机构，将始终坚持专业主义精神，秉承专业报国理念，凭借观念新、知识新、视野新的特色优势，成为未来中资跨国公司在成长道路上的好参谋、好助手和好伙伴，与中国企业和企业家携手共创，把"加快建设世界一流企业"的国家战略落到实处。

蒋　颖　德勤中国主席
曾顺福　德勤中国首席执行官

前 言 FOREWORD

德勤全球为《财富》世界500强榜单中85%的企业提供专业服务，同时，德勤中国服务于该榜单上91%的中国企业。在过去5年，德勤中国以专业报国的理念，采用对标世界一流企业的工作方法，协助各行业领先的中国企业不断完善、提升自身的管理体系。本书的观点来自德勤中国服务一流企业的实践经验，也包括最新信息与成果：全球企业对标中心研究成果、全球首席执行官调查问卷、中央与地方国有企业研讨、中国领先民营企业首席执行官（Chief Exective Officer，CEO）调研与观察，以及德勤中国在各个领域大量的最新研究报告（图0-1）。

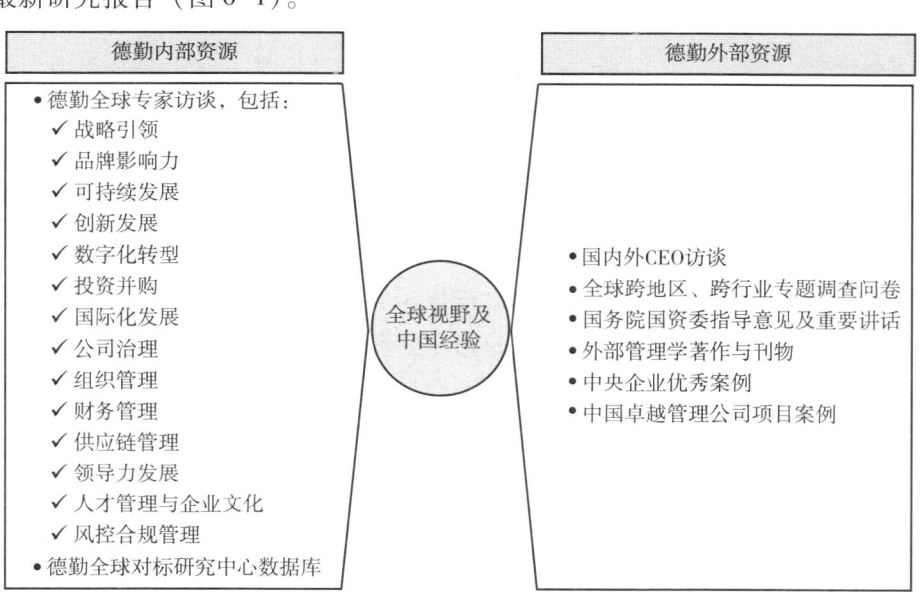

图0-1 研究资料总结

在与中国及全球其他国家和地区的企业家及专家交流时，我们在不断思考以下三个问题：

（1）什么是世界一流企业？

（2）世界一流企业价值创造的核心能力要素是什么？

（3）建设中国特色世界一流企业的重点和方法是什么？

我们主张，"在与世界一流企业同行的过程中（对标），成为世界一流（达标与创标）"。因此，本书的特色在于所有的观点来自德勤中国与全球一流企业伴随成长的实践经验、客观观察的总结，而非单纯的学术和理论分析。通过全方位的研究，我们希望及时总结、提炼加快建设世界一流的中国企业的实践经验。我们的研究始终坚持以下原则：

（1）国际性。反映国际通行卓越企业的最佳实践。

（2）前瞻性。推陈出新，观察趋势，体现最新的研究成果。

（3）务实性。针对中国企业面临的核心问题，提出具有针对性的实践、方法与案例。

企业家及专家的真知灼见给了我们很大的启发，世界一流企业在与日俱新、不断进化；同时，我们还翻阅了大量的管理学著作、论文与研究报告，动态地考虑它们在当今时代的指导意义；我们也观察到，在过去几年一系列国家政策文件指导下，一大批中国企业在建设世界一流企业的过程中积累了宝贵的经验。然而，在德勤中国辅导众多企业建设世界一流企业过程中，我们也注意到中国企业在对标提升的过程中，仍存在不少难点与困惑，比如，世界一流企业的标准是什么，如何确定对标对象，指标有哪些，对标数据如何获取，对标的成果如何持续应用、产生价值，等等。

因此，与第二版相比，本次修订后的第三版更为全面、系统地分析了世界一流企业的卓越基因和核心能力，并升级了世界一流企业核心能力要素框架；在分析中国企业现阶段与世界一流企业普遍差距的基础上，针对每一个能力要素，全面更新了最佳实践、参考指标和案例；基于实践验证，提出了具有中国特色的世界一流企业培育的路径与方法。具体而言：

第一篇"成为世界一流企业：理念与趋势"重点分析了当前全球经济的不确定性、全球价值链重构，以及中国发展模式的客观要求给中国企业带来的挑战，回答"为什么中国要加快建设世界一流企业"。同时，我们在世界一流企业相关理论研究、国家有关世界一流企业的政策分析，以及世界一流企业的实务趋势分析的基础上，回答了"什么是具有中国特色且具有全球竞争力的世界一流企业"，更新了"世界一流企业核心能力要素框架"。在国家提出的"十六字"方针，即"产品卓越、品牌卓著、创新领先、治理现代"的背后，力争简洁、透彻地概括世界一流企业价值创造能力体系与要素。

第二篇"世界一流企业核心能力：实践与案例"全面深入地分享了每个核心要素领域建设世界一流企业的经验，我们利用大量世界一流企业的领先实践，总结了中国企业在每一具体要素领域的主要挑战、重点提升内容，以及最佳实践、成功案例等丰富的内容，为中国企业未来5~10年的建设思路提供新洞察。

第三篇"建设世界一流企业，实现价值创造：方法与路径"明确了"企业整体实施对标一流工作的方法论"，以及具体路径、常态化对标管理等，并对企业在实施对标一流工作过程中的难点给予解答。

作为本书的核心观点，我们认为，世界一流企业归根结底就是能够产生领先的业绩，并且持续引领行业发展的企业，因为它们在不断学习、不断进化，创造了真正与众不同的核心价值，从而产生超凡脱俗的影响力，甚至改变了世界。

世界一流企业没有公认的国际标准，更多的是基于各行业领先企业的最佳经验而不断总结、动态更新的实践性指南，在解析国家《关于加快建设世界一流企业的指导意见》中提出的"产品卓越、品牌卓著、创新领先、治理现代"特征的基础上，德勤中国在第二版"世界一流企业十大要素"基础上，提出了升级版的"世界一流企业核心能力要素框架"（图0-2）。

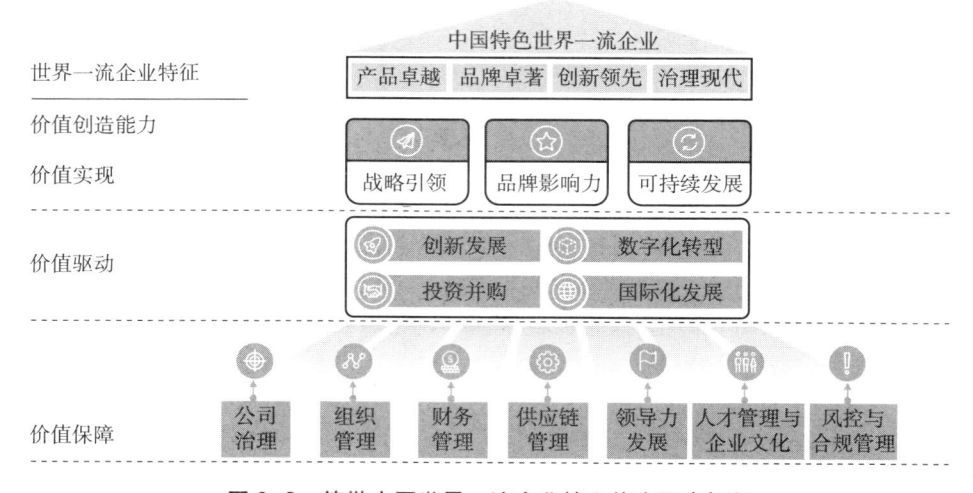

图0-2 德勤中国世界一流企业核心能力要素框架

德勤中国认为，要达到"十六字"方针的要求，其背后必须持续提升企业的价值创造能力。价值创造能力一般由一组相互关联、缺一不可的能力要素组成，世界一流企业应该是这些能力要素的全面提升，既有企业自身的突出特色又不存在明显的短板。

企业价值创造能力分为三个层次，即价值实现、价值驱动、价值保障。

第一，战略引领、品牌影响力、可持续发展是价值实现的关键。这三点直接影响"产品卓越、品牌卓著"特征，是保证业绩持续领先、行业引领、企业独特价值彰显的重要方面，是全球竞争力和影响力的关键点。

第二，创新发展、数字化转型、投资并购、国际化发展是四大价值驱动因素。这四点是企业持续保持"创新领先"特征的具体手段，往往决定企业的发展规模、发展速度和发展效率，是技术牵引和产业变革的创造力、全球影响力的关键点。

第三，公司治理、组织管理、财务管理、供应链管理、领导力发展、人才管理与企业文化、风控与合规管理是主要的价值保障因素。这七点是企业卓越运营的基础与"治理现代"特征的核心保障要素，是提升现代企业治理能力、提升优秀企业家引领力的关键点。

这些核心能力要素体现了未来全球企业竞争的重点，也是中国企业在未来10年、20年实现价值创造最大化的突破口。根据我们的长期观察，过去5年，我国企业在一些方面，如数字化转型、投资并购、风控与合规管理、财务管理、人才管理等方面有较大的进步，而在创新能力、产品质量效益、品牌价值、治理水平、国际影响力等方面还有较大差距。

目录 CONTENTS

第一篇　成为世界一流企业：理念与趋势 …… 001

第一章　全球宏观环境下不确定性和价值链重构带来的挑战与机遇 … 002
第二章　德勤中国世界一流企业核心能力要素框架总结 …… 012

第二篇　世界一流企业核心能力：实践与案例 …… 027

第三章　战略引领 …… 028
第四章　品牌影响力 …… 054
第五章　可持续发展 …… 074
第六章　创新发展 …… 098
第七章　数字化转型 …… 119
第八章　投资并购 …… 145
第九章　国际化发展 …… 164
第十章　公司治理 …… 186
第十一章　组织管理 …… 219
第十二章　财务管理 …… 238
第十三章　供应链管理 …… 261
第十四章　领导力发展 …… 285
第十五章　人才管理与企业文化 …… 301
第十六章　风险管理 …… 317

第三篇　建设世界一流企业，实现价值创造：方法与路径 ········ 355

第十七章　对标世界一流企业方法体系 ··· 356
第十八章　建设世界一流企业路径建议 ··· 375

参考文献 ··· 379
后　记 ·· 386

第一篇

成为世界一流企业

理念与趋势

第一章 全球宏观环境下不确定性和价值链重构带来的挑战与机遇

一、从世界500强看中国大型企业发展

2023年，142家中国企业入围《财富》世界500强榜单，上榜数量连续5年位居各国之首，占比超过28%（图1-1-1）；而1995年上榜的中国企业仅有3家[中国银行股份有限公司、中国石油天然气集团有限公司和中粮集团有限公司（以下简称中粮集团）]。这一数量的快速增长，反映了中国经济实力的不断增强，也反映了中国建设世界一流企业取得了初步成效。

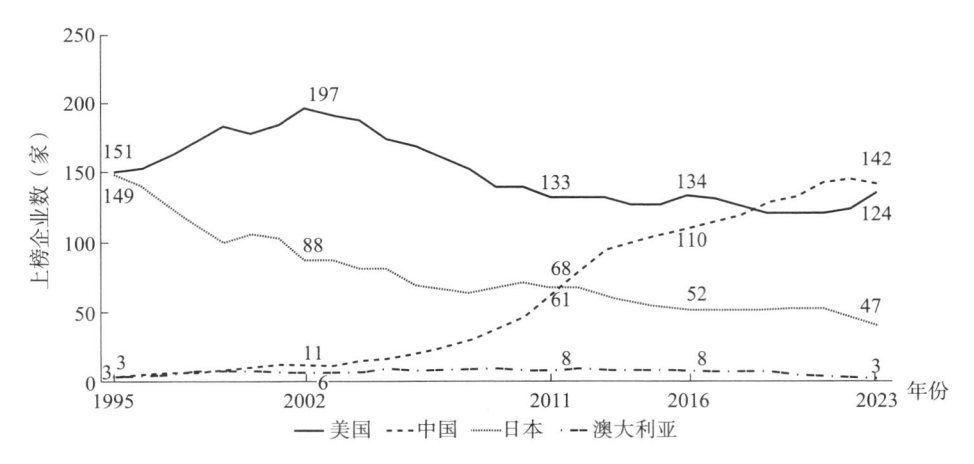

图1-1-1 1995—2023年《财富》世界500强部分国家上榜企业数对比

但我们也注意到，中国企业的效益指标与《财富》世界500强的平均水平尚有一定差距。2023年上榜《财富》世界500强榜单的中国企业的平均利润水平（39亿美元）不及世界500强的平均水平58亿美元。2021年，我国上榜企业的平均利润一度超过世界平均水平，但在近几年严峻的内外部环境影响下，我国上榜企业的平均利润与世界500强的平均利润差距进一步扩大

（图1-1-2），在其他盈利指标方面也与世界500强的平均水平存在差距。

2023年《财富》世界500强榜单数据显示，中国上榜企业的平均销售收益率为4.0%，总资产收益率为1.8%，净资产收益率为6.5%；世界500强的销售收益率平均水平约为6.8%，总资产收益率为4.5%，净资产收益率为11.6%。可见，中国上榜企业的整体盈利水平依然不及世界500强平均水平（表1-1-1）。

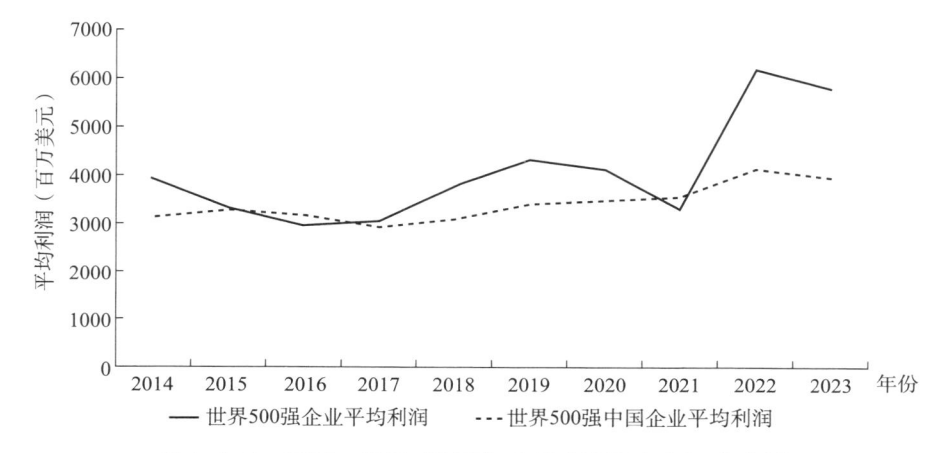

图1-1-2　2014—2023《财富》世界500强企业与《财富》世界500强中国企业平均利润

表1-1-1　《财富》世界500强2023年上榜企业盈利指标对比

指标	平均销售收益率/%	总资产收益率/%	净资产收益率/%
《财富》世界500强企业	6.8	4.5	11.6
《财富》世界500强中国企业	4.0	1.8	6.5

从行业角度看，在入围企业数量最多的前十大行业中，中国企业占比近50%及以上的四大行业分别为金属产品、工程与建筑、贸易、采矿与石油，其中资产规模和盈利水平均接近或较优于平均水平的行业主要是银行业。

《财富》世界500强显示的信息只体现了一个角度。根据我们的长期观察和分析，一方面是中国大型企业在过去40多年高速发展，以"大"和"快"为主要特征，但另一方面，大型企业发展面临转型，经营管理能力面临诸多的挑战，总体而言，"优"和"强"的特征仍不明显。我们总结了典型的中国大型企业与世界一流企业的差距。

（1）"产品卓越"。一批企业产品与服务虽国内外驰名，质量优异，但尚未在技术、经营效率等方面依靠管理提升及创新，达到优异的盈利能力水平，竞争优势仍不够显著，经营绩效低于全球行业领先水平。究其原因：一是企业在对标全球行业坐标系后,没有适时在未来增长性强的行业与地域配置资产;二是在市场化竞争中,战略制定、分解、执行不够有效,引领行业的核心竞争力目标不够前瞻与突出,缺乏创新的商业模式以保持其全球领先实力。

(2)"品牌卓著"。部分企业拥有知名的品牌,在国内甚至全球范围内虽享有良好的企业形象与品牌形象,但企业品牌价值还有很大提升空间。究其原因在于,企业围绕客户需求敏捷创新的能力不足,享誉全球的技术前瞻性不足,同时品牌运作的创新性也不足。在可持续发展与绿色低碳领域,我国企业同全球性竞争对手相比在创新、技术等方面仍处于起步阶段,总体上缺乏全球化经营布局的能力,国际影响力不足。

(3)"创新领先"。拥有全球高端创新资源,具有强大自主创新能力,掌握产业核心关键技术,占据高精尖产业价值链顶端的中国企业还很少。多数中国企业在信息科技、先进制造、生物医药等战略性新兴产业的布局时间较短,技术积累不足。虽然全国一流的科研机构、大学、研究院等有大量领先的研发资源与成果,但校企结合协同创新仍与国际一流企业的模式有很大差距,央地合作还有待推进,外部协同创新与商业转化的效率较低,尚未助力企业构筑难以逾越的"护城河"。靠地域优势、品牌、规模领先发展的企业较多,靠技术和模式创新制胜的企业还是偏少。

(4)"治理现代"。大中型企业虽然在治理方式上已采用现代治理模式,但在市场化竞争下系统化的管理能力不够先进,管理体系协调力偏弱。比如,董事会专业结构与人才队伍亟待强化,董事履职能力有待提升;缺少价值型总部,集团管控不够高效,推动产业链协同优势能力弱;战略管理、组织与流程不够敏捷、协同;运营管理中供应链韧性与降本增效的问题仍旧突出,需要进一步提升数字化应用强化精益管理;等等。

在长期观察、研究和服务企业的过程中,我们会反复提出一个问题:中国目前拥有足以影响全球的伟大的品牌和伟大的公司吗?事实上,真正伟大的中国公司尚在酝酿之中。管理大师彼得·德鲁克将大型企业比作"小型共和国",中国企业是中国经济的微观基础。只有当微观单位,即中国企业,展现出强大的价值创造能力时,中国经济总体才能够健康持续地发展。

我们回顾一下增长的本质:企业增长率=投资率×投入资本收益率(Return on Invested Capital,ROIC),投资率和投入资本收益率都能够促进增长。① 但是,中国经济的转型需要将驱动因素从投资率转向投入资本收益率。唯

---

① 刘俏. 中国,是时候建立伟大的企业了[EB/OL]. 2017-6-6. http://www.sohu.com/a/146609437_654496.

有这样，中国经济才能实现从数量规模型增长到质量效益型增长的结构性转型。

提高整个经济体的投入资本收益率，对于中国经济的微观单位——中国企业，特别是各行业领先的大型企业而言，意味着它们需要将战略和经营的侧重点从对"规模"的追求转向对"价值创造"的追求。

二、中国经济高质量发展对中国企业转型升级提出了要求

改革开放40多年来，中国经济发展取得的成就举世瞩目，中国企业以投资驱动快速做大做强，融入全球市场。与此同时，中国人口红利和劳动力成本优势日渐式微，出口竞争力有所削弱，随着对外开放不断扩大，安全发展与区域协调发展问题逐步显现，企业创新能力有待大幅提升，绿色低碳发展面临多重压力。面对中国经济发展模式已出现的"转折点"，我国大型企业在新时代新征程上肩负的使命和任务日益重大，同时也为企业转型升级提供了新的重大机遇。

（一）创新驱动发展的需要

经过40多年的发展，中国已经拥有世界上最为复杂完整的制造产业链条，制造业全面融入全球供应链，"世界工厂"的地位十分稳固，与世界经济紧密连接，中国制造在全球产业链供应链中的影响力持续攀升。但外部市场的剧烈变化、国内经济安全都要求中国企业通过增强创新能力，前瞻性主动地引领经济全球化分工的合理布局。基于此，党的二十大报告正式提出"加快建设现代化产业体系"，对整个产业体系由表及里进行转型和再造，以建成结构更加高端、要素更加协调、路径更可持续、发展更加安全的现代化产业体系。这要求中国企业首先提升基础研究能力，实施基础研究10年规划，聚焦重大创新领域组建一批国家实验室，瞄准人工智能（Artificial Intelligence，AI）、生物医药、现代能源等前沿领域实施一批国家重大科技项目，并集中优势资源攻克关键核心技术；其次，推进制造业补链强链，在全球科技竞争加剧的当下，坚持经济性和安全性相结合，打造具有更强创新力、更高附加值、更安全可靠的产业链供应链。为此，中国加速培育专精特新"小巨人"企业和制造业单项冠军企业，打造独具优势、专业化、高质量的行业翘楚；最后，加快数字化发展进程，以数字化转型驱动生产变革，将加快布局量子计算、量子通信、神经芯片、DNA存储等前沿技术，培育壮大人工智能、大数据、云计算等新兴数字产业，促进数字经济发展赋能制造业的转型升级，聚焦医

疗、养老、教育等重点领域的服务应用。

（二）高水平开放发展的需要

中国始终坚持高水平对外开放。党的二十大报告指出，要加快构建以国内大循环为主体、国内国际双循环相互促进的新发展格局，深度参与全球产业分工和合作，维护多元稳定的国际经济格局和经贸关系，推动"一带一路"建设和人民币国际化。推进高水平的制度开放，一方面有利于高质量"引进来"，带动中国企业的技术革新和产业链上下游协同发展；另一方面，"一带一路"建设和人民币国际化等制度国际化为中国企业高质量"走出去"提供了平台和机遇。抓住高水平制度开放的机遇，需要中国企业向更加成熟的跨国经营及全球化布局模式转变。一方面，要求企业在产品技术能力提升、跨国经营经验增加、管理水平提升上继续发力；另一方面，要求企业逐步布局全球市场和价值链体系，进一步利用不同国家和地区的区位比较优势，将价值链各环节和职能分散配置，服务全球市场。这要求中国企业具备世界一流企业的全球竞争力，加强属地化特征，在人员、设备、材料、技术、土地、资金等方面加强属地化布局。属地化特征的加强不但有助于更快地响应市场需求、扩大经营空间，而且对于防范风险、增强韧性、促进资产增值也大有裨益。企业同时应融入当地社会，与当地社会共同发展，实现更大的社会价值。

（三）绿色减碳发展的需要

中国已经制定了明确的绿色减碳目标，明确表示在 2030 年之前实现碳达峰、2060 年之前实现碳中和。在"双碳"目标的指引下，中国正加快发展方式绿色转型。根据《"十四五"工业绿色发展规划》，中国将在制造业进行绿色制造改革，提升绿色低碳能源、技术、产品和服务的供给能力。建设世界一流企业需要贯彻绿色发展理念，将绿色发展要求落实到企业经营的各环节。第一，实现源头减量。中国制造业生产消耗的原材料在全球的占比大于其工业产值占比。为实现制造业的高质量发展，中国明确提出到 2025 年中央企业万元产值综合能耗比 2020 年下降 15%，更高效地使用原材料和能源。第二，推进节能减排。在《"十四五"节能减排综合工作方案》中提出，到 2025 年，全国单位国内生产总值能源消耗比 2020 年下降 13.5%，能源消费总量得到合理控制，使重点行业的能源利用效率和主要污染物排放控制水平基本达到国际先进水平。第三，循环利用资源。《"十四五"循环经济发展规划》提出，要加快完善废旧物资回收网络，提升再生资源分拣加工利用水平，促进二手商品规范流通，全面提升全社会资源利用效率。第四，污染防治。开发和应用现代资源节约技术，实施减少环境污染的绿色末端处理技术和污染预防技术，优化废弃物分离、处置、处理和焚烧生产体系，严格控制废弃物污染。

（四）安全发展的需要

在百年未有之大变局下，中国面临的不确定性因素激增，必然导致各种风险的生成与叠加。要应对风险挑战，就必须在新发展理念中坚持安全发展原则。习近平总书记在党的二十大报告中强调，要推进国家安全体系和能力现代化，坚决维护国家安全和社会稳定，经济安全是国家安全的基础，确保粮食、能源资源、重要产业链供应链安全是维护经济安全的重要内容。此外，随着大数据、云计算等数据分析、存储技术的高速发展，数据安全也成为国家安全和企业安全发展的新焦点。若企业具备全方面的一流价值驱动能力，则可持续实现业绩引领与经济价值最大化。企业安全发展必将支撑国家稳健安全发展。

（五）区域协调发展的需要

优化区域经济布局，促进区域协调发展，是贯彻新发展理念、建设现代化经济体系的重要组成部分。以国有企业为代表的中国世界一流企业作为中国经济中坚力量必然要深度参与其中。我国深入实施区域重大战略，推进京津冀协同发展、粤港澳大湾区建设、长三角一体化发展。区域重大战略将给创新要素流动、产业链协同等方面带来重要机遇。中国将落实国家重大战略，促进各类生产要素在全国范围内合理布局和有序转移，形成区域资源互补、产业链深度融合的区域经济布局。同时，中国也正着手加快建设全国统一大市场。2022年4月，《中共中央　国务院关于加快建设全国统一大市场的意见》发布。明确要求强化市场基础制度规则统一、推进市场设施高标准联通、打造统一的要素和资源市场、推进商品和服务市场高水平统一、推进市场监管公平统一，要进一步规范不当市场竞争和市场干预行为。这有望促进提高商品、信息、资本的流动效率并降低经营成本，推动企业创新发展及业绩提升。

总体来看，中国企业应提升基础研究能力、加快数字化发展进程、增强创新能力；应在做好全球化业务布局与资源配置的同时，加强海外项目在业务经营上的属地化管理，实现高质量"走出去"；应贯彻绿色发展理念，把源头减量、节能减排、循环利用、污染防治等方面的举措落到实处；应维护国家安全，把践行国家安全现代化融入业务开展和企业管理的各项工作中；应在区域经济协调发展方面，通过优化功能布局，推动区域资源互补、产业链深度融合，加速区域协调发展进程。

三、全球宏观环境不确定性和价值链重构带来的挑战与机遇

当前，全球经济复苏仍存在波折。根据2023年10月国际货币基金组织发布的《世界经济展望》，全球经济增速预计将从2022年的3.5%降至2023年的3.0%和2024年的2.9%，低于2000—2019年历史平均水平3.8%。从结构性因素来看，随着全球范围内人口老龄化加剧、技术进步速度放缓、收入分配差距加大、全球化速度放缓甚至逆转等，全球经济增速逐步放缓。2022年以来，全球主要经济体为抗击通胀采取的加息政策持续影响经济活动，硅谷银行、瑞士信贷等事件引发金融市场剧烈波动，而地缘政治冲突风险仍未见缓和，或进一步影响全球经济秩序。此外，美联储带来的强势美元很可能诱发新兴市场债务风险，强势美元与本国经济前景恶化压力叠加，一些美元债务负担较重的新兴市场经济体偿债能力面临考验。

（一）逆全球化潮流与地缘政治矛盾频发

近年来，经济全球化蕴藏的矛盾激化了逆全球化浪潮和地缘政治风险。经济全球化在几十年的快速发展后，也暴露出一些突出矛盾，比如发达国家的产业空心化和就业机会流失；特别是当经济处于下行期时，这些矛盾更加尖锐。2018年，美国特朗普政府频繁采取贸易制裁措施，冲击了多边贸易体制和经济全球化；2021年，美国以应对中国军工企业威胁为由签署行政命令，禁止华为技术有限公司（以下简称华为公司）等59家中国企业在美进行投资交易；2023年10月，美国升级对华芯片出口禁令，并将13家中国企业列入芯片出口管制清单。与此同时，俄乌冲突的超长持续和巴以冲突的爆发都表明，地缘政治局势仍然动荡复杂。俄乌冲突持续时间长、卷入利益相关方多、涉及武器援助、舆论斗争等领域，成为"冷战"后最严峻的地缘政治冲突事件之一，超出了全球各界的预期，对国际能源市场和国际粮食市场造成了长期压力。此外，巴以冲突发展前景并不明朗，如果蔓延到中东其他国家，可能导致国际油价飙升，能源危机进一步加剧。

逆全球化和地缘政治因素给全球投资布局带来了负面影响，根据联合国

贸易和发展会议《世界投资报告》数据，2018—2022年，全球外商直接投资平均流量较 2013—2017 年下降 20.58%。另外，动荡的地缘政治形势也给企业的运营蒙上阴影。就中国企业而言，部分国家针对中国出台的经贸限制措施给国际业务发展带来挑战，其全球产业链供应链可能受到负面影响，企业需要注意到在获取关键原材料、国际市场扩张方面可能面临的挑战，同时重视对冲单一区域和国别的风险。

在地缘政治态势紧张的背景下，部分发达国家出于政治竞争和国家安全的需要，针对高科技、关键技术领域、敏感行业，以及高端制造业等领域实施管制或制裁措施，以国家安全审查为主要内容的监管力度加大，给企业带来的风险不容小觑。例如，美国近年来通过了一系列法案及规定，增大和增加外国投资委员会（CFIUS）审查的交易范围和涉及领域，从而便利政府对外国企业在美的投资进行审查与执法；2022 年 8 月，美国发布《芯片和科学法案》，通过补贴、税收等优惠来吸引其他国家的芯片产业转移到美国，同时接受美国补贴和优惠的公司会被限制对中国等国家的投资；2023 年 8 月，美国总统拜登签署了一项行政命令，将严格禁止美国企业在半导体和微电子、量子信息技术和人工智能系统三个领域对中国实体进行投资；此外，在欧盟地区，《外商直接投资审查条例》于 2020 年 10 月正式实施，旨在加强欧盟委员会与欧盟成员国之间的合作和信息共享，可以对敏感行业的外国投资进行审查，以避免卫生、能源、运输、媒体、国防和金融基础设施部门的关键资产和技术产生损失。

因此，以上相关领域企业的国际投资与合作很可能遭遇以"国家安全"为由的合规与监管风险，企业需要关注目的地政治风险和自身合规审查，并着力提升自主研发能力，维持技术供应链稳定。

（二）全球价值链重构机遇

我们正处在全球价值链重构的过程中。在这个过程中，全球生产、供应和销售网络重新组织和优化。全球价值链重构受多重因素影响，地缘关系变化、技术创新、市场需求变化，以及全球经济环境的波动等因素增加了价值链重构的复杂性。新一轮的产业竞争和全球价值链的重构，正在推动各国调整其产业和供应链战略，以适应全球经济和技术的变化。这不仅影响了国家和企业在全球产业链和价值链中的地位和角色，也进一步改变了全球行业的竞争格局，为中国企业的全球化带来新的机遇和挑战。

1. 地缘关系的复杂性增加供应链重构的复杂性

地缘关系对供应链重构具有多方面的影响。地缘政治紧张和关系冲突可能导致贸易壁垒、关税增加甚至制裁，从而影响全球供应链的成本和效率，还可能导致市场准入和投资限制，限制国际投资和贸易流量，影响企业的全球扩张策略和供应链配置。而不同地区的技术标准和数据保护法规会影响供应链的信息共享和技术应用，例如跨境数据传输的限制可能会影响供应链的数字化进程。当今，全球价值链呈现地区多元化和再区域化趋势。企业为了降低风险和提高响应布局，开始调整其全球价值链的布局。地区多元化和再区域化是全球价值链重构的重要方面，它反映了国家和企业在应对全球化挑战时所做的战略调整。随着地缘政治的复杂性增加，这些调整变得尤为重要。中国企业只有具有全球竞争力，才能实现全球运营，重塑其价值链。

2. 产业技术的提升改变行业竞争格局

在全球经济和技术发展的大背景下，新一轮的产业竞争正在悄然兴起，这将不可避免地引发各国在全球产业链和价值链中角色的改变，从而进一步改变行业的竞争格局。各国企业根据自身的产业优势和发展战略，努力在全球产业链和价值链中占据有利位置。

（1）美国。以技术创新为驱动，致力于保持其在高科技、互联网、生物技术和金融服务等领域的领先地位。同时，美国也在努力将更多的生产活动重新国内化，以减少对外部供应链的依赖，特别是在重要的半导体和医药行业。

（2）德国。以其强大的制造业和工程技术闻名于世，正努力通过数字化和工业4.0战略，进一步提升其产业的竞争力和效率。同时，德国也在寻求与欧洲邻国和其他全球合作伙伴建立更紧密的供应链合作关系，以保持其在全球价值链中的重要地位。

（3）日本。积极推动产业技术创新和数字化，以保持其在汽车、电子和高精度机械等领域的竞争力。同时，日本也在积极拓展海外市场，特别是在亚洲地区，以及寻求通过区域贸易协定来加强其在全球价值链中的地位。

（4）中国。致力于从全球制造中心向全球创新中心的转型，通过大力推动技术创新和产业升级，努力提升其在全球价值链中的位置。同时，中国也在推动"一带一路"倡议，以加强与沿线国家的经贸合作和供应链整合。

从价值链纵向分布来看，新技术与产业的深度融合促使价值在产业链不同环节之间重新分配，让全球价值链重构成为可能。例如，工业 4.0 和智能制造的推广使数据和自动化技术成为制造业新的价值创造点，同时也对传统的制造和供应链模式产生挑战，将更多的价值分配给技术和服务提供商。在此过程中，新的技术路线、新的市场进入者和新的价值分配方式出现，改变了产业竞争格局。

3. 数字经济加速背景下规则改变

以物联网、大数据、人工智能等为代表的数字技术正推动第四次工业革命不断走向深入，大国间的竞争与博弈正日趋激烈。数字技术正重塑生产要素和创新模式，特别是受新冠疫情影响，全球范围内传统生产经营方式正在发生深刻变革，数字化基础设施、智能化生产线、智能机器人、数据要素等逐渐成为经济增长的主要动力来源。数字化相互促进，数字经济、数字贸易的快速发展推动数字国际经贸规则的制定。在此背景下，企业一方面亟须加强自身的数字化转型升级，增强关键技术创新能力，提升自身在新兴数字产业中的优势地位；另一方面，需要在数据安全、数据监管合规等方面发力，防范技术负外部性风险。

综上所述，中国企业在全球价值链重构中扮演了重要角色，不仅因为它们通常在关键基础设施和战略产业领域占据核心地位，而且因为它们在全球价值链的活动中对全球经济结构和产业布局具有深远影响。对标世界一流，不仅是企业提高自身竞争力的需求，也是全球经济健康发展的需求。

预见挑战，深谋远虑，革故鼎新。中国企业在未来"双循环"发展道路上，如果不能忘记过去的成绩，大胆构思未来差异化竞争力与新业务模式，持续系统地全面提升管理能力，追求全球竞争力的突破与社会贡献，是难以成为世界一流企业并持续创造更大价值的。

第二章　德勤中国世界一流企业核心能力要素框架总结

一、对标一流的理念：行动学习

国际研究表明，95%以上的世界500强企业主动应用对标管理来提升企业绩效。对标管理（Benchmarking），又称标杆管理、基准管理、参照管理，是一个通过持续不断地通过寻找、研究和利用一流企业的最佳实践，使自己的组织取得竞争优势，提高企业绩效的过程。不少世界一流企业在激烈的市场竞争中脱颖而出，其成功的模式值得其他发展中的企业学习和借鉴，对标管理指导企业学习世界一流企业的过人之处，弥补自身的不足。对标管理理念不仅鼓励企业"敢于借鉴""勇于学习"同行业世界一流企业的管理模式与经验，而且引导企业不是局限于与竞争对手对标，而是放眼其他行业一流企业可借鉴的关键能力，通过综合模仿来实现飞跃。

20世纪末全球公认的优秀CEO杰克·韦尔奇先生在他的2001年卸任演讲"与企业未来息息相关的十条准则"中提到："最后第十点，对我来说，是通用电气最了不起的一个特点，全球的学习公司。我认为那是过去20年最大的改革，我们知道我们可以互相学习，可以向其他公司学习，公司内部、外部、上上下下互相学习。世界的知识都是我们的，因为我们在不断地寻找……我们是有着多样化国际业务的学习型公司，这给了我们一个全球独特的商业实验室、一个创意工厂。这是个多好的机会，让我们学习、实验；这是个多好的地方，让我们借鉴全球的创意，让我们每年都能达到新的高度。"韦尔奇先生的分享代表的是一批不断涌现出来的世界一流企业的共同特质，那就是"不断行动学习"。

吉姆·柯林斯（Jim Collins）所著的《基业长青》《从优秀到卓越》《选择卓越》《再造卓越》等经典著作，对此问题有过长达30年的持续研究。他说过，"真正的一流企业归根结底就是能够产生领先的业绩，并且对其行业产生巨大影响的企业。一旦这家企业不在了，就将留下一个无法填补的空缺，其他任何企业都无法填补。因为企业超凡脱俗的表现，它建立起了真正与众不同的、特殊的价值"。在 2022 年升级出版的《卓越基因》一书中，他指出了四项卓越企业不可或缺的标准，即业绩、影响力、声誉、长久发展。它们背后的领导风格、愿景、战略、创新、战术卓越是最关键的支撑。

卓越企业可能经历过不太好的时期，跌宕起伏，这些都是难免的，但是第一，卓越的企业有能力度过每一个经济周期，能够化险为夷，能够重回绩效的高峰。第二，卓越企业应该在它的行业当中，以及塑造这个行业的过程当中发挥引领作用；绩效好未必意味着影响力强。第三，即使一家公司的业绩特别好、影响力特别强，也未必会长久；它必须是受人爱戴、受人尊敬、被当作楷模的公司。因此，柯林斯总结了企业长期保持世界一流企业地位，实现更大价值创造的 3 个充要条件：

（1）行业引领，业绩领先。

（2）卓尔不群的影响力。

（3）改变了世界，长久发展。

管理科学家加里·哈默尔和普拉哈拉德发表的《企业核心能力》中指出，随着世界的发展变化，竞争加剧，产品生命周期的缩短，以及全球经济一体化的加强，企业的成功不再归功于短暂的或偶然的产品开发或灵机一动的市场战略，而是企业核心竞争力的外在表现。他们把核心竞争力定义为"组织中的累积性学识"，是企业众多能力中最根本的部分，是对诸多能力，如生产制造能力、市场营销能力等进行整合并不断学习优化的能力，即核心能力是一个组织内部一系列互补的技能与知识的结合。

企业核心竞争力是建立在企业核心资源基础上的企业技术、产品、管理、文化等的综合优势在市场上的反映，是企业在经营过程中形成的不易被竞争对手仿效并能带来超额利润的独特能力。在激烈的竞争中，企业只有具有核心竞争力，才能获得持久的竞争优势，保持长盛不衰。

宁高宁在《五步组合论》丛书中指出，企业价值的体现在更大程度上看的是未来，是企业与大的经济趋势的贴近程度。企业应不断改进和优化价值创造形式，以达成企业价值的最大化。这种价值的增加可以表现在企业市值的提高、盈利的增加、市场份额的提高等方面，它要求企业有合理的资产组合，清晰的业务方向，不断创新的产品、技术、服务、贴近客户的服务网络，有信誉的商标，先进的管理机制和优秀的企业文化，等等。好企业的标准是立体、综合的，而且这个标准在不断变化，是会随着时间的变化、技术的变化及时代的进步要求等改变的。在中国如何评判一家企业是不是好企业？第一，使命、价值观、愿景及企业自身的文化有多大的认可度，这些是核心力量，影响着企业的每一个行为。第二，在过去的一个世纪中，核心竞争力的变化可能是品牌，也可能是资源，还可能是成本，但唯一越来越重要的就是技术创新。要用最高的效率、最低的消耗，做最大的创新。第三，以人为本的企业才是好企业。这些都好才可持续，核心竞争力是集成的。

宁高宁在中粮集团、中国中化集团有限公司（以下简称中化集团）担任董事长期间，特别重视"标杆管理"。他在多个场合提到："标杆管理，就是要在一个大的坐标系里看我们自己，这个坐标系必须准确，我们必须了解自己在这个坐标系里面的位置、趋势是什么，真正的核心指标是什么。""标杆管理把自己放在一个竞争、动态、科学的环境中，促使管理人员去反思、去学习，去自我检讨、自我提高，并未要求必须学习别人，更重要的是反思企业自身。"在2019年中化集团的战略研讨会上，他表示"均好才可持续"。什么是一流企业？中化集团给出的答案是"以客户为中心的企业+关注员工的企业+社会的企业+保障股东利益的企业"。宁高宁又分享道："标杆管理是很好的一个工作抓手，按照这个思路持续、有力、不断地推进它，最终能够很快地接近世界一流企业的经营管理理念、水平、系统，到一个真正的轨道上来。中国市场给了我们一个更大的空间发展，我们有自己的优势和潜力。我们把管理系统搞顺了，也虚心向人家学习，Benchmark to Learn（学习标杆）。希望有一天因为我们对中国市场的熟悉，因为将中国人的聪明才智充分发挥出来，最终超越我们的标杆企业。"

我们的观点与这些管理学家和企业家的理论不谋而合：德勤中国长期观察一些世界一流企业的发展和管理模式。我们注意到，只有在与世界一流企业同行的过程中（对标），才有机会成为世界一流（达标），并进而能够不断输出模式、输出标准，引领发展（创标）。对标、达标、创标是一个不断实践、不断学习、不断提升的过程，是一个"行动学习"的过程，这是能够成为世界一流企业最重要的"卓越基因"。

二、国家政策——有关世界一流企业的政策趋势分析

中央高度重视建设世界一流企业相关工作，与中央经济工作部署、深化改革工作一脉相承，在不同历史时期出台了重要的政策和指导文件。从"对标一流"到"培育一流"，再到"加快建设世界一流企业"，明确了中国企业加速发

展、建设世界一流的时代任务，为深化改革、争创一流提出了更高的要求。

2017年，党的十九大报告明确指出："深化国有企业改革，发展混合所有制经济，培育具有全球竞争力的世界一流企业。"

2022年2月，中共中央办公厅、国务院办公厅印发《关于加快建设世界一流企业的指导意见》，将建设世界一流企业作为行动纲领提出，明确了世界一流企业"产品卓越、品牌卓著、创新领先、治理现代"的核心特征，致力于打造一批在规模效益上居全球领先地位的一流企业和一批在细分行业领军的专精特新示范企业。值得注意的是，该中央文件中提到的"中国企业""我国企业"包括国有和民营企业。

2022年10月，党的二十大报告明确提出："完善中国特色现代企业制度，弘扬企业家精神，加快建设世界一流企业。"

在国资系统，针对国企改革的政策出台得更加早，也更加密集，其中与世界一流企业相关的重点政策包括：

（1）2013年，国务院国资委印发《中央企业做强做优、培育具有国际竞争力的世界一流企业对标指引》，系统性地提出了对标世界一流企业的目标和要素，明确"对标管理"是实现核心目标的必要举措和有效措施。

（2）党的十九大后，2019年国务院国资委出台《关于中央企业创建世界一流示范企业有关事项的通知》，将世界一流企业特征概括为"三个领军""三个领先""三个典范"，并选取了11家中央企业作为示范企业，重点探索培育具有全球竞争力的世界一流企业的有效途径。

（3）2020—2022年，国务院国资委陆续发布《关于开展对标世界一流管理提升行动的通知》《关于中央企业加快建设世界一流财务管理体系的指导意见》《关于开展建设世界一流"双示范"行动的通知》《关于开展对标世界一流企业价值创造行动的通知》《关于开展中央企业品牌引领行动的通知》等政策文件。

通过对政策文件的了解和分析，我们认为，《关于加快建设世界一流企业的指导意见》清晰地从"产品卓越、品牌卓著、创新领先、治理现代"四个方面明确了"世界一流企业"的核心特征，并针对建设世界一流企业的工作落实提出了以提升技术牵引和产业变革的创造力、提升全球竞争力、提升现代企业治理能力、提升彰显自信与担当的影响力、提升优秀企业家的引领力"五力"来推进工作的要求，这些表述反映了世界一流企业的以下内涵：

（1）核心产品（服务）质量卓越。企业处于价值链高端，具有显著的竞争优势，经营绩效长期处于全球行业领先水平，对行业发展具有巨大的影响力且具有全球资源配置与整合能力。

（2）拥有引领性的创新资源、强大的自主创新能力，掌握产业核心关键技术，数字化助力高效敏捷的综合创新发展，培育高水平科技领军人才队伍。

（3）品牌美誉度和影响力巨大，反映企业的"软实力"。在具有全球竞争力的产品和品牌支撑下，企业彰显担当和影响力，积极稳妥地开拓国际市场（形成更多居全球前列的中资跨国企业），塑造优秀企业文化，践行业高标准的社会责任，以及打造绿色低碳发展典范，不断改变世界。

（4）治理体系高效规范。中国特色现代企业制度发挥优势，一流的战略管理能力、经营管理水平，以及抗风险能力增强企业核心竞争力，优秀企业家具有全球视野和引领能力。

我们认为，在国家政策的基础上，从企业的角度来看，建设世界一流企业必须比较透彻地理解、分析和落实以下三个方面的工作：

（1）建立"世界一流企业核心能力要素框架"，就是明确本企业未来"成为世界一流"的"画像"是什么、标准是什么、目标是什么。企业结合行业特点，明确本企业未来"成为世界一流企业的画像"是什么特征，以及企业具体情况等因素，定制自己的建设一流要素框架，结合核心竞争力明确具体要素。

（2）建立"世界一流企业的参考性对标指标"，该指标用来衡量企业在"世界一流坐标系"里的位置。企业根据自身特点，在集团层面、业务层面、专业层面建立企业的指标体系；这些指标都是基于企业价值链的，也就是基于企业价值创造的全过程，所以价值管理体系是对标世界一流的"底层逻辑"。

（3）上述两个方面是世界一流企业的"衡量和分析系统"，基于此，企业还需要有针对性地进行价值创造模式、价值链和管理模式的不断优化和升级。

三、世界一流企业发展趋势分析

《财富》世界500强排行榜是衡量全球大型公司的最知名的榜单，虽然它只用收入规模作为入榜标准，但仍为企业广泛关注。通常认为，入榜企业不一定是世界一流企业，未入榜企业也可能是世界一流企业。比如，管理学家赫尔曼·西蒙在《隐形冠军2.0：新时代、新趋势、新策略》一书中指出，隐形冠军企业必须符合三个条件：必须在其所属市场排名世界前三位或者在所属洲排名第一位；营业收入必须低于50亿欧元；在一般大众间的知名度不高。第一个条件肯定是"世界一流企业"的题中应有之义，但第二个和第三个条件又限制了企业规模和知名度,在这个意义上,世界一流企业的内涵确实比较复杂,但至少行业和市场持续领先是其共有特质。

我们采用《财富》世界500强榜单上的企业作为样本,探究目前世界一流企业的整体水平。同时,我们也分析了"全球品牌价值500强"、"欧盟工业研发投资记分牌"、《财富》"全球最受赞赏公司"和"改变世界的公司"等榜单,结合起来以期从更多维度探究世界一流企业的发展趋势。

纵观10年数据,世界500强上榜企业的平均收入持续增长,从2014年的621亿美元到2023年的819亿元美元,年平均增长3.1%(图1-2-1)。进入《财富》世界500强榜单的门槛也不断加高,从2014年的239亿美元跃升至309亿美元。具有较大经营规模,一般被认为是进入世界一流企业行列的一项充分条件。

2023年,受全球经济下行的影响,《财富》世界500强上榜企业的利润总和约为2.9万亿美元,从图1-2-2中怎样看出同比减少6.5%。但相对来看,平均利润依然维持在较高水平,为58亿美元(图1-2-2);平均销售收益率为6.8%,平均净资产收益率为11.6%(表1-2-1)。

我们筛选了从2014年至2023年连续10年在榜的288家企业作为进一步分析的样本,它们不仅保持较大业务规模,且效益效率指标也引领行业。我们认为这些企业历经市场变幻依然长盛不衰,所以更具备世界一流企业发展所需的长期持续性和行业竞争力,而持续的盈利能力一般被认为是保持在世界一流企业行列的必要条件。

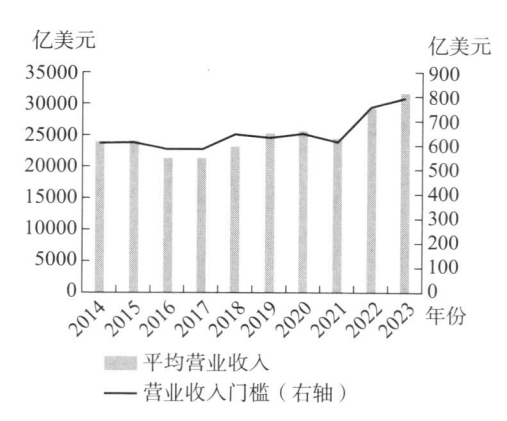

图1-2-1 2014—2023年《财富》世界500强企业收入分析

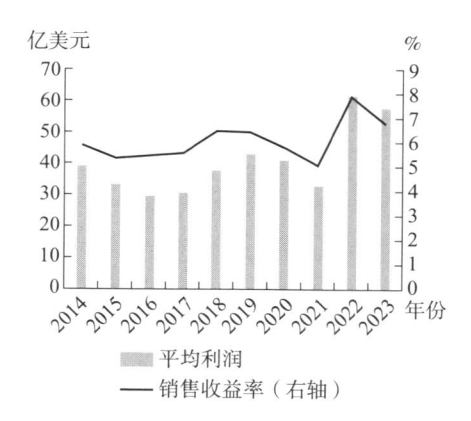

图1-2-2 2014—2023年《财富》世界500强企业利润分析

表 1-2-1 《财富》世界 500 强 2023 年上榜企业和连续 10 年上榜企业盈利指标比较

类别	平均销售收益率/%	平均净资产收益率/%
2023 年上榜企业	6.8	11.6
连续 10 年上榜企业	7.3	12.2

我们分析了其他权威榜单，以期从更多维度探究世界一流企业的特征，这些榜单如下：

（1）《财富》杂志每年发布的"改变世界的公司"榜单，制榜标准包括可衡量的社会影响、经营业绩、创新程度和企业整合程度。我们通过该榜单旨在观察一流企业通过执行其核心业务战略，对社会产生的积极影响。

（2）《财富》杂志每年发布的"全球最受赞赏公司"榜单，制榜标准包括企业创新能力、引进人才的能力、企业资产运用、社会责任、管理质量、财务稳健性、投资价值、产品和服务质量，以及全球化竞争力九大指标。我们通过该榜单旨在观察一流企业提升全球综合影响力的核心要素。

（3）第三方机构世界品牌实验室（World Brand Lab）每年发布的"世界品牌 500 强"榜单，制榜标准包括市场占有率、品牌忠诚度和全球领导力等品牌影响力指标。我们据此观察一流企业品牌开拓市场、占领市场并获得利润的能力。

（4）欧盟执行委员会每年发布的"欧盟工业研发投资记分牌"，持续分析全球研发投资最多的 2500 家公司，制榜标准包括年度收入与收入年增长率、年度研发投入额与研发投入强度、年度资本性支出/资本性支出年增长率/资本性支出投入强度、年度运营利润/运营利润年增长率/利润率、员工人数与员工人数年增长率、市值等指标。我们通过该榜单观察一流企业的研发投入对创新发展结果及价值提升的促进作用。

《财富》世界 500 强连续 10 年在榜的 288 家企业，很多都可在其他几个研究榜单上找到其身影，比如有 29 家上榜 2023 年"全球最受赞赏公司"榜单；45 家曾经（2015—2023 年）上榜"改变世界的公司"榜单中，有苹果公司、丰田汽车工业株式会社、微软股份有限公司、强生公司、国际商业机器公司等代表性公司。我们以这些企业为样本，深入研究它们的发展特征，挖掘一流企业全球竞争力背后不可或缺的"必要条件"，总结它们持续优化、系统提升、力争引领、创造价值的核心要素如下：

（1）立誓成为全球公认的崇高企业，由社会需求出发，引领改造产业，从而使公众得益，有着强大的"初心"与"愿景"。

（2）注重品牌全球影响力，在可持续发展领域果敢创新，承诺社会价值的实现。

（3）具有高度战略灵活性，能在未来增长性强的行业与全球不同地域适时布局。

（4）果敢英明的领导力，把商业价值增值转化成团队价值观与使命感，保持企业活力。

（5）韧性运营，内外链接，具有强大的产业控制力。

（6）创新贯彻始终，具有强大的科技创新力。

（7）依靠数字化敏捷协同，始终围绕客户需求整合价值实现。

（8）具有以客户为中心的组织和运作模式。

（9）企业架构、制度、文化、能力等各方面的优势。

（10）善于识别与应对风险，具有强大的安全支撑力，可以顺利度过一个又一个经济周期。

四、中国领先企业的发展趋势与特色

2022—2023年，国务院国资委在全国遴选21家中央企业纳入创建"世界一流示范企业"范围，还包括7家地方"世界一流示范企业"和200家"专精特新示范企业"。过去几年，国务院国资委对"世界一流示范企业"和"专精特新示范企业"在价值创造力、产品供给力、品牌影响力、科技创新力、企业治理力等维度，通过十余个指标予以评价。

通过分析28家"世界一流示范企业"和200家"专精特新示范企业"的总体情况，我们总结中国国有企业发展特色与规律如下：

（1）以规模实力为基础，发挥资源重组整合优势，主动落实制造强国等国家战略，积极对接区域协调发展战略，聚焦战略安全、产业引领、国计民生和公共服务等功能，在安全支撑上发挥更大作用，持续提升企业战略价值。

（2）以创新驱动战略为核心，发挥技术攻关的新型"举国体制"优势，加强对相关领域超前布局，重点聚焦基础性、前沿性、颠覆性重大技术持续攻关，力争引领未来科技变革方向。它们积极参与国际标准、产业规范、技术规则等制定，持续完善科技创新容错机制、创新绩效评估机制、科研人才激励机制，鼓励薪酬分配向科研骨干人员倾斜，营造良好创新环境。

（3）重视经济责任、社会责任和政治责任的有机结合，打造形象良好、内涵丰富、底蕴深厚的知名品牌并塑造积极履行社会责任的企业形象，将履行社会责任纳入企业发展整体战略，融入企业运营，牢固树立绿色发展理念，高度重视环境保护和资源节约。

（4）在国际通行的企业治理基本规则基础上，坚持"两个一以贯之"，将党的领导有机嵌入，持续深化中国特色现代企业制度建设，不断完善涵盖决策、执行、监督等各治理环节的规则体系，为企业治理积极贡献"中国范式"。

（5）以打造决策科学、运转高效、管控有力的一流总部为重点，持续完善管控体系、优化管控模式，深入开展"压减"工作，有效防治"大企业病"，不断提升集团管控能力和水平。

在中国国有企业虽是市场主体，但又区别于单纯的资本导向下的市场主体，国有企业作为国民经济命脉和骨干企业，必须始终坚持党建引领、发挥独特优势。同时，中国特色世界一流企业又是自主经营、自负盈亏、自担风险、自我约束、自我发展的市场主体，必须遵循国际通行的标准与规则发展。2023年10月，国务院国资委党委发表署名文章《深入实施国有企业改革深化提升行动》，首次公开发表新一轮国有企业改革深化行动的行动纲领，提出要实现"三个明显成效"的目标任务，即在增强国有企业服务国家战略功能作用上取得明显成效，在推动国有企业真正按市场化机制运营上取得明显成效，在加快建设世界一流企业和培育专精特新企业上取得明显成效。我们理解，这"三个明显成效"相互关联、相互支撑、相互作用，体现了经济属性、政治属性、社会属性的有机统一，体现了使命导向、效率导向、结果导向的有效融合，体现了内在要求和外在需求的相互贯通，必须统筹把握、一体推进、全面落实。

另外，德勤中国通过卓越管理公司项目（Best Managed Companies，BMC，是目前中国唯一针对企业管理体系进行全面评估的国际奖项），从2018年开始，持续观察中国各个细分行业的领先民营企业的管理体系进化。目前已经有累计58家中国民营企业获奖，BMC获奖企业2022年平均收入达310亿元，2018—2022年平均收入复合增长率达到17%。从核心盈利指标上看，我们发现BMC获奖企业在盈利能力方面表现突出，平均销售收益率为7.5%，净利润增长率为8.3%，净资产收益率为9%，高于世界500强及中国500强平均数。BMC获奖企业始终以保持有利润的增长为目标。

总体而言，BMC获奖企业作为中国民营企业的"领先群体"，是各自细分行业的"千里马"，重视追求长期、平衡和可持续的发展。BMC获奖企业的三个最大特点：第一是适应性。敏捷调整战略与业务模式，具备适应瞬息万变的商业环境的能力。第二是可持续性。重视社会需求，引领行业创变，搭建可持续发展的商业模式和管理平台。第三是"价值观承诺"。把物质、商业价值转化为团队价值观和使命感，真正激发团队并带领他们综合式创新。这些也为中国广大民营企业未来的转型升级提供了参考模式。

这就是德勤中国在过去十几年始终坚持"全球视野，本地经验"的原因，希望协助中国国有企业与民营企业对标一流，取长补短，强化重点领域提升，更好支撑国家战略。

五、德勤中国世界一流企业核心能力要素框架总结

当今世界瞬息万变，充满不确定性，从乌卡（VUCA）时代，即充满不稳定性（Volatility）、不确定性（Uncertainty）、复杂性（Complexity）、模糊性（Ambiguity）的时代转向BANI时代，即充满脆弱性（Brittleness）、焦虑感（Anxiety）、非线性（Nonlinearity）、不可知（Incomprehensible）的时代。我们总结认为，主要有以下十个方面挑战：

（1）全球市场波动，宏观经济形势复杂。

（2）国家间差别减小，差异化战略越来越难。

（3）地缘政治不稳定。

（4）重点市场竞争白热化。

（5）监管与合规要求日益提高。

（6）外部竞争环境多极化，内部企业组织日趋庞大与复杂。

（7）新技术封锁。

（8）资源短缺与可持续发展的压力。

（9）人才稀缺。

（10）客户要求复杂多变。

这些因素让一批曾经走在全球行业前列的公司风光不再，曾经的优秀难以形成更为长久的卓越业绩。通过在过去20年对一批世界一流企业的深度观察，我们发现它们制胜上述挑战的关键就是：它们在主要的核心要素领域都在全面达到或者接近一流标准，并持续创新升级。

作为本书的核心观点，我们认为，世界一流企业归根结底就是能够产生领先的业绩，并且持续引领行业发展的企业，因为它们在不断学习、不断进

化，它们创造了真正与众不同的核心价值，从而产生超凡脱俗的影响力，甚至改变了世界。

世界一流企业没有公认的国际标准，更多的是基于各行业领先企业的最佳经验而不断总结、动态更新的实践性指南，在解析国家《关于加快建设世界一流企业的指导意见》中提出的"产品卓越、品牌卓著、创新领先、治理现代"特征的基础上，德勤中国在第二版"世界一流企业十大要素"基础上，提出了升级版的"世界一流企业核心能力要素框架"（图1-2-3）。

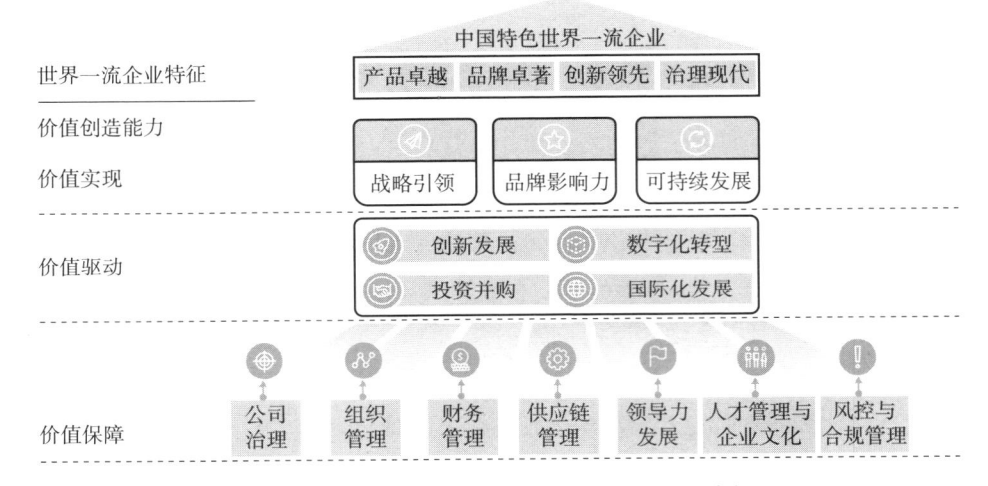

图 1-2-3 德勤中国世界一流企业核心能力要素框架

德勤中国认为，要达到"十六字方针"的要求，其背后必须持续提升企业的价值创造能力。价值创造能力一般由一组相互关联、缺一不可的能力要素组成，世界一流企业应该是这些能力要素的全面提升，既有企业自身的突出特色又不存在明显的短板。

企业价值创造能力分为三个层次，即价值实现、价值驱动、价值保障。

（1）战略引领、品牌影响力、可持续发展是价值实现的关键。这三点直接影响"产品卓越、品牌卓著"特征，是保证业绩持续领先、行业引领、企业独特价值彰显的重要方面，是全球竞争力和影响力的关键点。

（2）创新发展、数字化转型、投资并购、国际化发展是四大价值驱动因素。这四点是企业持续"创新领先"特征的具体手段，往往决定企业的发展规模、发展速度和发展效率，是技术牵引和产业变革的创造力、全球影响力的关键点。

（3）公司治理、组织管理、财务管理、供应链管理、领导力发展、人才管理与企业文化、风控与合规管理是主要的价值保障因素。这七点是企业卓越运营的基础与"治理现代"特征的核心保障要素，是提升现代企业治理能力、提升优秀企业家的引领力的关键点。

这些核心能力要素体现了未来全球企业竞争的重点，也是中国企业在未来 10 年、20 年实现价值创造最大化的突破口。根据我们的长期观察，过去 5 年，我国企业在一些方面，如数字化转型、投资并购、风控与合规管理、财务管理、人才管理等方面有较大的进步，而在创新能力、产品质量效益、品牌价值、治理水平、国际影响力等方面还有较大差距。

在具体各要素领域世界一流企业的特征有以下几点。

1. 战略引领

发挥战略统领作用，坚守愿景和核心价值，业务布局突出前瞻性，具备全球视野，占据全球产业链中的高端位置。聚焦价值创造、打造创新驱动，实现差异化的定位，促进业务布局和结构不断优化，并强调高度的灵活性与适应性。

2. 品牌影响力

品牌在全球范围内成为品质和价值的保证，品牌的美誉度和客户忠诚度高，品牌价值位居国际同行业前列；品牌建设以客户为中心整合价值，企业在产品与服务生命周期各个阶段与客户持续互动；同时具备完善的品牌保护能力和品牌运营模式，品牌开拓市场并获得利润的能力强。

3. 可持续发展

充分发挥可持续发展战略及治理统领作用，践行可持续发展理念；从广泛的利益相关者出发，加强国际接轨与合作交流，持续加强企业自身与供应链的可持续发展；强化环境、社会和公司治理（Environmental, Social and Governance，ESG）风险管理能力，利用 ESG 数字化工具并持续培养 ESG 人才；按照国际标准全面持续地披露企业 ESG 信息。

4. 创新发展

拥有技术前瞻性洞察力、强大的自主创新能力，掌握产业核心关键技术；拥有高水平科技领军人才队伍，研发与创新活动的组织、流程敏捷高效，技术、成本、质量等综合优势领先；利用多种创新模式和工具实现高效的商业转化，助力企业战略和业务转型。

5. 数字化转型

数字化能力帮助企业洞悉发展战略、改善客户体验、优化组织效能、提升运营能力、延伸企业边界，以及重塑企业产品和服务。数字化转型具备"六全"特征，即全层穿透、全态融合、全链智运、全素创新、全景融智、全治同心。

6. 投资并购

紧密围绕企业战略与核心主业，针对投资并购生命周期的投前、投中、投后三大阶段，运用产业链式发展的投资逻辑，优化资源配置，盘活存量资产，做大增量，提高资本效益效率最大化，加强资本运营和市值管理，坚持长期主义，实现企业基业长青。

7. 国际化发展

以全球视野结合本地洞察，制定全球发展战略和差异化区域发展策略，构建能应对复杂多变的宏观环境的跨国经营能力，实现业务运营的"全球本地化"，能够高效开展研发、数据、财税、组织人才等要素的全球化配置，注重全球企业文化和风险合规管理能力。

8. 公司治理

尊重和接受国际公认的公司治理原则与标准，扎根所在国家或地区的政治与经济环境，建立和维护合理有效的公司治理架构和运行机制，有效保护股东权益并充分考虑其他利益相关者的合法权益与合理诉求，进行充分透明的信息披露，培植健康先进的治理文化，实现公司可持续和有韧性的发展。

9. 组织管理

具有权责清晰、精简高效的组织体系，组织运营模式以"客户导向、敏捷、透明、协作"为原则，确保组织高效运转；适应技术变革，充分利用数字化手段实现组织及流程运营一体化，提高科学决策的水平和效率。

10. 财务管理

聚焦价值支撑，持续深化以战略财务、业务财务、运营财务为一体的核心职能体系，以敏捷灵活性财务组织与流程为基石，以先进系统与技术为有力支撑，以复合型财务人员为核心驱动，充分释放财务管理潜能，助力企业把握业务发展机遇。

11. 供应链管理

清晰的供应链管理愿景，推动数字化和可持续；与价值链上下游、企业前后端拉通，形成产研、产销、产供协同的供应链模式，实现合作共赢；通过可视、可感、可分析、可调节的大供应链模式，实现高效、敏捷、协同、强韧的供应链目标。

12. 领导力发展

企业充分体现关于目标与信念、前瞻与创新、授权与赋能、均衡与协调、沟通与真诚的领导力科学与艺术；领导者队伍拥有带领企业实现超越现状、实现伟大目标的企业家精神，拥有勇于创新、包容失败的追求，具有授权员工实现突破并承担相应权责的魄力，能够持续赋能并鼓励员工发挥所长，协调个体与团队，提供平等沟通、真诚待人的良好环境。

13. 人才管理与企业文化

人才管理与发展关注从人才获取、识别，到开发、培养、发展的全过程，并且通过技术赋能人才发展、充分挖掘人才潜能，使人才发挥最大价值。深耕以人为本的理念，以富有使命感的文化和事业平台吸引、激励、保留关键人才，实现企业发展与人才发展的相互促进与正向循环。

14. 风险管理

建立全面的风险管理框架，明确风险管理政策和流程，将风险管理融入企业战略和决策过程；采用科技和数据分析工具来支持风险管理决策；持续开展风险管理培训和提高风险管理意识；建立应急响应和恢复机制，以应对突发风险事件；建立与合规义务、合规风险水平相适应的合规风险管理体系。

在第三部分内容中，我们从具体要素方面与世界一流企业对标。由于这些要素都是非常复杂、庞大的管理学科，因此我们对每一个要素的论述将不会展开阐述所有涉及的方面，而是在"最佳实践"部分重点阐述世界一流企业现今关注的重点及中国企业借鉴的要点。

以下内容我们会从 5 个层次介绍如何在 14 个方面与世界一流企业对标：一流企业特征、中国企业现状、最佳实践、参考对标体系、参考对标案例。

第二篇

世界一流企业核心能力

实践与案例

第三章　战略引领

> **世界一流企业关键要素一：**发挥战略统领作用，坚守愿景和核心价值，业务布局突出前瞻性，具备全球视野，占据全球产业链中的高端位置。聚焦价值创造、打造创新驱动，实现差异化的定位，促进业务布局和结构不断优化，并强调高度的灵活性与适应性。

一、一流企业特征

当今世界，政治和经济格局快速变化成为常态。一流企业在快速变化的环境中，能够制定平衡、包容且具备足够弹性的战略，以此规避由地缘政治、国家政策、产业变革等方面的变化带来的风险。

战略引领是决定企业发展长远性、根本性的重大核心能力。具有全球竞争力的世界一流企业的经营目标不仅是财务回报最大化，还需要拥有崇高的核心价值观与愿景，形成一种强大、真实和持久的动力。企业需要充分发挥战略的引领作用，构建应对不同产业发展情景的韧性，强调创新和价值创造，建设具有竞争优势的业务组合，打造差异化的核心竞争力。具体来看，一流企业的战略具有以下几个特征。

（一）在愿景与核心价值观引领下，业务布局突出前瞻性，具备全球视野

一流企业的愿景与核心价值观，不是仅仅局限于商业价值领域，而是立志对世界创造不可磨灭的影响。这种志向高远的目标不是仅仅停留在财务指标优异上，而是拥有强劲的内部驱动力，激励员工和产业生态中的合作伙伴共同努力，完成具有挑战性的历史使命。在企业愿景与核心价值观的引领下，企业战略中的业务布局是重中之重。在全球产业链在局部区域不断融合的背

景下，很多传统产业正在面临不断革新的压力，产业的信息化和数字化也导致市场需求的高速迭代。企业在制定战略时的前瞻性，直接决定了企业未来在市场中的领先性。在考量市场和竞争时企业需要放眼全球、知己知彼，只有整体规划业务布局，才能通过领先的战略助力企业成为全球一流企业。

（二）创造特定商业价值，聚焦差异化的定位，构建企业核心竞争力

全球市场的区域化竞争日益激烈，需要企业在业务布局中不断挖掘，给产业体系中的客户、合作方等带来的商业价值。一流的企业战略需要根据市场和竞争的动态变化，以创造特定的商业价值作为发展的宗旨和着眼点，规划未来的资源投入，从而打造"护城河"。差异化的价值定位是企业在中国和全球市场具备长期核心竞争力的根基。

（三）契合特定市场和行业的特点，以及企业自身的发展阶段，可以在业务布局、能力构建、组织和管理优化等方面进行基于战略的系统化落地，并保持灵活性

一流企业知道什么是不变的持续一贯的使命与目标，什么是可变的战略和运营方式，从而能够把握机遇，以变求生。一流的企业战略都是高度符合企业发展规律的。企业所布局的市场、行业本身的现状，以及未来发展的特点决定了企业发展的思路和策略；企业自身所处的发展阶段、面临的困难和挑战，决定了企业发展的重点和路径。同时，企业需要形成纳入业务布局、企业核心能力、组织和支撑管理体系等各方面的系统化思考模式。一流的战略是适合企业的战略，是确保可以实施的战略。同时，一流企业通常建立了完善的战略规划和战略管理体系，培养高素质的战略团队，不断提升自身战略引领企业发展的能力，以保持竞争优势。

二、中国企业现状

近年来，以各行业的领军企业为代表，越来越多的中国企业意识到战略对于实现企业长期发展目标的作用非常重要，并不断优化自身战略管理体系，包括战略规划、执行、监控和调整等方面的工作流程和制度，逐步推动战略管理的科学化和规范化。具体来看，中国企业在战略领域取得的进步和成就主要体现在以下几个方面。

（1）在市场竞争加剧的背景下，越来越多的中国企业主动提升了战略能力。无论在全球市场、区域市场还是本土市场，很多行业中的中国企业都面临与欧美领先跨国企业更直接、更充分的市场竞争。因此，越来越多的中国企业开始重视向欧美企业学习先进的战略发展和战略管理方法和实践，并将其与企业自身情况结合，运用到企业发展中，制定更加全面、长远的发展战略，构建科学的战略管理体系，以提高核心竞争力、实现差异化竞争。

（2）互联网与各产业进一步深度融合，数字化浪潮持续涌动，更多的中国企业开始注重升级战略思维。中国企业越来越重视将互联网思维（例如互联网企业的创新方法论、客户体验管理等）与企业发展战略相结合，探索新的商业模式、业务模式和运营模式。同时，越来越多的中国企业将数字化转型上升为最高管理层核心战略议题，探索利用数字化打造新的业务机会，探索新的客户互动和体验模式，从而提升企业运营效率等。

（3）中国产业升级的进程加速，推动中国企业加快战略引领下的转型升级。在产业升级的背景下，更多的中国企业开始重视在战略中明确赛道选择和业务布局方向，并升级相应的核心能力，捕捉战略性新兴产业、产业链中高端环节的市场机遇。同时，新兴产业发展速度快、不确定性更大，促使更多企业在战略规划和执行中更重视提升企业的创新能力、产业生态合作、风险管理等。此外，可持续发展是中国产业升级的重要方向，因此越来越多的领先企业开始将低碳和绿色发展融入企业发展战略中。

（4）政策环境的引导，尤其是国有企业深化改革，推进国有企业进一步完善战略管理体系。党的二十大后，新一轮国有企业改革的重心将聚焦在推动国企提质增效稳增长，推进国有资本布局优化、结构调整、战略性重组、专业化整合，加大国有企业科技创新工作力度，加快现代化产业体系建设，深化现代化公司治理，加强风险管控等方面。以市场化程度较高、具有全球化视野的领先央企为代表［例如华润（集团）有限公司（以下简称华润集团）、招商局集团有限公司等］，积极响应国有企业改革号召，在明确企业愿景与核心价值观、制定前瞻性战略、构建具有竞争优势的业务组合、打造全面的战略闭环管理体系等方面都取得了很多成果，同时其他的央企和地方国有企业也在积极推进企业战略管理体系的升级。

然而，面对更加复杂多变的世界政治和经济格局、更加激烈的市场竞争，以及持续的产业升级和技术发展、政策引导，以世界一流企业为标杆，中国企业在战略引领领域仍然有较大的提升空间，尤其体现在以下两个方面。

（一）中国企业普遍需要针对战略管理的内涵建立更全面和更深入的理解

（1）虽然很多中国企业对战略制定的重要性有初步的了解，但战略制定的过程过于专注在业务的选择上，因此战略制定只起到了市场研究的作用，难以对企业的发展提供更强有力的支撑。

（2）认为战略只是对企业的业务发展起推动作用，很多中国企业在战略上对企业整体组织、企业运营管理能力的指导等方面尚有待加强，仍然存在企业业务方向和组织及运营管理能力的脱节，企业的业务发展受阻。

（3）虽重视战略制定的环节，但战略管理的闭环仍需加强，对战略的落地执行仍需实施更有效的跟踪和评价，并及时做出调整，避免最终造成战略落地的偏差或失败。

（二）中国企业普遍需要进一步提升系统化设计战略的能力及落地执行的能力

（1）中国企业对战略规划思维框架的理解还有待提升，对成熟工具的应用还有待加强，企业普遍仍需进一步打磨系统化设计战略的能力。成功的战略规划需要基于企业自身的发展阶段和特点，从业务规划、组织与治理、运营与流程、数据与技术、文化与人才等各方面进行分析和设计，战略规划的过程本身就是对企业管理水平的一次全方位提升。

（2）如果说系统化的战略规划设计对企业提出了很高的要求，那么更加具有挑战性的是，之后对战略规划的执行和落地。战略规划的执行和落地需要企业的决策层、管理层和执行层统一思想，并且能够细化相关战略举措，将任务真正落实。同时，由于战略规划的很多落地举措都具备"新课题""跨组织""高难度"的特点，所以其执行过程会给企业带来很多挑战。

三、最佳实践

具有全球竞争力的一流企业是怎么制定战略，寻找更具优势的业务组合，并确保配套的执行体系，以确保公司价值可持续增长的呢？我们总结了一流企业的战略制定和执行普遍具有如下四大特点。

（一）对未来企业发展环境和场景预见的前瞻性

尽管企业所处行业的发展必然呈现一定的趋势，但完全寄希望于通过预测行业的长期未来前景来制定企业战略仍具挑战性，主要原因包括两点。首先，大趋势发展的速度和程度仍可能存在很大的不确定性，例如人工智能、区块链等颠覆性技术在各行业应用的广度和深度；其次，诸多不确定性外部因素将会影响各行业的发展方向，例如地缘政治、经济贸易冲突等。在这种情况下，情景分析（Scenario Analysis）这种分析工具能够通过研究未来可能出现的不同情况为当前的企业决策制定提供指导意见。与预测不同，情景分析通过探查不确定性因素和未知情况，研究未来可能出现的所有场景，并理解任何场景均可能发生。情景分析作为一种分析工具，可以帮助企业的战略制定和决策者发现盲点并拓宽对未来环境的思考，从而更好地制定当下的战略和决策。对于受外部环境变化影响较大的企业领导者而言，情景分析可提供独特的情境智力，为决策提供前瞻性视角，从而完善战略应急计划，更好地实现企业发展与产业趋势共赢的结果。对近千家跨国企业的调查结果表明，有超过60%的企业使用了情景分析工具。

情景分析最早被用于军事规划，而全球能源巨头荷兰皇家壳牌石油公司（以下简称壳牌公司）是第一家将情景分析应用于企业战略管理的知名企业，其借助情景分析有效应对了20世纪的石油危机。通过不断完善情景分析这一工具和方法，扩大情景分析在各大业务领域的应用，壳牌公司大大增强了其战略制定和战略实施的反应能力和抗风险能力，逐步成长为当前全球最大的能源巨头之一。2023年，壳牌公司完成了对未来20~30年全球能源安全的情景分析，基于对全球主要国家未来如何应对地缘政治和公共卫生危机并确保能源安全的不同路径的分析，描绘了两个可能发生的情景，并梳理出不同情景下未来的能源格局，总结出企业战略制定的关键启示，尤其是对低碳技术、可再生能源等相关市场机会的布局。目前，壳牌公司打造了几十人的情景分析专家团队，其中包括壳牌公司的全球商业环境分析副总裁、首席经济学家、首席气候变化顾问、首席政治分析师、首席能源顾问等。

为了更好地描绘、分析和解读未来的情景，德勤中国协助许多全球一流企业创造性地将人工智能技术、大数据洞察分析技术等融入基于情景分析的战略制定方法中，打造了"德勤中国勤瞻中心"（Center for the Long View，CLV），包括利用人工智能技术扫描全球的新闻、博客、专利和并购信息，快速识别出推动行业发展的关键驱动力，从而描绘未来可能的情景。此外，德勤中国勤瞻中心还利用人工智能和大数据分析来支持企业制定和选择不同情景下的战略举措，以及自动实时跟踪市场的关键信息、指标和场景变化，为企业更新调整战略提供决策支持。

（二）强调战略与创新

强调企业战略与创新，能帮助企业保持领先的竞争地位、支持多层次的创新，以及创造协同效应。有数据表明，企业95%的创新行动都以失败告终。德勤中国旗下的创新咨询机构Doblin通过对过去30年全球500家以上世界一流企业与"隐形冠军"创新模式进行总结，发现所有企业的创新发展不超过10种类型，即"创新十型"（Ten Types of Innovation）（图2-3-1）。"创新十型"不再将创新限制于产品和技术，而是从企业运营贯穿到用户体验的全过程，帮助企业建立"护城河"。这10种创新类型通过产品、体验、配置三大领域方向帮助企业寻找合适的创新路径，提高创新成功率。"产品领域"创新从产品表现和产品系统两方面关注企业产品的创新。产品表现创新涉及公司产品的价值、功能和质量；产品系统创新则将单个产品和服务连接或捆绑在一起，以创建一个强大、可扩展的生态系统服务客户。"体验领域"创新涵盖了服务、渠道、品牌和客户交互方面的创新。通过提升客户服务、改变客户沟通渠道和方式并了解用户和客户的深层愿望，企业能够为客户提供真正有价值的产品和服务。"配置领域"创新关注企业运营模式，包含盈利模式、网络（联合他人创造价值）、结构（组织并配置人才和资产）和流程方面的创新。该类创新能够帮助企业更有效地利用已有资源，使企业能够利用其独特优势高效运作。这类创新虽不直接面对客户，但仍会对客户体验产生深远影响。

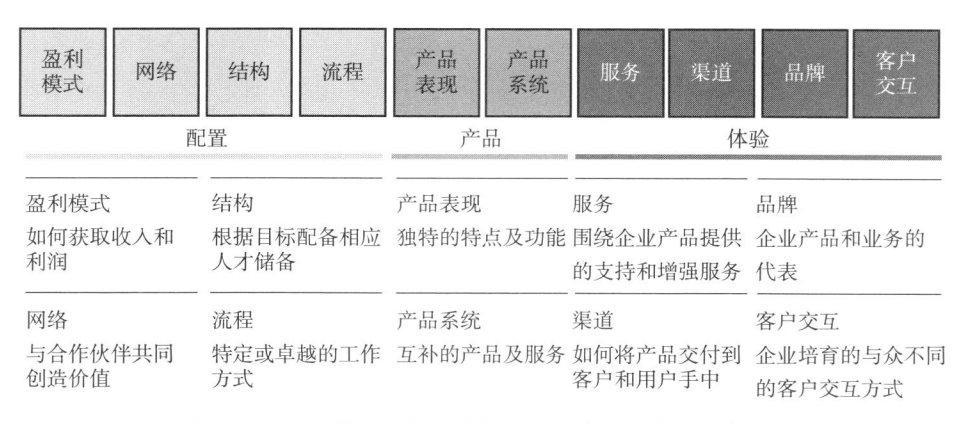

盈利模式	网络	结构	流程	产品表现	产品系统	服务	渠道	品牌	客户交互
配置				产品		体验			

盈利模式 如何获取收入和利润	结构 根据目标配备相应人才储备	产品表现 独特的特点及功能	服务 围绕企业产品提供的支持和增强服务	品牌 企业产品和业务的代表
网络 与合作伙伴共同创造价值	流程 特定或卓越的工作方式	产品系统 互补的产品及服务	渠道 如何将产品交付到客户和用户手中	客户交互 企业培育的与众不同的客户交互方式

图2-3-1 德勤中国创新发展管理工具——"创新十型"

通过德勤中国总结的"创新十型"，我们可以看到，全球最具创新力的一流企业不仅是对研发大量投入并持续推出新的技术，还强调将创新深度融入企业的战略制定和战略实施中,通过准确把握自身所在产业的内在发展逻辑,以客户需求和客户体验为中心,在企业组织的各个层面改变传统做法,实施新的模式,从而建立起强大的企业核心竞争力。

[案例1]

以苹果公司为例,这家消费电子和科技行业巨头通过多元创新,真正打造了创新驱动的战略和业务发展主线。

(1)"产品领域"创新。苹果公司的产品战略不仅强调不断迭代其硬件产品,还在软件创新和软硬件生态互通方面大做文章,从而构建起相比竞争对手高度差异化的竞争优势。目前,苹果公司线上的App store内有大概164万个应用程序,其中大量应用程序为苹果生态独有,渗透到健康、医疗、教育,甚至军事等几十个场景。App Store将广大应用程序的开发者都纳入整条价值链中,通过公开数据分析资料,帮助开发者了解用户最新的需求点,并提供指导性的意见。而在苹果公司生态圈中,如果同时使用苹果家族的产品,则可以实现多种服务功能互通。跨系统复制粘贴、Apple Watch数据共享、隔空投送(AirDrop)、CarPlay娱乐连接等功能,帮助用户在使用各种设备、服务和应用程序时可以无缝衔接,提高了消费者的黏性和忠诚度。

(2)"体验领域"创新。苹果公司作为一家消费电子和科技企业,前瞻性地将终端客户的零售体验提升到战略高度。苹果公司建立天才吧(Genius Bar)品牌体验店,是最早将店员称为"Genius"的企业。不同于传统数码人员,Genius不仅了解专业技术问题,而且对苹果公司的品牌文化、产品知识、设计美学都有深入了解,能够给用户提供优质的消费体验和服务体验。苹果公司会对每名Genius进行严格的训练,包括非常细致的关于对顾客态度、具体手势和禁止用语的指导。在苹果公司看来,Genius本质上提供的就是一种服务,让每位顾客的需求都能得到满足,这需要好的沟通、理解和协调能力。

(3)"配置领域"创新。苹果公司的组织架构模式与很多其他跨国企业的组织架构模式不同,其摒弃了以产品为主导的业务线型组织架构,而是采用专业职能组织结构。高级副总裁只负责部门职能,而不是产品。这样的组织配置将苹果公司打造为一家以职能专长为中心、专家领导专家的公司。这样的设置是因为苹果公司是处于技术变革中而颠覆率较高的消费电子和科技产业，企业必须依靠对颠覆性技术有深入了解的人的判断和直觉。在获得市场反馈和可靠的市场预测之前，苹果公司必须对哪些技术和设计可能在智能手机、电脑、可穿戴设备、虚拟现实/增强现实等领域取得成功进行押注。依靠技术专家，而不是产品线总经理，将会提高这些押注得到回报的概率。同时，苹果公司坚持认为，把一名专家培养成管理者比把一名管理者培养成为专家更容易。在苹果公司，硬件专家管理硬件，软件专家管理软件，使苹果公司在产品决策方面由职能专家把控，大大提升了创新的效率和质量，提高了创新人才资源的利用效率，并且保证所有产品带给用户的体验标准高度一致，把用户在苹果公司生态下不同产品间切换的体验做到最佳。通过不同维度的创新，苹果公司自成立以来一直是全球科技领域的一面旗帜，并正在引领科技行业朝着更好的方向前进。

（三）聚焦创造价值

更具有优势的业务组合会创造更多的价值，主要体现在内在价值、市场价值，以及对其他利益相关者的价值三个方面。一个更具优势的业务组合具有最大化的内在价值，即贴现现金流。而且，企业可通过提高资本回报率、投入新资金、释放非生产性资本等方式，持续性地提升其业务组合的贴现现金流。企业首先需要考量"收入增长"和"资本回报率"并对当前业务组合进行评估，然后通过设计不同业务组合的选择，计算各业务现金流，并衡量协同作用来构建新的业务组合。企业不仅需要关注内在价值，还需要考虑业务市场价值。从理论上说，市场价值（通常由资本市场期望驱动）应该和内在价值一致，但在实践中这两种价值可能会出现分歧，从而促使公司改变其业务组合。在部分情况下（例如企业需要通过出售"现金牛"业务资产获得现金），尽管企业业务组合有着显著的内在价值，但是该业务仍存在更合适的所有者。此时，企业可考虑将该业务出售给可最大化其价值的一方，所获收益可用于回馈投资者或发展其他高潜力业务。聚焦创造价值能够帮助企业清晰地了解其当前业务组合对于企业的价值贡献，并对业务组合进行优化。

此外，随着可持续发展理念的普及、消费者需求维度的丰富化、大众对企业社会责任要求的提升，业务的社会价值（例如通过布局为社会带来正外部性的业务、提升企业的品牌形象和影响力、增强企业员工的认同感等）也逐渐成为世界一流企业打造业务组合时考虑的重要因素。

[案例2]

美国通用电气公司（General Electric Company，GE）是多元化战略的代表性企业，曾经涉足大量不同的行业，包括电气、能源、发动机、计算机、家电、金融、娱乐、教育等。它通过多元化的确实现了业务规模的持续扩张，然而过度多元化导致企业的资源分散、组织臃肿，相较于竞争对手，通用电气的创新速度降低，逐渐忽视了业务组合的价值创造能力，陷入了长期亏损局面。尤其是曾经过度依赖金融业务，逐步丢弃公司技术创新的优良传统，导致通用电气受2008年金融危机冲击后一度濒临破产。

近些年来，GE重新聚焦价值创造，对业务组合和资产结构进行了大刀阔斧的改革，集中资源发展高技术壁垒和创新驱动的主业，以扭转发展颓势。例如，在最大化内在价值方面，GE坚持在收入增长快、盈利水平高、投资回报率高的医疗领域大力投入，充分发挥GE长期积累的技术研发优势。从净利润率来看，GE医疗业务的净利润率高达15%以上，而同期能源业务和航空业务的净利润率仅为个位数。GE医疗尤其关注高增长的新兴市场投资。以中国市场为例，2010年GE医疗在中国市场的收入仅为9亿美元，2020年增长到超过20亿美元，为GE全球收入和利润增长提供了强劲动力。此外，医疗业务自身也具备极大的社会价值。GE能够围绕医疗业务更全面地履行企业的社会责任，例如助力"健康中国2030"建设、与国家卫生健康委员会合作赋能基层医疗发展等。

在寻找其他所有者方面，GE出售了多个资产以实现业务结构重组。例如，GE将所持有的家电业务资产以54亿美元的价格出售给海尔集团公司（以下简称海尔集团），出售价格超过GE家电出售日过去12个月净利润的10倍。而在出售前，家电业务仅为GE贡献了1%的利润。通过这次交易，GE可快速回收资金，专注于发展资金及技术壁垒高、GE优势更强，且能够突出业务社会价值的能源（包括可再生能源）、航空、医疗等业务。另外，海尔集团是比GE更合适的家电资产所有者，通过这次交易，海尔获得了GE家电业务全部的研发制造能力、在美国的9家工厂，以及遍布全球的渠道和售后网络，以便将其业务规模深入全球。

在考量市值方面，2021年GE宣布将旗下三大业务单元分拆后独立上市，以提升企业整体市值（2022年GE市值已减少至1180亿美元）。单独上市的三家公司将分别专注经营能源、医疗及航空业务。2023年初，GE医疗作为独立公司在纳斯达克上市，估值310亿美元。能源业务预计于2024年上市。业务被拆分后，GE三个业务整体估值预计超过1800亿美元。

GE案例为中国企业提供了重要的启示，即多元化发展过程中需避免盲目扩张，只有始终坚持聚焦价值创造，打造具有强协同效应的业务组合，突出企业的核心竞争优势，才能实现企业的长期发展。

（四）一个更具优势的业务组合，不仅在战略上是合理的、创造价值的，而且也应是有灵活性的

传统实施战略的典型方法具有很强的行政管理性质，侧重于实施变革所需的时间、人力和活动顺序，并机械地将问题分解成若干部分，再部署团队解决问题。然而，由于现今市场环境不断发生变化，尤其是偏向消费者的行业，该类自上而下的指挥控制方式逐渐被淘汰，企业更需要兼具灵活性和协同性的战略。

灵活性战略（Dynamic Strategy）的第一要素是将战略目标转化为明确的实施准则。实施准则为实施团队指明方向，又不过分强调规范化。通常在以客户为中心的大方向下，领导者可以足够具体地描述他们想要什么，从而让员工知道应该从哪里着手，以及如何评估成果。灵活性战略的第二要素是适应快速变化的条件。针对不断变化的内外部环境，企业应做好准备，在实施战略的过程中修正路线，有时甚至改变方向。灵活性战略不是将战略实施视为一项变革计划管理组织，而是建立纠正方向和学习的机制。灵活性战略的第三要素是通过建设组织能力来长期维持战略。长期保持实施变革需要对组织能力进行不断投资，而这种努力会使组织的绩效和经营成果得到持续、长期的改善。

[案例3]

雀巢公司便是将灵活性战略应用于企业战略管理的知名企业，其以"尊重未来"为核心制定战略，围绕消费者的需求变化，持续演变其产品组合。例如，在中国市场，消费者对食品饮料产品的需求偏好在发生快速变化，对品牌商的灵活应变能力提出了更高的要求。为了更好地捕捉中国市场的增长机遇，雀巢公司坚定地实施本土化策略，和市场所在的本地消费者建立起更

紧密的联系。对于中国市场的产品布局，雀巢公司内部确定的准则是要符合"高大健"的方向，即高端化、大品类、健康化。但在具体押注哪些细分赛道和品类上，雀巢公司并没有设定长期不变的顶层战略，并要求中国管理层和各业务团队严格遵守，而是采取更加灵活的策略，通过快速的新品开发和测试，让市场和消费者来检验，对在特定时间内达到销售规模目标的品类和产品进一步加大投资，无法达到销售规模预期的品类和产品则被快速淘汰。因此，随着消费者需求和市场竞争环境的快速变化，雀巢公司在中国的产品策略也处于持续的更新迭代状态中。

为了打造快速应变能力，雀巢公司建立了创新孵化器，专注于中国本土市场快速变化和高增长的品类赛道，通过整合内外部资源，实现新产品和品牌的快速落地，大幅缩短品牌品类的孵化时间。以往，雀巢公司的产品从概念诞生到面向市场一般需要18~24个月，现在的目标是6~8个月上一个新产品或新品牌。自2018年设立以来，创新孵化器一共推出了7个全新品牌及30余款产品，先后有多个品牌经过早期孵化后被成功整合进入雀巢公司其他事业部或进行独立运营。

除了产品需求的变化，中国市场的营销和销售渠道也在以极快的速度更迭，尤其是各类新兴的社交媒体平台（例如抖音、小红书）、互动形式（例如直播）、传播生态（层出不穷的自媒体和社交意见领袖）等。因此，雀巢公司并不会制定长期不变的渠道战略，而是强调快速拥抱新兴的营销模式，持续迭代本土化的营销打法，更深度地融入中国数字化营销生态中。

总结来看，在战略制定方面具有全球竞争力的世界一流企业强调对未来企业发展环境和场景具备前瞻性，注重通过创新建立强大的竞争优势，聚焦业务组合的价值创造能力，并保持战略的灵活性。

下面，我们围绕上述世界一流企业战略制定和执行的四大特点，阐述企业如何系统化地完成战略体系设计。德勤中国将其总结为世界一流企业制胜战略的"战略阶梯选择模型"（图2-3-2、表2-3-1）。这个模型将企业需要专注解决的战略问题解构为"我们的目标与愿景是什么""我们的目标市场在哪里""在该市场中我们如何制胜""我们需要哪些能力""我们需要什么管理体系"五大模块，为企业战略体系设计提供清晰的路径和有效的方法。需要注意的是，"战略阶梯选择模型"中的五个模块并非单向线性，而是相互影响和反复迭代的。例如，企业可以基于既定目标与愿景，明确目标市场和制胜战略，也可以在完成目标市场选择和制胜战略制定后，根据战略实际执行的情况，对原来不合适的目标与愿景进行修正。

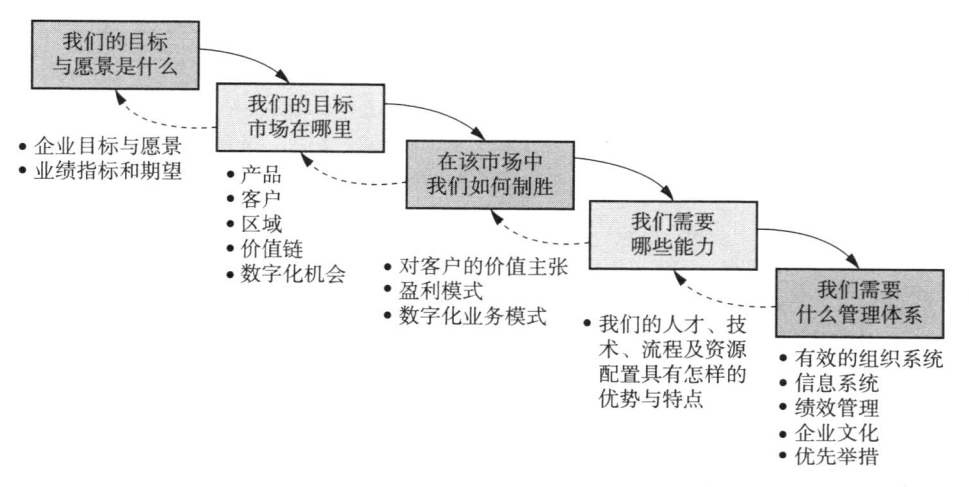

图 2-3-2　德勤中国"战略阶梯选择模型"

流程图内容：

- 我们的目标与愿景是什么
  - 企业目标与愿景
  - 业绩指标和期望
- 我们的目标市场在哪里
  - 产品
  - 客户
  - 区域
  - 价值链
  - 数字化机会
- 在该市场中我们如何制胜
  - 对客户的价值主张
  - 盈利模式
  - 数字化业务模式
- 我们需要哪些能力
  - 我们的人才、技术、流程及资源配置具有怎样的优势与特点
- 我们需要什么管理体系
  - 有效的组织系统
  - 信息系统
  - 绩效管理
  - 企业文化
  - 优先举措

表 2-3-1　德勤中国"战略阶梯选择模型"

主要模块	意义	需要回答的关键问题
我们的目标与愿景是什么？	厘清企业目标与愿景，包括财务目标及非财务目标，为战略设计确立最终方向。	• 企业在市场中的定位或业务单元在企业中的定位是什么？ • 对企业或业务单元有怎样的愿景（如固有市场捍卫者、延伸市场拓展者、新兴市场领导者）？ • 企业或业务单元在特定阶段近期、长期的增长目标和利润率目标分别是多少？ • 哪些因素将影响目标的制定？ • 各业务单元的协同合作方向是怎样的？ • 其他/非财务目标是什么？
我们的目标市场在哪里？	梳理核心业务、细分客户群、产品组合及地理区域，明确业务战略的范围和重点。	• 有哪些客户细分市场？各类细分市场的核心需求分别是什么？ • 发展重点是什么？（如细分客户群、地理区域、核心业务、新业务市场） • 适合的产业链环节和业务组合是怎样的？
在该市场中我们如何制胜？	树立价值定位、明确竞争优势、制定盈利模式，为如何取胜搭建基础。	• 如何挖掘客户核心需求，设计和规划差异化的产品及服务组合？ • 品牌构架和企业的价值定位是什么？ • 如何设计高效的内部运营以确保成本优势？ • 如何优化渠道结构以确保市场覆盖的广度和深度？ • 如何确立最优的定价方式（如以价值为导向的定价与销售）？ • 如何设计盈利模式？

039

续表

主要模块	意义	需要回答的关键问题
我们需要哪些能力？	为战略设计配备相应能力。	• 企业或各业务单元的核心竞争优势分别是什么？ • 现有各种能力处在什么水平（如市场营销能力、技术研发能力、生产运营能力、管控模式及管理决策能力、人力资源管理能力、信息系统等基础设施对于新战略实施的支持能力等）？是否需要提升，以及如何提升现有能力？
我们需要什么管理体系？	为战略配备相应的组织架构、流程体系、绩效管理体系、信息系统等，并提供切实可行的实施计划，帮助战略最终落地。	• 现有组织架构是怎样的？如何提升为更高效合理的组织架构？（组织构架、部门职责等） • 是否具备完善的流程体系和信息系统支撑？ • 是否具备明确的绩效衡量标准与方法？ • 是否具备完善的"战略实施"团队？ • 哪些是应当优先采取的举措及具体实施方案？

（一）我们的目标与愿景是什么

作为战略首要问题，需要明确企业的整体目标和愿景。"企业战略目标"为企业下属各业务单元和部门提供了清晰的方向性指导。业务目标是"企业战略目标"的关键组成，起到了承上启下的作用，即把企业整体的目标转化为业务团队的具体目标。

（1）目标制定考虑的内外部因素。外部因素中，行业推动力是不可忽视的，包括行业生命周期、价值链中的盈利点转移等。同时，不可预期的技术突破、颠覆性创新等未知因素，以及行业竞争激烈程度、宏观经济环境的变化等也会导致业务水平可能低于增长轨迹。相较之下，内部因素更为可控并更易预测，包括企业或业务单元所处的生命周期（业务本身的成熟度及其运营系统）、领导力、人才团队及基础设施平台（如信息系统等），以及财务资源保障等。

（2）目标的分类。其中包括经济性目标、非经济性目标。经济性目标按照时间跨度可分为近期目标、中长期目标和弹性目标。近期目标的可预测性为业务提供了相对精确的参考值，但只关注近期收益将难以支撑业务的可持续发展。因此，有必要制定旨在超越近期的、可以保持并提高收益的中长期目标。弹性目标则充分考虑了不可预见事件对业务战略的影响。这类事件的发生概率相对较小，但对收益与业务的影响是巨大的。尽管经济目标是绝大多数企业和业务单元行为的核心和决定因素，但也存在对业务起到补充作用，甚至发挥着核心作用的非经济目标。对外而言，非经济目标包括社会责任、社会地位、名誉等；对内而言，非经济目标则包含企业文化、团队建设等。

（3）制定目标的过程。目标制定是结合分析并不断调整的，应考虑目前的业务状况及资源情况，分析造成目前业务水平的主要原因、目前业务竞争优劣势等。同时，应对外部市场环境进行分析，识别推动市场发展的核心驱动因素，描绘未来可能出现的场景，分析关键竞争对手可能的市场策略等。

（二）我们的目标市场在哪里

考虑"目标市场"时，主要考虑业务应如何组合，以支撑既定目标的实现。如果企业希望实现长期、可持续的增长，就必须兼顾增长现有业务和寻找、创造新业务。企业制定业务组合的矩阵，该矩阵应由三个部分组成，即核心业务、毗邻业务和全新业务，三者的不确定性依次增强（图2-3-3）。

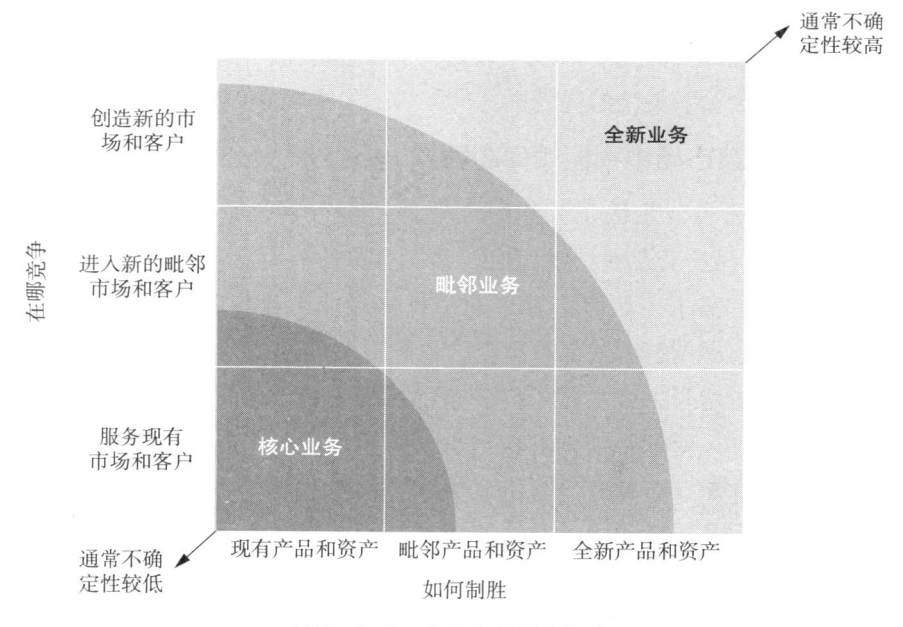

图 2-3-3 企业业务组合矩阵

（1）核心业务。最大化现有产品组合、客户、渠道及各地域市场的营利性增长。其目标在于保持原有业务优势，并运用独特的能力来满足客户需求。企业需要思考的问题是，如何在现有领域取胜。

（2）毗邻业务。运用现有资源及能力扩展现有业务范围，目标在于扩大优势，从邻近需求中获利。企业需要思考的问题是，如何在相关市场中取胜，可以利用核心业务的什么内容来取胜。

（3）全新业务。发展新的资源及能力进入或创造新的市场，在一定程度上转移竞争。其目标在于创造全新的优势，并为企业创造新的业务增长点。企业需要思考的相应问题是，如何避免被现有业务抑制，应当在何时、何处整合和更新核心业务。

当具体设计"在哪里竞争"时，需要结合目标客户或市场、目标产品或服务和所需商业模式进行分析，确定关键客户、细分市场和区域。

在确定目标客户、细分市场及区域过程中，企业应列举初步识别出的"成长机会"并结合自身的业务能力鉴别出切实可行的"业务机会"。筛选"成长机会"往往需要定性和定量分析相结合，并且需要企业内部不同人员的参与，对备选机会的外部市场环境和企业的竞争力进行综合评价。对于外部环境的分析，"波特五力模型"仍是较为有效的分析工具，该工具可帮助企业确定一个市场或行业的竞争环境。通过对各"业务机会"的评估，最终确定对各个备选机会给予关注的优先级。

（三）在该市场中我们如何制胜

甄别与筛选出企业优先关注的"业务机会"后，企业需要制定相应的"取胜"策略。业务以何种方式组合、目标客户的核心要求、企业如何提供产品和服务满足其需求、如何在客户期望价格和业务目标利润之间取得平衡、如何提升客户忠诚度等因素都是制定"取胜"策略的关键。

由于不同的增长来源具备不同程度的不确定性和风险，企业应当制定符合其增长目标和风险承受度的业务组合。常见的类型包括专注于现有业务和毗邻市场的保守型、兼顾现有业务与未来业务的均衡型，以及着力开发新市场和新商业模式的激进型。

一般而言，业务组合选择会有以下常见问题和改进方向。

（1）缺乏增长举措来实现目标，需要判断额外投资方向（内部或外部并购）。

（2）较为单一的业务构成了主要收入来源（如地理区域、业务单元、产品种类等），需要增加业务组合多元性。

（3）大部分业务体量小、分散且独立，需要把资源集中于更有潜力的业务上。

（4）缺乏对萌芽期机会的恰当处理（如好的概念得不到好的执行等），需要优化新产品开发流程，以及设立完善的产品量化/摒弃的决策规则。

（5）过于关注传统业务，需要更重视创新或并购整合机会来发展新业务。

无论选择了哪种类型，企业都应从其增长目标出发来制定业务组合。在确定了业务组合后，企业往往需要确定将采用何种方式实现业务组合和目标。根据迈克尔·波特的"竞争战略"理论，通常企业采用的战略包括总成本领先（Overall Cost Leadership）战略、差异化（Differentiation）战略、专一化（Focus）战略（专注特定细分市场）。为配合上述战略的制定，企业往往需要进行更为细致的客户需求、市场潜力、销售渠道分析，以制定出在特定条件下的业务模式、盈利模式，以及确定有别于同类竞争对手的竞争优势战略。

需要说明的是，上述的战略选择往往针对基于企业自身资源的"有机增长"。企业如果在目标制定及业务组合确定后发现，单靠自有资源无法满足业务发展的目标要求，则需考虑战略联盟或兼并收购战略，以使企业拥有在有限的时间内快速实现战略目标的能力。

（四）我们需要哪些能力

在业务战略目标之下，业务组织应当重新审视目前具备的能力，以及与业务战略所要求能力之间的差距。通常，能力分析可从以下几个方面总结。

（1）营销与销售，包括符合业务发展的渠道结构与管理能力、销售团队及技能、多样的营销方式及渠道、线上线下相结合的销售模式、客户管理等。

（2）研发和工程技术，包括基于客户需求的新产品研发、新服务和解决方案创新、核心工艺技术开发、贴近客户需求的应用开发、产品线拓宽等。

（3）供应链，包括低成本生产能力、持续改善生产流程能力、完善的质量监控体系、迅速把产品推向市场的能力、可满足小批量多品种的柔性生产能力等。

（4）人力资源管理，包括支撑战略实施的人才梯队建设、多渠道的人才招聘模式、清晰的人才发展规划和培养机制、系统的人才绩效评价机制等。

（5）其他。对市场变化和机会迅速反应的能力、内部信息化平台等。

同时，企业可以从价值链的角度考虑自身所需提升或补足的能力。价值链将企业运作分解为主要业务和辅助业务，揭示了企业成本结构的主要因素。通过与主要竞争对手相关的成本数据进行对比，企业可以找出哪些内部业务是成本优势或劣势的源头。在利用价值链分析企业能力时，尤其在与竞争对手进行比较时，需要注意同行企业的价值链也会有所不同。企业的价值链和开展各项业务的方法反映了其独特的业务和内部运营、战略、实施战略的途径，同时包含隐含于业务活动的经济因素。正因为各企业之间在这些因素上存在差异，各企业的价值链才有可能存在本质上的区别。这种情况使评价竞争对手之间的相对成本地位变得复杂。除了考虑企业内部业务成本之外，产业链上下游合作者的业务与成本也是其影响因素。

（五）我们需要什么管理体系

当"目标市场"和"制胜之道"确定后，业务战略设计的重点就转移到了如何设计管理体系上，使之能够支撑"战略"的实施。无论是业务战略的执行，还是竞争能力的建立和加强，都依赖好的团队合作和激励员工给予战略支持。其中，组织的调整和建设是管理体系的关键要素之一，最终目的是使组织结构适应战略需要，并使战略有效落地。

虽然每家企业的组织结构都具有自身的特性，但仍然存在一些企业需要共同考虑的问题。

（1）决定职能执行的方式（外包或自我执行）。在每项业务中，从获得战略成功和竞争优势的角度来看，一些价值链活动要比其他活动更为关键。通常一些重要的价值链活动就是某些关键的业务过程，与组织能成功地执行战略所需的能力恰好匹配。一般来说，关键战略活动应该在组织内部进行，保证管理人员可以直接掌握具体业务的绩效，而相对不重要的战略活动则可以通过外包的方式完成。

（2）按业务战略要求调整组织职能和关键业务流程。某些战略的实施需要跨部门合作，而在传统的职能组织结构下，没有任何一个团队或管理人员能够对此类战略完全负责，因此牵涉到多部门的战略举措往往难以顺利实施。所以，有必要重新定义相关部门的职能范围和关键工作流程，或建立交叉职能工作团队，把各个职能部门成员组成一个团队来共同完成从职能组合里提取出的关键流程，从而实现关键战略结果。

（3）决定不同部门和职能的管控模式。在执行战略时，企业必须决定授予每个组织部门管理人员和员工多大的权力，特别是业务部门和职能部门。企业可以由高层集中做决策，或在管理人员和员工的责任范围内授予他们足够的权力分散做决策。恰当的管控模式将激发各部门战略执行的积极性，有利于战略的真正落地。

总而言之，"战略阶梯选择模型"是世界一流企业开展战略制定的领先实践，其核心是基于内外部资源明确自身的目标和定位，从而做出一系列相互耦合的战略选择（做什么和不做什么），完善关键能力、组织和管理体系建设。

除了战略制定的"战略阶梯选择模型"，世界一流企业还着重打造战略动态更新和闭环管理体系，打造战略与执行高效协同的桥梁，将组织制定的任何举措快速地转化为实际行动，从而产生提升业绩的效果。

相比战略的制定，战略的执行往往更具有管理上的挑战性。这主要是因为执行战略需要管理人员参与大量管理活动，进行大量管理实践，掌握各项管理技能，处理各种可能出现的混乱情况，克服组织各层级对变化的抵制等问题，并协调各部门工作，使其成为一个整体。

因此，通过系统化方法制定的战略，还应该通过战略闭环管理，将战略计划拆解为业务团队和职能部门的目标，并落实到企业的关键行动和考核体系中。经过一段时间的实施，还需对战略进行及时的回顾和更新，从而不断提升企业的战略执行能力，使企业在战略的引领下真正实现高质量发展。战略闭环管理体系包括战略制定、战略分解、战略执行与考核、战略回顾与更新四个组成部分（图2-3-4）。

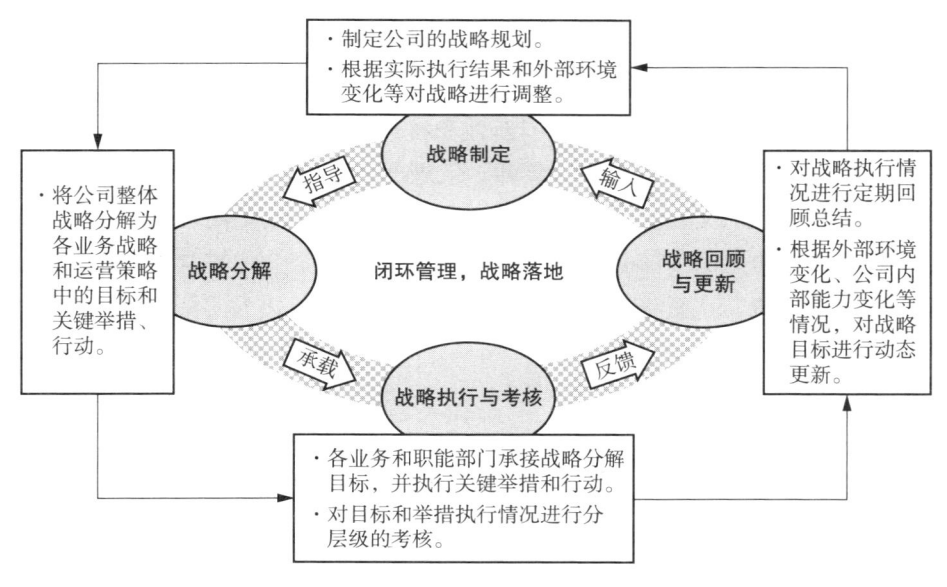

图2-3-4 战略闭环管理体系

（1）战略分解。尽管企业在制定业务战略的过程中已有详尽的考虑和规划，但仍存在各种风险阻碍业务战略的实施。根据先前制定的战略举措，企业需要发现和分析实施业务战略可能存在的主要不确定因素和风险，并制定风险规避和应对的具体方案。企业需要通过实施路线图将战略变革落实到各个部门，从实施角度对战略目标进行分解，从而细化战略目标、制定分级战略举措并明确各阶段里程碑。

（2）战略执行与考核。对于每一项拆解后的举措，责任部门或团队都需要明确战略实施的时间表，根据项目的具体执行情况定期检验目标和举措的完成度，并适当调整时间表。各部门或团队在协作过程中，要把实施路径图细化到每个利益相关者，确保每个部分都有明确的负责人是非常重要的。此外，各层管理人员需要监督组织的实际日常运作是否与业务战略一致。因此，设定合理的绩效评估指标是决定监督成效的关键。企业应当使用战略规划和平衡记分卡等工具设定合理的绩效评估指标，确保战略和绩效评估指标的一致性与结果导向性。同时，管理层需要确定战略实施所需要的资源，根据战略执行情况合理调整资源和预算在各个部门的分配，并采取相应的资源获取和整合措施，支持战略计划的实施。

（3）战略回顾与更新。这是被很多企业忽视的重要工作。随着外部市场环境和企业内部能力的变化，企业应对公司战略、业务战略的执行效果进行及时评估，对战略目标进行动态更新，或者为下一个阶段的企业战略制定收集信息。通过动态更新战略形成战略闭环管理，企业能够及时审视自身业务组合的前瞻性、价值创造能力、创新性和抗风险性，从而更灵活地应对快速变化的市场环境，实现在战略的牵引下穿越产业周期。

战略制定在前文已经交代过，这里就不再赘述。战略闭环是企业战略制定与执行有效协同的连接器。通过战略闭环管理，企业能够构建一个严密而有效的实施系统，从而将组织制定的战略举措快速转化为实际行动，发挥提升业绩的作用。

四、参考对标体系

借鉴"德勤中国卓越管理企业"的评价模型，我们建议企业从愿景、使命与价值观、战略制定、战略沟通和战略执行等四个方面对战略进行评价（表2-3-2）。

表2-3-2 德勤中国战略管理评价体系

一级要素	二级要素
愿景、使命与价值观	• 愿景坚守独特的核心价值和目标；高瞻远瞩，不仅局限于商业价值领域，而且立志对世界创造巨大影响。 • 愿景融入了股东的投入、企业文化和价值观，以及企业核心能力。 • 愿景、使命与价值观提供了一个共同的企业目标和认同感，被充分用于定义发展方向和决策。

续表

一级要素	二级要素
战略制定	• 战略计划的制订充分围绕企业的核心能力并聚焦客户。 • 评价指标能够充分反映出进展、变化并推动关键行动。 • 清晰的计划、行动方案和责任分配。 • 经常和战略咨询顾问及其他内外部利益相关者共同对战略进行回顾，保持战略的灵活性。 • 洞察未来战略性新兴产业发展方向，有效选择产业组合，果断剥离非相关低速发展业务。 • 战略稳定持续，配合灵活的战略、组织设计调整。
战略沟通	• 内外部持续沟通战略，战略阐述简明，明确其核心价值、独特定位与战略目标。 • 战略沟通强调聚焦。 • 理解价值观与动机的重要性。 • 传达和接受时，双向交流总是比单向交流更有力。 • 战略计划和进度更新会根据不同的利益相关者，通过不同渠道进行有效沟通。 • 企业文化自始至终支持战略目标的达成。
战略执行	• 战略的执行过程充分考虑行业领先实践、关键绩效指标（Key Performance Indicator，KPI）和财务的水平。 • 战略由强有力的、渴望推动业务向前发展的领导团队负责执行。 • 中层管理人员充分参与战略执行过程。 • 在战略复盘中进行敏感性分析，明确每种情境的战略风险识别与应对方法。 • 保持业务战略的灵活性。

五、参考对标案例

（一）丹纳赫集团[①]

丹纳赫集团（以下简称丹纳赫）成立于1984年，是全球科学与技术的创新者，在健康、环境和工业应用等应用领域拥有众多世界知名的品牌。作为全球最成功的实业型并购整合公司之一，丹纳赫从1986年开始累计收购600多家实业公司，从一家不起眼的信托公司发展成为位列世界百强榜的综合性制造业集团。通过内生增长、兼并、收购，丹纳赫的总市值已高达926亿美元。2022年，丹纳赫营业收入达到315亿美元（约合2255亿元人民币）。

---

① 根据丹纳赫集团官方网站公开信息整理。

丹纳赫拥有先进的战略管理能力,并发展出独特的战略管理体系。从1988年开始,丹纳赫开始关注总公司及其并购子公司之间的运营和协调。其子公司Jacobs借鉴丰田汽车的精益生产,基于"Kaizen"看板原则发展了一整套创新管理方式,并逐渐在公司内部整体推行。在"Kaizen"看板原则下,公司各级员工积极合作,对制造流程进行定期、渐进式的改进。丹纳赫随后在2000年初将增长(Growth)模块引入其战略管理体系,用来推动商业和研发创新的管理实践,并在最近的20年内引入了领导力(Leadership)模块,使丹纳赫的战略管理方法发展成为涵盖战略制定、战略执行、精益管理等更加均衡的管理体系。丹纳赫战略管理体系的核心组成部分包括以下三个方面。

1. 统一的价值观和战略制定原则

丹纳赫提出了长期坚守的5个独特的核心价值观。"最好的团队获胜"(The Best Team Wins),即一切高效管理系统的基础都来自高质量的团队;"客户说话,我们倾听"(Customers Talk,We Listen),即以客户为中心,认真倾听客户的声音,关注客户价值;"改善是我们的生活方式"(Kaizen is our way of life),即持续改进、改善是企业生存之道,必须融入管理基因,成为日常习惯;"创新定义未来"(Innovation defines our future),即市场持续进化,创新是企业持续增长、保持活力的基础;"我们为股东竞争"(We compete for shareholders),即为了更好地创造股东价值而竞争。这5个核心价值观不是仅仅局限于商业价值领域,而是丹纳赫立志对世界产生巨大影响的愿景。

2. 战略制定和执行的成熟方法

(1)战略规划。丹纳赫要求旗下的各个业务在战略规划时首先回答两个问题,分别是"我们在参与什么竞争"和"我们如何取胜"。

在回答"我们在参与什么竞争"这个问题上,丹纳赫要求各个业务明确进入哪些细分市场。经过多年的发展,丹纳赫逐渐形成了对高技术、高壁垒、高毛利的利基市场的偏好,这样的市场通常在10亿美元规模以上,拥有长期增长的潜力,且集中度较低、为大企业所忽略、存在客户未满足的需求。优选进入利基市场成为丹纳赫业务扩张的一项重要指导原则。

在回答"我们如何取胜"这个问题时,丹纳赫强调两点:优势业务组合的打造和基于客户洞察的创新。选中了一个细分市场后,丹纳赫往往会围绕一个核心子公司进行一系列互补性投资,以构建起支撑行业主导地位的优势业务组合。例如，丹纳赫在收购贝克曼库尔特的同时，也收购了蓝海生物医疗（Blue Ocean Biomedical），并购后者所获得的血细胞计数技术可有效支持贝克曼库尔特的血液业务。丹纳赫强调通过创新驱动业务发展，持续构建和强化在目标细分市场的引领地位。以丹纳赫在中国市场的"创升中国"战略为例，其目标是在中国构建起市场开拓的"三大飞轮"，即以客户洞察带动产品创新，以产品创新推动生产流程快速跟进，以精益化的商业模式迭代、裂变或并购快速整合，最终实现目标细分市场的充分覆盖。围绕其"创升中国"战略，丹纳赫的目标是"8080"，即80%在中国销售的产品实现在中国本土化生产，其中80%的供应链和原材料采购实现中国本土化供应，并通过开放式创新，让创新型、差异化的产品在中国的产品销售组合中占据较高的百分比。

（2）战略分解。明确"我们在参与什么竞争"和"我们如何取胜"这两个问题后，丹纳赫基于战略和组织的优先级（How），将优先级目标分解成为具体的绩效指标（How Much），并明确资金、人员等资源分配（Who），以及完成计划的具体时间安排（When）。在具体操作过程中，丹纳赫会将所有目标的拆解和路径的细化整合在一张全景图中，即战略落地矩阵图。这张战略落地矩阵图为丹纳赫的战略制定和问题解决提供标准化的流程帮助，包括：①找到公司需要做什么，制定3~5年的战略目标，再将这些目标进一步分解，落实到年度目标；②找到解决问题的方法，在众多目标中找到需要优先完成的项目，并制定方案；③设定内部测量的维度和指标，找到关键资源，制订出完整且详细的计划，再从事先设定的优先解决事项入手。

（3）战略执行。当公司就战略目标达成一致后，丹纳赫会利用一个政策部署（PD）工具来推动和监督战略的执行，该体系的核心是政策部署评估。丹纳赫每月会进行一次政策部署评估，评估的目标与战略计划直接相关。首先是将显著改善公司业绩的3~5年目标；其次是为了保证战略正常实施必须达到的年度目标，特别是依据突破性举措制定的目标，丹纳赫会针对这些目标进行必要的流程改善，并根据具体的产出指标跟踪改善情况。衡量目标的指标包括股东（核心营业收入增长、毛利增长、提升现金流/流动资金周转率）、客户（品质、准时交付率），以及员工（岗位内部竞争率、员工留存率）等方面。

（4）人才支撑。人才是丹纳赫战略管理体系运作的基础。丹纳赫拥有独特的雇主文化、高度重视内部人才，具备丰富多维的培训体系和闻名行业内外的管理体系，为人才的发展提供了沃土。以丹纳赫中国市场"创升中国"战略为例，从战略视角来看，丹纳赫对组织核心人才的核心标准可以总结为"战略眼光+领导才能+执行能力"。此外，为了确保自身战略管理体系的延续性，丹纳赫将战略管理细化到所有管理人员，使其成为企业文化的一部分。丹纳赫通常会先对管理人员进行一周的培训，再举办一周的持续改善活动。培训旨在让新加入的管理人员了解战略管理体系的各项要素，并从实践中学习。通过持续培训，丹纳赫帮助新加入的管理人员了解其战略管理体系并在商业实践中应用。

3. 通过三个工具箱赋能下属企业的战略制定和战略执行

（1）核心工具箱（Fundamental Tools）从倾听客户声音、建立价值流程图、标准化流程、进行可视化日常管理、"Kaizen"看板、6S 精益管理等方面帮助下属企业提升战略制定和执行的效率。

（2）创新工具箱（Innovation Tools）通过领域（Domain）和路线图（Roadmap）定义产品创新领域和细分市场，随后通过执行资源（Execution & Resources）、跨职能协同开发（Cross Functional Dev.）和满足需求（Fulfill Demand）三个层面保证产品落地。具体的工具包括产品战略、产品规划、客户细分、丹纳赫创新流程、加速产品开发、高效产品开发评估等。

（3）商业工具箱（Commercial Tools）则包含了从市场洞察到销售实现的全过程。从建立用户画像、发掘用户价值主张、了解购买习惯到管理销售渠道，商业工具箱通过整合营销资源帮助企业实现产品商业化的目标。具体的工具包括变革性营销、价值销售、销售线索孵化、销售漏斗管理、战略商务谈判、销售团队关键举措等。

从整体上看，丹纳赫战略管理体系构成了企业战略的闭环体系：从企业愿景与价值观、目标制定和分解、战略执行与考核，到以考核结果支撑战略的优化和改善。同时，在多年的实践经验基础上，丹纳赫总结出了一整套成熟的工具，帮助其在进入新的细分市场或收购新的企业时，能够快速地建立清晰的战略目标和执行体系，并根据执行情况持续进行优化改善，从而保持行业领先地位。

（二）华润集团[①]

> 华润集团是我国央企改革的"排头兵"，经过 80 多年的发展和多次"再造华润"，华润集团奠定了目前的业务格局，涵盖大消费、综合能源、城市建设运营、大健康、产业金融、科技及新兴产业六大领域，下设 26 个业务单元。2022 年，华润集团总资产规模突破 2.3 万亿元，实现营业收入 8187 亿元，位列 2023 年《财富》世界 500 强榜单第 74 位。所属企业中有 8 家在香港上市，9 家在内地上市，其中华润置地、华润啤酒、华润万象生活和华润电力位列香港恒生指数成分股名单。

以打造华润特色国有资本投资公司、建设具有全球竞争力的世界一流企业为目标，华润集团的战略管理呈现出了以下四个特点。

1. 平衡责任与市场机遇，定义清晰的业务布局原则

作为一家资本投资型央企，华润集团在发展过程中坚持多元化经营。在判断是否开展新业务时，华润集团基于其资源优势和现有业务积累，制定了行业进入的七项标准，即自身所熟悉、有管理能力、资金门槛较高、能获得政府支持、可以掌控资源或消费终端、贴近大众生活、能做成行业（并非单一业务经营），并以此为战略指导实现集团产业多元化的目标。以华润燃气控股有限公司（以下简称华润燃气）为例，燃气业务在集团重组整合中得到保留并发展壮大，主要基于以上行业进入标准的考虑：首先，燃气业务发展初期，国内城镇化进程加快，城区居住人口快速增加，蕴藏庞大的燃气消费市场。其次，燃气属于资源占有型业务，华润集团具有资源优势。再次，本身拥有燃气业务经历，在资源及管理上都有所积累，有利于快速切入，实现快速扩张。"十四五"时期，华润集团将业务发展方向进一步总结为"大国民生"和"大国重器"。"大国民生"是华润集团业务的基石和根据地，包括现有的消费品、综合能源、城市建设运营、大健康、产业金融等；而"大国重器"是华润集团业务的未来和新大陆，包括微电子、新材料、生物医药等科技与新兴领域。做好"大国民生"，发展"大国重器"，是华润集团业务布局的战略基点和资源配置的原则。

---

① 根据华润集团官方网站公开信息整理。

2. 打造具有竞争优势的业务组合，通过持续专业化整合提升价值创造能力

华润集团坚持通过战略性重组和专业性整合，打造具有市场竞争力的业务组合。例如，为了解决前期盲目扩张导致的业务庞杂、管理混乱问题，华润集团曾经以集团多元化、利润中心专业化为战略指导，以"打造以实业为核心的多元化控股企业集团"为目标，逐步形成了七大战略业务单元（消费品、医药、地产、金融、电力、水泥、燃气）和多个一级利润中心。近几年，由于市场环境变化和国有企业改革试点的要求，华润集团启动了新一轮的转型，着力打造"具有华润特色的国有资本投资公司"，形成了目前的六大行业领域。此次转型中，华润集团进一步推动内部业务整合，重点推动基于业务板块的专业化分工和集约化经营。例如，为了整合大健康产业，专注医药和医疗业务，华润医药集团有限公司吸收整合了华润堂（深圳）医药连锁有限公司和华润三九医药有限公司（以下简称华润三九）。在综合能源产业方面，为了提升华润集团在成渝双城经济圈燃气行业的影响力，华润资产管理有限公司将持有的重庆燃气集团股份有限公司16.09%的股权转让给华润燃气，使华润燃气的持股比例上升至39.17%。在科技与新兴产业方面，为了提高华润微电子有限公司（以下简称华润微电子）在国内功率半导体领域的市场份额及竞争地位，华润通过股权划转使华润微电子获得重庆华微52.41%的股权。通过专业化整合，华润集团实现了资本布局的持续优化、国企核心竞争力的提升和价值创造能力的增强。

此外，华润集团在提升业务组合价值创造能力方面，对业务市场价值和所有者价值也保护关注。在市场价值方面，华润集团在业务达到上市条件后积极操作上市，之后以做成行业龙头为目标，利用资本市场开展兼并收购，达到快速做强、做大主业的目标，最大化企业的资本市场价值和融资能力，为企业的长远发展持续注入资本支持。在所有者价值方面，华润集团坚持"两非两资"（非主业、非优势业务）和"处僵治困"（僵尸企业、困难企业）清理力度，推动集团"瘦身健体"，通过非核心资产的剥离实现资金回流，反哺主营业务，最大化股东价值。

3. 面对快速变化的市场环境，保持战略前瞻性和灵活性

华润集团坚持服务国家战略的发展路径，大力发展前瞻性战略性新兴产业，包括新能源、新材料、生物技术、集成电路等。华润集团依托华润创业

有限公司（以下简称华润创业）联合组建产业投资平台，如与香港城市大学成立科技创新投资平台，致力于加快在科技新兴领域布局和创新平台建设，关注"专精特新"领域的投资机会，加快推进国家级科研平台建设，积极参与国家实验室建设，如华润创业在香港成立了华润科学技术研究院等。围绕科技创新的投入虽然短期内不能转化为财务回报，但无疑为华润集团的长远发展奠定了坚实的基础。

同时，面对经济发展步入新常态、技术革新和消费者需求的快速变化，华润集团也高度重视各个主营业务的战略灵活性，保证主营业务能够应时、应势进行变革，不断捕捉和创造新的市场机会。以零售行业的华润万家有限公司（以下简称华润万家）为例，华润万家始终以"研究消费者，将消费者的需求放在首位，主动拥抱消费趋势"为战略原则，构建差异化的商业模式。例如，华润万家连续推出高端超市品牌"Olé"，投资消费者数据分析公司，打造新零售品牌"萬家MART"和"萬家LiFE"，创建聚焦中高收入优质年轻家庭消费群体的创新型高端超市品牌"萬家CiTY"，倡导兼具品位、休闲和健康的生活方式等。相较于传统大卖场，华润万家的商品差异化率近60%。持续多年的品牌创新，充分体现了华润万家对于实体商超这一零售业态变革方向的持续探索。

4. 构建6S管理体系，实现战略闭环管理

为了应对多元化扩张带来的战略管控的挑战，同时加强业务间的战略协同，华润集团从自身特点出发，探索出了以6S为核心的多元化控股企业管理模式。6S是战略规划体系、战略评价体系、战略审计体系、经理人考评体系、管理报告体系和商业计划体系等6个体系（System）的简称。通过6S体系，华润集团实现了对各业务从战略制定、战略执行，到战略回顾和战略更新的闭环管理。战略规划体系是起点，帮助企业确定发展方向、中长期目标和重大战略举措；商业计划体系是对战略举措的分解，帮助企业制订行动计划和预算，落实战略并进行战略检讨；管理报告体系是对战略执行的过程和结果进行监控和分析；战略审计体系是对战略执行方向、结果真实性等的审计，为业绩评价、经理人考核任免提供依据；战略评价体系是对战略执行过程和结果的评价；经理人考核体系是依据战略评价结果对经理人进行考核奖惩，从而驱动战略的执行。6S管理体系使华润集团管理层可以及时、准确地获取业务和管理信息，有力地促进了总部战略管理能力的提升和战略导向型组织的形成。

第四章　品牌影响力

> **世界一流企业关键要素二**：品牌在全球范围内成为品质和价值的保证，品牌的美誉度和客户忠诚度高，品牌价值位居国际同行业前列；品牌建设以客户为中心整合价值，企业在产品与服务生命周期各个阶段与客户持续互动；同时具备完善的品牌保护能力和品牌运营模式，品牌开拓市场并获得利润的能力强。

一、一流企业特征

品牌是企业进入市场并保持长久生命力的重要保障。英国品牌研究者莱斯利·德·彻纳东尼在其著作中如是定义品牌：一个成功的品牌是一个可辨认的产品、服务、个人或场所，它能以某种方式增加自身的意义，使得买方或用户感受到相关的、独特的、可持续的附加价值，并且这些附加价值最有可能满足他们的需要。

2022年，由世界品牌实验室独家编制的2022年度（第十九届）"世界品牌500强"排行榜揭晓（表2-4-1、表2-4-2）。2021年排名第四位的苹果公司跃居第一位；微软公司击败谷歌公司居第二位；谷歌公司居第三位。美国共有198个品牌入选，稳居榜首。中国品牌入选数为45个，继续保持第四名的成绩，其中表现亮眼的大多是以硬产品为主的品牌，例如国家电网、海尔、华为、华润、五粮液、青岛啤酒、中化、宝武、恒力、徐工等，主要集中在能源与制造业领域的大型集团企业，且以中央企业、国有企业为主力。相比较之下，欧美国家的上榜企业呈现更加多元的行业布局，尤其是在传媒与互联网等领域，其中不乏大量以综合服务为代表的领先数字品牌，包括迪士尼、奈飞、谷歌、亚马逊、Zoom、Spotify、IBM等。

表 2-4-1　2022 年世界品牌实验室"世界品牌 500 强"排行榜入选数最多的 11 个国家

排名	国家	品牌数量/个 2022 年	品牌数量/个 2021 年	品牌数量/个 2020 年	代表性品牌	趋势
1	美国	198	198	204	苹果、微软、谷歌、亚马逊、沃尔玛、麦当劳	→
2	法国	47	48	45	路易威登、香奈儿、迪奥、爱马仕、欧莱雅	↓
3	日本	46	46	44	丰田、本田、花王、佳能、索尼、松下	→
4	中国	45	44	43	国家电网、海尔、腾讯、中国工商银行、华润、五粮液	↑
5	英国	35	37	40	联合利华、英国石油、普华永道、沃达丰、汇丰	↓
6	德国	28	26	27	梅赛德斯-奔驰、宝马、思爱普、敦豪、大众	↑
7	瑞士	18	17	18	雀巢、劳力士、瑞信、万国、欧米茄	↑
8	意大利	15	15	15	古驰、葆蝶家、法拉利、菲亚特、普拉达	→
9	加拿大	7	7	7	汤森路透、庞巴迪、加拿大皇家银行、多伦多道明银行、安桥	→
10	荷兰	7	9	9	壳牌、飞利浦、喜力、荷兰国际集团、毕马威	↓
11	韩国	7	8	7	三星、现代汽车、起亚、乐金、乐天	↓

表 2-4-2　2022 年世界品牌实验室"世界品牌 500 强"排行榜中的 45 个中国品牌

中国排名	500 强排名	品牌英文	品牌中文	行业
1	22	State Grid	国家电网	能源
2	35	Haier	海尔	物联网生态
3	38	Tencent	腾讯	互联网
4	41	ICBC	中国工商银行	银行
5	60	HUAWE	华为	计算机与通信
6	62	CCTV	中央电视台	传媒
7	66	China Resources	华润	多元化
8	83	China Mobille	中国移动	电信
9	89	Alibaba	阿里巴巴	互联网
10	92	China Life	中国人寿	多元金融

续表

中国排名	500强排名	品牌英文	品牌中文	行业
11	117	TSMC	台积电	计算机与通信
12	119	Lenovo	联想	计算机与通信
13	124	CNPC	中国石油	能源
14	132	Ping An	中国平安	多元金融
15	135	Sinopec	中国石化	能源
16	195	COFCO	中粮	多元化
17	199	Bank of China	中国银行	银行
18	204	CCB	中国建设银行	银行
19	237	Moutai	茅台	食品与饮料
20	239	WULIANGYE	五粮液	食品与饮料
21	240	China Telecom	中国电信	电信
22	248	China Southern Power Grid	中国南方电网	能源
23	285	Air China	国航	航空
24	286	Changhong	长虹	电子电气
25	288	TSINGTAO	青岛啤酒	食品与饮料
26	295	CNOOC	中国海油	能源
27	297	Baidu	百度	互联网
28	305	CMC Group	中信集团	多元金融
29	309	Sinochom	中化	化工
30	313	China State Construction	中国建筑	工程与建筑
31	338	Agricultural Bank of China	中国农业银行	银行
32	342	People's Daily	人民日报	传媒
33	343	Baowu	宝武	钢铁
34	351	CRCC	中国铁建	工程与建筑
35	369	Xinhua News Agency	新华社	传媒
36	366	CHOW TAI FOOK	周大福	钟表与珠宝
37	369	Hengli	恒力	石化、纺织
38	379	AIA	友邦保险	保险
39	382	China Merchants Bank	招商银行	银行

续表

中国排名	500强排名	品牌英文	品牌中文	行业
40	386	XCMG	徐工	工业设备
41	388	Shenghong	盛虹	石化、纺织
42	401	BEIDAHUANG	北大荒	农业
43	405	ITGHOLDING	国贸控股	多元化
44	418	Xiacmi	小米	计算机与通信
45	442	Weiqiao	魏桥	纺织

中国企业在"2023年Brand Finance全球品牌价值500强"中也取得了较好的成绩，有79家企业上榜全球500强，其中排名迅速上升的主要集中在汽车、基建等行业，这标志着中国企业出海的品牌影响力显著增加，尤其是比亚迪，成为全球品牌价值增长最快的企业之一。

连续19年发布的"世界品牌500强"，其评判依据是品牌的世界影响力。所谓品牌影响力，是指品牌开拓市场、占领市场并获得利润的能力，品牌影响力的三项关键指标即市场占有率（Market Share）、品牌忠诚度（Brand Loyalty）和全球领导力（Global Leadership）。与此同时，世界品牌实验室和超级财经（Super Finance）的联合团队实证研究发现，品牌价值和ESG绩效的关联性愈来愈强。与企业对企业（B2B）品牌相比，企业对消费者（B2C）品牌更依赖于ESG绩效，企业在ESG方面的评分代表了企业品牌在全球化管理方面的治理能力与水平。

在全球趋势的变化下，品牌建设方面也迎来了巨大转变。从2022年世界品牌500强上榜企业的行业分布、品牌特征变化亦能看出，企业对于品牌价值的定义已经衍生出了新的内涵。

（1）从认识品牌到理解品牌背后的文化、创意和形象。在数字时代，品牌管理越来越注重不仅让消费者认识和了解品牌，还要引导他们理解品牌背后的文化，包括品牌的价值观、历史、使命和文化传承。品牌通过社交媒体、跨界联名等多种手段，通过创意和视觉识别来吸引和保留消费者，以确保品牌在消费者心中留下深刻印象。例如，茅台通过与瑞幸咖啡、德芙巧克力跨界联名的方式，塑造自己全新年轻的品牌形象。

（2）从硬性产品的品牌到软性服务的品牌。企业品牌建设的范围逐渐从传统的硬性产品扩展到软性服务领域。从2022年世界品牌500强上榜企业名单能够发现，中国企业上榜还是以制造型的硬产品品牌为主，然而欧美已经发展出了众多综合服务型的顶尖品牌，例如谷歌、亚马逊、奈飞、HBO等，随着消费者对服务品质和用户体验期望的提升，品牌必须关注如何构建从硬性产品到软性服务的品牌，为消费者提供出色的服务。

（3）从单一品牌到多品牌组合管理。许多公司已经开始采用多品牌策略，以满足不同市场和受众的需求。这有助于扩大市场覆盖范围，并为不同的品牌塑造独特的身份和声誉。例如，上榜企业华为、华润等。

（4）从区域化品牌到全球化品牌。越来越多的品牌已经采取了去国籍化的策略，不再强调其国家或地区的起源。它们将自己定位为全球化品牌，强调其与国家或地区无关的核心价值观和特点。这有助于品牌在全球范围内更广泛地被接受。例如，联想、华为、海尔等。

总的来说，品牌不再仅仅是产品或服务的标识，而是一种文化、价值观和消费者与之建立联系的方式。品牌管理者需要更多地考虑创意文化、国际化、服务，以及多品牌策略，以期在竞争激烈的市场中取得成功。

世界一流企业品牌的建设与保护有以下四个特征。

（1）拥有明确清晰的全球化品牌愿景与目标，对企业下属的多品牌组合拥有明确清晰的品牌定位，并根据客户感知设计各品牌在不同区域差异化的价值主张与策略，且企业上下认知一致；品牌建设升级为每名员工的职责而不仅仅局限于市场营销范畴。

（2）品牌建设以客户为中心整合价值，同时有效强调和展示企业的独特核心价值与成功之处，强调品牌生命周期管理；拥有成体系的跨渠道用户管理平台，在全渠道提供一致的客户体验和个性化服务；充分利用先进的客户分析来提升品牌管理的投资回报率。

（3）对于品牌风险有系统的识别与预警体系；应对品牌冲击有标准化、成体系的操作预案与弹性策略。

（4）拥有完善的品牌运营模式，包括体系化的品牌产品管理体系、渠道管理体系、品牌营销管理体系等，贯穿组织职能、流程制度、信息系统等各方面；能够通过高效的本地化组织与集成化系统赋能全球化的品牌管理。

二、中国企业现状

国家"十四五"规划和2035年远景目标纲要首次提出"开展中国品牌创

建行动",品牌强国成为国家战略。国务院国资委先后制定和印发《关于加强中央企业品牌建设的指导意见》《关于加强中央企业质量品牌工作的指导意见》等文件,其中明确提出,中央企业应当大力实施品牌战略、准确把握品牌定位、加强自主创新、努力追求高品质、提高精致管理水平、拓展品牌营销传播渠道、严格开展品牌保护、坚持诚信合规经营等。2022 年 11 月底,国务院国资委印发的《关于开展中央企业品牌引领行动的通知》中明确提出,由品牌引领行动、创建示范行动、管理提升行动和价值创造行动组成的四个"专项行动",是国务院国资委推动中央企业加快建设世界一流企业的重要抓手。一批中央企业、国有企业正在加速构建成功的全球化品牌。

过去数年,我国企业在品牌建设方面已获得了长足的进步,从中国制造到中国智造,从中国产品到中国品牌,越来越多高品质、高科技、高价值的中国品牌走向世界,在全球享有盛誉。但是,由于我国企业品牌建设起步较晚、品牌管理能力尚待成熟,目前还未能完全与我国日益提升的产业规模及强大的产品、技术等硬实力相匹配,对于我国国家形象构建的支撑作用尚有待提高。2022 年,145 家中国企业上榜《财富》世界 500 强榜单,但仅有 45 个中国品牌入选"世界品牌 500 强"。两个榜单之间的差异表现了中国企业品牌国际影响力与其企业经济贡献度的不匹配,中国企业品牌建设之路仍然任重道远。

总体来看,中国企业的品牌建设工作目前还有较大提升空间。

(1)在品牌经营上,中国企业在海外大多以经济因素为主导进行战略布局,更关注市场、产品和利润,企业战略重点更偏向对投资回报、资源获取、技术升级等企业硬实力方面的建设,在国际舞台上更突出的表现主要在雄厚的资金实力、稳定的收入增长等财务维度方面,而对影响品牌形象的文化影响力、软实力缺乏认识和重视。

(2)在品牌策略上,传播手段较为传统,部分中国企业将建立品牌形象等同于单向的输出信息,仍习惯在工作中使用"宣传"这一概念来代替企业形象建设,尚未搭建起融合产品竞争力、创新引领力、治理先进的品牌形象构建路径,品牌形象单一、缺乏个性。

(3)在品牌管理能力上,成熟度尚待提升,许多中国企业并未将品牌形象建设作为国际化发展的核心战略来对待,尚未建立体系化的品牌管理机制,缺乏品牌管理专业人才,导致难以有效整合企业形象与品牌形象的协同价值。

具体来看,纵观中国企业的品牌建设历程,主要经历了以下三个发展阶段,每个阶段都伴随着特定的挑战。

（一）出海贸易阶段

这一阶段发生在中国企业首次涉足国际市场时，通常以出口贸易为主，其挑战包括以下三点。

（1）市场准入。面临不同国家的市场准入要求和贸易壁垒，需要了解各国贸易政策和法规。中国企业需要确保其产品或服务在国际市场上符合当地需求和标准。

（2）品质和质量。企业必须提高产品的质量，以满足国际市场的标准和竞争。

（3）品牌知名度。企业需要投资品牌建设，以初步提高在国际市场上的知名度和信誉。

（二）区域化品牌推广阶段

中国企业在国际市场上取得初步成功后，通常会考虑在特定区域或国家扩大其品牌影响，其挑战包括以下三点。

（1）客户洞察。企业需要理解和尊重不同国家和地区的文化，以适应当地市场的客户差异化与本地化需求。同时，及时倾听、分析和处理消费者的诉求和评论声音，与消费者保持持续稳定的良性互动。

（2）品牌与产品定位。在不同地区可能会遇到不同的竞争对手，其下属各品牌组合需要具有有效的差异化定位与市场策略以提升影响力。

（3）渠道与营销策略。基于不同地区市场特点与成熟度的不同，需要定制差异化的渠道策略，包括线上/线下渠道构建、经销商网络、生态合作伙伴管理等，对应的营销策略也需要深耕本地化运营。

（三）国际化品牌建立阶段

随着全球化的加快，企业的品牌真正从中国品牌成为国际市场上稳固的国际品牌，其挑战包括以下三点。

（1）全球一体化整合。中国企业需要协调和整合全球市场的业务经营，明确多品牌组合的战略与定位，在确保品牌在全球范围内保持一致性的同时深耕本地化市场。

（2）跨区域管控。国际化品牌通常面临更复杂的业务和管理挑战，需要强大的组织与技术能力赋能。

（3）品牌声誉管理。建立和维护品牌声誉至关重要，需要处理各种问题和挑战，以避免损害品牌声誉。

以上是中国企业在全球市场品牌建设过程中不同发展阶段所面对的相应挑战。成功建立国际品牌需要攻克这些挑战，并不断适应全球市场的变化。

三、最佳实践

随着国务院国资委加速推动中央企业建设世界一流企业，在国家对于中国企业建立"国际品牌"的指导意见与要求下，纵使困难与挑战众多，中国企业品牌建设仍是势在必行。大量成功的案例证明，要保持品牌生命力，必须对品牌建设采取长期的视角：①要具备触达客户、提升客户品牌感知度的能力；②企业在不确定性极高的市场环境下也需要具备品牌保护能力；③在全球化的进程下，品牌出海成为必答题，需要构建国际化品牌的能力。

（一）提升客户感知度

在信息时代，随着客户行为的不断变化，不少传统企业逐渐难以跟上时代的步伐，企业在满足客户需求、提升客户体验的过程中主要面临以下四个关键挑战（图2-4-1）。[①]

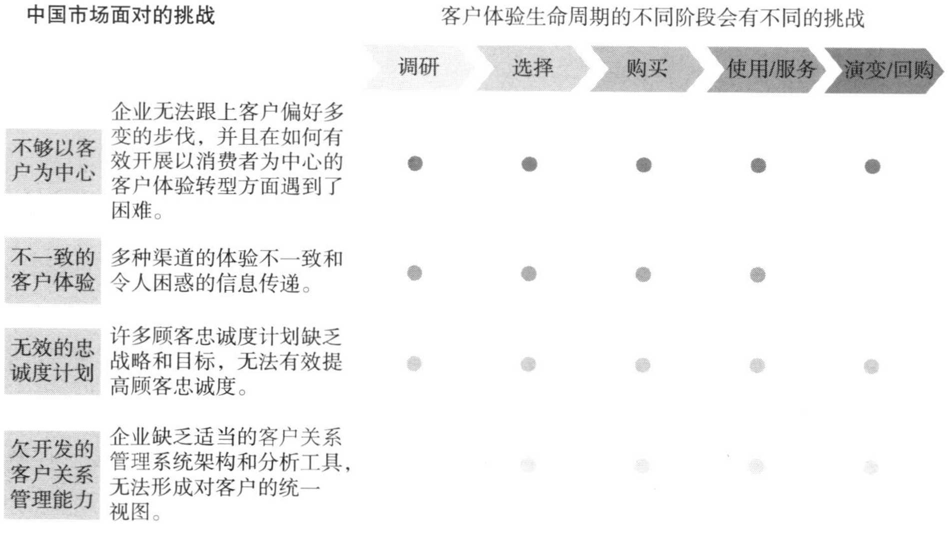

中国市场面对的挑战		客户体验生命周期的不同阶段会有不同的挑战
		调研　选择　购买　使用/服务　演变/回购
不够以客户为中心	企业无法跟上客户偏好多变的步伐，并且在如何有效开展以消费者为中心的客户体验转型方面遇到了困难。	●　●　●　●　●
不一致的客户体验	多种渠道的体验不一致和令人困惑的信息传递。	●　●　●　●
无效的忠诚度计划	许多顾客忠诚度计划缺乏战略和目标，无法有效提高顾客忠诚度。	●　●　●　●
欠开发的客户关系管理能力	企业缺乏适当的客户关系管理系统架构和分析工具，无法形成对客户的统一视图。	●

图2-4-1　客户体验生命周期不同阶段的挑战

[①] 德勤中国. 在中国提供卓越的客户体验：建立客户忠诚度的必要因素［EB/OL］. 2014-6-13. http：//www2. deloitte. com/cn/zh/pages/strategy-operations/solutions/digital-customer. html.

（1）难以真正以客户为中心，企业无法跟上客户偏好多变的步伐，并且在如何有效地开展以客户为中心的客户体验转型方面遇到困难。

（2）不同渠道的客户体验存在差异，缺乏跨渠道的规范化信息传递使顾客困惑和失望。

（3）顾客忠诚度计划缺乏战略和目标，尽管其数量激增，但真正能够有效地与客户沟通并实现预期投资回报率的很少。

（4）客户关系管理的架构和分析工具无法提升客户体验，缺乏一个全面的客户关系管理战略及配套方法。这会导致公司虽收集了大量数据，却无法对客户进行有效理解并提供个性化体验。

为了更好地应对上述挑战，一流企业普遍通过以下两个步骤提升客户感知度。

1. 通过结构化和定制化的方法，将组织转变为以客户为中心的组织

为了克服客户体验转型的障碍，企业必须首先研究现有的客户体验能力，以便找到合适的转型路径，客户体验能力的自我检查程序围绕着7个关键点——包括愿景和战略、客户洞察力、客户价值主张、业务运营能力、组织能力、技术能力和测评能力。在对现有的客户体验能力有了充分了解后，企业应进行差距分析，并确定相关措施。接下来的问题就在于，一家企业如何更有效地转变成以客户为中心的组织（图2-4-2）。一流企业通常会遵循以下七个步骤。

（1）拥有以客户为中心的领导力。一把手努力推进创建一个以客户为中心的组织至关重要。

（2）深刻理解客户。了解客户是谁，以及他们的行为习惯，以便为他们定制差异化体验服务与产品。

（3）定义客户的体验。识别和理解每一条渠道的关键互动点。

（4）赋予一线人员更大的权力。为营销和销售人员创造一个享有更多创造力和更大权力的环境，以达到更好的客户满意度。

（5）调动后台人员。利用客户体验过程中各关键接触点，引导后台人员同时塑造以客户为中心的组织力。

（6）建立重要衡量标准。建立可以影响每个业务单元运作方式的，以客户为中心的奖励衡量标准，使得每个以改善客户体验为目标的决定都可以得到公平的回报。

（7）通过及时的反馈推动持续的改进。利用传统的客户反馈活动和社交

```
确定公司的      评估现有的      确定未来的                    制定路线图
  愿景    →   客户体验能力  →  客户体验能力  →  分析差距  →  和相关措施
```

客户体验能力

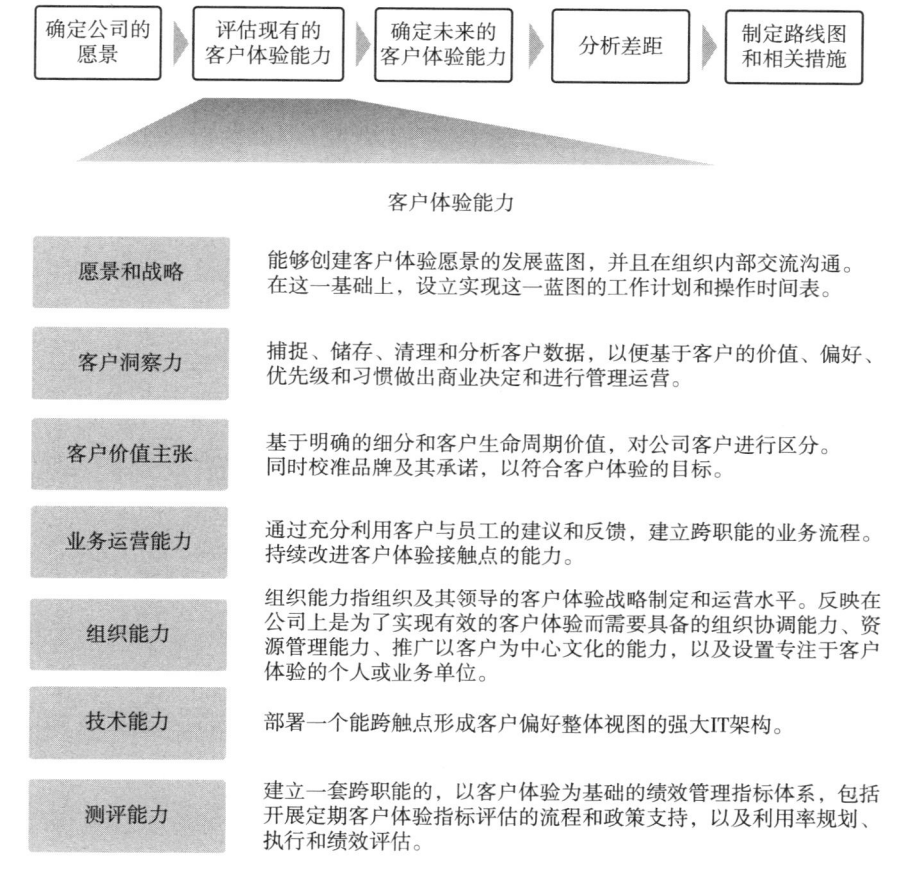

愿景和战略	能够创建客户体验愿景的发展蓝图,并且在组织内部交流沟通。在这一基础上,设立实现这一蓝图的工作计划和操作时间表。
客户洞察力	捕捉、储存、清理和分析客户数据,以便基于客户的价值、偏好、优先级和习惯做出商业决定和进行管理运营。
客户价值主张	基于明确的细分和客户生命周期价值,对公司客户进行区分。同时校准品牌及其承诺,以符合客户体验的目标。
业务运营能力	通过充分利用客户与员工的建议和反馈,建立跨职能的业务流程。持续改进客户体验接触点的能力。
组织能力	组织能力指组织及其领导的客户体验战略制定和运营水平。反映在公司上是为了实现有效的客户体验而需要具备的组织协调能力、资源管理能力、推广以客户为中心文化的能力,以及设置专注于客户体验的个人或业务单位。
技术能力	部署一个能跨触点形成客户偏好整体视图的强大IT架构。
测评能力	建立一套跨职能的、以客户体验为基础的绩效管理指标体系,包括开展定期客户体验指标评估的流程和政策支持,以及利用率规划、执行和绩效评估。

图 2-4-2　如何转化成为一家以客户为中心的企业

媒体来跟踪和改进流程。在一个同样复杂的组织变革中会涉及许多艰难的决定,这个过程可能是漫长而痛苦的,但执着与不愿妥协的精神将对组织的文化和客户的整体体验产生长远的影响。

2. 充分利用先进的客户分析来提升品牌的投资回报率

理解现有及潜在客户仅仅是一个开始,真正让领先企业与众不同的是专注于发展客户分析能力。仅从特性的角度识别出谁是客户(如年龄、性别、收入、地域位置)是不够的,还要分析这些客户如何看待品牌、产品和服务并且如何购买,这是基于假设而非真实数据的分析。通过以"客户态度"为基础进行客户调研,深入了解客户行为,例如客户通常在哪里购买,何种价位被消费者视为"过高",以及何种配件可以成为潜在的附加项目等。投资客户分析能力的企业能够对客户有更具体的了解,并且能够通过更加个性化的定制来满足他们的需求。

领先企业通过以需求和态度为基础的客户分析脱颖而出。有些企业甚至将这种客户分析能力视为他们的核心竞争力及竞争优势。大多数企业在收集客户数据时不会遇到困难,但如何运用这些数据却深深地困扰着他们。在竞争日益激烈的市场环境中,愿意投资客户分析的企业更可能脱颖而出。

(二)提升品牌保护

对于世界一流企业而言,仅投资于改善客户认知、优化品牌体验是远远不够的。在一个充斥着有意和无意的品牌破坏的世界中,企业需要对品牌建立起完善有效的保护体系。

品牌的价值本质上来自客户的信任。在信息爆炸时代,企业塑造品牌的成本变得更高,同时品牌的价值也变得更高。一方面,客户的注意力倾向于碎片化,获取信息渠道多样,品牌宣传更难打动用户;另一方面,客户的信息遴选成本过高,越来越依赖品牌进行消费判断。

与此同时,品牌价值越高,品牌的脆弱性也会越高。由于品牌价值的本质来源是客户信任,客户与品牌的联系越强,在信任破灭时就越容易寻找替代品。因此,对于世界一流企业而言,如何提升品牌保护能力往往是其关注的焦点。一流企业分为以下三个步骤构建品牌保护能力。[①]

1. 计划阶段

在计划阶段,评估品牌风险,了解品牌面临的潜在威胁,包括风险的来源和潜在影响。

品牌风险是企业经营决策的自然结果。一流企业的目标不是避免品牌风险,而是意识到这一点,并积极整合品牌风险,把它纳入关键决策里。而开展品牌保护的第一步是全方位地考察品牌面临的潜在威胁与风险。

品牌风险可能有内部和外部两个来源(表2-4-3)。

评估内部、外部的威胁时,应主要考虑:

(1)企业是否积极识别和评估品牌风险,并将其作为战略和经营决策的一部分。

---

① 德勤中国.品牌弹性:高速增长时代的风险管理与价值恢复[EB/OL]. 2017-8-6. https://news.jstv.com/a/20170806/1501978934472.shtml.

（2）企业是否定期和系统地审查品牌风险的潜在来源，识别和评估已经发生的和那些可能发生的、潜在的声誉风险。

（3）有没有对员工进行品牌价值和风险概念方面的教育，使得他们认识到其活动和决策对公司品牌的影响。政策是否到位，以防止员工有意或无意地制造声誉风险。

（4）有没有职能人员监视和跟踪潜在的品牌风险，包括了解竞争对手正在发生的声誉风险事件，以及整个行业正在发生的类似事件。

（5）公司是否有对品牌破坏行为作出反应的计划。

（6）品牌攻击发生后，公司是否有目的地总结经验教训。

（7）公司有没有积极地评估过自身的声誉风险应对能力与速度，风险应对灵敏度才是关键。

表2-4-3总结了品牌风险一般的来源，其中以下场景一般潜在风险较高：品牌许可；新产品的推出，包括品牌拓展；外包和选择供应商及合作伙伴；产品定价；客户保密信息的使用；等等。

表2-4-3 品牌风险的来源

内部的威胁	外部的威胁
雇员 • 泄露有价值的和（或）令人尴尬的信息。 • 恶劣地虐待客户。 • 不专业或与品牌不一致的行为。 • 对政策规则过于僵硬的解释。 高级管理人员 • 管理不恰当（与下属或第三者有不恰当的关系，不适当或不敏感的评论，不恰当或非法财物交易，对公司资产的不当使用，明目张胆的过度的报酬和福利，欠考虑的行为）。 经营决策无法预见的后果 • 品牌授权。 • 客户秘密信息的处理和使用。 • 推迟新产品或推广品牌。 • 外包及供应商等合作伙伴的选择。 • 环境和可持续发展的问题。 • 劳工问题。 • 产品安全。 • 附属机构。 产品定价和折扣	客户愤怒 • 退/换货政策。 • 察觉到虐待或者服务差。 • 产品质量和安全问题。 评论 • 产品和服务的质量、安全问题。 • 产品和服务的功能问题。 • 产品和服务的定价问题。 无赖行为和意识形态问题 • 环境关切。 • 过分贪婪。 • 健康关切。 • 劳动条件。 • 产品安全。 • 对政府官员和监管机构的不适当影响。 竞争对手 • 价格战或价值战。 • 产品或服务的质量的攻击。

2. 准备阶段

在准备阶段，建立品牌大军，确保员工能够积极地预防、侦测和降低品牌风险。

（1）企业要与员工分析品牌信息、品牌使命、培养员工的主人翁精神。一流企业中每一名员工都是企业品牌的大使，同时良好的企业文化会对员工形成潜移默化的积极影响。一流企业非常注重对员工的品牌培训，使他们有能力准确地传递品牌影响力，使品牌真正"活起来"，而不是使品牌影响力仅停留在纸面上。它们认为品牌的情感联系是需要潜移默化培养的，需要人们感同身受，而成功的品牌首先要打动的不是客户，而是企业和员工。一些企业还找出模范员工成为品牌代言人，用他们的故事来讲述品牌故事具有的独特价值。

（2）企业在准备阶段还需建立品牌预警系统，构建内外部倾听能力。一方面，企业可以借力社交媒体与品牌忠诚客户群构成品牌预警的"外包"大军，他们出于兴趣会自发对品牌进行实时关注。当冲击发生时，他们往往也是第一批了解相关信息的对象。企业需要建立好便捷沟通渠道（官网、官方微博、微信公众号等），在有舆情发生时与忠诚客户群迅速双向互动。另一方面，企业自身也需具备品牌风险数据的整理、可视化与预警能力。这类能力不一定要通过自建品牌预警中心的方式获得，与具备专业的品牌舆情监控能力和分析能力的第三方咨询公司保持紧密的合作关系也是很好的选择。

3. 执行阶段

在执行阶段，击退对品牌的攻击；学习和调整品牌风险防御措施；度量并跟踪品牌的风险弹性；建立"品牌弹性"支持大军，包括员工、客户、政府部门等。

（1）面对来自各种维度的可能的品牌攻击，企业应当在事前制定冲击应对预案、明确危机处理流程，并让负责团队反复模拟与演练。当真正面对品牌冲击时，企业第一步应制定一张时间表，系统地记录并评价冲击事件。在时间表的基础上，企业可以第一时间正确地了解具体情况而不是急着匆忙应对。随着时间的推移，建立在对问题的综合评估上的正确应对策略，胜过需要重复修订的快速应对策略。

在品牌冲击事件后，企业应建立冲击应对策略的学习与迭代机制，从危机中汲取经验，可通过以下几个步骤展开。

1）记录风险事件，描述所发生的事情。准确地记录发生的事件，以及品牌冲击带来的一系列后果，并分析品牌冲击的性质、强度和类型是否在发生变化。

2）指派一个调查小组分析根因，分配未来类似风险应对责任，跟踪执行进度。调查小组应该是独立的，并且与受影响的关联方没有直接利益冲突，也可以是第三方专业机构；重点应该是根因分析，而不仅仅是事后处理责任分工；跟踪后续整改或主动应对举措的执行进度。

3）定期回顾本企业、行业内品牌风险事件。分析根因，提前部署应对能力，尤其在竞争与品牌策略调整、合同条款修改、内部管控机制调整、制度升级等领域。

（2）作为日常性的监测与管理，一流企业还应建立品牌弹性的度量与追踪系统。通常的举措包括：定期收集客户反馈；采用"COMSTAT"等方法对品牌弹性进行系统化度量与分析；输出可视化品牌价值报告；通过员工敬业度调查确保员工对推动实现品牌影响力的职责有清晰的认识；等等。

（三）提升品牌出海能力

对于世界一流企业而言，品牌出海能力的构建围绕以下5个关键点。

（1）品牌愿景与目标。拥有明确清晰的全球化品牌愿景，对于未来中长期全球品牌发展的战略目标、财务目标有明确的定义和上下统一的认知。

（2）品牌定位与价值主张。对企业下属的多品牌组合拥有明确清晰的品牌架构策略，并根据客户感知设计各品牌的价值主张与核心竞争力。

（3）品牌产品建设。拥有完善的品牌产品管理体系，包括产品/服务组合、产品/服务定位、产品/服务定价，并基于不同区域目标市场制定差异化和本地化的产品策略。

（4）品牌渠道建设。拥有完善的品牌渠道管理体系，包括线上线下渠道、经销商渠道、生态合作伙伴体系等，并基于不同区域目标市场制定差异化和本地化的渠道策略，拥有系统的跨渠道用户管理体系，使得在多渠道具备一致的客户体验。

（5）品牌营销传播。拥有完善的品牌营销传播体系，包括社交媒体、线上广告、内容营销等，并基于不同区域目标市场制定差异化和本地化的营销策略。

为了提升品牌的出海能力，企业应当首先对现有的品牌出海能力进行充分全面的内部评估与分析，并对标领先实践进行差距分析，以明确具体的品牌出海能力提升举措。一流企业普遍会遵循以下八个步骤。

（1）内部评估与诊断。了解公司品牌出海在业务层面、运营层面与基础支撑层面的现状，对当前经营状况进行评估和诊断。

（2）外部市场研究与领先实践对标。研究外部区域市场品牌发展趋势，分析国内外领先企业在品牌建设方面的关键成功要素及优秀实践，并总结核心启示。

（3）品牌愿景与目标确认。确认公司对于品牌发展的愿景和中长期发展目标，明确差异化的价值主张与核心竞争力。

（4）目标状态识别。包括品牌定位与价值主张、品牌产品建设、品牌渠道建设、品牌营销传播、品牌本地化运营、组织能力、技术能力；基于战略愿景和目标、内部评估、外部市场与对标研究，明确公司未来发展在品牌建设各模块的目标状态。

（5）差距与机会识别。基于既定目标，明确品牌建设各模块与目标状态的差距，识别需要优化的方向。

（6）核心举措拆解。将企业在品牌建设方面的优化方向进行自上而下的拆解，形成具体可落地的行动计划，明确关键里程碑、牵头部门、协同部门等。

（7）试点落地与持续推广。成立项目管理办公室，根据优先级逐步推动核心举措落地，包括组织职能、制度流程、KPI、信息系统等建设，并逐步试点推广。

（8）考核复盘与更新。持续追踪项目进展，定期复盘和更新核心举措的KPI，并进行反馈与更新优化。

一流的领先企业通过品牌出海能力的提升，在竞争日益激烈的环境中脱颖而出，成了真正拥有"全球化品牌"的"全球化企业"。从价值的视角出发，品牌对于一家企业来说有着不同的意义，在业务价值、企业价值、社会价值的维度下起到的作用并不相同。业务价值强调企业在行业中的地位，其来源于品牌在市场上自有的认可度。企业价值传递着企业的文化和故事，需要的是品牌价值在深耕客户关系的同时，也能够与企业文化联动与融合。社会价值意味着企业对于社会的责任和担当，要求品牌能够对可持续发展、社会社群的发展起到有机的推动作用。

世界一流的领先企业，类似埃克森美孚公司、西门子股份公司（以下简称西门子）、英国石油公司等通过品牌管理，实现了业务、企业及社会价值的有机融合，以业务价值增长为短期基石，以企业综合价值提升为中期目标，以品牌信誉为长期价值主题，打造了经久不衰的长青企业。

四、参考对标体系

中国社会科学院与中国市场学会品牌管理专业委员会通过重点课题的形式，在研究国外相关指标体系后，根据中国国情构建了中国企业品牌竞争力指数（CBI）（表2-4-4），旨在揭示企业在品牌运营方面的优势和劣势，引导企业加强对品牌资产的培育和利用，增强企业的品牌竞争力。我们建议企业可进行对标评价。

表2-4-4 中国企业品牌竞争力指数

一级要素	二级要素	三级要素
1. 财务表现	1.1. 初始投入价值	• 品牌开发购置成本
	1.2. 后续投入价值	• 宣传维护费用 • 品牌保护成本 • 产品更新成本
	1.3. 企业规模	• 总资产额 • 净资产额
	1.4. 获利能力	• 销售利润率 • 毛利 • 净资产收益率 • 资产报酬率
	1.5. 发展能力	• 销售增长力
	1.6. 行业利润水平	• 行业平均利润率
2. 消费者	2.1. 消费者承认	• 顾客满意度 • 品牌忠诚度 • 顾客认知质量 • 品牌知名度 • 特定人群对品牌的依赖度
	2.2. 消费者负面评价	• 投诉率 • 退货率 • 维修率 • 消费者流失率 • 产品缺憾率
3. 企业市场力	3.1. 销售表现	• 广告影响度 • 市场占有率 • 市场覆盖率 • 营销策略指标 • 品牌差异性
	3.2. 品牌质量	• 产品质量合格率 • 产品质量执行等级标准

五、参考对标案例

> 美国宝洁公司于1837年由从事酿造业的威廉·普罗克特和制造香皂的詹姆斯·甘布尔在美国俄亥俄州辛辛那提市创办。经过180多年的艰苦奋斗，它已发展成为目前世界上最大的日用消费品制造商和经销商之一。宝洁公司在世界80多个国家和地区设有工厂及分公司，经营300多个品牌的产品，畅销160多个国家和地区，其中包括食品、纸品、洗涤用品、肥皂、药品、护发护肤品、化妆品等，旗下品牌有帮宝适、汰渍、碧浪、护舒宝、飘柔、潘婷、佳洁士、玉兰油和伊卡璐等。2022年，宝洁公司营业收入达到802亿美元（约合5741亿元人民币）。

（一）宝洁[①]

1. 宝洁公司旗下多品牌管理带来的业务价值

宝洁公司始终奉行多品牌管理模式，并通过一品多牌战略，构建完善的多品牌矩阵，精准定位细分客户群，在各个细分赛道实现差异化错位竞争。在价格带、产品功效等方面错位竞争，强化产品定位、把握细分客户群的需求，在同一品类中占据更大的份额。例如，宝洁公司在衣物清洁品类中有六大核心品牌，其中汰渍主打清洁，当妮主打留香，兰诺主打柔顺，碧浪主打去菌，各品牌特点鲜明，不同品牌主打不同功效诉求，覆盖不同价格区间，有效满足不同细分客户群的衣物清洁需求，在全球多个地区持续保持品类的领先竞争优势。

同时，宝洁公司引入了品牌经理制，建立了以品牌为中心的组织架构，每一个品类设立大品牌经理负责整合公司内部资源、协调品类中不同品牌的关系，并为每一个品牌分配一个独立运作团队，负责自主制定、实施品牌运营方案，针对不同的细分市场进行产品设计、价格定位、营销传播及渠道建设，以满足消费者差异化的市场需求。

通过这种模式，让宝洁公司的各个品牌之间保持相互独立、相互协作、

[①] 根据宝洁公司官方网站公开信息整理。

相互竞争的关系。一直以来，宝洁公司都依靠这种多品牌管理模式给竞争者设置路障，对消费者实施交叉覆盖，以最大限度地占有市场，使其在各产业中拥有极高的市场占有率，也塑造了其在各个细分赛道的头部行业地位。

2. 宝洁品牌衍生的企业综合价值

作为百年品牌，宝洁最常为人津津乐道之处就是"穿越周期"。跨越近两个世纪，宝洁曾历经无数个周期，远到金融危机，近到互联网时代电商崛起、信息碎片化、流量为王。宝洁模式成为家喻户晓的成功品牌模式。宝洁以细微而有意义的方式改善更多消费者的日常生活。公司会激励宝洁人每一天都做出积极的贡献。宝洁的价值观体现在员工彼此及与合作伙伴和谐相处、协同配合的行为中。

在飘柔、汰渍、舒肤佳等众多宝洁公司旗下的产品广告或包装上，均标有"宝洁公司，优质产品"的字样及"P&G"的标志，标明该产品出自宝洁公司旗下，以增强产品的权威感，提高消费者的信任度。宝洁公司旗下的品牌在引领行业发展的同时，宝洁作为一个品牌也逐步成了消费者、客户、员工、合作伙伴，甚至是竞争对手心里的标杆形象，它的品牌价值始终可持续发展。

3. 宝洁品牌信誉引导下的社会价值实现

随着时代的发展，宝洁品牌引领行业的不仅是技术创新、传播理念、品牌价值，更有社会责任及坚持创造可持续的价值。早在 ESG 概念诞生之前，宝洁公司在可持续发展方面就有将近 70 年的坚持。如今，ESG 已经渗透到宝洁公司运营的方方面面，贯穿从研发、生产到运营、营销的全链路。目前，宝洁有超过八成的产品包装已经实现可循环再利用。宝洁公司在中国的八家工厂已经全部实现生产废弃物零填埋，同时有多家工厂已经实现使用百分之百的绿电。借此，宝洁逐步在全球范围内构建了极佳的品牌信誉与声誉。

2018 年世界地球日，宝洁公司为 2030 年的可持续发展工作设立了全新的目标——"使命 2030"（Ambition 2030），旨在整合旗下品牌、供应链、社群和员工各方的努力，在为公司和消费者创造价值的同时，推动并启发对世界的积极影响。宝洁公司从消费者对可持续美好生活的需求出发，将可持续的理念扎扎实实地落实到宝洁公司的每一家工厂、每一个品牌、每一件产品。把更加美好、更加环保的生活带给全球消费者，助力改变消费者的每一天。不仅是现在，而是未来的世世代代。

宝洁公司的成功故事是一个品牌实现长期价值增长的故事，通过旗下多品牌矩阵的差异化管理，实现了行业领先的商业价值与地位，并逐步构建了一个引领行业技术创新，传播理念、品牌价值的企业品牌。与此同时，它积极承担着更多的社会责任与贡献，成了一个以品牌信誉作为长期价值主题、经久不衰的百年长青企业。

（二）美的[①]

> 美的集团股份有限公司（以下简称美的集团）的前身北滘街办塑料生产组于1968年成立于佛山顺德，1980年进军电风扇产业，随后进入空调、电饭煲、压缩机、微波炉等家电产业。2004年，美的集团收购合肥荣事达电子电器集团有限公司，进军冰洗行业。通过不断地自生研发和并购整合，美的集团实现电器全品类布局，定位家电行业领军企业。从2006年开始，受益于家电下乡政策支持，家电在全国范围内快速普及，美的集团收入规模快速增长，至2022年美的集团全年营业收入达到2457亿元，收入规模行业领先，坐稳国内白色家电头部企业的位置。

2012年，是美的境外品牌拓展的元年，这一年美的境外营业收入仅为275亿元，占比20%，而到了2021年，这一数字增至1376亿元，占比40%以上。在这段飞跃式的品牌出海发展过程中，美的经历了以下四个主要发展阶段。

1. 代工贴牌，试水海外市场

美的出海最初的定位是代工贴牌，通过国内和后期建成的越南生产基地，为世界范围内超过10家知名品牌和18家零售集团提供代工贴牌生产，在此期间未建立较强的品牌认知。

2. 并购海外品牌，覆盖多品牌组合

美的通过贴牌生产获得一定资本和技术管理经验，在国际市场上有了一定的认知度。为了进一步扩大国际市场规模，美的集团开始通过收购海外品牌开拓市场，丰富产品组合。其在2015年与日本安川公司合作进军机器人制造，2016年收购株式会社东芝（以下简称东芝）白电和意大利空调企业

[①] 根据美的集团官方网站公开信息整理。

Clivet，2017 年收购德国机器人公司库卡，形成了覆盖全区域（东芝面向日韩，Comfee 面向欧美）、全细分市场（东芝主打高端市场，美的主打中端市场，Comfee 以中低端及线上市场为主）的多品牌组合。

3. 加强自有品牌建设，多品牌协同发力

美的集团开始积极尝试自有品牌的海外市场拓展，并在 2018 年推出高端家电子品牌 COLMO，进军高端家电市场。自此之后，美的集团开始实施围绕自有品牌的多元化品牌战略，逐步降低代工贴牌占比。在品牌策略方面，美的集团针对不同区域市场制定差异化品牌策略，通过多品牌联合协同发力，例如东南亚市场以"东芝+美的"抢占不同细分市场；在品牌渠道方面，加速海外电商构建，成立了不同层级的跨境电商公司，推动不同区域市场电商渠道拓展；在营销策略方面，注重用户运营与社交媒体传播，并在不同的海外市场因地制宜，例如美的赞助英超球队曼城和巴甲球队科林蒂安，顺应当地的足球文化；在组织团队方面，美的集团在海外建设研发和创新中心，大量招募本地化人才，减少文化差异，提升国际形象。

4. 由产品品牌向多元服务品牌转型

2020 年开始，美的集团将 ToB（To Business）端转型作为第二增长曲线，在组织架构层面成立智能家居、工业技术、楼宇科技、机器人与自动化、数字化创新五大事业部，其中楼宇科技事业部负责以楼宇数字化服务平台为核心，打通楼宇交通流、信息流、体验流、能源流，为用户提供智能化、数字化、低碳化的楼宇建筑整体解决方案；机器人与自动化事业部主要围绕未来工厂相关领域，提供包括工业机器人、物流自动化系统及传输系统解决方案；数字化创新事业部可为企业数字化转型提供软件服务、无人零售解决方案和生产性服务等，其中孵化了"美的美居""美云智数""美智智能"等综合性服务品牌，美的正加速构造海外全方位的品牌影响力。

美的集团的 B（Business）端和 C（Customer）端业务之间看似差异较大，但品牌内在联系十分紧密，有助于形成内部自循环，基本遵循着从 C 端切入 B 端，并贴合数智化潮流向外拓展的思路，且五项业务之间也具备内在协同性，能很好地形成内部自循环。面向未来，美的公司将在继续稳固 ToC（To Customer）业务基本盘的同时，重点转型 ToB 业务，打造第二增长曲线，塑造美的"产品+服务"的多元品牌组合，加速中国品牌出海。

第五章 可持续发展

> **世界一流企业要素三**：充分发挥可持续发展战略及治理统领作用，践行可持续发展理念；从广泛的利益相关者出发，加强国际接轨与合作交流，持续加强企业自身与供应链的可持续发展；强化环境、社会和公司治理（Environmental，Social and Governance，ESG）风险管理能力，利用 ESG 数字化工具并持续培养 ESG 人才；按照国际标准全面持续地披露企业 ESG 信息。

一、一流企业特征

可持续发展是关于自然、技术、经济、社会协调发展的理论和战略。1987 年，世界环境与发展委员会在《我们共同的未来》中定义可持续发展为：既能满足当代人的需要，又不对后代人满足其需要的能力构成危害的发展。在 2015 年联合国大会第七十届会议上，联合国成员国正式通过可持续发展目标（Sustainable Development Goal，SDG）。该目标包括 17 个目标、169 项具体目标，指导 2015—2030 年全球可持续发展，以综合方式解决社会、经济和环境发展问题。

ESG 是环境（Environmental）、社会（Social）和公司治理（Governance）的首字母组合，是一种关注企业环境、社会、公司治理绩效的投资理念和企业评价标准。2004 年，联合国全球契约组织发布的《在乎者赢》（Who Cares Wins）研究报告，首次提出 ESG 概念。广义上说，ESG 即公司非财务、非经营方面的内容，展现公司的管理水平及长期财务稳定增长的潜力。通过 ESG 绩效，能评估企业在促进经济可持续发展、履行社会责任方面的贡献。

ESG 是可持续发展理念在资本和商业端的具象化，它根植于可持续发展理念，通过对商业、资本市场发展提出除关注财务指标以外的环境、社会、公司治理因素的新要求，促进资源流向更利于环境、社会可持续发展的领域。ESG 为企业、行业和国家的可持续发展提供实践路径和绩效衡量工具。随着 ESG 理念及实践的发展，企业 ESG 管理正在逐步替代企业社会责任的概念，并被广泛接受及采纳。通过常年助力全球世界一流企业可持续发展实践，我们总结、提炼了世界一流企业可持续发展要素特征。

（一）完善的可持续发展顶层设计

战略方面，企业通过分析、识别内部需求和外部挑战，确定影响财务和非财务表现的关键 ESG 因素，可将 ESG 要素融入公司商业战略，构筑 ESG 顶层设计，明确目标与愿景，规划实现目标和愿景的战略路线图。治理架构方面，企业将可持续发展管理提升至董事会层面，建立完善的 ESG 治理机制，形成自上而下、上下联动、高层深度参与、横向协调、纵向联动的管理组织体系，明确各方管理职责。

（二）从广泛的利益相关者出发

企业意识到多利益相关者视角可以带来可持续的、长期的价值，因此从注重股东价值转向注重多利益相关者的价值创造，考虑每个利益相关者群体的期望，理解每个利益相关者群体的驱动因素，并将组织的重点放在为每个利益相关者创造足够和公平的回报上。

（三）与国际可持续发展实践接轨

企业积极遵照或参考国际可持续发展相关标准、指南或原则开展 ESG 实践及信息披露，比如联合国可持续发展目标、全球报告倡议组织（Global Reporting Initiative，GRI）标准等，同时积极参与国际 ESG 相关的对话、研讨会和会议，与全球同行建立合作关系，共同推动 ESG 标准的统一与接轨。本着开放合作的态度，企业能主动加入国际可持续发展相关组织或倡议，比如联合国全球契约组织、科学碳目标倡议组织（Science Based Targets initiative，SBTi）等。

（四）深度的企业价值链管理与合作

企业价值链管理与合作既包括在内部将可持续发展融入生产经营的全价值链，也包括在外部实现整条供应链的协同和生态圈的构建。供应链 ESG 管理对提升企业声誉及品牌影响力、降低运营成本、帮助企业获得新的商业机会至关重要。企业在推行 ESG 管理模式时，往往会采用与企业自身产业链、价值链、供应链相关联的管理模式，将 ESG 模式融入企业供应链管理，从而不断增强企业强链和补链的能力。

（五）全面的 ESG 风险管理

企业关注包括气候与环境风险、新兴社会风险等在内的 ESG 风险给其业务及运营带来的影响，强化 ESG 风险分析应对能力及相关工具的开发应用。[1] 聚焦气候风险变化的企业将具备全面管理气候及其他 ESG 风险的能力。

（六）充分的智能化、数字化赋能

数字化转型对企业可持续转型具有基础支撑作用，而优质数据又是可持续发展转型的核心要素，可持续发展领先的企业通过搭建数字化平台，实现更高效、智慧的工作进程。例如，搭建数字化平台进行碳数据管理，通过开发和部署一系列数字化解决方案构建与业务整合的碳计算能力，打造智能低碳企业，促进产业链协同和循环经济发展。同时，企业通过搭建 ESG 信息管理平台，提升 ESG 信息披露的工作效率，统一数据标准，优化数据质量，充分发挥数字化、智能化再塑可持续发展核心竞争力的优势。

（七）完整的可持续发展人才梯队

人才是企业和社会可持续转型的关键，未来对复合型 ESG 人才的需求将面临巨大的缺口，企业已经意识到复合型 ESG 人才对企业可持续发展的重要性，并且为了在可持续发展方面取得领先地位，已经开始构建内生的 ESG 人才培养体系，吸引并留用 ESG 专业人才。

（八）高规格的可持续发展信息披露

企业较早实现了可持续发展信息披露的合规性，目前已进入更高质量、更高水平的可持续发展信息披露阶段，通过加强可持续发展信息披露促进与利益相关方的沟通，协调各利益相关方充分了解企业的期望和诉求。企业亦借此倾听和响应来自其利益相关方的声音。同时，企业更加及时和有针对性地把握舆论导向，争取可能的 ESG 政策支持和发展机遇，展现履责形象，降低声誉风险，提升 ESG 品牌宣传。

二、中国国企现状

相较于全球成熟的资本市场可持续发展情况，中国的企业起步相对较晚，

---

[1] 黄宗彦. 超三成上市金融企业 ESG 评级 A 环境与社会维度呈现两极分化［N］. 每日经济新闻，2023-08-29.

但在监管机构和市场的双向推动下，中国企业在可持续发展方面当前正处于飞速发展阶段，这也是未来发展的大势。从监管政策发展视角来看，中国可持续发展经历包含以履行社会责任为抓手的萌芽期、提高可持续信息披露水平的实践探索期，以及以"双碳"目标为引领的加速推进期，目前企业主要在低碳转型战略下完善可持续发展。国有企业是我国国民经济的支柱，在国民经济发展中起主导作用，监管机构和市场持续对中国企业的可持续发展提出要求。

可持续发展初期在国内更多体现为积极履行社会责任，国务院国资委为中央企业履行社会责任指明了方向。从 2006 年修订的《中华人民共和国公司法》（以下简称公司法）明确企业应当承担社会责任开始，国务院国资监管部门逐渐完善国有企业履行社会责任的政策框架，引导国有企业履行好社会责任，实现企业与社会、环境的全面协调可持续发展。2008 年，国务院国资委制定印发《关于中央企业履行社会责任的指导意见》，对中央推进企业社会责任管理制度化、规范化起到了促进作用，规定了中央企业社会责任的主要内容。2016 年，国务院国资委印发《关于国有企业更好履行社会责任的指导意见》，将实施主体从中央企业扩大到全体国有企业。2022 年，国务院国资委成立社会责任局，更好地推动了中央企业的社会责任工作高标准、高质量开展。同年 5 月，国务院国资委在《提高央企控股上市公司质量工作方案》中提出中央企业集团公司要统筹推动上市公司完整、准确、全面贯彻新发展理念，探索建立健全 ESG 体系，力争到 2023 年 ESG 相关专项报告披露"全覆盖"。

2016 年后，以中国证券监督管理委员会（以下简称中国证监会）和各大证券交易所为首的部门及交易平台陆续推动 ESG 信息披露标准建立的进程，探索提高信息披露水平。2018 年 6 月，中国证监会发布《上市公司治理准则》，确立了 ESG 信息披露的基本框架。2019 年 3 月，《上海证券交易所科创板股票上市规则》规定上市公司应在年度报告中披露履行社会责任的情况，并视情况编制和披露社会责任报告、可持续发展报告、环境责任报告等，扩大了可持续信息的披露范围。2019 年 12 月，香港联合交易所在《环境、社会及管治报告指引》中将 ESG 管治框架、汇报原则及汇报范围提升为"强制披露规定"，对香港上市公司的 ESG 管治工作提出更高的要求，尤其强调董事会的参与程度。2020 年 3 月，中共中央办公厅、国务院办公厅发布《关于构建现代环境治理体系的指导意见》，要求建立、完善上市公司和发债企业强制性环境治理信息披露制度。2020 年 9 月，深圳证券交易所发布《深圳证券交易所上市公司信息披露工作考核办法》，要求有条件的企业定期发布社会责任报告或可持续发展报告，公布企业履行社会责任的现状、措施和规划，及时完善其对话机制，积极回应各利益相关方的需求。

2020年9月，习近平总书记提出"中国二氧化碳排放力争于2030年前达到碳达峰，努力争取2060年前实现碳中和"的目标。自此以后，"双碳"目标成为中国企业ESG工作的引领和抓手。

中国上市公司可持续发展信息披露情况大有改观。根据中诚信绿金科技（北京）有限公司发布的《2022年度中国上市公司ESG信息披露分析报告》，截至2023年6月30日，A股和中资港股（港股不含两地上市公司，以下同口径）上市公司6295家。根据统计，披露2022年度ESG相关报告的上市公司共计2739家，披露比例为43.51%。其中，A股上市公司披露报告的比例为34.08%（1775家），相较于2021年进一步上升3.90个百分点；中资港股报告披露比例为88.68%（964家），较2021年度报告披露比例上升2.67个百分点。从公司不同属性来看，A股和中资港股上市公司中的中央国有企业、地方国有企业2022年与2021年的报告披露数量相比，分别增长10.39%、7.41%，民营企业披露比例仍与2021年接近。

总体来说，中国企业可持续发展现状与挑战可总结为以下八点。

（一）可持续发展顶层设计

目前，部分国有企业已着手在企业战略层面建立ESG实施计划并贯彻实施，但绝大部分企业对ESG的重视程度不够，缺乏顶层设计，ESG治理架构及战略设定模糊。从企业内部来看，大中型企业下属公司数量多、分支较广且对ESG认知有限，在企业总部贯彻实施的ESG理念及战略，在下属公司层面的执行效果参差不齐，在可持续战略落地实施上存在一定阻力。

（二）从广泛的利益相关者出发

在可持续发展的背景下，中国企业越来越关注企业利益相关者，在经营好自身商业活动的同时承担起对利益相关者，包括政府、股东、消费者、社区、员工、环境、贸易伙伴等的责任。中国企业普遍的做法是依据企业实际情况与行业特点，识别包括政府及监管机构、投资者、员工、客户、供应商及合作伙伴、环境和社区等群体在内的利益相关方，并通过发放利益相关方调查问卷，开展实质性议题评估工作，最终确定实质性议题范畴，并进行重点披露。目前企业开展利益相关方沟通的方式还比较有限，导致对利益相关方期望及诉求的识别、评估还不够充分、全面。

（三）可持续发展与国际接轨进程

中国企业在政府及监管机构的引导下，一直积极践行全球发展倡议，在国际化经营过程当中秉持共同利益观、可持续发展观。在中国企业披露的可持续发展相关报告中，出现频率较高的是联合国可持续发展目标，也有部分中国上市企业在披露报告中引用全球报告倡议组织的报告披露框架，以及以气候相关财务信息披露工作组（Task Force on Climate-Related Financial Disclosure，TCFD）建议等为代表的聚焦气候变化、水资源等领域的披露框架。在加入、参与国际可持续发展相关组织和倡议方面，中国企业的表现积极。

（四）价值链管理与合作

目前，国有企业聚焦国家战略安全、产业引领、国计民生和社会服务的功能定位正在通过ESG管理融入企业价值链的各个环节，提升价值链管理水平与合作。2023年6月，国务院国资委会同工业和信息化部发起"共链行动"，旨在提升我国产业链供应链的韧性和竞争力，至今已有中国移动通信集团有限公司（以下简称中国移动）、中国机械工业集团有限公司、中国海洋石油集团有限公司等51家中央国企申报参与"共链行动"。

但目前部分中国企业在可持续发展过程中存在片面化的问题，局限于满足监管披露要求和投资者需要，以及提升ESG相关评级，忽略企业要为自身所处产业链、价值链、供应链、生态链等相关利益方创造综合价值的ESG本质，价值链管理的理念和实际行动未切实融入企业实际经营管理过程中，对企业全价值链的各利益相关方创造的综合价值有限。

（五）ESG风险管理

目前，环境污染、安全隐患、劳工纠纷等都是ESG风险管理的重大议题。中国企业在经营发展中客观衡量所面临的重大ESG风险议题，持续强化ESG风险管理能力，筑牢ESG风险防线，防范"踩雷"事件，避免或降低ESG重大风险的潜在影响。在防治环境污染方面，中国企业高度重视污染防治工作，大力推进清洁生产，高标准严要求打好环境污染防治攻坚战。在保障安全生产方面，着力防范化解重大安全风险隐患，实现安全生产形势好转。在维护劳工权益方面，建立健全劳动者保障体系，完善薪酬福利体系，助力劳动者实现体面劳动、全面发展。

（六）智能化、数字化赋能可持续发展

数字发展与绿色经济是当今的两大趋势，《中华人民共和国国民经济和社会发展第十四个五年规划和2035年远景目标纲要》提出"加快数字化发展建设数字中国"。中国企业积极响应，通过数字化战略变革来提升企业效率、推动创新发展。数字发展对企业实现可持续发展目标、兑现碳达峰碳中和承诺至关重要，通过数字化、智能化技术在环保、能源管理、绿色生产等领域的应用，企业可以更好地管理资源、降低能耗和排放，推动绿色生产和环保事业发展。除此之外，数字化转型也对我国社会维度的可持续发展产生潜移默化的影响，包括创造就业机会、缩小城乡收入差距、改善性别不平等有关的问题等。

虽然数字化为支持可持续发展提供了更多可能性，但对于包括国有企业在内的中国企业，可持续发展并不是数字化进程的主要目的。在企业战略层面，数字化与可持续发展往往朝着不同的方向发展，并被分开管理。

（七）可持续发展专业人才培养

随着可持续发展相关行业的发展和各项制度的逐步落实，在标准编制、理念推广、信息披露等方面将面临大量的可持续发展专业人才需求。据国际能源署估算，到2030年，碳中和带动的清洁能源投资将创造1400万个岗位。我国可持续发展人才的招聘市场刚刚起步，存在现有人才库尚不完善、人才供给与需求不匹配的问题。目前部分大型企业开始尝试引入ESG专业人才，中小型企业通常考虑从自身的人力资源部门、企业管理部门中培育能够掌握ESG专业知识和需求的人才。企业对可持续发展人才体系的建设还处于起步阶段，相关人才的招聘与配置、培养与发展，以及绩效管理（即"选用育留"）仍不成熟。

（八）可持续发展信息披露

从目前中国企业可持续发展信息披露情况来看，整体披露情况稳步向好。近4年，国有上市公司的可持续发展信息披露率保持稳定上涨，2021年后增长率显著提升。如今推动国有企业可持续发展相关信息披露是大势所趋，从信息合规性及透明度上对国有企业提出更高要求，也进一步强调了可持续发展理念对企业发展的重要性。但目前中国企业可持续发展信息披露仍有非常大的提高空间，问题主要表现在信息披露过程中政策指引协调性不够高且缺

乏统一的国家级披露标准，披露信息的随意性较强导致披露结果缺乏可比性，报告质量相对较低及信息准确性不足等方面。

三、最佳实践

为使企业更好地评估、开展可持续发展建设、实践及信息披露，德勤中国构建了企业可持续发展成熟度模型，指导企业快速根据自身现状定位所处阶段，并知晓未来提升的方向（图2-5-1）。

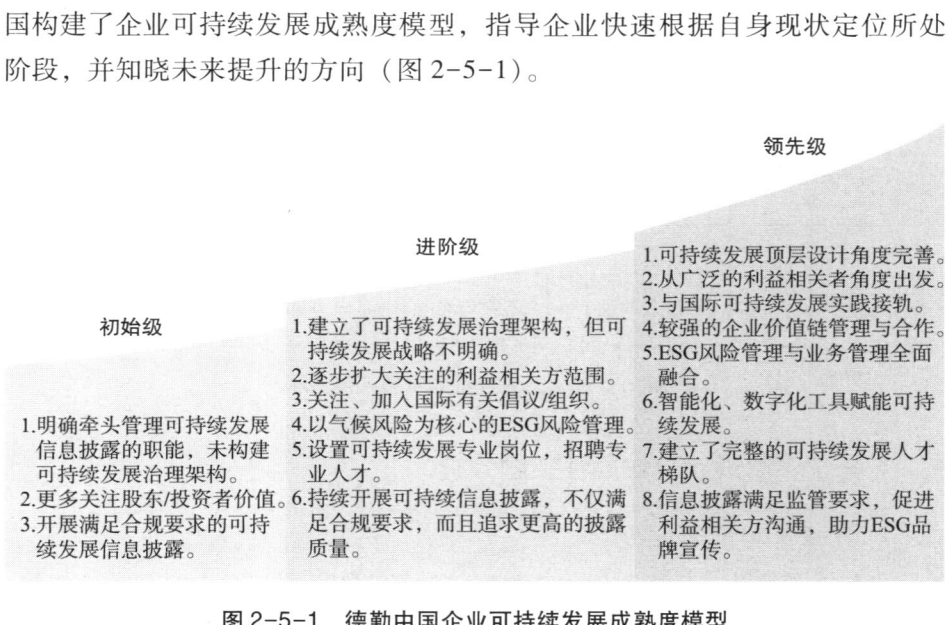

领先级
1. 可持续发展顶层设计角度完善。
2. 从广泛的利益相关者角度出发。
3. 与国际可持续发展实践接轨。
4. 较强的企业价值链管理与合作。
5. ESG风险管理与业务管理全面融合。
6. 智能化、数字化工具赋能可持续发展。
7. 建立了完整的可持续发展人才梯队。
8. 信息披露满足监管要求，促进利益相关方沟通，助力ESG品牌宣传。

进阶级
1. 建立了可持续发展治理架构，但可持续发展战略不明确。
2. 逐步扩大关注的利益相关方范围。
3. 关注、加入国际有关倡议/组织。
4. 以气候风险为核心的ESG风险管理。
5. 设置可持续发展专业岗位，招聘专业人才。
6. 持续开展可持续信息披露，不仅满足合规要求，而且追求更高的披露质量。

初始级
1. 明确牵头管理可持续发展信息披露的职能，未构建可持续发展治理架构。
2. 更多关注股东/投资者价值。
3. 开展满足合规要求的可持续发展信息披露。

图2-5-1 德勤中国企业可持续发展成熟度模型

可持续发展议题诞生于经济危机、资源枯竭、公司管理同质化严重的时代，成长在更为复杂的当今社会。目前全球面临着一些共同的挑战，比如人口膨胀、老龄化、能源紧张、经济复苏缓慢、民粹主义抬头所导致的全球化与反全球化之间的碰撞等。可持续发展战略的必要性和紧迫性显而易见。优秀的可持续发展战略可以帮助企业在变革中更好地抵抗风险，将带来更长远的经济效益，尤其对于那些公众形象非常重要、对社会经济活动有重大影响力的公司有深刻的影响。

（1）利益相关者与公众的期望值越来越高。要求企业信息透明，能了解企业健康、持续发展的轨迹。

（2）监管与标准发起人。企业可持续发展/ESG现状在许多国家都是上市公司必须披露的信息。

（3）企业上下游供应链。客户倾向于可持续发展的产品与服务，并希望企业推动整条供应链可持续发展，可持续发展已成为价值驱动与品牌提升的主要手段之一。

不可否认的是，21世纪新的商业竞争环境就是如此。上述相互关联的因素连同许多其他属于企业责任的可持续发展因素会在将来发挥决定性的作用。这些因素既能创造机会也能摧毁价值。它们将影响人才争夺和企业竞争力，将吸引企业注意力，占据企业的时间并影响企业和竞争对手的方方面面。采用下列方法可以使企业的可持续发展之路易理解、易衡量并易达成（图2-5-2）。

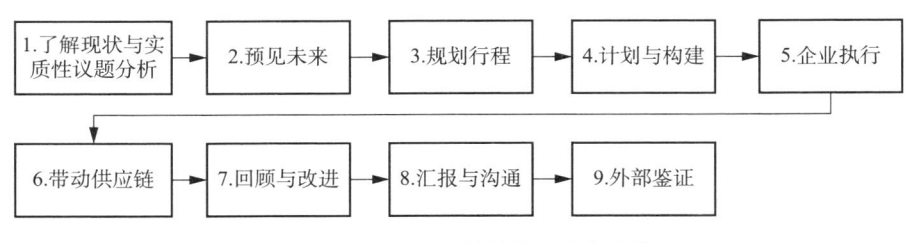

图 2-5-2　企业可持续发展实施步骤

（一）了解现状与实质性议题分析

1. 评估监管环境

进行全面的监管环境评估：企业责任与可持续发展相关立法的趋势如何，在环境、健康、劳动力、工作环境安全方面有什么新的法规出现，这些对企业会有什么影响。

2. 对标国际指南

国际主流可持续发展实践或信息披露指南推荐了哪些良好实践，这些实践可以起到怎样的效果、有怎样的影响，哪些实践值得企业借鉴或采纳。

3. 树立行业标杆

主要竞争者目前在可持续发展领域做了什么，是否实施了创新项目，是否走在企业之前，他们是否取得比较优势。收集同领域中的最佳实践和创新案例来不断完善自身。

4. 利益相关方调查

了解客户、供应商、雇员、债主、保险人、非政府组织、股东的诉求；对董事会、管理层和商业伙伴进行调研；征求分析师和咨询师、法律顾问和会计师的意见；摸清供应链中上游和下游企业的意见，这些利益相关方的价值观如何，他们关心的是什么问题，汇总并分析他们的回答。

5. 企业可持续发展实践活动盘点

每个企业都从事过与企业可持续发展相关的活动。当然，企业规模越大所面临的任务就越具有挑战性，但进行一次全面的盘点是必要的。如果企业有着复杂的部门设置和广泛的业务领域，就应该在每个企业责任与可持续发展活动的前沿阵地指定一个领导者，他可以扮演活动发起者的角色。

6. 不要忽视商业本质

企业可持续发展需要建立在企业商业本质基础之上，不要让企业可持续发展的热情湮没了企业创造财富的价值，应将可持续发展融入企业商业战略。

（二）预见未来

企业以战略规划为导向，就会对企业可持续发展领域产生深远的影响。企业在制定可持续发展战略时，需要先厘清以下问题：企业的实力何在？企业因为什么而闻名于世？企业的长远规划是什么？企业的核心发展战略是什么？

美国联合包裹运送服务公司（United Parcel Service，UPS）是全球知名的快递企业，它把企业可持续发展实践的目标之一定位于高效的递送路线。用计算机模型找到 A 点到 B 点的最佳路径，企业因此可以节省燃料耗费，减少碳排放，增加安全性并产生看得见的收益。西班牙国家银行（Banco Santander）是西班牙最大的银行，其在拉丁美洲制定了一项大范围的小额贷款项目。此项目向农民、女性企业家及其他团体提供低息商业贷款，并且为小企业提供培训场所。资生堂公司是一家日本化妆品企业，其为包括医院患者、皮肤病患者和老人在内的各种弱势群体举办免费美容研讨会。巴西知名化妆品制造商 Natura & Co 使用来自亚马逊地区的原材料，因此其长年身先士卒呼吁保护热带雨林的生态环境。

在这些例子中，企业可持续发展的实践活动无疑已融入企业核心商业战略之中。重点无须过分强调：一个成功的企业可持续发展项目必将增强一家企业的长期视野与战略规划。企业可持续发展战略需要从可持续发展愿景、口号、战略目标、战略举措、实施路径逐层构建，以明确企业整体协调一致的可持续发展方向。

(三)规划行程

完成了上面的基础步骤,企业可以进一步确定企业责任与可持续发展项目如何帮助自身完成制定的目标。其中非常重要的是不要把企业责任与可持续发展同企业的整体商业战略区分开,它们应该是一体的,也是可以互相补充和互相支持的。在考虑把企业责任与可持续发展融入企业使命的关键阶段,企业需要注意以下内容:

(1)企业可持续发展并非一种纯粹的公共关系,它绝不只是做一份年度报告,而是以一种负责任的、可持续的和战略性的方式付诸行动并将遇到的挑战和获得的成功公之于众。

(2)区分企业可持续发展所遇到问题的优先次序。企业不能在短期内处理好所有问题,决定企业目标的关键是企业究竟想在企业可持续发展上达成何种目标,从现在起如何实现这些目标。

(3)做差别分析。企业需要实时追踪同行与对手在做些什么,了解利益相关者的关注点,了解监管环境的要求,了解自身的优势与改进方向。

(4)从全球视角来看,企业的可持续发展跨越国界。即使是主要针对国内销售的企业,它们业务的很多部分也会融入国际元素。比如,它们的供应链及离岸或外包业务。

(四)计划与构建

评估为了实现企业可持续发展目标所需的资源,预算并不是最重要的。一个有效的企业可持续发展项目既需要财力支持,也需要改变思想态度和行为方式。

在世界的很多地方,在企业可持续发展实践中人力资源的因素经常被忽略,一个普遍的错误是把这项工作推给中层管理者,这种"反正其他人会去处理"的想法是不应该有的。董事会、高级管理者应该承担起这个责任。企业的行动将决定企业的风格,形成一种企业文化。要从一开始就制定高标准,并严格遵守;要严谨思考并确定那些为了达成企业可持续发展目标所需要的角色和职责。企业可以要求雇员承担新的责任,接受新的培训和支持来实现企业责任与可持续发展的目标。

企业的行动计划还应该包括财务和税务方面的问题。很多国家和地区为了解决替代能源、气候变化、劳动力、培训和绿色产品问题而颁布了很多优惠政策。如果企业采取了相应的行动,就会带来显著的成效。为了应对这些机遇与挑战,企业应该汇集企业的运营、财务、税务、会计、人力资源等部门共同讨论这些问题并做出决策。

除此之外，考虑非传统的合作机会。企业正与更为广泛的利益相关方合作。例如，一家领先的饮料企业与非政府组织和学术机构合作研究替代产品、包装和工艺。这需要对消费者展开调查以了解他们的使用和处置模式，并把这些调研的结果应用到替代产品的设计中。企业与政府合作以开发有效的循环基础设施并通过适当的激励措施让广大消费者和商家遵守相关规定。

（五）企业执行

执行要一步步来，不能急于求成，力求每一步都是可衡量的。执行计划的时候，制定规范的政策和步骤，这会为企业的发展留下有价值的足迹。

（六）带动供应链

企业价值链管理与合作既包括在内部将可持续发展融入生产经营的全价值链，也包括在外部推动整条供应链的可持续发展协同和生态圈的构建。建议从推动供应链减排着手，积累推动构建供应链持续发展的能力。德勤中国仔细审视了许多企业针对温室气体范围三类别1"购买的商品和服务"排放的管理和减排方法，访谈了多位首席采购官，同时参考了知名学术机构的研究成果，在此基础上设计出五步法路线图，旨在提升范围三类别1的减排效率和行动价值：评估现状—设定目标、部署投资—制定路线图—实施行动战略—监督供应链实落地。

（七）回顾与改进

为了确保企业可持续发展项目步入正轨，企业需要监督项目的进展和成就，这需要衡量企业的行动并与既定目标相比较。随时灵活地修改企业的计划，利用参与人员的反馈来完善企业的方案。

（八）汇报与沟通

在发达国家，所有的标准普尔100指数公司和道琼斯30指数公司都会披露企业社会责任/ESG/可持续发展报告。MSCI（明晟）国家指数、新兴市场指数当中涉及的各国披露非财务信息的上市公司数量也在逐年增多。

企业该用何种标准编写自己的报告呢？很明显，就目前来看，根据国际不同地区惯例，已有很多种报告标准存在了，每一种都存在优缺点。时至今日，虽然在这个问题上德勤中国看到越来越多的认识正在趋同，但对于企业可持续发展报告而言，仍不存在"黄金标准"。所以，企业可以和董事会与顾问共同决定使用哪一种已存在的模板，或者定制一份报告，或者两者结合，从而在最大限度上满足自己和利益相关方的需求。

（九）外部鉴证

在大多数国家，一家公开上市的企业需要定期对外公布经外部审计的财务报告。这种提供经过审计的财务数据的制度已被广泛接受。现在，人们很难想象一份上市企业公布的财务报告是未经过审计的。但事实上，从该制度设立至今还不到100年。构成企业可持续发展报告的数据大多是不需要外部审计的非财务数据。大多数企业可以随意加入它们希望的内容，使用任何想用的表格。这种方法或许可以简化报告的制作，但无法提高报告的可信度。

鉴于此，德勤中国建议，一旦企业在可持续发展的实践及信息披露方面积累了一定经验，就应有一份经过外部鉴证的企业可持续发展报告。这样做不仅会提高报告的可信度，而且将使企业走在该领域的前沿。德勤中国预测，今后在众多国家的法规监管体系下，企业对外公布的企业可持续发展报告需进行外部鉴证将会成为一个强制要求。

企业在践行可持续发展过程中付出的努力是惊人的，它涵盖了各个业务模块、供应链、人权、环境和气候变化、劳动力和其他很多方面。企业需要一个统一的流程来确保效率，从最重要最基本的方面做起。在大多数情况下，企业经过2~5年的努力就能取得令人瞩目的进展。这虽然看似漫长，却是一条必由之路。如果无法面对这个过程中的机遇与挑战，企业的持续经营能力将会受到很大影响。

许多企业已经做过一些与企业可持续发展相关的零散项目，有一些可能十分庞大复杂。其实这些努力都没有白费，只是需要融入新的战略蓝图中。对很多企业来说，不是上述每一个步骤都需要照搬，但大部分还是需要保留的。重新思考企业责任与可持续发展的最基本问题，即企业的优势在哪里，企业传承的理念是什么。如果这个问题得到解决，剩下的也就迎刃而解了。企业应该保持本色，企业可持续发展活动应该反映企业的初衷，与企业的业务战略紧密相连，应该给企业和品牌带来正面效应并激励企业的利益相关方。

四、参考对标体系

目前，与全球可持续发展相关的标准、指南等较多，主流的标准体系框架大同小异，但都因本国国情、标准制定组织的角色、专业侧重角度等有所调整和侧重（表 2-5-1）。

表 2-5-1　国际、国内部分主要的可持续发展相关标准、指南

名称	发布机构	发布/更新时间
社会责任指南标准（ISO 26000：2010）	国际标准化组织	2010 年
可持续发展目标	联合国	2015 年
《环境、社会及管治报告指引》	香港联合交易所	2019 年
可持续发展报告标准	全球报告倡议组织	2021 年
《中国企业社会责任报告指南（CASS-ESG 5.0）》	中国社会科学院企业社会责任研究中心	2022 年
《国际财务报告可持续披露准则第 1 号——可持续相关财务信息披露一般要求》	国际可持续准则理事会	2023 年
《国际财务报告可持续披露准则第 2 号——气候相关披露》	国际可持续准则理事会	2023 年

中国企业应立足我国发展中国家的国情，考虑与国际接轨的关系，学习借鉴国际公认的理念和规则。为了更好地实现信息披露、倒逼管理提升，德勤中国建议企业现阶段可以考虑重点参考全球报告倡议组织的可持续发展报告标准、国际可持续准则理事会发布的《国际财务报告可持续披露准则第 1 号——可持续相关财务信息披露一般要求》及《国际财务报告可持续披露准则第 2 号——气候相关披露》。

德勤中国参考国际、国内主流可持续发展相关标准、指南等，构建了"德勤中国可持续发展评价体系"，建议企业关注七个方面的对标评价（表 2-5-2）。

表 2-5-2　德勤中国可持续发展评价体系

一级要素	二级要素	三级要素
完善的可持续发展顶层设计	可持续发展治理	• 明确的、与已有治理架构融合的 ESG 管理治理架构及职责。 • 明确的 ESG 治理机制及流程。 • ESG 因素及管理纳入董事会及高管薪酬。
	可持续发展规划	• 明确的、与商业战略融合的可持续发展战略。 • 明确的可持续发展战略行动方案。
从广泛的利益相关者角度出发	利益相关方识别	• 清晰的利益相关方类别。 • 明确的利益相关方沟通机制及流程。
	重要议题识别	• 明确的重要性议题识别的机制及方法。 • 科学的重要性议题排序方法。 • 将利益相关方重要议题纳入运营管理的机制。

续表

一级要素	二级要素	三级要素
与国际可持续发展实践接轨	国际可持续发展标准	• 遵照或参考国际主流可持续发展相关标准、指南或原则。
	国际可持续发展合作	• 加入国际可持续发展相关组织或倡议。 • 参与国际 ESG 相关的对话、研讨或会议。
深度的企业价值链管理与合作	供应链管理	• 将 ESG 因素纳入供应商准入/退出机制及采购决策。 • 建立可持续供应链指标体系。 • 对供应商 ESG 风险的定期评估。 • 与供应商签订可持续发展承诺书。
全面的 ESG 风险管理	ESG 风险管理机制及流程	• 明确的 ESG 风险管理机制。 • 符合国际主流可持续准则的气候风险管理机制。
	与企业风险管理融合	• 将 ESG 风险管理融入全面风险管理。
充分的智能化、数字化赋能	智能化、数字化系统	• 使用智能化、数字化的系统进行 ESG 实践及披露管理。
	ESG 数据管理	• 清晰的 ESG 数据定义。 • 运用数字化工具管理 ESG 数据。
完整的可持续发展人才梯队	ESG 人才梯队	• 清晰的 ESG 人才梯队。 • 独立的 ESG 专业岗位。 • 与专业机构合作，形成能力互补。
	ESG 人才培养	• 明确的 ESG 人才培养机制。

五、参考对标案例

施耐德电气有限公司（以下简称施耐德电气）成立于1836年，总部位于法国，是全球化电气企业，也是全球能效管理和自动化领域的专家，提供涵盖从能源管理、可持续发展咨询到资产全生命周期优化等各方面的数字化解决方案和服务，业务遍及全球100多个国家和地区，推动数字化转型，服务于家居、楼宇、数据中心、基础设施和工业市场。施耐德电气以"成为您实现高效和可持续发展的数字化伙伴"为使命，通过集成世界领先的工艺和能源管理技术，提供从终端到云端的互联互通产品、控制、软件和服务，实现整合的企业级管理。2022年，施耐德电气营业收入达到342亿欧元（约合2636亿元人民币）。

（一）施耐德电气[①]

1. 可持续发展顶层设计

施耐德电气一直致力于成为可持续发展的先行者与赋能者。作为一家有着近200年历史，业务足迹遍布100多个国家和地区的全球化企业，早在2002年，施耐德电气就将可持续发展纳入了公司的核心战略，并融入业务经营的方方面面。目前，在施耐德的全球营业收入中，可持续影响力收入已经占到总收入的73%。这说明践行可持续发展理念，同样可以带来经济效益。

施耐德电气已将可持续发展纳入治理架构中。在董事会层面，施耐德设立人力资源与企业社会责任委员会，负责制定可持续发展战略；设立可持续发展委员会及利益相关方委员会，负责监督施耐德电气全球可持续发展绩效和各项举措的进展情况。在公司运营层面，施耐德设立可持续发展部门，协调并监督可持续发展战略和绩效。在全体员工层面，为了支持所有员工更好地理解并采取行动，建设一个更加可持续发展的世界，于2022年推出了一项名为Engage的内部新举措，目标是让每一名员工都成为可持续发展的倡导者，从而加快公司的转型，为联合国可持续发展目标做出贡献。

2. 利益相关方沟通

施耐德电气积极与各利益相关方进行公开、持续的对话，可持续发展部门会考虑包括但不限于供应商、员工及社会合作伙伴、客户、金融合作伙伴、机构及技术团体、社区及民间组织等利益相关者对施耐德电气可持续发展战略和计划的意见、评级和评价，反馈意见将被纳入注册文件的起草、新的改进计划，以及每3~5年一次的SSI设计过程中。

为了加强与利益相关者的沟通，施耐德电气于2021年成立了利益相关方委员会。该委员会由8名热衷于可持续发展的外部成员组成，监督施耐德电气根据其宗旨和可持续发展战略做出的短期和长期承诺的履行情况。公司努力确保利益相关方委员会成员在背景、性别和经验方面的多样性。利益相关方委员会每年召开三次会议，由施耐德电气董事长兼CEO担任主席，施耐德电气首席战略与可持续发展官担任委员会秘书。

---

① 根据施耐德电气官方网站公开信息及施耐德电气2021—2022年度可持续发展报告整理。

3. 与国际可持续发展实践接轨

施耐德电气积极与国际可持续接轨，与300多个地方和国际组织及协会在经济、社会和环境问题上开展合作，与不同的参与者共同促进可持续发展。

施耐德积极加入各类国际可持续相关倡议，如联合国全球契约和可持续发展目标、科学目标倡议组织、支持气候相关财务信息披露工作组建议、全球报告倡议组织、可持续发展会计准则委员会（SASB）等。

施耐德电气在可持续发展方面的成果获得诸多国际认可，被评为MSCI ESG AAA级行业领先者。2022年，施耐德电气在标准普尔全球企业可持续发展评估中以90/100的高分（前1%）在同行业中排名第1位。连续12年入选道琼斯可持续发展世界指数，该指数由332家可持续发展领域的领先企业组成，代表了全球约2500家企业中排名前10%的企业。施耐德还被评为"ESG表现最佳企业"，截至2023年2月，在其行业组中排名第11（11/255）位，风险评级为11.3（低风险），从而确认其已被纳入斯托克（Stoxx）全球ESG领导者、环境领导者、社会领导者、治理领导者和欧洲斯托克（Euro Stoxx）可持续发展指数。

4. 企业价值链管理与合作

施耐德电气作为可持续发展的积极赋能者，通过促进节能、电气化及电力去碳化方式优化能源消耗，力争到2030年实现集团运营"零净排放"的目标。

在对外价值链赋能方面，施耐德电气首先通过不断创新的绿色产品和解决方案赋能客户，同时积极对上下游供应链赋能。施耐德电气打造涵盖绿色设计、绿色采购、绿色生产、绿色交付、绿色运维的端到端绿色供应链，并且在2021年启动了"零碳计划"，希望帮助全球前1000位战略供应商到2025年将运营碳排放降低50%，其中包括中国的230家供应商。"零碳计划"启动以来，全球供应商的平均减碳幅度已经达到20%。赋能供应商减碳，不仅能让供应链更可持续、更具韧性，也能惠及它们所服务的其他企业、赋能合作伙伴促进整个产业可持续发展。2022年，施耐德电气发布"减碳大师"计划，集结各行各业减碳先行者，打造绿色生态圈，影响和助力更多企业和个人在减碳之路上"有技可施"。

5. ESG风险管理及能力

施耐德电气重视ESG风险管控，内部审计部和公司风险管理部通过具体的内部和外部指标对风险进行识别和评估，同时还与专家和领导进行访谈，每年更新施耐德电气层面的一般风险清单，风险评估涵盖市场风险、现行和新出现的法规导致的风险及声誉风险。近年来，施耐德电气将气候相关风险纳入企业风险管理框架，以依赖性分析为气候风险管理核心，并进行前瞻性气候风险和脆弱性评估，通过情景分析确定可能影响其自身运营和生产基地、延伸价值链（上游和下游），以及短期、中期和长期整体经济活动的、物理和过渡气候风险的重要性，并对其进行定价。

6. 智能化、数字化为可持续发展赋能

在集团 ESG 管理层面，施耐德电气通过资源顾问数据管理系统对各业务部门和生产基地的实施情况进行监控。该软件可提供全球、区域和现场能源报告，并提供数据可视化和分析应用程序，可将大量原始能源数据汇总为可用信息，提高数据存储容量，降低成本。同时，施耐德电气建立 ISO 50001 能源管理体系，对所有耗电量超过 5GWh 的工厂进行 ISO 50001 认证。截至 2022 年底，施耐德电气共有 132 个生产基地通过了 ISO 50001 认证，这是施耐德电气综合管理系统的一部分，旨在推动卓越能源管理，重点关注最高能源效率。ISO 50001 认证与 ISO 14001 认证相辅相成，使公司能够确定并维持稳健的能源管理。在该认证的支持下，各生产基地能够了解并在此基础上减少其能源足迹。

7. 可持续发展人才培养

施耐德电气重视可持续发展人才培养，通过职业教育培养更多可持续发展应用型人才，支撑产业绿色低碳转型。施耐德电气开展"碧播计划"，通过"产教融合"的方式，携手职业教育院校开展校企合作，赋能高水平应用型人才的培养。为推进"碧播计划"的稳健运营，施耐德电气携手政府、产业链及合作伙伴、基金会、社会团体、行业协会、科研院所等机构，形成更强大的资源池。

施耐德电气也积极探索与大学的合作，帮助大学生结合可持续发展的理论和实践，积极推动绿色创新。比如，通过举办 Go Green 赛事为全球大学生提供创新平台，鼓励大学生将理论知识与实践相结合，探索可持续发展的新思路。

8. 可持续发展信息披露

作为可持续发展的倡导者、践行者与赋能者，施耐德电气紧密围绕可持续发展关键情况，进行跟踪并按时披露可持续进展，积极履行施耐德电气在"应对气候变化，高效利用资源，坚持诚实守信，创造平等机会，跨越代际释放潜能，赋能本地发展"六个方面的承诺，持续推进其可持续发展战略。

（二）中国平安[①]

> 中国平安保险（集团）股份有限公司（以下简称中国平安）于1988年诞生于深圳蛇口，是中国第一家股份制保险企业，至今已发展成为中国三大综合金融集团之一，致力于成为国际领先的综合金融、医疗健康服务提供商。截至2022年12月末，中国平安拥有约34.4万名员工，集团总资产约111371.68亿元。中国平安高度重视可持续发展建设，获得"中国ESG上市公司先锋100"榜单五星评级，并获得中国企业标准普尔全球ESG评分最佳1%评分。2022年，中国平安营业收入11106亿元。

1. 中国平安可持续发展顶层设计

在战略规划方面，中国平安坚持走可持续发展道路，将ESG理念融入公司发展战略，核心聚焦公司在ESG相关领域的实践提升，设定可持续发展相关核心议题的5年定性及定量目标，将战略规划落实到日常经营及考核中，切实完善可持续发展相关行动和管理，助力公司实现长期、均衡、高质量的可持续发展。中国平安2021—2025年ESG战略目标如表2-5-3所示。

表2-5-3　中国平安2021—2025年ESG战略目标

可持续发展议题	定性目标	关键定量目标
可持续保险	以全面、专业的风险保障助力经济发展、社会进步和环境改善。	保持可持续保险保费总体增长。
负责任银行	以负责任银行推动经济发展、社会进步和环境改善。	5年复合增长10%。
负责任投资	以险资的长期资本支持经济发展、社会进步和环境改善。	将ESG纳入投资决策全流程管理；增强积极股东行为和相关披露。
负责任产品	为客户提供省心、省时、省钱的健康与养老服务。	个人客户覆盖度和互联网用户覆盖度从65%左右稳步上升。

---

① 根据中国平安官方网站公开信息及中国平安2022年可持续发展报告整理。

续表

可持续发展议题	定性目标	关键定量目标
消费者保护与体验	服务至上、诚信保障。	员工和保险代理人消费者保护培训参与达成率100%。
		主要成员公司净推荐值（NPS）稳中有升。
		每年开展消费者保护专项内审。
员工及代理人发展与保障	职涯规划、安居乐业。	持续开展员工的满意度和敬业度调查，保持结果的上升趋势。
乡村振兴与社区影响力	助力乡村振兴，坚持教育公益，践行志愿服务，积极回报社会。	完成"三村工程"三年规划KPI并制定新规划教育公益支教行动，每年不少于3000课时。
		各类志愿服务每年不少于3000场。
气候变化与碳中和	致力于2030运营碳中和，探索资产碳中和路线，贡献最佳实践。	持续测算并披露运营与资产的碳排放情况及碳中和路线的探索。
公司治理	树立公司治理典范，稳定回报股东。	每年检视治理原则、治理机制、治理架构、治理流程。
商业守则	秉持道德价值，坚持"法规+1"（法规有明确规定的，坚决严格执行；法规未明确规定的，按照更高的道德自律标准确定行为规范）。	员工商业道德：清廉文化及反腐败教育100%覆盖，廉政信访举报问题核实率100%。
		公司商业道德：反垄断与公平交易、反洗钱、反恐怖融资与制裁100%合规。
信息安全及AI治理	以人为本，维护安全、公正与透明。	信息安全培训员工及第三方人员覆盖率100%。
		定期开展内外部全面信息安全审查。
科技助力可持续发展	以全面数字化驱动高质量发展。	主营业务数字化率保持稳步提升。
可持续供应链	成为负责任的采购者，将可持续发展原则纳入采购关键环节，实现合作共赢。	将供应商合作合同100%纳入可持续发展条款。

在治理架构方面，中国平安搭建科学、专业的可持续发展管理体系与清晰、透明的ESG治理结构，构建从顶层战略到最终实践的4层管理架构（图2-5-3）。①战略层：董事会和其下设的战略与投资决策委员会全面监督ESG事宜，承担公司可持续发展战略规划、风险管理、政策制定、进度检讨等相应职责。②管理层：集团执行委员会和下设可持续发展委员会，负责指导绿色金融、乡村振兴等ESG核心议题的实践管理和公司可持续发展对外沟通与传播等。③执行层：集团ESG办公室协同集团各相关职能部门作为执行小组，统筹集团可持续发展的内外部工作。④实践层：以集团各职能部门和成员公

司组成的矩阵式主体为落实主力。通过该架构，为集团所有职能中心和成员公司更科学、专业、体系化地加强企业管理提供指导方针，助力集团业务的可持续发展。

层级	架构	职责
战略层	董事会 → 战略与投资决策委员会	全面监督ESG事宜，承担公司可持续发展战略规划、风险管理、政策制定、进度检讨等相应职责
管理层	集团执行委员会 → 可持续发展委员会	负责指导绿色金融、乡村振兴等ESG核心议题实践管理，公司可持续发展对外沟通与传播等
执行层	集团ESG办公室 → ESG执行小组（CSR/IR/PR/集团职能中心代表）	统筹集团可持续发展的内外工作
实践层	成员公司（保险系列、投资系列、银行、科技系列）；集团职能部门（品宣 董办 人力 财务 企划 资管 内控 采购 其他）；中国平安落地实践矩阵	落地实践矩阵

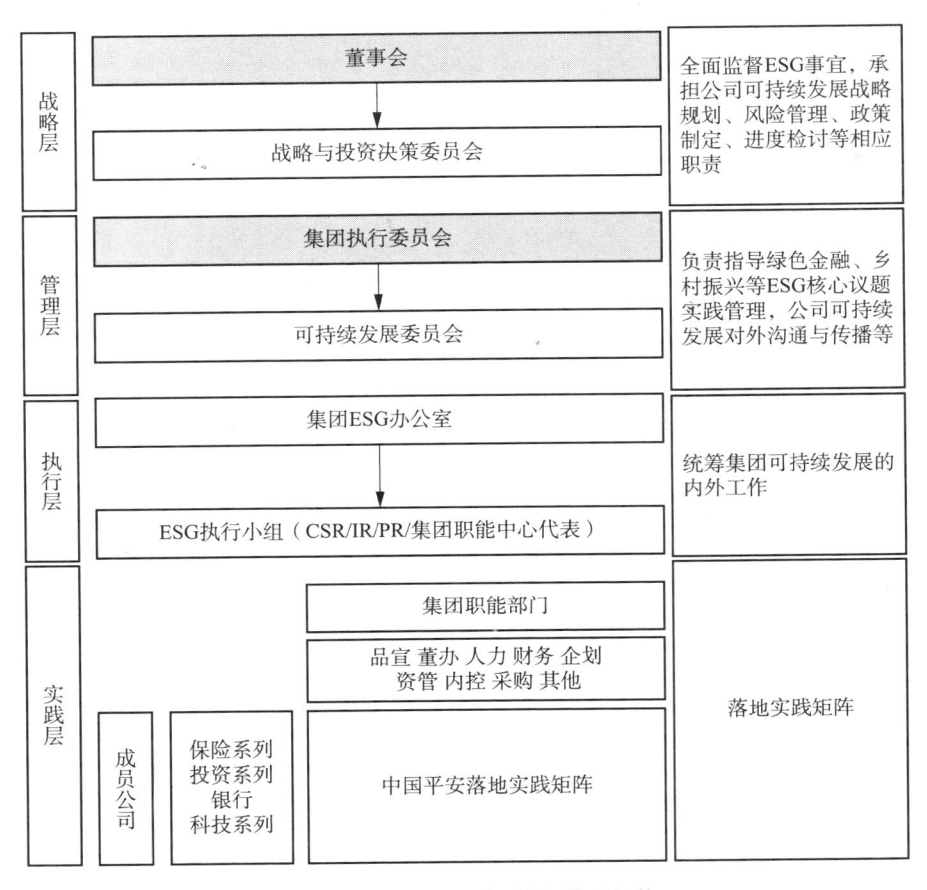

图 2-5-3　中国平安 ESG 管理架构

2. 与利益相关方的沟通

中国平安最重要的利益相关方包括但不限于政府与监管机构、股东、客户、员工、代理人、供应商及社区和环境。通过建立多种渠道，中国平安定期与利益相关方保持沟通与交流，倾听并积极回应各利益相关方群体的期望与要求，践行联合国全球可持续发展目标，持续为各方创造价值。例如，中国平安与政府及监管机构通过公开信息披露、日常工作汇报与交流、来访接待等方式进行沟通，积极参与政府项目、响应市场监管要求、助力乡村振兴、履行社会责任；与股东通过股东大会、投资者见面会、定期报告与公告等方式保持沟通；与员工通过职工代表大会、员工热线等方式进行沟通，为员工创造多元、平等的工作环境。

3. 与国际可持续发展实践接轨

中国平安积极与全球领先的可持续发展标准保持同步，为中国首个以资产所有者身份签署联合国责任投资原则的企业，同时也是加入气候行动100+（Climate Action 100+）、"一带一路"绿色投资原则的企业，以及大陆首家签署联合国环境规划署金融倡议组织（United Nations Enivirement Programme Finance Initiative，UNEP FI）可持续保险原则的公司，并加入UNEP FI全球领导委员会及指导委员会，推动了中国企业在世界可持续领域中的地位上升。中国平安与全球指数发行商富时罗素建立合作伙伴关系，以促进可持续投资。2019年，中国平安被纳入了恒生国指ESG指数，随后又作为大陆首个入围保险企业，被正式纳入2019年道琼斯可持续发展新兴市场指数。同年，中国平安作为试点机构加入中英金融机构气候与环境信息披露工作试点小组，积极参与推进环境与气候信息披露的理论研究与实践探索，发布了第一份气候相关财务信息披露工作组报告，并于之后年份进行了持续披露。

4. 企业价值链管理与合作

中国平安制定《平安集团可持续供应链政策》《采购业务供应商管理细则》等制度，并聚焦集团的业务发展及需求，建立完善的供应商管理机制。将可持续发展相关需求有针对性地加入供应商入选审核、过程管理、追踪反馈等环节，并重点关注供应商在信息安全、劳工权益、环境保护等ESG方面的表现。同时，中国平安携手供应商一同承担并践行企业的社会责任与义务，将可持续发展要求加入供应商合同条款中，对信息安全和隐私保护、低碳绿色技术转型及发展、劳工权益保护及员工发展等方面做出明确规定，并对承包商、供应商等合作伙伴提出反贪腐要求，对涉嫌违反商业道德的合作供应商，推动全系统从上而下与其终止合作。此外，中国平安积极开展供应商交流培训，努力提高供应商在产品质量、工作技能、合规管理、员工权益等方面的可持续发展相关表现。

5. ESG风险管理及能力

中国平安将ESG的核心理论和标准与集团风险管理进行深度融合，将ESG风险管控要求融入整体风险管理，保障中国平安各项业务发展行稳致远。将董事会作为公司风险管理的最高决策机构，对全面风险管理工作的有效性负责。董事会下设审计与风险管理委员会,负责全面了解公司面临的各项重大风险及其管理状况,在对风险管理体系运行情况进行监督的同时,对风险管理相关重大事项进行审议并向董事会提出意见和建议。在持续完善风险管理体系的同时,中国平安将风险管理理念贯彻至公司治理及经营中,积极营造并形成了从公司董事会、管理层、专业委员会到全体员工参与的风险管理文化氛围,促进集团更畅通、更有效地执行风险管理工作机制,为风险管理工作在日常经营活动中充分发挥作用夯实了基础,有利于进一步保护股东资本安全、提高资本使用效益、支持管理决策并创造管理价值。

6. 智能化、数字化为可持续发展赋能

中国平安依托自身"综合金融+科技领域"的深厚基础,积极通过数字化方式提升ESG信息管理能力。平安建立AI-ESG管理平台,纳入了目前监管机构、交易所、评级机构等组织的不同要求,整理了500多个ESG指标。基于该平台,实现了中国平安40多家子公司的全覆盖,极大地精简了定期信息披露的流程,2019年,AI-ESG管理平台使公司ESG年报披露时间缩短了22天。此外,公司的AI-ESG管理平台实现了自动监控异常变化、数据可视化、同行对标等功能,使ESG管理效果清晰可见,实现科技赋能公司ESG管理。

中国平安ESG信息系统除应用于自身外,也为外部公司的可持续发展进行数字化赋能。中国平安基于自身数字化能力,面向金融机构、各大公司、政府、协会等不同需求主体,根据ESG基本面分析、量化投资、评级提升、风险监控等差异化使用场景,定制化地提供一站式ESG解决方案。

7. 可持续发展专业人才培养

ESG人才是跨越多学科、多领域的复合型人才,目前中国平安对ESG人才主要有内部培养和高薪聘请两种方式。中国平安为留住优秀的ESG人才,鼓励核心ESG人才长期服务公司,切实守护员工的合法权益,致力营造公正公平、和谐健康的工作氛围,并为员工提供薪酬激励及多样化培训,鼓励员工强化自我学习、提升个人能力,实现员工个人与企业的共同发展。

8. 可持续发展信息披露

中国平安连续10余年披露ESG及可持续发展信息,每年更新、持续完善ESG议题的识别与重大性判定流程,确保准确、全面披露重大ESG议题,并在日常运营中加强重大ESG议题的管理与履行。中国平安已将ESG的九大核心议题全面融入企业管理中,将可持续发展核心议题分为三大板块——内部管治、可持续业务整合、社区与环境。九大核心议题分别为商业守则、负责任投资、可持续保险、信息安全及 AI 治理、产品责任和客户保护、可持续供应链、员工及代理人发展与保障、绿色发展与运营、社区影响力。通过可持续发展信息的披露，加强社会及资本市场对中国平安的认可，并以此推动中国平安的可持续建设进程。

第六章　创新发展

> **世界一流企业关键要素四**：拥有技术前瞻性洞察力、强大的自主创新能力，掌握产业核心关键技术；拥有高水平科技领军人才队伍，研发与创新活动的组织、流程敏捷高效，技术、成本、质量等综合优势领先；利用多种创新模式和工具实现高效的商业转化，助力企业战略和业务转型。

一、一流企业特征

当前，科技创新能力作为重要的战略性资源，已成为一个国家综合国力的重要体现，下一轮科技革命的酝酿正在重构全球创新版图、重塑全球经济结构。在我国，党的二十大报告提出"坚持科技是第一生产力、人才是第一资源、创新是第一动力，深入实施科教兴国战略、人才强国战略、创新驱动发展战略，开辟发展新领域新赛道，不断塑造发展新动能新优势"。科技创新的核心目标是让创新链和产业链有效融合、共同发展。其意义分为三个层次：国家战略视角，科技创新是支撑国家战略、参与国际竞争和引领创新发展的战略核心；产业升级视角，科技创新是优化产业资源配置、改善产业结构和引领产业变革的内生动力；企业发展视角，科技创新是加速企业转型发展、重塑竞争壁垒和强化生命力的成长基石。然而，想要享有科技创新带来的巨大收益并非易事。

德勤中国专注创新研究的咨询部门已有 30 多年历史，在过去 5 年里完成的创新项目超过 350 个。2021 年，德勤中国完成了国务院国资委研究中心及世界银行的研究项目《世界一流企业可持续创新发展能力研究报告》。通过全球一流企业比较研究，借鉴美国、德国、以色列、日本等国家科技创新方面的先进经验和大量案例，德勤中国提炼了世界一流企业科技管理要素特征。

（一）创新战略前瞻引领

对技术本身有更高的前瞻战略敏感度，能够改变自身的运作模式，迅速把新技术转化为企业自身的生产力。在行业发展中具有较强的参与性和话语权，深度参与全球科技治理，贡献中国智慧，让科技更好地增进人类福祉。

（二）关键核心技术积累强

拥有引领性的创新资源、强大的自主创新能力，掌握具有自主知识产权的关键核心技术，可突破制约行业发展的技术瓶颈，引领行业技术进步，增强企业竞争壁垒。

（三）研发活动效率与质量高

有完善的内外部协同创新管理流程与机制，能实现外部协同研发效率高、内部科技创新成果协同共享，同时成本可控。

（四）商业化转换能力强

高效的科技创新成果商业化转换能力可显著增加企业价值，实现多维度创新，实现技术、质量、成本和服务的综合性优势。

（五）科技创新人才储备足

拥有高水平科技领军人才队伍。企业成为集团高端技术人才、产业分析人才的聚合地，使他们成为内部推动科技与业务协同，外部产业协同创新的领军人物。

（六）数字化能力助力高效敏捷

可将科技管理与数字化合二为一，助力科技洞察前瞻性和高效研发。

二、中国企业现状

中国科学技术发展战略研究院发布的《国家创新指数报告 2022—2023》显示：全球创新格局保持亚、美、欧三足鼎立态势，科技创新中心东移趋势更加显著，中国国家创新指数综合排名上升至世界第 10 位，向创新型国家前列进一步迈进。报告选取与我国具有可比性的 40 个国家（其研发投入总和占全球 95% 以上，国内生产总值之和占世界 85% 以上）作为评价对象，使用权威的国际组织和官方统计调查数据，客观研判我国在国际科技创新格局中的地位，全面反映我国科技创新投入、产出和支撑经济社会发展能力。结果显示，2023年，中国国家创新指数综合排名居世界第10位，较上期提升3位，是唯一进入前15位的发展中国家。同时，国家创新能力取得显著进步，从2000年的第38位快速提升至2011年的第20位，随后稳步上升至2023年的第10位。中国有效发明专利数量达到227.9万件，居世界首位。中国三方专利数量占全球总量的比重快速提高，达到10.4%，排名第3位；万名企业研究人员PCT（专利合作条约）申请量排名第16位；企业研发经费与工业增加值之比、企业研究人员占全社会研究人员的比重分别排名第16位和第15位。

中国为何能成为唯一进入前15位的发展中国家？好成绩来源于对科技创新事业的重视。党的十八大以来，我国深入实施创新驱动发展战略，坚定不移地走中国特色自主创新道路，大力建设创新型国家和科技强国，推动科技事业发生了历史性、整体性、格局性的重大变化，成功进入创新型国家行列。从5G网络建设持续加速、融合应用深度不断拓展，到"中国天眼"落成启用、发现740余颗新脉冲星；从首架国产大飞机C919正式交付并飞向蓝天，到中国空间站"T"字基本构型组装建造如期完成。节节攀升的创新指数，离不开一项项科技创新的突破与支撑，也充分展现了创新中国、科技中国的强大实力。

从科技创新投资强度与产业聚焦来看，美国仍是世界上科技创新投入最高的国家与地区，但中国科技创新投入增速很快。《2022年欧盟工业与技术创新经济研究报告》分析了占全球90%研发投入的前2500家企业。中国在2012—2022年的科技创新投入年复合增长率为25%，而同期美国的科技创新投入年复合增长率为7.5%，欧洲为4.3%。

然而，全球最大科技创新投入排名前50的公司里仅有4家中国公司［华为公司、阿里巴巴集团控股有限公司（以下简称阿里巴巴）、深圳市腾讯计算机系统有限公司（以下简称腾讯）、中国建筑集团有限公司］，而有美国公司有22家、欧盟公司有12家、日本公司有6家。同时，中国近年整体科技创新投入增速主要是靠2500家上市公司中中小规模企业的贡献，科技创新资源整合远远不够。所以，在图2-6-1中可以看到，前50~500家企业研发投入比较中，中国企业没有优势，但与后500家公司比较时，中国企业的研发投入度提升很快。

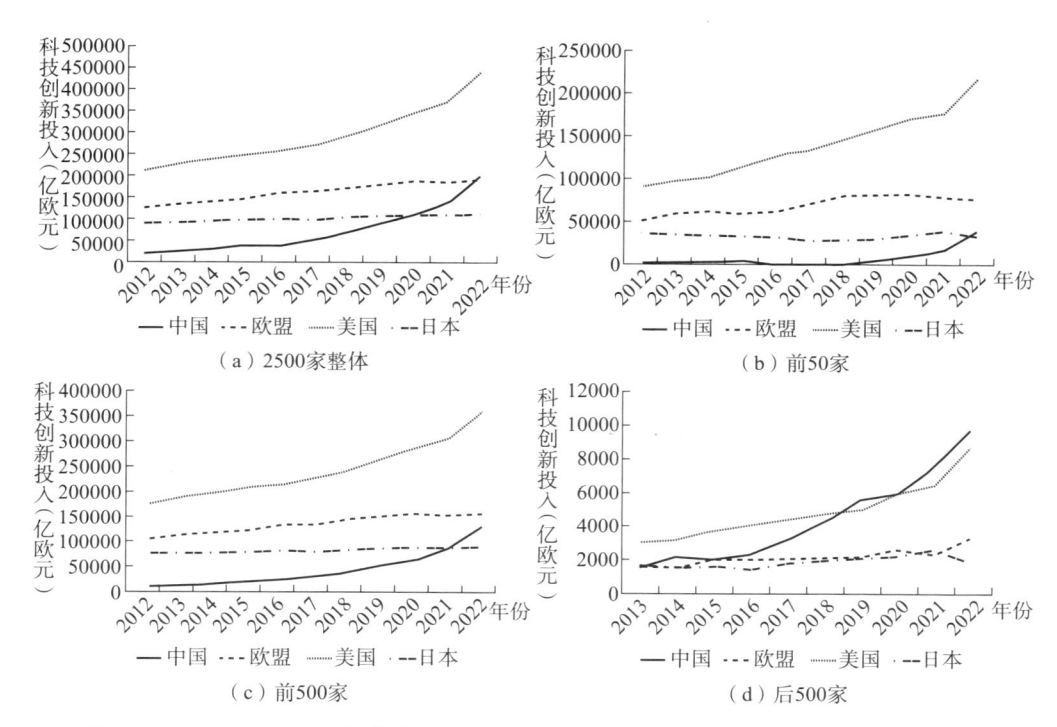

图 2-6-1　2012—2022 年全球 2500 家上市公司按地区进行的科技创新投入强度比较

同时，从表 2-6-1 中可以看出，中国排名前 50 的企业聚焦高科技服务产业（例如软件、人工智能等领域）、高科技产品（半导体等），汽车行业、医药健康等战略性新兴产业的科技研发投入仍远远不够。

从科技创新投资产出效率来看，全球头部科技创新 2500 强企业中美国有 822 家，欧盟有 361 家，日本有 233 家，而中国有 678 家进入榜单（表 2-6-2）。榜单中美国企业研发投入占全球的 40%，尽管过去 10 年中国企业科技创新投入增速已赶欧盟及日本，但中国上榜企业的研发投入仅占全球的 18%。中国企业的平均科技创新投资强度（科技创新投入/总营业收入）为 3.6%，仍远低于美国的 7.8%。即使科创投入增加显著，中国上榜企业的平均运营利润率仅为 8.2%，而美国企业为 16.8%，欧盟企业为 11.2%，效益差距甚远，科技投入产出效益低。

表 2-6-1　2021 年和 2022 年欧盟工业与技术创新经济研究全球前 50 家企业按行业科技创新投资额分析

	前50名企业数量（家）						研发投资额（百万欧元）					共计,%
	欧盟	美国	日本	中国	其他	共计	欧盟	美国	日本	中国	其他	共计	
2012年													
汽车	5	2	4	0	0	11	23081	11852	15663	0	0	50597	23
医药健康	3	6	1	0	4	14	10356	32865	2179	0	24343	69744	32
信息技术产品	4	4	2	1	2	13	14886	17735	5569	3122	11101	52412	24
信息技术服务	0	4	2	0	0	6	0	22033	3914	0	0	25947	12
其他	1	2	3	0	0	6	3249	7229	9966	0	0	20444	9
总计	13	18	12	1	6	50	51572	91715	37291	3122	35444	219143	
2022年													
汽车	5	2	3	0	0	10	43643	13685	18910	0	0	76239	18
医药健康	3	8	1	0	4	16	15331	63005	4065	0	33855	116256	27
信息技术产品	3	6	0	1	2	12	13323	53815	0	19534	20790	107462	25
信息技术服务	1	6	1	2	0	10	5168	86842	5732	14878	0	112620	27
其他	0	0	1	1	0	2	0	0	4902	5509	0	10411	2
总计	12	22	6	4	6	50	77465	217348	33609	39921	54645	422988	
年均复合增长率（%）							4	9	-1	29	4	7	

表 2-6-2　全球 2500 家企业各地区科技创新投资强度与效益分析

项目	欧盟	美国	中国	日本	其他	共计
公司数量/家	361	822	678	233	406	2500
2021年研发支出/（10亿欧元）	192.8	439.7	195.9	113.8	151.8	1093.9
年增长率/%	8.9	16.5	24.9	6.6	12.4	14.8
收入/（10亿欧元）	4865.7	5540.2	5414.8	2886.3	4382.8	23089.8
年增长率/%	18.0	20.8	24.0	13.0	20.3	19.8
研发强度/%	3.9	7.8	3.6	3.9	3.4	4.7
营业利润/（10亿欧元）	538.4	921.9	442.4	2158	748.6	2867.2
年增长率/%	125.7	72.7	33.6	11.1	102.3	71.9
利润率/%	11.2	16.8	8.2	7.6	17.2	12.5
资本性支出	270.9	301.3	380.5	185.3	305.5	1443.4
年增长率/%	5.2	15.1	11.7	3.9	15.2	10.8
资本性支出/收入/%	6.0	5.4	7.0	6.5	7.5	6.4
员工/（百万欧元）	14.8	10.7	15.1	7.4	5.6	53.5
年增长率/%	0.7	5.1	5.9	0.44	1.5	3.1
人均研发投入/欧元	12917.5	40759.2	12888.4	14161.6	15834.7	18947.0
市值/（10亿欧元）	5950.5	22766.4	56548	2979.4	8240.3	45591.4
年增长率/%	33.0	30.5	13.2	22.6	22.9	26.5

习近平主席在两院院士大会、中国科协第十次全国代表大会上的讲话中指出：中国企业原始创新能力还不强，创新体系整体效能还不高，科技创新资源整合还不够，科技创新力量布局有待优化，科技投入产出效益较低，科技人才队伍结构有待优化，科技评价体系还不适应科技发展要求，科技生态需要进一步完善。

通过对标分析，我们发现在创新战略、创新管控、创新运营、创新支撑四大领域，中国企业虽已有长足进步，但在具体创新管理上仍有不少掣肘因素。

（一）创新战略

（1）战略承接不畅。很多企业横向科技创新战略与业务战略、投资战略未拉通；纵向中央研究院与各业务板块研究院及孵化平台科技战略未有效承接，围绕客户价值规划不足。

（2）技术前沿感知不足，强化新型技术和战略必争领域前瞻性布局不足。尚未积极融入全球研发协同网络，与客户及其他价值链合作者协同强化技术前沿感知不足，面向未来的基础性、原创性研究投入不足，面向中长期的储备不足。

（3）缺乏科技能力图谱。缺乏关键技术选择，技术图谱不清晰，导致高技术、高质量、高附加值产品不多，难以实现全球技术标准引领及建立有效的技术打造"护城河"。

（二）创新管控

（1）研发绩效考核尚未对前瞻共性研究、高效商业转化、科技创新协同生态赋能分别进行考核。缺乏合理的KPI综合式评价三大核心能力，即中长期技术储备、短期商业化转化及科技创新生态开放式研发协同赋能；集团内部尚未形成有效的能力共享和联动机制，导致各职能部门的协同效果差。

（2）研发体系不够清晰。集团上下联动、内外部协同研发的机制尚未十分明确，难以发挥优势。

（3）研发投入不够聚焦，研发管线管理效率尚待提升。缺乏数字化研发管线管理工具，还存在重复投入、产品交叉重叠的问题；研发管线决策、中止、转化或出售全周期进度、成本、知识沉淀等领域的管理分散，效率有待提升。

（4）研发投资强度仍有待提升。战略性新兴产业科技投入强度仍与发达国家有很大差距。

（三）创新运营

（1）核心技术积累不强。对于新一代信息技术、生物技术、新能源、新材料、高端装备、绿色环保等产业，尤其是集成电路、工业母机、关键软件等领域，中国的整体技术积累仍旧薄弱；战略性新兴产业中中国企业参与国际标准制定较少；关键软件等"护城河"类产品与世界一流企业有差距。

（2）知识产权管理缺乏经验。缺乏科学确权、风险共担的科技转化机制；知识产权管理注重产出平衡少、追求数量多，但不注重知识产权商业价值转化效果的现象较为普遍。

（3）商业转化规划、全周期推进路径缺乏。与供应链、质量、制造、营销等部门的协同不足，全周期规划不完整，导致成果转化效率低，互相扯皮。

（四）创新支撑

（1）体制机制上仍有很多阻碍。激励与创新文化难以鼓励合理试错、充足的中长期投入与高效商业转换；缺乏国际一流科技领军人才。

（2）数字化助力研发管理不足。难以提效及助力技术攻关；科技创新生态内部能力衔接差，缺乏数字化手段支撑全周期、内外部资源整合。

（3）科技创新内外部孵化手段单一、速度慢。缺乏端到端科技创新生态培育能力；产业链、供应链研发外部协同不足。

这些正反映了习近平总书记谈到的战略选择问题、资源整合问题、效率效益问题和激励问题背后的细节根因，也是德勤中国通过近些年与众多中国企业的合作项目总结的问题点。

三、最佳实践

未来，各国科技创新竞争更趋白热化。科技革命的发生常和大国的兴衰相伴，科技早已成为人类文明发展的动力。第四次科技革命即将到来，有为企业应在这一历史性的时刻彰显担当，积极构建科技创新价值管理模式，如此才能洞察机遇、引领实践。结合前文所述德勤中国世界一流企业科技管理模型，我们分享一下国际通行的一流企业实践。

德勤中国世界一流企业创新管理模型（图2-6-2），共分四大部分，即创新战略、创新管控、创新运营、创新支撑，包括十一个子要素，缺一不可。

创新管理体系相当庞大，上承接战略、依赖组织模式、考核激励，中依靠数字化及其他专业领域支撑，下依靠人才管理、激励、创新文化、外部协同支撑。

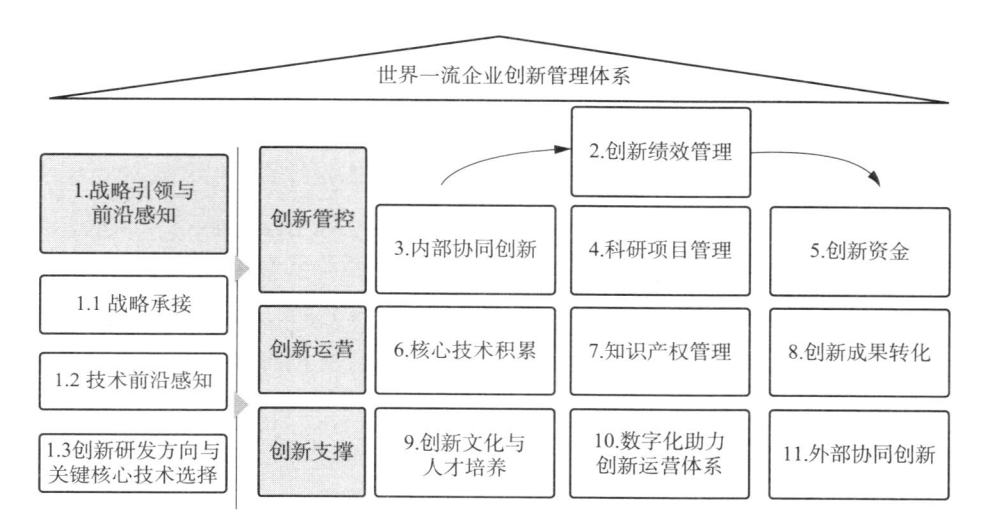

图 2-6-2　德勤中国世界一流企业创新管理模型

（一）创新战略

对于企业而言，在实施科技创新战略时，需要首先厘清三层关系，即国家需求与企业发展间的关系、科技成果与企业效益间的关系、科技创新人才与企业激励间的关系。科技创新的本质是"投资"。在什么时点投资什么，前瞻性引领的度怎么把握，如何使科技战略与业务战略紧密契合。在技术前沿感知敏锐前提下果敢选择其差异化关键技术路线、产品与技术组合，以及平衡好前瞻性基础研究与商业化转化高的科研项目投入比例，是世界一流企业做好创新战略制定的关键。华为公司的轮值 CEO 徐直军在 2017 年中国管理全球论坛大会上发表演讲时指出：每进入一个产业，平均的当期盈亏平衡点是 8 年。对很多企业而言，投资研发要在 8 年之后才能创造效益，这是很难接受的。

[案例 1]

西门子"创造"未来图景，而非"跟随"未来。西门子把目前的技术和产品系列预测到未来，同时创造"未来之景"，并利用它分解明确为实现这一战略愿景需要处理的关键技术问题和任务。西门子中央研究院绘制"技术地图",做出未来20年的技术规划,与业务板块讨论并改进。同时,业务板块推动"多代产品规划"技术,拟订未来几年内特定产品产销计划所需要的技术,画出"技术树",再由中央研究院集成、认可,保持各领域科技规划可衔接。西门子在前瞻布局中突出重点,非常值得中国企业借鉴。

第一,强化前沿感知,利用海外技术中心、内外部技术论坛不断收集早期创意,引领行业的前沿信息交流。

第二,选择能给公司核心业务带来高度差异化的研发项目。无论是当前的核心业务,还是在未来的业务转型中,都瞄准关键技术领域,并寻求行业的领袖地位;对于技术解决方案和项目选择,往往需要整合多种基础技术和应用技术,即整合不同来源技术的能力,并给产业带来真正的变化。

第三,科技计划需要短、中、长期科研项目的有机组合,在做关键技术选择时注重加强自主度评估、关键技术能力对标、明确效益评价标准。

第四,通过国外布点、国内组织全球竞赛等手段加速全球研发协同融入。

第五,围绕客户价值最大化,加速科技创新外部孵化;重视产业链、供应链的研发投入;科技创新不仅用于新业务拓展,也更多地用于降本增效。

[案例2]

华为公司的创新战略与策略有七大原则:第一,鼓励创新,但反对盲目创新。华为推动的是有价值的创新。第二,客户需求与技术创新双轮驱动。要以客户需求为中心做产品,以技术创新为中心做未来架构性的平台。第三,领先半步是先进,领先三步成"先烈"。企业需要通过对客户需求的精准分析,提出引领的解决方案,以这些解决方案引导开发出低成本、高增值的产品。第四,开发合作,强化协同开发。从组织到流程、商业模式、产品、技术等方面全方位创新。第五,在继承的基础上创新。在继承的已成熟技术上的创新,是提高产品稳定性和降低成本的关键。第六,创新要宽容失败,给创新以空间。第七,只有拥有核心技术知识产权,才能加入世界竞争。

从以上两个世界一流企业案例可以看出,在创新战略选择中,一流企业对选择中"度"的把握、对时机的把握、对组合的把握及对创新投入方法(自研或协同研发)的把握尤为重要。它们要超越产品级创新,进入系统架构级创新和商业模式级创新。

（二）创新管控

科技创新的价值链是由一系列独立又相关联的创新主体集合而成的复杂网络系统，包含从科学的奇思妙想、技术研发、验证到产业化等环节。产业化来自科技成果的转化，技术研发依赖科学理论的支撑，各环节间既有因果逻辑又保持自由探索，且不同环节的资源投入、成果产出、价值形态和成功概率都存在巨大差异；从时间的维度，我们现在的技术可能受益于百年前的理论学说，现在的科学新发现可能惠及百年后的产业。所以，在一个超长周期、强不确定性、融于各产业的创新链中，如何尽可能合理地配置资源、最大化地转化成果，是实施科技创新战略中最重要的任务，也是难点所在。

创新管控的核心就是围绕科技创新生态，明确集团内外部协同研发如何链接与布局分工（图2-6-3）。据德勤中国观察，这是目前中国企业科技管理与世界一流企业差距最大的地方。全球大型企业普遍采用自主研发与联合研发相互补充的研发模式。通过将能源、工业、医药健康等行业的企业与世界一流企业对标，我们发现国际头部企业分批分类，充分借助外部特别是科研机构与大学、战略合作伙伴、参股企业、专业机构、价值链中中小企业的力量来补齐自身能力短板的情况更为普遍。国际企业因此能够更好地从前沿感知、产业整合入手，尤其近年因考虑到内部研发成本控制，所以更大量地采用外部协同研发模式，做强科技"买手"，做好产业链链主。

同时，国际一流企业内部组织架构更加以客户价值为导向，更敏捷、协同、透明；它们的内部中央研究院、业务板块科研机构、孵化平台等科研机构之间有更为成熟的联动模式，尤其在一体化分类考核、数字化研发管线支撑、科技生态运营支撑下，可做到"研发资源有统筹、内部创新有协同、内外创新有生态、成果转化有成效、科技人员有活力"。鉴于本书篇幅，我们着重分享一下如何合理评价企业不同科技创新主体的绩效表现。

企业科技创新综合绩效评价是战略优化和绩效管理的重要环节，是对科技成果价值评估的承接和管理执行的落地，是科技创新人才激励机制设计的基础。[1] 如图2-6-4所示，绘制科技创新综合绩效评价指标地图，要基于科技创新价值链中各个价值环节的投入和产出的转化逻辑，提炼各环节投入要素与产出成果，要从经济效益和非经济效益两个维度解构。经济效益类绩效

---

[1] 德勤中国. 科"创"未来，价"值"千金：德勤中国构建企业科创价值评估体系［EB/OL］. 2021-4-8. https：//www2. deloitte. com/cn/zh/pages/technology/articles/evaluation-technological-innovation-value. html.

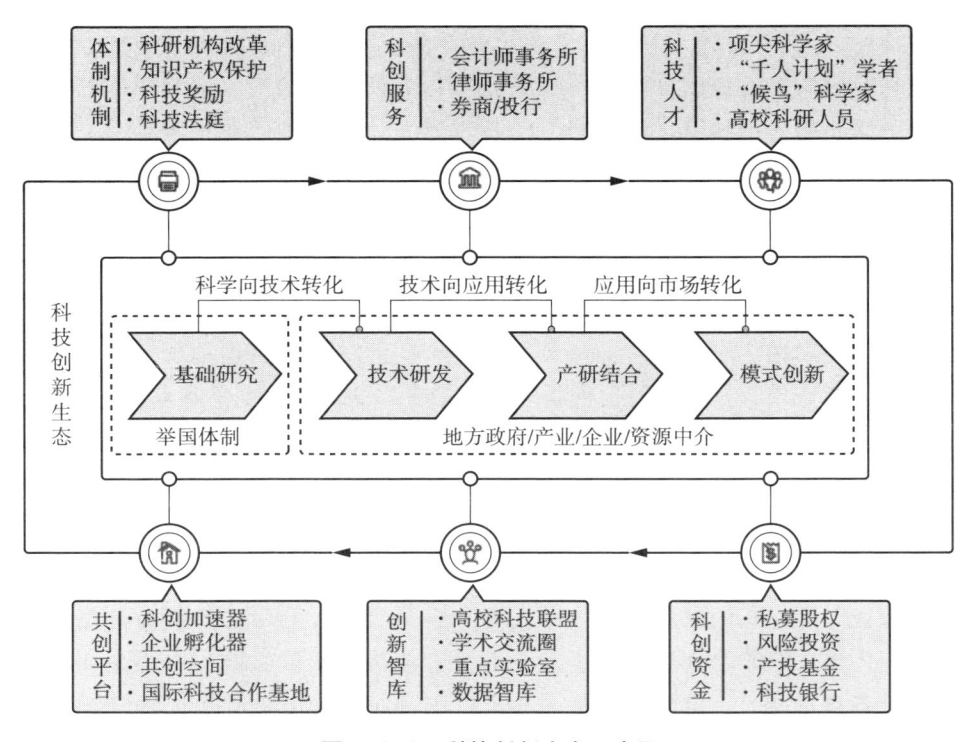

图 2-6-3 科技创新生态示意图

评价主题，包含科技成果转化应用带来的经济价值、财政及其他奖励等，旨在体现科技创新主体在科技资源投入和经济性产出方面的效率、科研条件和政策资源综合运用的能力、在科学研究和专业领域的实力；非经济效益类绩效评价主题，以学术成就为主，旨在鼓励科技创新重点领域的资源投放水平提高。

同时，科技创新综合绩效评价要分类评价中长期技术储备、短期产品商业化转化效率和各职能的科技管理协同效果三个方面。微软亚太研发集团考核关注 R—I—D—E：R（research，基础研究）是中长期技术储备，主要考核学术报告和期刊论文发表情况，且基础研究不一定都有产出，可用"积分制"衡量终止研发管线的阶段性价值；I（incubation，产品开发）—D（development，技术服务）是短期需要商业化转化的产品研发，需要严格考核商业化转化成效；E（eco-system，生态赋能）是考核科技生态联动能力。这种分类考核模式非常值得中国企业借鉴。

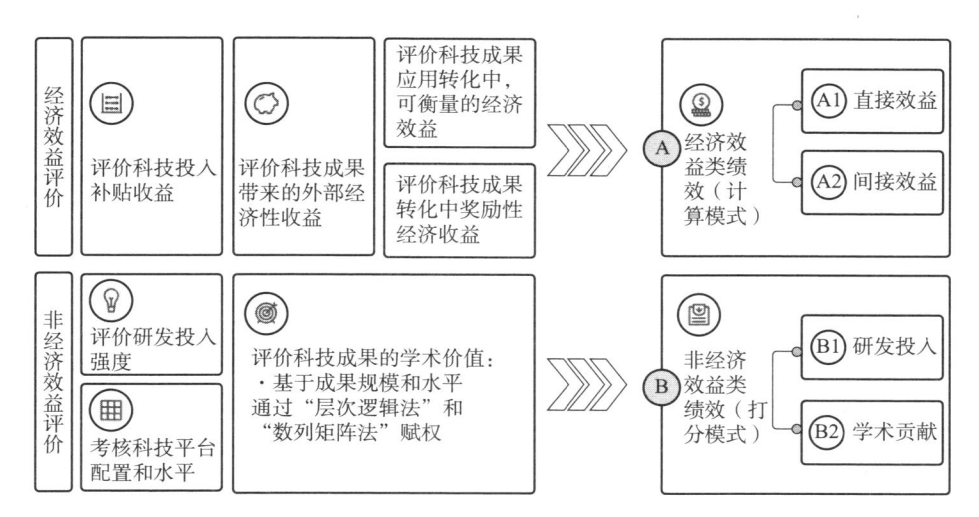

图 2-6-4　科技创新综合绩效评价指标地图

对标世界一流企业，未来我国企业在创新管控协同领域，可以突出以下关键举措：

（1）强化内部协同，尽早搭建集团科技创新项目统筹管理平台，真正有效保证内部项目协同，避免重复立项与技术成果难以被多板块协同利用的现象。

（2）科研管理在统一资源部署、统一基础流程、统一核算要求的基本前提下，通过分类管理，构建差异化、针对性的科研管理机制，促进研发效能提升。以数字化手段推进关键节点审查，逐步推动各研发项目形成常态化闭环管理，实现项目动态调整，能进能出。

（3）绩效考核中根据短、中、长期研发定位，差异化评价不同定位的内部研发机构，与科技规划目标形成闭环。

（三）创新运营

创新运营中，世界一流企业做科技成果价值评估的经验更为丰富，这也是中国企业解决科技生态内价值共享、科学确权的重要技术环节。总体来说，国际通行的价值评估建模分为以下几步：

（1）价值分解。科技成果的价值贯穿整个企业价值创造的逻辑之中，价值分解本身其实是将创新成果还原于产业应用实际，寻找其在价值网络中的位置，并通过对驱动因素的分析，识别创造价值的方式和路径，判断对应的计量口径。其中，需要考虑产业本身的市场化程度、资源配置效率、利润分配规则、竞争态势特点，综合企业自身科技创新体系结构、技术研究领域、科技项目类型等因素，这些都会对科技成果的价值流向产生影响。当然，企业的科技成果除了自身应用带来的经济效益外，还可能因为外部转让（非市场化对价）而带来价值溢出。通常，这种科技成果由于本身具有较高的专业水准和影响力，会为整个行业甚至国家带来巨大经济效益，比如关键设备进口替代带来的行业整体采购成本降低，关键共性技术突破带来的产业价值链上移等。在评估价值时需要结合具体场景，从不同层级受益方的视角拆解。

（2）基准选择。在资本市场，企业价值通常会使用乘数法、净现值法进行市净率（PB）、市销率（PS）、市盈率（PE）、现金流折现法（DCF）等的评价，其对应的评估基础分别是企业的资产、收入、利润和现金流。选择什么方法，和估值目的、所处行业、资产运营模式、发展阶段、信息获取难易程度等因素有关。放在科技创新层面也可以适当借鉴。需要注意的是，基准一旦确定，在整个企业就需要保持一致性。

（3）算法量化。考虑到科技成果"转化场景+价值形态"的组合较为复杂，容易造成计量口径上的差异，因此通过两层模型叠加的设计来有效覆盖所有组合。科技成果价值评估模型如图2-6-5所示。

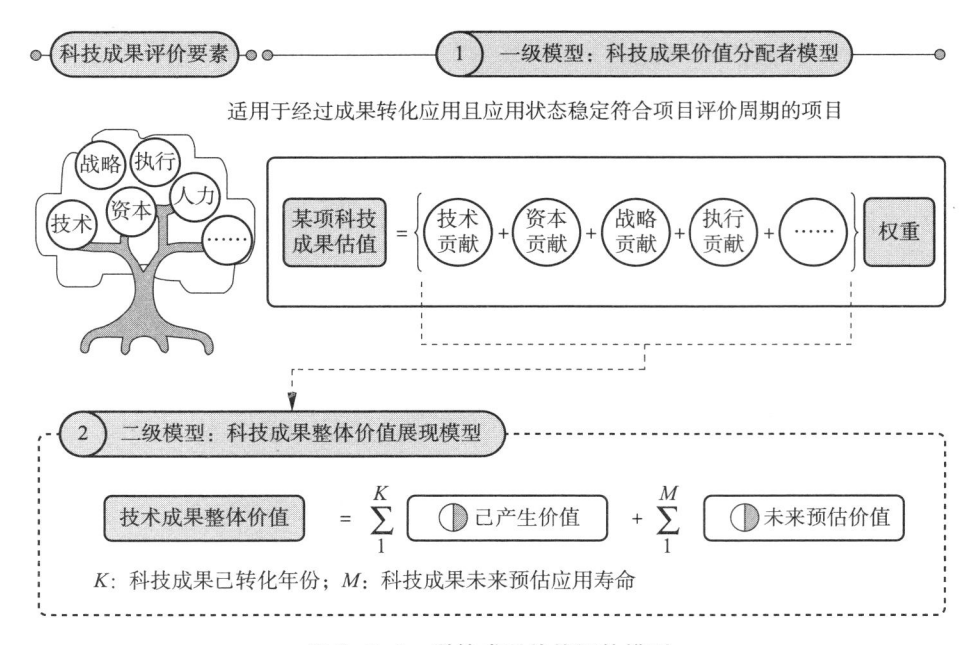

图 2-6-5 科技成果价值评估模型

在创新运营层面，中国企业未来需用好价值评估模型，要聚焦以下三个领域的举措：

（1）在知识产权管理方面，注重知识产权筛选与评估，讲求效益。在保护自身知识产权成果的同时节约知识产权维护费用，而不是鼓励各类低效专利申请，浪费维护费用。

（2）科学布局专利，通过专利获取形成技术壁垒。重视基础研究和超前研究，尽可能获得更多基本专利，并通过不断获得外围专利来延长基本专利的生命，加强专利生命周期管理，以此强化核心竞争能力，打造技术壁垒，增强公司的市场地位。

（3）在促进成果转化方面，注重"实现科学确权、早期分割、权益共享、责任共担"，推动技术成果应用。

（四）创新支撑

在创新支撑领域，中国企业面临最大的挑战是人才培育与激励。由于这是一个典型的体制机制问题，所以我们统一在"人才管理"与企业文化一章分享最佳实践。另一个未来突破点是，加速科技创新孵化平台建设。

科技创新孵化平台在世界一流企业科技创新生态圈内虽不可缺少，但中国科技创新孵化平台成熟运营的企业少之又少。科技创新孵化平台可完成以下五类使命。

（1）创新信息收集。通过组织创新大赛，抢占先机吸引市场化潜力高的外部优秀项目、团队与中小企业，与资本协同加速孵化。

（2）项目孵化辅导与培育。设计入孵筛选与评价体系，与业务板块协同，从战略契合度、发展前景、技术创新性、可实现性、盈利性、合作者市场化与成果转化潜在效率与价值等角度综合评价；为入孵团队提供孵化场所、技术咨询、项目管理咨询、产业链资源等一揽子协助，助力科研工作加速推进。

（3）项目成果中试。根据具体项目类型提供实验室支持、中试服务、成果转化通道服务。

（4）成果评估。实现科研成果的价值准确评估，测算其在生产应用端的突出贡献，利用混改提供试点"特区"激励的通道。

（5）成果转化推广。妥善运用其市场资源及运行资质，将成果输送至生产单位或开拓外部市场，完成科研成果的产业化转化。

[案例3]

对于戴姆勒集团（后更名为梅赛德斯—奔驰集团股份公司）在开放式协

同创新方面的亮点，中国企业可借鉴。它通过多个与跨界企业协同搭建的创新平台，如 The Bridge、Start-up Autobahn 等，实现了与生态圈企业的协同与合作，同时为中小企业、初创型企业提供了人才、资金、有形资产、无形资产等各方位的赋能，协助其创新成长，在汽车行业作为链主为拉动产业升级做出了巨大的贡献。该模式更好地实现了大企业之间创新平台的对接，实现了协同创新平台的集约化发展，同时也为初创类企业更多元的创新要素赋能。The Bridge 平台由可口可乐公司于 2014 年成立，之后戴姆勒集团及时代华纳（后更名为华纳媒体）旗下的特纳广播公司（Turner Broadcasting）先后作为投资方加入，意在对接能解决三家公司技术痛点的初创类企业。虽然是跨界领域，但三家公司寻找的具有相应创新技术的初创类公司有 70% 是重合的。目前，The Bridge 已成功孵化了 30 家初创企业。其中，最为成功的项目有：虚拟现实内容管理系统 Beyond、应用内搜索服务 Curiyo、企业的社会投票调查工具 Endor、低成本广播系统 Pixellot 等。同时在 2016 年，The Bridge 平台成功地把创业公司 Cimagine 卖给了美国知名通信应用"阅后即焚" Snapchat 的母公司 Snap。Start-up Autobahn 由 Plug and Play 创办，意在建立生态圈协同合作平台，实现生态圈企业和中小企业/初创企业之间的合作。Lab1886 创建于 2007 年，意在对产品/服务的商业模式实现创新。目前戴姆勒集团中常用的商业模式便诞生于该项目，如 Car2go、Moovel 等。Startup Intelligence Center 为戴姆勒集团的另一个初创型企业孵化器项目，主要针对自动驾驶、金融技术、保险科技等领域内的企业实现资金、人才、无形资产、有形资产等全方位生产资料赋能，后期采用资本收购或长期合作等方式实现外部购买。

科技创新孵化平台在中国尤其是国有企业还有一个很重要的作用，就是形成科技创新"特区"，更好地支持一定容错机制下的"突破式创新"与人才激励改革探索。我们建议中国企业在未来创新支撑层面，聚焦以下几个关键举措：

第一，加速科技创新孵化平台建设，更好地推动产业科技创新资源联动，从前瞻技术研究、人才吸纳到激励改革、高效商业转化，有效平衡突破与风险。

第二，在创新人才培养上，科技人才规划需紧贴战略与业务场景。人才队伍结构合理，各层次各类人才齐全，协调发展，组织能力力争有效互补。注重科技人员创造性和团队协作有机统一，重视高绩效团队打造。

第三，在创新人才考核激励方式上，以价值创造为导向制定差异化绩效考核机制，增加对于内部营销、科研、生产、投资等部门协同、团队作战能力的考核，建立科学化、差异化的考核评价指标体系，通过牵引式考核、市场化考核等分类考核方式，激发人才活力。盘活薪酬激励体系，充分结合政府、集团现有相关政策要求，强化人才激励，使高科技人才薪酬水平向市场化水平看齐；通过增设奖项、提高奖金等方式加大对科技成果的奖励力度，同时着力拓宽科技成果转化的激励范围。

第四，落实好企业研发费用税前加计扣除等支持政策的使用，设立独立核算、免于增值保值考核、容错纠错的研发准备金制度。

四、参考对标体系

我们总结了世界一流企业考核自身创新能力的常用价值指标（表2-6-3）。世界一流企业往往仅选取1~3个核心科技管理指标融入其绩效体系中，如荷兰皇家帝斯曼集团选择以"创新研发带来收入占比"作为核心指标，要求每条业务线上20%销售收入与税前利润来自新产品或市场（上市3年内）；3M考核多元创新叠加种类；等等。这是由于企业创新策略选择在不同周期的着眼点不同。我们建议中国企业在对下属研发机构进行考核时，在现有阶段除普遍考核"研发投入规模"与各类获奖情况以外，对"科技创新对新兴业务规模的贡献度""创新产品市场化成功率"等指标也加以关注，促进整体创新管理能力提升。

表2-6-3 德勤中国创新发展评价体系

一级要素	二级要素	三级要素/评价指标库
创新战略	多维创新种类	多维创新种类数量。
	投入强度	年度研发投入金额/年度总收入。
		研发人员占比。
	感知与预测能力	正式的创新感知与预测组织人数。
创新管控	研发效益	研发创新创造的净利润占净资产的百分比。
		研发创新创造的新收入占总收入的百分比。
	创新项目管线丰富度	规模以上再研项目数量。
创新运营	技术积累水平	发明专利数量。
	国际影响力	国内外专利数量；海外研发人员数量。
	研发效率	低于行业各研发阶段平均项目通过时间的百分比。

续表

一级要素	二级要素	三级要素/评价指标库
创新支撑	科技创新生态成熟度	产业链中外部协同研发合作机构数量。
		第三方协同研发合作伙伴满意度评价。
	科技创新生态效率	内部研发创造的新收入与外部协同研发创造的收入的比值。

五、参考对标案例

大集团内部科技创新组织协同问题，是中国企业最突出的问题之一。因此，对于怎样在现有科层制组织模式下推进创新协同，我们分享壳牌公司案例以供参考。壳牌研究院在创新战略、组织协同、科研管理、成果转化及技术支持、外部协同、数字化六方面对中国企业具有较强的借鉴意义。[①]

> 壳牌公司是世界领先的能源公司之一，成立于1890年。现有四大业务部门，分别为上下游、项目与技术、天然气一体化和新能源四个事业部。其中，项目与技术部（P&T）为2009年壳牌公司进行内部重组时所设立，整合了上下游板块的主要项目交付、技术服务和技术能力开发等方面的工作，并包括安全和环保方面的职责，由11500名员工组成。预计在2021—2025年期间管理约1000亿美元的科技创新投入。2022年，壳牌公司营业收入超过3696亿美元（约合26455亿元人民币）。

1. 创新战略

壳牌公司创新战略一方面聚焦降本增效，另一方面聚焦能源转型，开展技术攻关。在降本增效方面，自2014年底以来，壳牌公司已经成功地将上游和天然气项目的开发成本降低了50%以上。壳牌公司绝大多数大型项目能够实现盈亏平衡的平均价格已经从2014年的每桶40美元左右，降至每桶不到30美元。

在能源转型方面，壳牌公司走在了众多企业前列。壳牌公司认为，作为主要能源生产商，应该向客户提供更丰富和更清洁的能源解决方案。壳牌公

[①] 根据壳牌官方网站公开信息整理。

司承诺，到2021年，其销售的能源产品的净碳足迹减少2%~3%（以2016年为基准）；到2035年，这些产品的净碳足迹减少20%；到2050年，减少50%。公司为此制定了三大战略目标：满足社会对更多清洁能源的需求，在能源转型中蓬勃发展；推进世界一流的投资，获得高回报和现金流；始终负责任的运营，为社会做出积极贡献。

每一年，项目与技术部和业务部门协同制定科研规划与战略。从2016年开始，为应对业务需求不能很好转化为技术需求的问题，达到与业务部门交流技术解决方案、沟通深度技术知识的目的，壳牌公司成立了多个业务技术委员会，如综合气体业务技术委员会、油井业务技术委员会、深水业务技术委员会、页岩气业务技术委员会等，并在业务技术委员会EC-2这一级别形成"单一技术接口"，选择适合业务需求的技术平台，管理技术组合，以满足短、中、长期壳牌公司的业务需求和支持技术战略落地。由业务技术委员会讨论形成研发计划，再上报项目与技术部汇总形成公司研发计划，由首席技术官进行评估并确定研发经费预算，提交公司审批。

2. 组织协同

壳牌公司充分发挥中央研究院自身价值，为集团业务开展提供决策支撑，整合与统筹集团科技资源。其中，横向与业务产品线挂钩并致力于产生现金流，包括地质勘探、提高采收率、润滑油配方等领域技术，纵向布局具有前沿性和长期价值但短期内难以见效的基础类项目技术，包括新能源、低碳类项目、兼顾横向和纵向，综合前瞻共性与市场化需求。壳牌公司实现了基础研究、产品开发、国内外油气业务支撑及技术服务、协同赋能业务板块四种能力的分类实施与考核。

2009年变革之前，壳牌公司研发组织与活动分散在不同业务板块。从分散式科技创新体系变革到集中式科技创新体系之后，项目与技术部集中管理公司所有研发工作，直接向CEO汇报。这使研发效率更高、成本更低，同时能够将上下游技术更紧密地结合，在某些领域这种上下游技术的结合尤为重要，例如重油的开采和加工及采收率的提高等。同时，项目与技术部运行几年后，也逐渐发现一些问题，于是对一些举措迅速进行了调整。

（1）针对无法有效地将业务需求转化为所需的技术，导致部署速率降低问题，公司成立多个业务技术委员会，在项目早期商定需要使用的技术和部署目标，在业务计划中明确阐述技术价值，并进行透明的价值实现监控。

（2）针对缺乏透明的信息，导致对技术开发活动的项目组合管理和决策不理想，难以及时中止项目，并有效评价与继承已完成部分的价值问题，敏捷开发，包括精益工作方式和迭代开发，对投资组合和漏斗管理更加透明化。

（3）针对外部创新生态的杠杆作用不足，内部技术的竞争力不如外部市场的技术问题，开放合作，所有技术开发的启动都将从市场扫描（由合同与采购部和科技创业风险投资部负责）开始，看看是否存在外部采购选择、行业解决方案/外部技术；更多地使用技术公司（Shell Techworks）来发现有技术的新用途，而不是开发新的技术，特别是设备和装置；使用组合特征来更直接地确定哪些创新工作需要在内部进行，哪些工作需要由协作伙伴完成。

（4）端到端责任缺乏一致性，在不同的技术部门之间没有技术交付的"单一联络点"，并且在活动之间有许多接口和重叠。业务管理系统中描述的技术开发活动存在多个接口、移交点和技术平台之间不一致。为防止组织交叉重叠，创建一个集成的单一的技术部门，更好地促进端到端技术管理，并向业务技术委员会提供单一的技术接口（包括数字化），并减少技术开发活动内部的接口数量。

自 2016 年开始，基于技术的快速发展和能源市场竞争激烈且不断变化的情况，以及壳牌公司的新愿景，壳牌公司着手对项目与技术部进行进一步组织变革，主要是针对项目交付、资产支持、技术开发和部署三个核心活动开发新的交付模型。从 2017 年开始施行新的组织架构，改革的着力点体现在以下五个部门。

（1）成立技术部。负责合并所有技术开发和部署活动，并为技术商业化提供端到端的支持。

（2）调整项目与工程部。更好地集成工程与项目，以及资产支持组织（专注于将一组资产/每项业务的多技能专门团队整合在一起）。

（3）调整油井部门。重点将放在更好地整合油井技术和新的端到端技术部上。

（4）成立上游开发部门。将上游的服务管理和技术活动转移到本组织，提高效率。

（5）信息技术部门。未来的变革重点为实现进一步的协同作用，并减少项目与技术部和信息技术（Information Technology，IT）部职能之间的接口。

3. 科研管理

研发管理是壳牌公司研发管理流程的核心，主要是在考虑当前资源限制、战略发展方向、当前业务需求等条件的情况下，最大化新技术的未来价值，优化研发项目组合。开发阶段的筛选标准包括战略符合度、技术是否能拉开与其他石油公司的差距、技术的潜在价值、市场需求、实现能力和程度等。在此阶段，业务技术委员会参与其中，捕捉业务单元技术需求，将业务需求与未来的技术方案相连接。

执行阶段，技术实现流程被用于管理项目执行过程，并对研发效率进行深度分析。壳牌公司的研发流程分为四个阶段[①]：发现技术需求、开展实验室研发、进行现场示范和推广应用。每个阶段都可从外部吸收各种创意和技术，也可在业务部门同意后，将研发成果向第三方授权转让来回收研发成本，但业务部门对研发成果具有应用决策权和优先使用权。项目的每个阶段都要进行评估审核，由评估委员会中的业务部门高管确认项目能否通过该阶段"门禁"，评估内容包括技术与公司战略匹配性、商业价值和技术与市场可行性等，保证项目高质量、高效率、成本可控。对通过的项目将增加投资，最终当评估委员会决定该项目可以进入推广应用阶段时，研发成果将被交给技术解决方案与应用部。技术解决方案与应用部和业务部门充分沟通，推进技术成果在各业务部门的应用。各业务部门设专人负责推进新技术应用，并评估新技术对业务成本和效益的影响。评估阶段，壳牌公司会评审该科研项目组合的健康度，对项目进行排序，以便加快或启动新的战略性研发，或改变研发工作的方向。

在壳牌公司项目运作过程中，利用项目动态调整机制保证务实调整。价值保证评审（Value Assurance Review，VAR）在项目生命周期内安排五次[②]。VAR1评审在项目初期进行，要回答的主要问题是，项目组是否真正明确了项目对公司的价值定位，是否就目标、权责利安排和期望与合作伙伴达成一致的意见等。VAR2评审在项目可行性研究之后、概念选择之前进行，要回答的主要问题是，全部的策略和方案是否都已经被明确，有没有任何影响项目的重大问题；是否已经确定一定的策略和方案进行风险应对；对于不确定因素，是否有信心和足够的解决方案来支持项目进入概念选择阶段；项目是否有充足的最佳研发方案。VAR3评审在项目选择阶段中期、项目定义之前进行，要

[①] 张书文，黄磊，赵前，等. 企业开放式研发创新初探及对中国油气企业的启示：壳牌、华为和洛克汽车的研发体系建设［J］. 国际石油经济，2020，28（3）：70-77.

[②] STEVE，JONES. 壳牌项目价值保证评审简介［J］. 北京石油管理干部学院学报，2004，11（4）：27-28.

回答的问题是，是否在多轮调整后确定了最佳研发方案，是否所有计划与资源都已到位。VAR4 评审在项目定义阶段后期、项目执行投入资金前进行，要回答的问题是，是否所有事项都已到位以确保成功，为了在最适宜的条件下开始实施项目，是否所有计划、策略、协议、组织机构、资源和系统都已经到位，是否准备好成功地实现壳牌公司的计划，是否应该投入资金。VAR5 评审在项目完成并进行了 6~24 个月的作业后期、进行投资后进行，要回答的问题是，是否完成了预期中的表现，进一步的合作机会有哪些，得到的经验、知识是否被分享并被采纳到业务工作过程中。

4. 成果转化及技术支持

壳牌公司重视科技成果转化价值，认为基础研究、产品开发、国内外油气业务支撑及技术服务、协同赋能上游板块四个核心 KPI 里，产品开发及商业转化、国内外油气业务支撑及技术服务价值尤为重要。壳牌公司通过设立孵化器、创投机构、建立合资公司等模式加速商业转化，还可以向第三方进行技术转移，加速技术应用。

5. 外部协同

壳牌公司与大学、初创企业、供应商和客户合作开发和部署新技术和新产品，这样的协作可以帮助壳牌公司跟上市场变化的步伐，降低市场风险。项目与技术部与学术机构的联合研发项目包括帮助建立低碳技术基础的机构能源系统，如可再生能源电力和电池。每两三年壳牌公司都会进行一次技术研究大会，寻找重大的技术创新成果和最新的发展趋势。

同时，壳牌公司通过以下几种方式推进开放式创新，包括创意孵化器、科技创业风险投资、技术公司，以及学术研究计划等。

第七章　数字化转型

> **世界一流企业要素五**：数字化能力帮助企业洞悉发展战略、改善客户体验、优化组织效能、提升运营能力、延伸企业边界，以及重塑企业产品和服务。数字化转型具备"六全"特征，即全层穿透、全态融合、全链智运、全素创新、全景融智、全治同心。

一、一流企业特征

当前全球经济形势错综复杂，经济危机、地缘冲突、新冠疫情，以及全球化带来的社会变化，使企业所处的商业环境充满了不确定性、复杂性和模糊性，企业发展面临着诸多挑战。与此同时，科技发展日新月异，量子计算、空天通信、脑机接口、人工智能、大数据、云计算、互联网等技术不断进步，使得碳基与硅基的融合越发紧密。一场科技风暴席卷全球，数字经济的蓬勃发展，推动企业迈入"智能时代"。大量智能终端和软件应用持续积累了海量数据资源，围绕丰富的数字场景开展的新商业模式、新产品形态、新运营体系、新生态合作等创新不断深化，数字经济已然成为全球经济发展的主要形态，极大地改变了全球要素资源配置方式、产业发展模式和人民生活方式，成为重组全球要素资源、重塑全球经济结构和改变全球竞争格局的关键力量。[①]

全球对数字经济有多种不同的定义。国际货币基金组织将数字经济划分为狭义和广义两个层面：狭义上，数字经济仅指在线平台及依存于平台的活动；而广义上，数字经济则指使用了数字化数据的活动。二十国集团（G20）认为数字经济是指以数字化的知识和信息作为关键生产要素，以现代信息网

---

① 习近平. 不断做强做优做大我国数字经济［J］. 求是，2022（2）：4-8.

络作为重要载体,并以有效使用信息通信技术来提升效率、提升优化经济结构的一系列经济活动。中国高度重视数字经济的发展,积极推动数字技术和实体经济的深度融合,协同推进数字产业化和产业数字化,加快网络强国和数字中国建设。德勤中国认为,数字经济是以数据为关键生产要素,以平台为载体,以数字化转型为抓手,推进产业数字化和数字产业化,从而推动生产关系变革,将企业带入智能时代的新质生产力。

大量商业实践表明,当面对变化时,有些企业踌躇不前,无法把握时代机遇;而有些企业却充满韧性,甚至引领行业的发展方向,如 Meta 公司、亚马逊、苹果公司、美国奈飞公司、谷歌公司等科技巨头通常能够以极具创新的方式解决问题。在面对颠覆性的新技术、创新的市场规则,以及日益激烈的全球竞争时,企业如何确保自身巨轮行驶在领先的航向呢?德勤中国发现,推动企业在智能时代实现高质量、创新式发展的关键在于,以数据要素为驱动的数字化转型。

德勤中国通过对全球范围的世界一流企业进行深入研究发现,这些企业具有"六全"数字化特征:全层穿透、全态融合、全链智运、全素创新、全景融智和全治同心(图 2-7-1)。

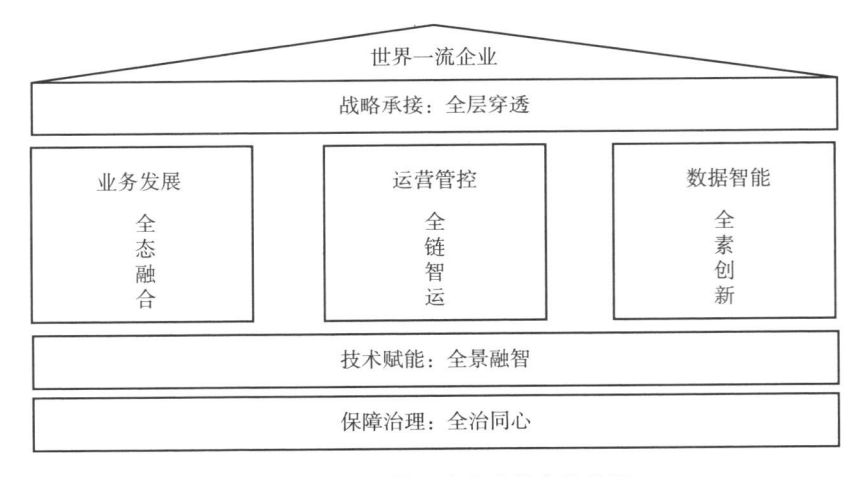

图 2-7-1 世界一流企业数字化特征

(一)战略承接方面,实现由"需求牵引"转向"战略指引"的全层穿透

世界一流企业通常以企业整体战略为基础,制定清晰的数字化愿景及战

略，构建清晰的数字化战略执行目标与路径，并进行合理的资源配置与决策。世界一流企业站在顶层视角，不仅关注单一业务，还覆盖涉及企业经营转变的所有领域。同时，企业需要拥有强大的领导力和灵活敏捷的执行能力，以使整个数字化战略能够适应复杂多变的环境。通过全方位的分析，世界一流企业可以发现并利用那些可能被忽视的价值驱动因素，从而实现企业可持续发展并做到基业长青。

（二）业务发展方面，实现由"单项式运营"转向"融合式平台模式"的全态融合

在单项式运营模式中，企业主要依赖直接生产的产品或服务实现盈利。然而，这种模式已经无法满足不断变化的市场需求。因此，企业需要构建一个连接各种资源、服务和用户的平台，以创造更大的价值。这通常需要扩大平台规模、构筑生态，以及打造平台经济模式来实现，从而提供一个集成和共享资源的空间，以更高效、精准的方式匹配供给和需求，打破传统行业壁垒，促进无边界企业合作。通过平台海量数据沉淀，企业可以深入了解客户需求，以客户为中心重构业务，提供更加个性化、精准的服务，提升企业竞争力。

（三）运营管控方面，实现由"管理导向"转向"价值导向"的全链智运

世界一流企业利用云计算、大数据、物联网和人工智能等新兴技术，对企业端到端业务流程和数据重新审视。企业通过多种方式将不同业务流程中的各个环节紧密连接起来，透视端到端的业务流程链条，实现全链条的优化和提升。同时，运用融合数据和智能化手段重构端到端业务流程，以提升业务效率和效益。

（四）数据智能方面，实现由"经验驱动"转向"数据驱动"的全素创新

世界一流企业通过数字化手段拆分解构自身资源和数据禀赋，推动人才、技术、数据等生产要素的融合转变。在此过程中，企业数据管理由"多元分散"转向"集中统一"。基于统一数据标准、统一数据资产、统一数据平台、统一数据服务等方面的创新，推动企业业务数据化、数据资产化和资产资本化进程，从而增强企业的核心竞争力以应对复杂多变的市场环境。

（五）技术赋能方面，实现由"技术支撑"转向"场景赋能"的全景融智

世界一流企业通常从业务全景出发，明确厘清企业运营场景、指标体系及内外部关键数据，制定与运营相匹配的数智场景蓝图，同时建立清晰的数智平台和演进路径。通过稳步建设数智平台并应用云计算、大数据、人工智能、元宇宙等新技术，企业可以提升决策效率，改进营销策略，提升服务品质，以此构建并保持市场竞争优势。

（六）保障治理方面，实现由"技术主导"转向"业技融合"的全治同心

在数字化转型过程中，世界一流企业将在企业内外形成统一的数字化认知，以业务数字一体化的模式构建上下同心的机制体系，实现跨国家、跨组织、跨领域、跨层级和跨系统的认知一致，并建立数字化变革的组织架构以确保数字化战略的连续性与一致性。领导者为团队设定清晰的目标，提供必要的资源，并营造一个支持创新、探索和学习的环境。在数字化时代，数据安全、隐私保护，以及技术的迅速转变为企业带来了业务边界模糊不清等挑战，这些世界一流企业在遵守各项法律法规的同时，还会结合自身业务需要设立更高的道德和社会责任标准。企业利用大数据和人工智能进行更有效的合规性审查，并加强信息安全监控和数据隐私保护，统一管理全球范围内的合规性活动，并实时监控和干预合规性风险等。

二、中国企业现状

数字化并非一种新的概念，其本质是通过记录、解构、整合、开放、共享和流通的理念对信息开展大规模处理和应用，以帮助企业洞悉发展战略、改善客户体验、优化组织效能、提升运营能力、延伸企业边界，以及重塑企业产品和服务。从全球范围来看，各国陆续出台了数字国家相关战略。例如，美国聚焦前沿技术和高端制造业，发布了《美国机器智能国家战略》《先进制造业美国领导力战略》，提出依托新一代信息技术，构建以开放创新为基础、以促进传统产业转型为主旨的政策体系。德国推出了《数字化战略2025》，强调以"工业4.0"为核心，建立开放型创新平台，政企协同推进传统产业数字化转型。日本在"社会5.0"战略中提出要建设"超智能社会"以改善人类生活，并推进大数据、物联网、人工智能等新技术覆盖人类生活的每一个角落，这些政策极大地推动了全球数字化转型进程。

根据德勤中国、阿里巴巴旗下企业数智服务公司杭州瓴羊智能服务有限公司及阿里研究院共同发布的《DAAS 数字化新世代的最优解》，在政策推动之下，数字化的内涵和定义随着企业业务、生态发展而不断丰富和延展，整体的发展历程可以划分为四个阶段：信息时代、网络时代、移动时代和智能时代（图 2-7-2）。随着数字化不断向更高阶段跃升，企业也逐渐获得"数字化红利"，并实现显著的业务增长。

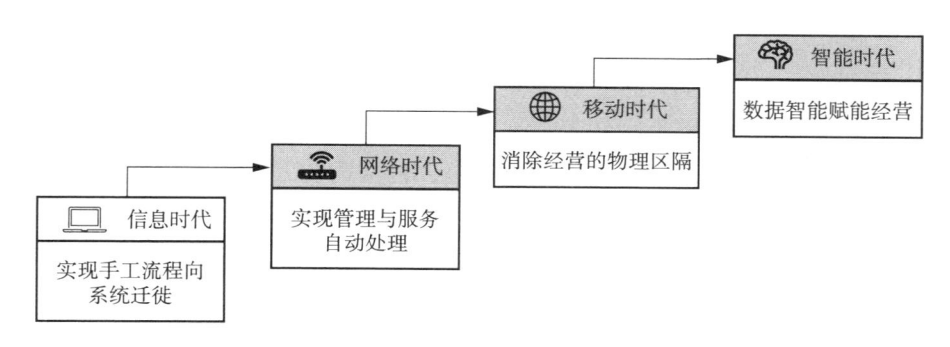

图 2-7-2　数字化转型的演进阶段

德勤中国发现，随着智能时代的到来，越来越多的企业将通过数据智能赋能，具备"未来决定性竞争力"的特质。未来，这样的企业比例将从目前的 45% 提升至 96%。企业高管也逐步认识到数据智能为企业带来的变革"不同以往"，相信站在未来看今天，人们会认识到智能时代并不仅仅是数字化阶段的延续，而是一个更具有划时代意义的数字新纪元。因为数字化不仅提供更加有效的工具赋能，还能够"改造企业的大脑""重新定义企业取得成功的核心竞争力"。

1. 从"改造企业的四肢"转向"改造企业的大脑"

在数字化的前三个时代，主要为企业解决了纸面信息到电子信息、孤立到联动、固定到移动的问题，但是并没有对企业最基础的经营逻辑和决策产生重大的改变。无论是宏观的战略决策还是微观的业务判断，大部分仍然是基于人的经验而做出的。数字化工具旨在赋予企业更为强健的四肢，从而更高效地执行经营动作和决策意志。

进入智能时代后，数字化对企业的改造由"四肢"转向了"大脑"。企业能够将海量的数据转化为对趋势的研判、对客户的认知和对风险的预测，进而将企业经营中每个环节的决策从"经验驱动"转向"数据智能驱动"。

2. 重新定义企业的核心竞争力

过去能够在行业中占据主导地位的企业往往依靠"生产规模带来的成本优势""资源的独占性"等因素获得竞争力。然而，随着数据这一新兴的生产要素加入，企业拥有了全新的能力，并可能会以过往从未设想过的方式取得成功。一方面，传统的"巨无霸"企业竞争优势被持续削弱；另一方面，重新定义核心竞争力的新兴企业正在快速涌现和崛起。

由此可见，数字化对企业竞争力的改变将持续推动创新，引领企业从过去的"规模驱动"转向"规模和质量效益"并重的高质量发展。同时，企业也将从依托于土地、资金、技术、人才等各类生产要素的单项式运营转向以数字化能力为核心的融合式运营。可以预见，企业核心竞争力正经历着以下转变（图2-7-3）：

（1）产品策略由标准产品、价格竞争转变为深理解、全定制。
（2）核心资产由资本转变为数据。
（3）客户策略由渠道为王转变为精准匹配。
（4）市场策略由抢存量、提高市场占有率转变为创新价值定位。
（5）劳动价值由规范管控转变为洞察激活。

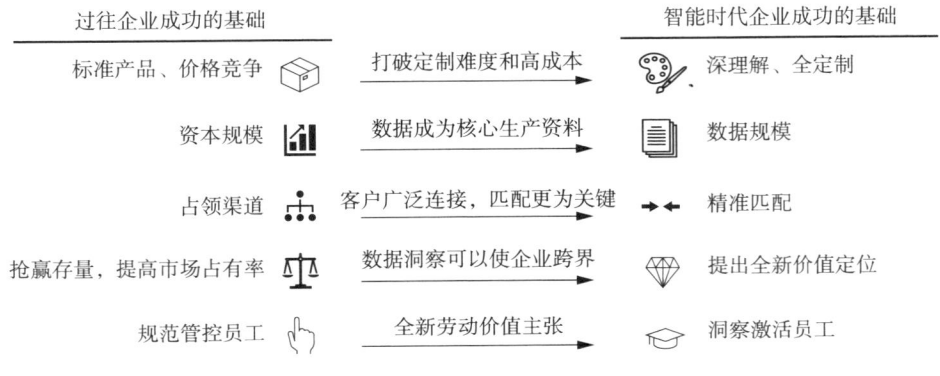

过往企业成功的基础		智能时代企业成功的基础
标准产品、价格竞争	打破定制难度和高成本 →	深理解、全定制
资本规模	数据成为核心生产资料 →	数据规模
占领渠道	客户广泛连接，匹配更为关键 →	精准匹配
抢赢存量，提高市场占有率	数据洞察可以使企业跨界 →	提出全新价值定位
规范管控员工	全新劳动价值主张 →	洞察激活员工

图2-7-3　企业核心竞争力的转变

中国政府高度重视企业的数字化转型，陆续出台了《"十四五"数字经济发展规划》《数字中国建设整体布局规划》等多项重要政策。国务院国资委鼓励数字经济与实体经济融合创新，加快产业转型升级，支持中央企业抓住数字经济历史机遇，实施集团管控、生产经营、商业模式等方面的数字化转型，以促进质量变革、效率变革和动力变革，培育具有全球竞争力的世界一流企业。[①] 中国经济正处于从高速增长到高质量发展的转型升级关键时期，数据已经成为继土地、劳动力、资本、技术等生产要素之后的新要素，成为推动经济增长和产业变革的新质生产力，助力中国式现代化企业发展。越来越多的企业应用"云办公""数字经营""智能制造""无接触生产""人工智能+"等数字技术，推动数字经济新模式、新业态的快速发展。这既是外部环境倒逼数字化转型的结果，也代表了未来先进生产力的前进方向。数字化转型成为中国深化供给侧结构性改革，推进经济高质量发展的重要引擎，成为实现国家治理体系和治理能力现代化的重要途径。

目前，中国不同行业的数字化转型水平和步调差异较大。金融、互联网、电信、传媒等行业数字化先发优势明显；而汽车、电力、机械、油气、化工等行业正处于企业转型的关键节点和数字化转型的引爆点。近年来，随着一批中国企业积极参与网络强国、数字中国、智慧社会等国家战略，数字化转型取得了阶段性成果。然而，仍有很多中国企业尚处于数字化转型的发展期，与世界一流企业相比仍存在较大差距。目前，中国企业数字化转型的差距主要体现在以下六个方面。

（一）战略层面：转型战略尚未形成全域覆盖和全层穿透的战略引领

大多数中国企业已经认识到数字化转型的重要性，并制定了相应的战略，但是在确定转型的战略定位和目标制定时相对保守，数字化转型对于中国企业创新发展和转型升级的引领地位尚未完全确立。[②]

当前，中国企业数字化转型在战略定位和目标制定方面与世界一流企业的差距如下：

（1）战略定位不高，大多数企业尚未将数字化转型作为企业发展战略的核心内容。

（2）前瞻布局缺失，大多数企业数字化转型聚焦提升业务的规范性和运行效率，仅有极少数企业的数字化转型聚焦加速产品和服务创新，培育数字

---

① 资料来源：世界互联网大会官方网站。
② 夏国成．传统大型企业数字化转型的困境分析及成功路径［J］．中国管理信息化，2022，25（21）：94-97．

业务，打造数字企业。

（3）价值效益不明显，大多数企业在数字化转型过程中，尚未达到规模效益和质变跨越式提升的阶段，因此企业的综合效益并没有明显的提高。[①]

（二）业务层面：全业态融合尚未发挥平台经济规模的作用

当前数字化模式无法有效支持业务模式创新和跨组织协作创新，尚未形成以数字能力沉淀和以按需调用为基础的轻量化、协同化的发展模式。这使得企业难以应对日益不确定的业务发展要求。

当前，中国企业业务模式创新和跨组织协作创新方面与世界一流企业的差距如下：

（1）业务柔性化不足，只有少部分企业具有用户响应柔性、供应链柔性和生产柔性。

（2）数字能力共享不足，只有部分企业能够实现业务基础资源和能力的模块化、平台化部署，以便企业动态调用和配置，但跨系统的数字能力共享不足。

（三）运营层面：顶层统筹难以形成全链条管控、多方联动

顶层统筹和管控方面存在不足，导致数字化转型管理未能掌握行之有效的抓手，以及多条线多职能协同配合、同步调整的工作路径。

当前，中国企业在顶层统筹管控和多条线联动配合方面与世界一流企业的差距如下：

（1）顶层统筹力度不够，只有部分企业高层管理人员能够制定并有效推动落实数字化转型的战略规划，推动实施企业变革和创新。

（2）多方协调联动不够，只有部分企业能实现组织、流程、数据、技术和治理的同步调整和协调融合。

（3）转型与机制融合不够，只有部分企业采用数据赋能的网络型管理方式。

（四）数据层面：数据要素尚未充分发挥驱动业务模式创新变革的作用

数据是数字化转型的核心驱动要素，有助于打破传统要素有限供给对企业发展的制约，不断催化和转化传统生产要素。但是，目前中国企业存在数

---

① 王晶晶. 中小企业数字化转型走深向实的四个妙招［N］. 中国经济时报，2022-11-21.

据采集率不高的问题，不同业务条线之间存在数据壁垒、数据质量不高、数据开发利用水平和能力不足等问题。因此，数据要素的作用尚未充分发挥。在这方面，中国企业与世界一流企业的差距主要体现在以下三个方面：

（1）数据采集不全面，只有少数企业能够实现在线自动采集并上传现场数据。

（2）数据共享不足，只有少数企业实现了客户、产品、组织、物料、供应商等数据的企业级标准化；仅有少数企业建立了企业级数据交换平台，实现全企业多源异构数据的在线交换和集成共享。

（3）数据开发利用不充分，大多数企业只进行了简单的报表应用和局部数据治理，还有一些企业尚未开展大模型构建，因此与实现数字驱动型管理和决策还存在差距。

（五）技术层面：技术供给和服务生态尚未发挥技术服务的赋能加持作用

数字化转型的持续推进需要强有力的供给侧服务，包括硬件和软件技术产品等"硬"供给，以及知识和方法等"软"供给。[①] 然而，当前中国企业在数字经济领域从0到1的颠覆性创新还不够强，具有技术主导权的世界级领军企业数量不够充足，在关键基础技术、核心工业软件方面相对不足，数字技术服务的系统性解决方案起步较晚，缺乏涵盖产业机理的共性知识方法和标准工具的互动创新。因此，尚未形成良性运转的数字化转型技术、产品和服务生态。在这方面，中国企业与世界一流企业的主要差距表现在以下方面：

（1）供应链、产业链抗风险能力较低，主要原因是核心材料、核心部件、核心设备、核心工艺和核心算法等自主可控水平有待提高。这导致供应链和产业链在面对风险时缺乏足够的应对能力。

（2）服务体系不完善，传统的需求方和供给方将服务定位于数字产品销售的延伸和再利用。在战略、商业模式和业务模式的创新方面，尚未建立起为企业提供系统性数字化转型解决方案的服务体系。

（3）产业链、供应链整合协同能力不足，仅有少数企业能够与生态合作伙伴实现资源的协同共建、共享和共赢，积极构建生态系统，并在该生态价

[①] 杨鹏，刘如旭，方波. 不能转、不敢转、不会转，企业如何自主推进解决数字化转型难题[N]. 中国企业报，2023-02-14.

值网络中扮演承担主导方和提供关键技能技术的角色。

（六）保障层面：全员数字化认知和能力存在差距，尚未成为推动转型工作的中坚力量

数字化转型对企业全体员工的思维理念和数字素养提出了全新的挑战和要求。然而，部分中国企业在数字人才紧缺、能力不足和结构失衡等方面面临着严峻的挑战，难以满足企业数字化转型的要求。因此，中国企业迫切需要培养具备业务能力和数字化专业能力的复合型人才，尤其是那些具备战略眼光、数字思维、设计能力和创新精神的领军人才。在这方面，中国企业与世界一流企业的主要差距表现在以下方面：

（1）人才储备不足，企业从事数字化工作的人才队伍储备尚无法满足日益增长的数字化需求。

（2）胜任能力不足，只有少数企业采取措施招聘和培养懂战略、业务、管理、数据和技术的复合型人才。

（3）人才结构失衡，尚未形成满足数字化转型需求的高、中、低层次人才梯队。

三、最佳实践

数字化转型不是一蹴而就的过程，在面对发展过程中的各种挑战时，企业只有找准自身位置，锚定战略目标，才能找到适合自身的最佳数字化转型路径。因此，进行有效的数字化评估对企业至关重要。德勤中国基于服务世界一流企业数字化转型的领先经验，构建了以战略、业务、管控、数据、技术和保障六要素为核心的数字化成熟度评估模型，帮助企业时刻审视自身发展状况，制订更精准、适配性强和定制化的数字化策略与改进计划，加快企业数字化转型进程，持续保持领先地位。

（一）战略锚定：制定数字化战略规划，打造新型数字企业

世界一流企业在面对激烈的市场竞争和内部转型发展需求时，会制定完善的数字化战略，确立清晰的数字化愿景和明确的数字化目标，以支持企业的总体战略。通过全面了解自身发展状况，挖掘自身禀赋，综合考量战略定位、市场环境和行业趋势，对标同业和异业的领先实践，明确数字化业务、数据、应用和技术四大蓝图，设计清晰的发展路径。通过项目群管理（项目管理办公室）来协调整体数字化转型工作，确保数字化转型稳步推进。

在战略转型期间，大多数企业会以战略发展规划为指导，以数字化顶层设计为引领，通过项目群管理来确保协调执行。企业需要克服组织协调、差异方案、推广实施、同步推进等方面的困难和挑战。在此过程中，企业遵循"管理集中化、运营专业化、组织扁平化、机制市场化和流程标准化"的原则，引入大数据、机器人流程自动化（Robotic Process Automation，RPA）、人工智能等数字技术，实现全集团多法人公司的系统集中集约，逐步建立形成平台型多边运营架构，打造专业、共享、协同和可控的新型生产运营体系，提升精益化经营管理能力。同时，企业打破了数字化系统分部门、分区域的建设模式，实现顶层设计和统一管控，建立健全集团与下属企业的治理协同机制，逐步形成自主运营支撑能力，为后续走向智能企业奠定坚实基础。

（二）业务革新：重构数字化业务流程，变革传统业务模式

世界一流企业以场景、数据和技术为驱动，以客户为中心，通过对现有业务流程的数字化重构，将新兴技术充分融入各业务场景，不断提升客户体验和业务效率，最终实现业务价值跃升。

营销方面，以智能营销平台为核心，实现全渠道多触点与客户的全时链接，赋能业务增长。例如，某企业由于创新不足和经济低迷，产品销量持续下降，为应对业务下滑，该企业通过分析客户行为并重构客户旅程，延长了与消费者的接触时间。同时，这家企业建立了客户权益、售后服务和会员服务体系，打造数字化运营服务体系。通过精细化的客户服务和联动营销，有效增强了消费者对业务的黏性，并通过口碑营销扩大了市场份额，助力企业在竞争激烈的市场中保持业务增长。

产品方面，以体验、效率为核心持续为客户提供优质服务，实现了产品与服务的双螺旋提升。例如，某金融机构为缓解业务发展压力，构建了一套覆盖营销、研发、展业和运营四大价值链的流程架构体系。通过流程梳理、数字化解构和数字化再造三步法，将票据、保函、保理等金融服务产品标准化、线上化，并引入光学字符识别、人工智能、隐私计算等数字技术，提升了客户服务领域的业务数字化水平，实现了业务即平台、平台即业务的模式，以响应海量客户需求，满足不同利益相关方的诉求，实现客户一站式服务，监管一键报送，经营一点看全，员工一网协同，有效提升了客户满意度。

(三)管控提升：优化运营管控流程，提升资源配置效率

世界一流企业通过强化集中管理，实现企业管理核心流程的数字化，打破传统的业务职能边界。通过数字化技术的不断迭代和升级，实现了管控的协同与创新，包括全链路、线上化的合同管理，智能化、多维度的信息管理，多层级、多维度的核算精益管理，智能场景、自动预警的资产运营管理，端到端、全智能的人力资源管理，可视化、自助式的数字化决策分析，以及事前、事中、事后全面控制的智能财务与审计建设等。这些措施提高了管控作业效率，实现了企业资源的最优配置。

运营方面，世界一流企业通常通过三大举措来打造"随需而动、协同共享"，覆盖"战略、运营和管控"的全方位智慧运营体系。一是"强核心"，促进融合，强化管控。构建横向流程贯通、纵向信息穿透的集约化运营体系，实现全集团运营管理的"一体化、标准化和自动化"。二是"智运营"，开展互联网化运营，敏捷响应。借鉴互联网思维，通过打造新型资源交易体系，如电商化采购和集约化结算，提高资源获取效率，快速满足基层单元的资源需求。三是"促价值"，重塑共享服务体系，赋能业务。以"能力共享、数据开放"为目标，以"业务集约化、系统智能化和运营专业化"为抓手，加速构建敏捷、协同和智能的集团及下属企业多级协同服务体系。这三大举措的实施可以大幅提升企业的运营效率和创新能力，并设计形成一套自上而下贯穿各业务领域的全景数字化可视看板，赋能高层、中层和基层各级管理者，使其及时发现经营风险、调整运营策略，以及提高资源配置效率，实现业务增长的跨越式发展。

(四)数据智能：以数据治理沉淀数据价值，发挥资产熵增效应

数据已成为世界一流企业最重要的资产之一，为了进一步发挥数据要素的价值，世界一流企业将数据治理工作视为迈向数据智能时代的关键举措。企业从顶层设计视角出发，通过以数据盘点、数据整合、资产治理和资产应用为主线，高效可计量的加工数据资源融合打造定制化的数据产品，并与实际应用场景相结合，为企业内部经营发展提供支持，实现数据资源向数据资产的转化。在此基础上，世界一流企业通过联盟等方式打造行业数据空间，进一步打通数据流通渠道，通过创新的数据产品进行数据交易、数据融资等资本活动，推动数据资产化逐步向数据资本化发展，帮助企业实现创新增长，打造第二增长曲线。

数据治理方面，世界一流企业一般从数据、能力和服务三个方面的举措

入手，以实现各领域数智化新形态下的价值提升，解决各层级人员"看不到数"、非专业人员"看不懂数"的困境。通过数据资源盘点、数据引入汇聚、数据标准稽核、多维资产目录构建，以及自助化数据资产分析场景应用建设，构建"共创、共建和共享"的数据治理体系，以此驱动业务管理能力的全方位提升，推动数据资产的长效稳健运营，助力世界一流的管理体系建设。

资产熵增方面，世界一流企业以场景和数据为核心构建平台服务模式，通过汇集海量客户和供应链交易数据，设计满足不同业务场景的服务产品，创新信息服务模式，打造覆盖全客户生命周期的数据服务产品。同时，积极拓展合作生态，通过数字系统对接快速打造"以客户为中心的服务生态网络"，从而实现资产交易增信，推动资源活水精准滴灌小微企业，打造企业发展的第二条增长曲线。

（五）技术迭代：夯实数字化技术能力，支撑业务多元化拓展

为了在日益激烈的市场竞争中保持优势并满足不断变化的客户需求，世界一流企业需要打造具有数字化全栈能力的平台级产品，提供智能应用构建与管理的全流程体系架构。这种平台级产品通常拥有丰富的功能和模块，能够为企业提供全面的技术支持，并具有强大的扩展性，以便能够根据业务需求进行灵活的定制和优化。

为了实现数字化算法与硬件的深度融合与优化，平台级产品需要充分利用云计算、边缘计算等先进技术，为企业提供充足的算力支持。通过与硬件设备的紧密集成，平台级产品能够为企业提供高性能、低延迟的计算服务，满足企业数字化应用中的性能需求。在实现数字化算法与硬件的深度融合和优化的过程中，世界一流企业需要额外关注安全性与可靠性。平台级产品需要确保企业在使用数字化应用过程中的数据安全和个人隐私保护，防止数据泄露和滥用。同时，平台级产品还需具备高可靠性，确保企业在面临突发情况时能够快速恢复服务，降低业务风险。

（六）保障治理：构建柔性组织，培养梯队化数字人才

世界一流企业往往具备创新的数字文化理念、灵活的柔性组织结构和科学的人才培养体系，这为数字化转型提供了有力的支撑。这些企业将先进的数字文化理念融入企业文化中，自上而下培养全员数字化意识和数字化思维，使员工积极认同个人发展与企业数字化转型之间的紧密联系。同时，它们建立跨组织和跨职能的柔性组织，将传统职能型组织与现代柔性组织结合起来，

以更好地完成数字化转型的具体工作，并发挥层级型和事务型组织的人员协同优势。此外，它们还建立了科学的人才培养体系，制订了高、中、初三个级别的人才培养计划和相应的课程体系。通过培训、考评、实战等多个方面，对员工进行绩效考核和激励，培养一批懂业务、懂管理和懂技术的数字化人才梯队，使其成为各项工作开展的中坚力量。

世界一流企业都高度重视数字化组织和人才发展，期望建设有上下统一共识的数字化文化、灵活智能的柔性组织，以及能力多元的人才梯队。通过联合共创方式规划未来柔性数字化组织模式和机制，形成数字化人才培养体系和实施方案，推进打造跨组织跨职能的事务型柔性组织，建设一专多能的梯队化人才培养体系，落实数字专家认证和专家库等重点举措。

四、参考对标体系

结合上述世界一流企业"六全"特征及企业最佳实践探索，德勤中国认为，世界一流企业数字化对标应从数字化战略、数字化业务、数字化管控、数据智能、数字技术和数字化保障六个方面展开（表2-7-1）。

表2-7-1　德勤中国卓越数字化转型核心评价体系

一级要素	二级要素	三级要素
数字化战略	前瞻引领的数字化战略愿景	通过整合前沿数字化技术，明确数字化在推动创新商业模式方面的作用，打造具有引领性的数字化转型愿景，并明确目标、投入、组织、变革管理和绩效指标，设计清晰明了的数字化演进路线。
	清晰全面的数字化蓝图架构	承接数字化战略，充分结合各业务领域，构建具有前瞻性、布局完整的业务架构蓝图，清晰业内领先的数据架构蓝图，明确适用适配的应用架构蓝图，以及创新迭代更新的技术架构蓝图。
	具体量化的数字化举措目标	结合数字化战略，对标数字化蓝图，厘清自身数字化转型的阶段，并制定可落地的数字化转型举措，明确责任分工与推进计划，建立可量化的成效目标。
数字化业务	高效透明的数字化企业生产	在产品和服务进行数字化管理的基础上，创新开发数字化产品和服务，以智能营销平台为核心，实现对客户的全渠道多触点持续链接。同时，构建数字化、强韧性的供应链网络，通过数字化技术记录、分析从采购到交付全过程的信息流，不断优化联合设计、新品测试、库存优化、物流透明和质量追溯的高效供应链环节，动态支撑各类创新商业模式。
	精准卓越的数字化客户体验	融合全渠道多触点优势，在客户端到端旅程中，通过大数据分析精准地识别客户需求，针对客户进行产品的精准推荐，并将光学字符识别、人工智能等数字化技术广泛应用于所有业务场景，为客户提供便捷的一站式服务。

续表

一级要素	二级要素	三级要素
数字化业务	利益共享的数字化生态系统	构建内部员工创新生态系统，同时围绕企业的价值链延伸，构建完整、合适的外部资本、技术、技能等生态关系，实现全生命周期的线上化合作伙伴管理。
数字化管控	全链智能的数字化运营	实现企业管理核心流程的数字化，包括全链路、线上化的合同管理，智能化、多维度档案管理，多层级、多维度的核算精益管理，智能场景、自动预警的资产运营管理，端到端、全智能的人力资源管理，可视化、自助式的数字化决策分析，以及事前、事中、事后全面控制的智能财务与审计建设等，提升管控作业效率。
数据智能	全线覆盖的业务数据	实现全条线、全流程业务的数据化，即通过业务信息的自动识别与获取、关键节点的跟踪管理和归集，以及嵌入生产流程数据的动态更新，形成业务的数据全景画像，从而为决策与运营提供辅助
数据智能	跨域融合的数据资产	依据数据资产构建整体框架思路，实现100%核心数据资产化，结合业务、技术、管理三重维度，建立一套跨域融合的数据资产目录，以确保构建数据质量稽核平台能够保障业务和财务数据的双闭环，并通过安全分类分级来保障数据的安全性和开放共享。
数据智能	灵活定制的资产服务	通过业财融合模型，结合用户的使用习惯，精准定位与用户相关的业务模拟和数字推演，并通过变量定义，预测用户运营策略的结果和成效，作为下一步工作的有效参考。
数据智能	一站式高效的服务平台	实现平台的一站式服务和高效能的数据库搭建，包括多源异构数据的一站式开发平台搭建，自主可控、弹性可靠的分布式数据库系统构建，以及湖仓一体化数据集中管理。
数字技术	开放集约的数字化基础能力	搭建开放集约的人工智能平台，实现人工智能自动识别与处理；构建智能决策的物联网平台，实现智能签约、交易等；使用 RPA 技术，实现流程自动化处理，减轻人工工作量。
数字技术	动态部署的数字化资源管理	建立跨云的资源池并动态部署应用，应用全面适配的云平台提供的资源编排、调度、弹性等能力，具备业界标准的灾备能力。
数字技术	高度成熟的数字化开发运营	建立实时监测、故障恢复和持续优化的 DevOps 文化和实施流程，以保障智能分析和自助应用；通过高度成熟的组件化管理体系，建立标准程度高和可组装复用的组件，以保障即取即用、随机组合；具备成熟的容器云平台工具，能够支撑大规模租户和复杂的定制化需求。
数字技术	精细精准的数字化安全防控	具备自动化和智能化的监测能力，进行实时监控并自动检测阻止恶意活动，保障数据的安全性，并通过更先进的技术精细化数据保护，包括敏感数据识别，按等级、类别和身份限制数据访问权限，保障数据安全等技术。
数字技术	整合统一的数字化技术平台	将各类技术资源、工具和平台整合，为业务提供统一的技术基础，包括开发平台、数据分析平台、云平台等。

续表

一级要素	二级要素	三级要素
数字化保障	高度认同的数字化文化	企业内部统一数字化认知，管理层深刻认识到数字化转型的重要性并亲自挂帅指导，确保战略平稳落地；同时，企业员工具有较强的数字化思维，并有强烈意愿投身于数字化工作。
	跨域协同的数字化团队	成立公司级跨组织、跨职能的数字化转型团队，发布组织结构图，明确组织层级、岗位职能及运作机制，相关成员职责分工明确、目标计划清晰。
	全面完善的数字化制度	全面完成公司数字化制度体系的搭建，有效识别相关风险，并有效执行。建立制度执行过程的监控与奖惩机制，以保障数据管理过程中能够严格按照制度文件的要求开展工作。
	梯队迭代的数字化人才	具备前瞻性的数字化人才规划，全面完成人才梯队建设，对数字化人才进行全面培训，实现一专多能的复合型技能培养，并与高校和研究机构建立长期合作机制，利用外部资源，实现内部团队的能力升级和迭代优化。

五、参考对标案例

（一）西门子[①]

西门子是一家成立于1847年的全球性企业，业务遍布200多个国家。西门子的发展历程可以分为电气化、自动化和数字化三个阶段，这也是全球工业发展历程的缩影。西门子在1847年发明了指针式电报技术，开启了其发展历程；1866年发明发电机，为全球从蒸汽时代进入电气时代做出了卓越贡献；1879年建造出世界上第一台有轨电车，并在1881年建立了第一个电子公共交通系统，成为全球轨道交通的开创者。20世纪20—30年代，西门子开始生产收音机、电视机等家电，开拓了家电市场。2000年，西门子对外发布了名为"2020公司愿景"的新战略，进一步提升数字化业务在公司战略中的地位。如今，西门子已经成为全球领先的工业制造企业之一，致力于推动工业4.0和数字化转型的实践。2023财年，西门子营业收入达到778亿欧元（约合6000亿元人民币）。

① 根据西门子官方网站公开信息整理。

1. 以壮士断腕博得新生

总的来说，可以用四个关键词概括西门子的数字化发展之路：精简组织、合并收购、架构调整和构建生态。

2005 年，西门子的通信业务遭受了沉重的打击，该业务主要包括信息通信网络部门和信息通信移动部门。由于市场不景气，1999—2004 年，这两个部门在营业收入方面并未出现显著增长，甚至部分年份出现了亏损。2004 年，西门子的信息通信网络部门和信息通信移动部门的营业收入分别为 70 亿欧元和 110 亿欧元，营业利润率分别为 3.2% 和 3.1%。因此，2004 年，西门子将其网络和通信业务部门重组为通信业务集团，并逐步剥离各个业务。2005 年 6 月，由于手机部门亏损 5 亿欧元，西门子以 2.5 亿欧元的价格将手机部门转让给明基电通股份有限公司。然而一年后，由于西门子手机业务巨额亏损，明基电通股份有限公司宣布并购失败。2006 年 4 月，西门子将与通信业务集团相关的移动、固网业务与诺基亚网络设备业务合并成立了新公司——诺基亚西门子通信，双方各占 50% 的股份。2008 年 7 月，西门子将企业通信部门 51% 的股份出售给私人投资公司格雷斯集团有限公司；同年 8 月，西门子将家庭及办公电信设备部门 80.2% 的股份出售给德国 Arques 科技公司。

为了获取资金以布局工业软件，专注核心业务发展，2007 年西门子将旗下的威迪欧汽车电子以 114 亿欧元的价格出售给德国大陆集团，这表明西门子正在调整业务重心，逐步剥离非核心的硬件业务，并通过收购不断充实工业软件业务。欧司朗目前是全球第二大照明厂商，原为西门子的全资子公司。2013 年，西门子剥离照明业务，将欧司朗正式分拆并独立上市，但仍持有欧司朗约 17% 的股权。然而，自 2013 年上市以来，欧司朗的收入和净利润并未出现显著增长，其发展已经遇到了瓶颈。因此，2020 年西门子宣布以 12 亿欧元的价格出售其持有的欧司朗 17.34% 的股权，这是西门子专注于核心业务组合的又一举措。

出售家电业务是西门子专注于电气化、自动化和数字化战略的一部分。2014 年 5 月，西门子发布了名为"2020 公司愿景"的新战略，决定将公司的核心竞争力放在电气化、自动化和数字化三个领域。为实现这一目标，西门子从 2014 年 10 月开始对其组织架构进行大规模调整，包括取消"业务领域"层级，将原有的 16 个业务集团合并为 9 个。

2018 年 8 月，西门子再次宣布调整公司架构，取消了原有的业务集团层级，调整后的西门子"运营公司"的组织架构包括天然气与发电、智能基础设施和数字化工业。其中，数字化工业成为西门子全新战略的核心，也是其业绩增长的主要驱动力。西门子的数字化发展之路并非一蹴而就，而是通过不断调整和优化自身的数字化战略，逐步实现了企业向数字化发展的目标。在数字化发展过程中，西门子注重培养和引进具有数字化技能的人才，加强内部数字化能力的整合和提升，以及与国内外知名企业和科研机构的合作，不断强化自身的数字化实力。目前，西门子的主要业务包括数字工业、智能基础设施、交通、医疗、金融服务和概念验证（Proof of Concept，PoC）六大业务。

2. 从自我变革到引领行业

西门子早在2010年时便开始关注云计算、大数据等新兴数字化技术的崛起，并意识到这些技术对工业领域的影响深远。同时，西门子也发现各垂直行业对IT软件有了新的需求。因此，西门子的数字化战略重点开始转向垂直行业的IT软件，致力于融合信息数字能力，奠定了其在数字化工业领域的权威地位。西门子工业2.0到工业4.0的战略布局如图2-7-4所示。

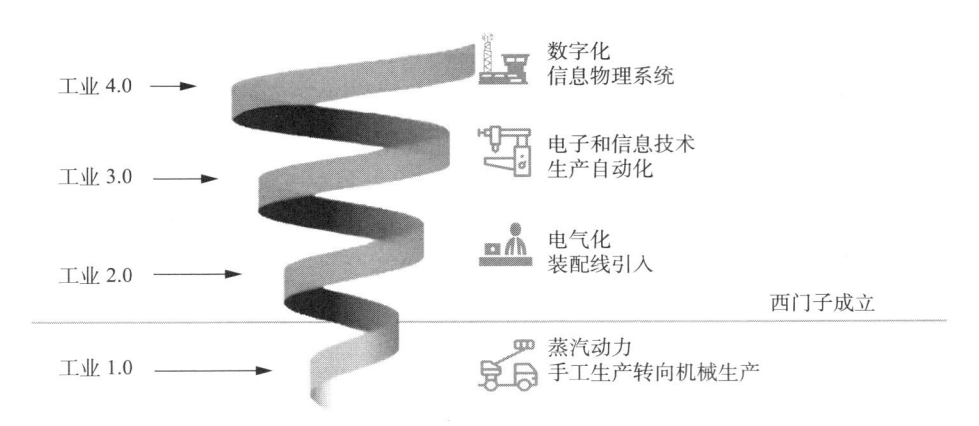

图2-7-4 西门子工业2.0到工业4.0的战略布局

西门子深知，在数字化时代保持领先地位必须紧跟技术发展的步伐，不断调整和优化自身的数字化战略。西门子不仅加大了对云计算、大数据等新技术的研究和投入，还积极与各垂直行业的合作伙伴展开合作，共同开发适用于特定行业的IT软件解决方案。此外，西门子也加强了内部数字化能力的整合和提升，通过建立专门负责数字化战略的部门，以及与国内外知名企业和科研机构合作，不断强化自身的数字化实力。西门子还注重培养和引进具有数字化技能的人才，为企业的数字化发展提供了坚实的人才支持。

作为产业互联网的龙头企业，西门子肩负着营造和维护产业互联网生态圈的社会责任，为中国的各种生态伙伴和工业企业客户提供从早期咨询、PoC到项目实施落地的一站式服务。基于自身数字化发展的成功经验、吸取的教训及方法论，西门子启动了面向企业高管的培训课程"数字化企业的领军项目"，旨在帮助中国工业企业在数字经济浪潮中抓住机遇，洞察未来。

西门子变压器（武汉）有限公司（以下简称武汉变压器厂）就是西门子数字化进程的一个缩影。自2020年1月以来，武汉变压器厂通过一系列数字化升级方案来化解难题，在一定程度上实现了"变压器在家就能造"。3年前，武汉变压器厂也曾与许多传统制造型企业一样，面临着提升生产效率、降低运营成本、增强总体竞争力的需求，亟须快速、轻量化的数字升级。

西门子研发团队协助武汉变压器厂梳理价值链，通过引入轻量化的数字化工具和知识图谱体系，打通散乱的数据孤岛，统一不同的语义结构，提升了生产效率、设备使用率及利润。在后疫情阶段，武汉变压器厂复工复产效益显著，复工后10天内产能即恢复到疫情前的100%。①

西门子助力数字化成功的另一例证是苏州金融租赁股份有限公司（以下简称苏州金租）。作为首个与西门子合作的非银行金融机构，苏州金租前瞻性地运用物联网技术管理租赁物资产，在此次疫情中主动、有效地应对挑战，为金融租赁行业打造智慧物权管理新模式起到了显著示范作用。

2019年11月，苏州金租与西门子达成战略合作，借助西门子在工业垂直领域的丰富经验和在工业互联网集成服务方面的突出优势，双方共享知识合作推出了智能租后管理平台。自突发疫情以来，员工无法到岗、多数客户停产，苏州金租采取延期复工、远程办公等措施，力求防疫与经营两手抓，基于西门子数据中台技术的智能租后管理平台发挥了重要作用。

数字化管理在疫情期间具有很大的优势。

（1）它可以减少不必要的人工操作和现场巡查，从而降低安全隐患。西门子开发的平台App能够一键生成各类租赁物数据报表，取代了之前烦琐的人工收集、整理各类租赁物与承租人数据的过程。此外，平台实时监控也降低了风控人员去租赁物现场巡查的周期与频率，尤其是环境恶劣的偏远地区，以及受疫情等突发性事件影响而无法到达的区域，从而有效保障了人员安全，

---

① 刘铮筝. 赢在工业数字化转型，西门子做对了什么[J]. 哈佛商业评论，2020（7）.

并大大节约了公司的运营成本。

（2）信息透明化可以帮助公司快速反应、灵活决策，及时为受疫情影响的客户提供精准服务。例如，某客户在疫情期间无法按时复工复产，提出租金展期申请。通过智能租后平台，公司可以在第一时间核实客户的真实情况，掌握租赁物的位置、工作时间、运营效率等关键数据，判断它们在疫情期间是否确实停运，进而酌情予以租金展期或还款计划调整，帮助客户渡过难关。

3. 重点突破，快速变革

（1）战略指挥。产业互联网的高度复杂性，决定了工业数字化发展是复杂的、高度定制化的系统工程，牵扯到各种软件硬件的投入，以及与人有关的因素和流程。不仅各个产业之间存在差异，而且每家企业都需要有自己量身定制的转型方案。在企业变革过程中应当有完备的规划，不能一蹴而就，而是要从一个业务的战略目标开始。西门子很早就明确了数字化战略，以及并购工业企业，之后推出数字化平台和咨询业务。战略目标可以很早就确定，但实施路径却需要有一张非常明晰的路线图，并非仅仅依靠采购就能一步到位，而要找到一些关键节点来验证其价值。

（2）优化业务。面对全球节能减排的挑战，提高能源使用效率和降低能源损耗是加速工业绿色转型的关键。电机用电量占工业电能总需求的70%，占商业楼宇电能总需求的38%。将高效电机和变频传动系统相结合，可实现平均30%的节能效果。此外，通过使用高能效组件和优化解决方案（包括更高效的变速控制电机、数字化系统元件和工具，以及在电机网络中使用电能缓冲），整个传动系统最多可节能60%。西门子变频器搭配智能网关进行设备数据状态监测和能源管理，可进一步减少10%以上的过程能耗。尽管目前全球仅有不到25%的工业电机配备了变频器，但在未来节能减排方面仍有巨大的应用和发展空间。

（3）管控洞察。基于在中国的经验，西门子从零开始打造了全球首座原生数字化工厂西门子数控（南京）有限公司。借助数字孪生技术，该工厂可以实现1∶1模拟生产制造，从而避免因生产过程中出现问题产生的浪费。西门子利用数字孪生技术提升了制造工厂的生产效率，实现了产能近两倍的提升，生产效率提升20%，柔性生产能力提升30%，产品上市时间缩短近20%，空间利用率提升40%，物料流转效率提升50%[①]。

（4）数据智能。西门子认为，企业数字化转型的目标不仅是将各个环节集成在一起，还需要沿着数据的生命周期实现跨价值链数据的自由流动和交互，以释放知识的价值。为此，西门子建立中台，打破原本相互独立的系统和数据源之间的壁垒，使数据汇聚创造价值。通过增强数据的获得性、标准化和流通性，进一步增强数字化转型的影响力，并开发应用为企业创造价值。西门子通过"数据采集—数据清理—知识图谱建模—知识中台建立"四步走方法论，实现数据资产的建立和管理，加速企业数据资产的增值。

（5）智慧产品。西门子拥有覆盖全工艺生命周期的多维度精细建模、动态仿真和实时优化技术。通过西门子 PSE 的 gPROMS 工艺数字平台，将多专业协同工程设计、工业自动化和仿真技术结合起来，为企业提供基于深度工艺知识的一体化智能数字解决方案。在整个生命周期中，西门子帮助流程工业企业在各阶段创造价值，通过先进仿真技术获取深层工艺知识，使用先进的大数据系统分析和机理模型快速探索决策空间，优化生产效率，提升利润空间。在研发和工程设计阶段，可以合理规避技术风险，优化生产流程设计，缩短新产品上市时间；在生产运营阶段，通过对原有工艺模型的迭代与优化，大幅提升产品收益率和运营效率、降低能耗并减少碳排放，确保生产过程的可控性，预测并规避风险，降低生产成本并提高企业的竞争力。

（6）柔性组织。树立数字化理念，内部资源整合是至关重要的。西门子通过组织结构调整，促进数字化落地。一直以来，西门子以产品部门为单位划分，不同部门分管不同产品。然而，数字化概念促使各产品部门在内部建立数字化部门，并跨产品线合作。这种合作是纵向的集成，覆盖产品生命周期管理、研发设计、MindSphere 工业云到现场级 TIA 产品，为客户提供数字化解决方案。此外，为企业客户的人才培养提供支持也是实现数字化落地的关键途径之一。例如，定期举行业务培训、参加大型展会等活动，为客户提供深入了解数字化技术的机会，同时也能有效提升企业品牌知名度。

---

① 佟伟. 原生数字化从精益工厂到透明工厂：西门子全球首座原生数字化工厂在南京正式投运[J]. 智慧工厂，2022（5）：9.

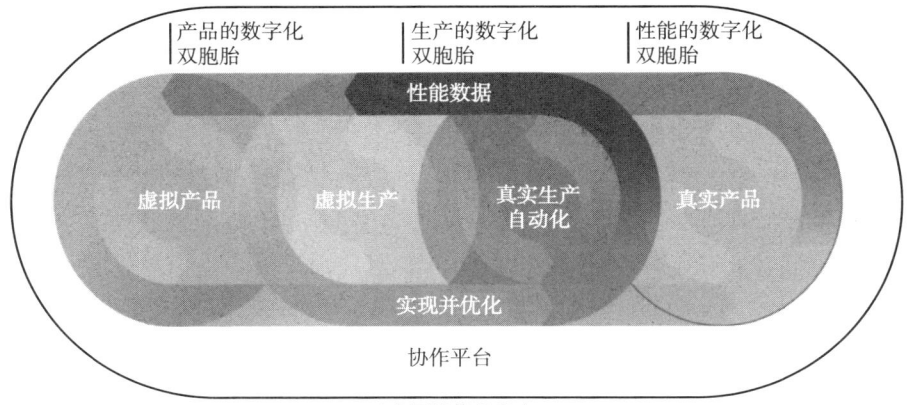

西门子"三个数字化双胞胎"解决方案如图 2-7-5 所示。

图 2-7-5 西门子"三个数字化双胞胎"解决方案

（二）中国移动[①]

> 中国移动是全球电信运营企业中的佼佼者，其网络规模之大、客户数量之多、品牌价值之高、市值之领先，使其在全球电信领域占据领先地位。作为一家成立于 2000 年的中央企业，中国移动始终坚守在推动信息通信技术服务经济社会民生的最前线，秉持国家电信体制改革的总体部署。
>
> 自成立以来，中国移动始终以创新为动力，以发展为目标，积极推动企业转型升级，致力于成为全球网络规模最大、客户数量最多、盈利能力和品牌价值领先、市值排名居前列的电信运营企业。连续 18 年获得国务院国资委中央企业负责人经营业绩考核 A 级评价，连续两次被评为国务院国资委科技创新突出贡献企业，连续 22 年入选《财富》世界 500 强企业。

中国移动以其高速的网络服务，利用行业领先的移动互联技术和应用，为消费者提供丰富多样的移动互联网使用体验，使每个人都能在现实生活中感受到移动互联的魅力，实现对沟通和互联的无限想象。中国移动建立了广

---

① 根据中国移动官方网站公开信息整理。

覆盖、高质量、多层次的通信网络，为客户的信息沟通提供了可靠而充分的保障，使人与人、人与世界的沟通更加生动、更添溢彩。

中国移动的发展历程，是一个不断创新、不断突破和不断追求卓越的过程。在未来的发展中，中国移动将继续坚持创新驱动发展，加快转型升级步伐，努力实现网络强国、数字中国和智慧社会的目标，为推动中国经济社会的发展做出更大的贡献。

1. 10余年勇担中国数字化主力军

在数字化浪潮中，中国移动以明确的新定位和新战略，系统打造新型信息基础设施，创新构建新型信息服务体系。以5G、算力网络、智慧中台为重点，中国移动正在推动连接、算力和能力的全面提升，以满足全社会对于数字化服务的需求。

在连接方面，中国移动已经建设了覆盖广泛、技术先进的网络体系，截至2022年底，累计开通5G基站128.5万个，基本实现了全国乡镇以上的5G连续覆盖，并在重要园区、热点区域和发达农村实现了有效覆盖。在算力方面，中国移动以网强算，构建了全新的"算力网络"，形成了"4+3+X"数据中心的全国布局，建成了40余处超大型数据中心，总机架能力超过120万架，加快提供算力泛在、算力共生的一体化社会级算力服务。在能力方面，中国移动开创性地建设了具有运营商特色、中国移动特点的智慧中台能力服务体系（AaaS）。该体系汇聚了人工智能、大数据等领域的500余项共性能力，能力月调用次数超了110亿次，支撑公司精准营销、精细服务、精益网运和精确管理，推动全社会"上云用数赋智"。[①]

此外，中国移动并未止步于现有的优势，还在不断推动5G与人工智能、卫星、扩展现实等技术的深度融合，加快5G向网络智能化、天地一体化和通感一体化演进，同时加快6G、下一代光通信等前沿技术攻坚，引领未来的信息通信技术，接续服务经济社会发展。

10余年来，中国移动5G应用开花结果，持续增强规模发展能力，服务百姓大众，赋能千行百业。无论是大带宽的5G，还是中国移动打造的5G应用，都在推动数智化生活的图景中徐徐展开。中国移动的"数智乡村振兴计划"也致力于服务乡村振兴战略，通过5G助力农业探索新型发展模式，推动

---

① 临江，从文，晓瑷，等. 奋楫新时代，中国移动勇做网络强国、数字中国、智慧社会主力军[N]. 人民邮电报，2022-09-26（2）.

农业高质高效发展，改变了农民的生产生活方式。

在智慧工厂、智慧矿山等行业，中国移动的5G应用场景相对成熟，并具备复制能力，5G已深入生产制造环节。在成长性、复制性强的行业中，中国移动将逐步完善5G解决方案，并加速拓展。中国移动构建5G行业"专网+平台+应用+终端"能力体系，沉淀共性能力，确保能力嵌入生产流程，推动产业数字化转型。

技术层面，中国移动积极践行创新驱动发展战略，围绕国家战略需求，攻关关键核心技术，在服务国计民生、建设网络强国和提升国家竞争优势等方面扮演了关键角色。同时，中国移动研究制定了深化企业改革的3年行动实施方案，包括9个部分、35条举措、87项台账任务，旨在加速完善中国特色现代企业制度，深化治理、用人和激励三项制度改革，构建与数智化生产力高度匹配的生产关系，有效激发高质量发展的能力、合力和活力。

中国移动的网格化运营改革是其特色化改革举措之一。通过在基层经营末梢实施"划好责任田、选好责任人、建好责任制"等措施，将揭榜挂帅、自主组阁、任期制和契约化管理等改革举措落实到基层，全面激发一线创业活力。

中国移动总经理在世界移动通信大会上发表演讲时表示："数字化"是未来十年最确定的全球趋势之一。如果把它比作一颗种子，一旦落地萌芽，必将茁壮成长、蔚然成林。中国移动将强化融合创新、加速数字化转型，实现五个"从1到3"，以期在这一过程中发挥更大作用、取得更大发展。

2. 具体措施

（1）战略指挥。中国移动积极践行新战略，以成为世界一流信息服务科技创新公司为目标，致力于推进新基建、融合新要素、激发新动能，系统打造以5G、算力网络和智慧中台为重点的新型信息基础设施，把创新构建"连接+算力+能力"新型信息服务体系作为核心任务。中国移动不仅满足现有需求，更致力于引领和创造需求，推动生产方式、生活方式和社会治理方式的数智化转型。通过不断优化和升级产品与服务，中国移动致力于成为"产品卓越、品牌卓著、创新领先和治理现代"的世界一流企业，为全球客户提供卓越的信息服务。[1]

---

[1] 中国移动通信集团有限公司. 中国移动：引领产业创新勇担时代使命加快构建世界一流信息服务科技创新公司［EB/OL］. 2022-11-22. http：//www.sasac.gov.cn/n4470048/n22624391/n26505260/n26505265/c26553501/content.html.

（2）优化业务。中国移动通过5G"专网+平台+应用+终端"一站式解决方案，为中小企业提供"精装房"式的打包服务。在建设5G精品专网的基础上，中国移动针对智慧城市、智慧医疗、工业互联网、智慧校园等九大重点行业，全力打造沉淀行业共性能力的9 one平台，推进行业解决方案的标准化，帮助企业"一键复制"5G应用。以推动工业企业5G应用规模复制为例，目前打造的600余家"5G+"智慧工厂中，80%是中小企业。[①] 通过提供一站式解决方案，中国移动帮助企业快速实现5G应用，降低企业投入成本，助力企业数字化转型。[②]

（3）管控洞察。中国移动全面推进网格数智化转型工作，与华为公司携手合作构建了基于数据、能力和应用层架构的网格智慧运营平台，为市场、政企、人力、财务等实现网格化转型提供了有力支持。在数据层面，实现了党建、营销、产品、网络、财务等全域数据入网格；在能力层面，构建了面向管理的"监控感知能力"、面向市场发展的"智慧调度能力"、面向作业的"生产支撑能力"，以及面向服务的"服务优化能力"；在应用层面，通过打造大、中、小三屏联动的组合产品，支撑高层决策部署、中层运营管理和基层生产提效。

（4）数据智能。从"大数据技术转型"开始，中国移动从整体生态布局出发，推动数据中台建设和运营转型，以促进"大数据内外部生态"的建设。为此，中国移动启动了"梧桐引凤"计划。通过打造平台、汇集数据、构筑生态，为合作伙伴提供全面敏捷的储算、数据及工具开放能力。这一计划旨在推动中国移动从传统的通信服务提供商向大数据驱动的创新型企业转变，以满足市场需求和迎接未来挑战。在实施过程中，中国移动充分发挥自身优势，整合内外部资源，通过数据中台的建设，推动数据在各个领域的应用和创新，提升企业的核心竞争力。同时，中国移动还积极与合作伙伴携手，共同构建大数据生态圈，为产业发展提供强大的支持。[③]

（5）智慧产品。在通用人工智能时代来临的背景下，中国移动积极布局，承担了16项国家人工智能重大重点专项任务，并在国际顶级会议、顶级期刊

[①] 郭倩. 中国移动：深耕数智生产方式变革 助力数字经济发展［N］. 经济参考报，2021-11-08.
[②] 中国移动. 网格数智化转型白皮书［EB/OL］. 2022-12-12. https：//baijiahao. baidu. com/s? id=1752005676722772905&wfr=spider&for=pc.
[③] 中国移动通信集团有限公司. 中国移动发挥大数据价值赋能千行百业［EB/OL］. 2023-2-23. https：//baijiahao. baidu. com/s? id=1758621590733399226&wfr=spider&for=pc.

发表96篇论文，获得16项顶级人工智能竞赛奖项。中国移动主导国内外86%网络智能化标准，研发了370多项人工智能能力，赋能1700多项生产型应用。截至目前，中国移动已形成了从平台、能力到规模化应用的全面产业级智能化服务产品，包括8个平台型产品和超过370项机器视觉、语音、自然语言处理、网络智能化等各领域AI能力，服务内外部27个领域超300家客户的830项应用，覆盖超过10亿用户。累计产生可核算的规模化赋能价值近41亿元，技术能力累计调用量达13700亿次以上。①

（6）柔性组织。中国移动锚定世界一流信息服务科技创新公司的新定位，致力于科学把握统分关系，积极构建高效协同的管战建组织运营体系。在这一过程中，中国移动不仅健全了集团管总机构，强化了专业能力建设和专业公司布局，还形成了快速响应、力出一孔的发展合力，保障了"创世界一流"力量大厦的落地实施。总部作为"管战建"的龙头，是全集团协同运转的中枢。围绕构建"连接+算力+能力"新型信息服务体系，中国移动不断加强专业能力建设，优化业务组织布局，整合同质资源能力，推动专业公司聚焦主责主业转型发展。此外，公司还主动调整生产关系，理顺运营机制，将集团公司统筹管理、集中运营优势，转化为应对灵活多变本地市场的竞争优势，实现高效协同与市场拓展。管、战、建协同是中国移动在拓展信息服务实践中形成的行之有效的治理模式和工作体系。通过这一体系，中国移动能够更好地整合内外部资源，提升专业能力，优化组织运营，为公司的持续发展提供强大支持。②

---

① 第六届世界互联网大会"产业数字化论坛"。
② 中国移动通信集团有限公司．中国移动：聚焦主责主业加强能力布局优化与结构调整［EB/OL］．2022-8-15. http：//www.10086.cn/aboutus/news/groupnews/index_detail_42884.html.

第八章　投资并购

> **世界一流企业要素六**：紧密围绕企业战略与核心主业，针对投资并购生命周期的投前、投中、投后三大阶段，运用产业链式发展的投资逻辑，优化资源配置，盘活存量资产，做大增量，提高资本效益效率最大化，加强资本运营和市值管理，坚持长期主义，实现企业基业长青。

一、一流企业特征

在世界百年未有之大变局向纵深演进的背景下，一流的中国企业成为实现国家战略意图、应对外部环境变化和重大风险挑战的关键因素。在发展过程中，一流企业紧密围绕战略，在投资前聚焦战略性新兴领域、采用产业链式发展的投资逻辑；在投资中开展全方位交易执行步骤；在投资后遵从长期主义、强化投后整合、加强市值管理和注重资产运营效率。围绕国家发展趋势、布局国家产业链供应链及能源安全的战略领域，一流的中国企业在实现商业价值创造的同时，还创造战略价值、社会价值。

（一）围绕产业链式布局，推动产业链融通发展

一流企业在投资前期阶段，投资策略与逻辑设计紧密围绕产业的链式布局，加强在产业链环节中的影响力，推动产业链各环节创新主体协同创新、共同发力，在多个维度上实现协同效应，确保产业链供应链的循环畅通，资源配置优化，产业集群聚集，使产业链上下游企业融通创新，并向产业链高端迈进。

（二）聚焦核心主业，构建"资本端"与"产业端"的双引擎驱动

一流企业充分发挥龙头作用、规模优势和产业优势，通过投资并购的方式实现以资本助力产业，以产业反哺资本的"产投双驱"协同发展模式。它

们通过自有资本撬动其他社会资本,适时进行产业布局与调整,实现产融结合,以资本与产业双引擎推动发展。

(三)紧密围绕发展战略,明确赛道聚焦,避免小而散、大而全

一流企业聚焦自身业务发展的核心领域和技术,通过基金投资、股权投资等并购手段持续加强其产业链环节的"纵深布局",围绕核心主业打造产业生态系统,将有限的资金、资源进行高效配置,投入战略发展和产业布局最紧迫的赛道,通过投资弥补技术鸿沟并发现尖端技术,持续孵化、培育技术创新企业,不断突破关键技术能力。

(四)开展全面尽职调查,确保交易执行阶段合法合规及利益最大化

一流企业在投中阶段开展商业尽职调查、财务尽职调查、税务尽职调查、估值等工作,具有丰富的谈判策略与定价经验。它们在明确交易并购协同价值的基础上,推动投资并购活动,以最大限度保障交易的合规合法,同时使利益最大化。

(五)坚定遵从长期主义,孵化培育关键领域核心技术

一流企业在清晰的投资逻辑下,弱化对于投资期限和短期投资回报率的考核要求,以实现技术突破和关键能力提升为核心策略,注重投资布局带来的长期回报。它们采取长期主义的投资理念,致力于与被投企业一起成长,不断加强对被投企业的扶持,从资金、战略、资源、技术和销售渠道等方面推动被投企业发展,充分实现企业协同与赋能。

(六)积极从事市值管理,提升资本证券化、资本运行效益效率

一流企业通常重视市值管理,不断推动价值创造,积极将其贯穿于企业日常经营决策中并体现在人员激励方面。它们善于利用资本证券化工具,通过股票增发、回购等方式主动干预市值和盈利率,以补充企业的资产流动性、增强抗风险能力,提升投资并购的效益和效率,进一步稳固和增加企业价值。

二、中国企业现状

(一)发展现状

中国资本市场正在逐步完善和优化,为中国企业投资并购提供良好的土壤、环境及手段。根据国家市场监督管理总局公布的数据,党的十八大以来,

全国新设的"四新经济"企业占全国新设企业的40%以上，超9000家专精特新"小巨人"企业涌现。中国企业的股权和债权融资稳步提升，市场结构明显优化，截至2022年6月，A股战略新兴行业上市公司超过2200家，新一代信息技术、生物医药等高科技行业市值占比由2017年初的约20%增长至约37%，上市公司的研发投入占全国企业研发支出的一半以上。① 资源配置进一步优化，资本市场并购重组主渠道作用不断强化，2017—2022年的并购重组交易金额超过10万亿元。②

然而，面对当下经济的不确定性，中国企业对投资并购普遍持谨慎态度，但在特定领域的特定企业依然存在不同的投资与并购需求。③ 具体而言：

（1）国有企业是目前投资并购的主要力量。在经济下行市场低迷的情况下，国有企业通过兼并扩大业务规模、增强竞争力的条件更为便利，特别是涉及能源安全、供应链与产业链安全的行业。在国际复杂的地缘政治环境下，国有企业更倾向在中东、东盟和南美等市场进行海外扩张，而在欧美等市场则更多地与民营企业合作完成投资并购。

（2）中国民营企业长期处于充分竞争行业，行业集中度较低，在当前的宏观经济背景下普遍利润率低，因此在中国市场，行业整合的紧迫性突显。为实现破局生存，中国民营企业会更加积极地开拓海外市场并进行投资布局，在可再生能源和包括新能源汽车在内的汽车行业表现尤其突出。

（3）外资企业注重重塑中国市场战略。部分外资企业因为在华业务体量庞大，或是因为在中国市场具有很强竞争力，业务还处在快速增长阶段，会选择继续增加在华投资。与以往不同的是，这些外资企业在华的绿地投资和并购不仅是为了扩大业务规模，同时还更加注重融入本地生态圈，寻找本地合作伙伴，以应对未来宏观经济与地缘政治的不确定性风险。

（二）主要差距

在过去的10年里，中国企业依靠人口红利、改革红利和资本红利实现了

---

① 人民银行.2022年金融市场运行情况［EB/OL］.2023-1-21.https：//www.gov.cn/xinwen/2023-01/21/content_5738362.htm.易会满.努力建设中国特色现代资本市场［J］.求是，2022（8）；踔厉奋发启新程：新时代企业迈向高质量发展综述［N］.经济参考报，2022-11-07；中国银行研究院.2022年经济金融展望报告［N］.金融时报，2021-11-30.

② 数据来源：投中数据、Merger market、德勤中国分析。

③ 德勤中国.2023年上半年中国并购交易市场洞察［EB/OL］.2023-9-12.https：//finance.sina.com.cn/tech/roll/2023-09-12/doc-imzmksew8875815.shtml.

快速发展和扩张,导致其发展规模与价值创造的不匹配问题逐渐显现。据研究机构对全球 2000 多家企业的经济附加值(Economic Value Added, EVA)的统计,中国企业(非金融)呈现出头部分布较少(约 8%,平均 EVA 约 13 亿美元)、中部较大(约 67%,平均 EVA 约 0.3 亿美元)、尾部较多(约 25%,平均 EVA 为-8 亿美元)的现象。[1] 随着中国经济红利逐步减少,企业从资本杠杆逐步过渡为经营杠杆。此外,2023 年中国世界 500 强企业中,利润较高的大多为金融或能源等资源类行业,而科技类行业利润相对较低,且研发支出相比发达国家仍有差距,全球化市场影响力有限,海外拓展新业务能力不足,全球性资本运作综合实力相较发达国家仍有一定差距。在投资并购的诸多环节中,中国企业也与世界一流企业存在较大的差距。

在投前阶段,大多数中国企业仍缺乏对于整体投资业务的战略定位,"摸着石头过河"的现象普遍存在。在选择标的时,主要追求表面的规模扩张,而忽视并购双方战略、业务和资源的协同性。在投中阶段,尽职调查不够充分,容易导致交易谈判失败、估值有失公允等问题,这些均是导致交易难以完成的主要原因。然而,完成交易仅仅是开始,真正考验的是投资并购后的整合。这一阶段不仅面临着业务增长的压力,还可能面临因文化、价值观等差异导致的诸多问题,通过内部整合改革及外部赋能举措强化被投企业的核心能力、提升被投项目的综合价值是一项巨大的挑战。

就当前作为中国投资并购市场主力军的国有企业而言,目前存在的最大问题就是缺乏对国有资本投资的顶层战略设计和思考,以及对产业布局的理解深度。在顶层设计方面,缺乏从顶层设计出发的国有资本投资布局战略思路,对于区域或当地产业发展的支撑和引导思考不够深入,导致国资布局的宽度和深度不足,具有一定的局限性。长期专注于经营存量产业和传统产业,与地方重点布局和发展的新兴产业领域结合程度相对较低,对于当地新兴产业的引领能力不强,对于帮助当地打造核心新动能的推动作用不明显。此外,国有企业普遍对所在地方关键产业和产业链发展的研究和布局深度不足,通常局限于企业自身所处产业链的单一环节和范围,对于链式发展和融通发展的共链行动缺乏足够的理解和把控,往往导致单一作战和各自为战的局面,协同能力有待提升。

---

[1] McKinsey Strategy Practice (Beating the Odds model v25.2) and Corporate Performance Analytics.

三、最佳实践

世界一流企业要实现持续的价值增值,"产业端"的内生增长及"资本端"外生收并购都不可或缺,而企业在从前期明确恰当的交易,到交易的顺利执行和交割,以及后期成功地整合并获取预期收益都需要精准的商业判断、明确的规划,以及较强的执行力。德勤中国投资并购全生命周期模型如图 2-8-1 所示。

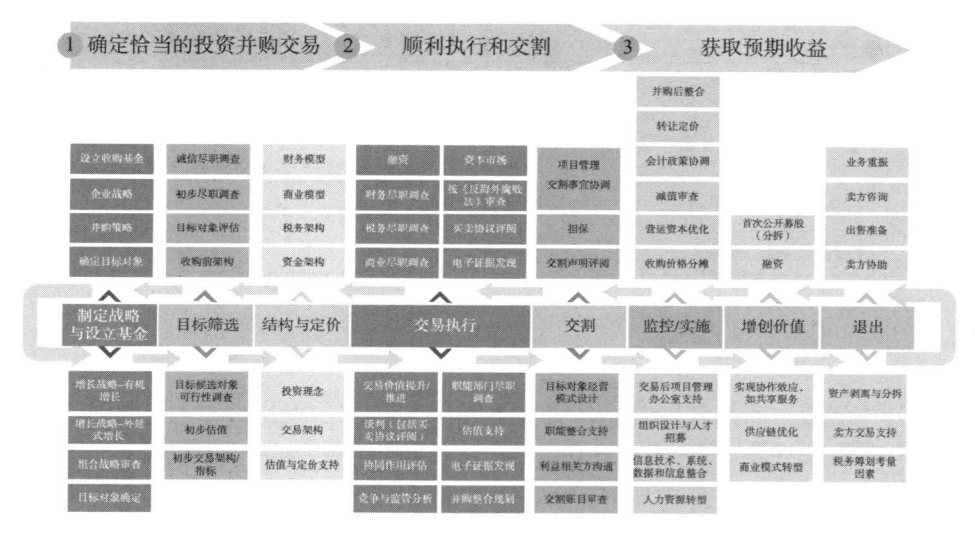

图 2-8-1 德勤中国投资并购全生命周期模型

(一)投前阶段:确定恰当的投资并购交易

世界一流企业通常具有清晰的投资并购战略。投资并购战略是公司整体战略的组成部分,需要明确投资并购在公司整体业务构架中扮演的角色,以及同公司其他业务的协同效应。因此,企业需要综合考虑外部环境,自身的资源禀赋、业务发展现状,结合企业总体的中长期战略目标,对投资并购目标做出精准判断,并且制订具体可行的实施计划。基于企业收并购战略目标,需要规划明确的投资赛道及相应的投资方式,如图 2-8-2 所示。

(1)前瞻性布局类业务是未来业务的探路者,布局逻辑是投资主业相关的战略性新兴产业领域。布局那些处于发展初期的技术,重点投资那些自主创新、有望解决关键技术问题,并在未来有指数增长潜力的处于初创期的中小型企业,可以通过广撒网的模式进行孵化培育。

(2)技术升级类业务的战略意义在于提升现有产业链环节效率,助力产

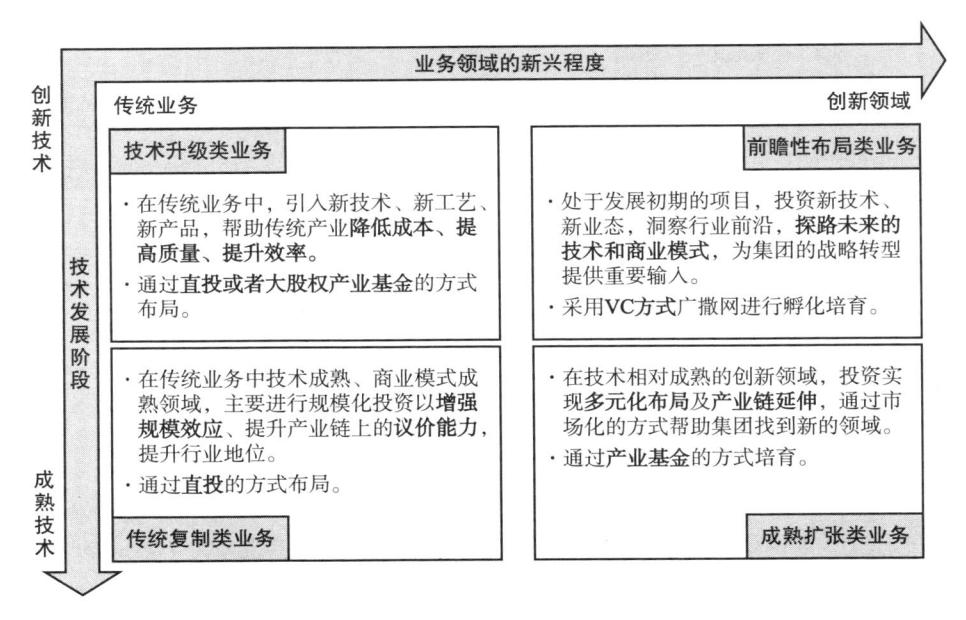

图 2-8-2 赛道布局以及投资方式

业链提质增效。布局逻辑是从产业链技术升级需求出发，以能与企业实业形成联动为标准，投资产品需求大、价值高的科技创新企业，帮助专业公司优化升级，可以进行直投或者以大股权产业基金为投资工具。

（3）成熟扩张类业务的战略意义是助力主业板块撬动杠杆，助力主业规模扩张。布局逻辑是由集团专业公司作为有限合伙人投资基金，由资本公司作为管理人募集社会资本，寻找成熟的、可以快速形成现金流的企业作为投资对象，帮助集团公司完成创新领域规模化的扩张，可以通过产业基金的方式培育。

（4）传统复制类业务的战略意义在于进行规模化投资以增强规模效应，从而提升行业地位，可以考虑通过直投的方式布局。

基于明确的赛道，世界一流企业会围绕布局赛道及布局原则，有目的地识别投资和收并购标的。标的筛选可以采取三步走的方式：①构建长名单，基于长名单，通过案头调研、电话访谈、业内专家探讨等方式，缩短形成包含5~10家符合公司收并购战略和要求、具有合作意向公司的短名单；②进行实地走访和考察，和与目标标的相关的负责人进行初步接洽，更进一步地了解标的公司情况，以及公司对于不同的股权投资或者战略合作方式的意愿和态度，对短名单中的标的公司进行评估并且排序；③按照标的公司的重要性排序后安排正式会面，评估正式步入收并购交易执行的可行性。

[案例1]

世界前100强企业投资并购策略以主力企业实体产业发展为核心原则，采用"5G+5G"的判断逻辑，助力集团现有产业发展及未来新兴产业布局。该策略要求全部投资均以与集团内部的实体产业能否结合及联动为筛选标准，全面推动产融结合。对于标的公司，要求其达到"5G"的标准，即好产品（goodproduct）、好技术（goodtechnology）、好模式（goodbusinessmodel）、好服务（goodservice）和好市场（goodmarket）。同时，强调被投标的公司要与集团自身的"5G"优势相结合，包括好渠道（goodchannel）、好场景（goodintegration）、好资源（goodresources）、好品牌（goodbrand）和好管理（goodmanagement）。

集团公司投资布局遵循两大方向：一是助力集团现有产业的发展。基于集团现有的业务板块，承担着集团业务优化升级、持续发展的重要使命，在不涉及当期上市公司利益的情况下，对于投资时效性要求比较高的投资项目，会由资本公司负责。二是孵化集团未来新兴的产业布局。集团旗下的基金承担集团新兴板块的孵化任务，待项目成熟后再由实体产业收购或者发展成为集团新的业务单元。同时，需要在前期判断与现有集团业务的协同性，并基于市场和政策进行综合考量。

为实现专业化的运作分工，集团公司针对各个业务板块均设立了专属的投资基金，这些基金旨在服务现有产业发展的战略方向，通过投资并购赋能现有产业的发展。例如，设立能源基金以赋能集团能源板块的战略调整，通过投资风电、生物质电等项目，将传统发电与新能源发电的比例由7∶3转变为5∶5。在孵化集团环保业务时，集团通过与环保行业公司共同设立产业基金的形式，一方面收购资产获取存量项目、投资技术研发公司形成能力，以及通过大型收并购快速扩大业务规模；另一方面，整合集团内部业务需求赋能被投公司，并且在投资的过程中积累项目运营管理经验，最终将其孵化成为集团新的业务板块。

（二）投中阶段：顺利执行和交割

世界一流企业在收并购交易执行与交割过程中，开展包括商业尽职调查、财务尽职调查、估值、税务尽职调查、交易谈判等一系列的工作，从而合理评估商业、财务、税务、法务等各方面的风险，确定合理的对价，并形成初步的风险应对方案，为后期的收并购整合做好准备。

商业尽职调查是并购交易中不可或缺的一部分，其意义在于：①验证关键的投资主体；②说服投资者；③估值、价格谈判及 SPA 的重要输入；④为后期收并购整合流程中价值识别及价值提升提供重要的商业依据。根据投资者所处阶段和时间要求的不同，商业尽职调查可以分为初步的商业尽职调查及全面的商业尽职调查。前者的目标在于识别核心的阻碍交易红线事件，而后者则是围绕外部及内部的各方面因素对标的公司进行综合评价。商业尽职调查范围如图 2-8-3 所示。

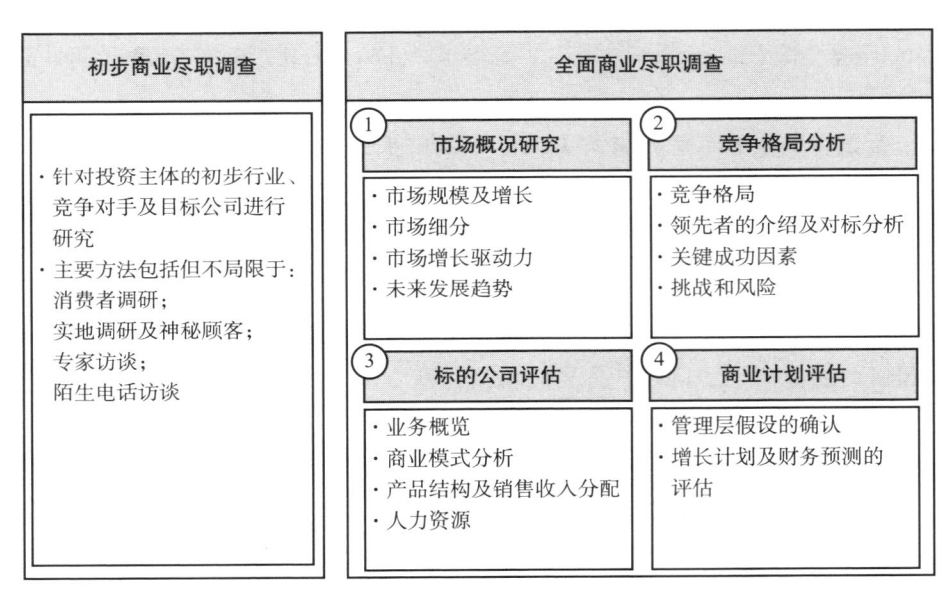

初步商业尽职调查	全面商业尽职调查
·针对投资主体的初步行业、竞争对手及目标公司进行研究 ·主要方法包括但不局限于：消费者调研；实地调研及神秘顾客；专家访谈；陌生电话访谈	① **市场概况研究** ·市场规模及增长 ·市场细分 ·市场增长驱动力 ·未来发展趋势 ② **竞争格局分析** ·竞争格局 ·领先者的介绍及对标分析 ·关键成功因素 ·挑战和风险 ③ **标的公司评估** ·业务概览 ·商业模式分析 ·产品结构及销售收入分配 ·人力资源 ④ **商业计划评估** ·管理层假设的确认 ·增长计划及财务预测的评估

图 2-8-3 商业尽职调查范围

全面的商业尽职调查总体而言可以分成以下四个部分。

（1）市场概况研究。该部分主要是对总体市场前景进行评估，了解标的公司所在的细分市场是否具有前景，包括对细分市场增长前景的测算，以理解背后的驱动因素及阻碍因素，梳理产业链条以了解目标企业的布局及议价能力，并识别行业重点发展趋势，从而评价目标企业的战略布局是否同市场大势相符。

（2）竞争格局分析。主要用于评价在该赛道里，标的公司的核心竞争力如何，包括分析整体的竞争格局，识别领先企业，以及将标的公司与领先企业进行对标分析。

（3）标的公司评估。该部分主要是从商业角度了解标的公司的运营状况，结合前述的外部分析（市场及竞争格局的分析），深入剖析其未来发展的空间并识别商业风险。分析涵盖其业务布局、商业模式，以及在营销、销售、渠道等方面的布局。

（4）商业计划评估。结合外部分析和对标的公司商业状况的细致评估，对管理层提供的商业计划进行评价，包括评估增长的各项假设及财务预测是否合理。该部分将作为估值及谈判的重要依据。

财务尽职调查是对目标公司的财务状况、经营绩效、内部控制、合规性等进行全面、系统的调查和评估，其目的在于全面了解目标公司的财务状况和经营成果，进而为投资决策或商业判断提供可靠依据。同时，有效的财务尽职调查可以揭示目标公司的潜在风险和问题，帮助投资者或收购方做出更加明智的决策，避免后期可能出现的问题。因此，有效的财务尽职调查应当聚焦于价值驱动因素，对企业的盈利质量、净负债、净营运资金等关键内容进行深入剖析。财务尽职调查范围如图 2-8-4 所示。

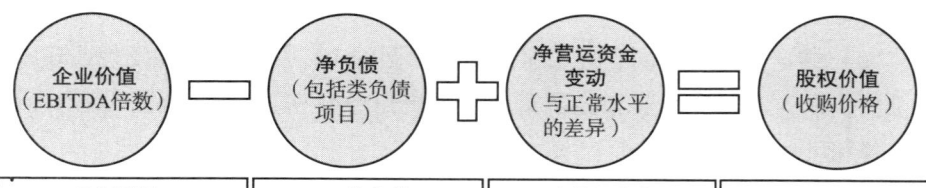

企业价值（EBITDA倍数） − 净负债（包括类负债项目） + 净营运资金变动（与正常水平的差异） = 股权价值（收购价格）

盈利质量	净负债	净营运资金	其他
·正常化调整后EBITDA ·一次性和/或非经常性收入/费用 ·减值和其他非现金项目 ·按业务部门和产品线划分的营业收入、盈利能力和相关关键绩效指标的趋势 ·关键客户 ·运营成本 ·固定成本与可变成本 ·除所得税外其他税费 ·集中度风险——客户和供应商 ·预算预测	·受限现金 ·借款 ·租赁 ·养老金和其他长期员工义务 ·其他非流动负债 ·资本支出需求 ·承诺和/或有负债，包括税务风险敞口 ·控制权变更相关支出 ·未决诉讼、环境问题等	·净营运资金最低水平 ·应收账款周转天数、存货周转天数和应付账款周转天数 ·应收账款账龄/质量和存货库龄/质量 ·坏账和存货减值准备金及核销 ·应付账款账龄 ·季节性影响 ·识别净营运资金中包含的非贸易往来余额	·税务架构 ·管理层报告和内部控制 ·识别业务风险和潜在交易终止因素 ·评阅预算预测 ·评阅股权买卖协议并协助调整收购价格 ·评阅交割日报表

图 2-8-4　财务尽职调查范围

高质量的估值要求估值师对市场、目标资产和竞争对手、财务和非财务信息，以及其他因素如法律法规有深刻的理解。优秀的估值服务必须能够很好地融合分析、专业知识和判断。商业价值的深刻理解在以下几个方面产生关键作用：①定价和架构设定；②协助谈判；③识别潜在的协同效应；④提供财务报告准则所要求的首次公开募股估值。估值过程中需开展理解估值对象、分析财务预测、建立平行模型、敏感性测试、结论及报告、谈判协助等工作。

（1）理解估值对象。了解估值的需求和目的，厘定价值的前提条件。可采用两种方法：一是收益法，管理层提供财务预测，德勤中国对财务预测的合理性进行复核和估值。二是市场法，德勤中国调查估值对象的市场情况，了解可能影响估值对象公允价值的因素。

（2）分析财务预测。汇总财务预测中的数据，如毛利率等，将预测数据和财务尽职调查的数据进行对比，与管理层讨论财务预测的依据；将财务预测与市场情况及行业数据进行对比，判断财务预测的合理性。

（3）建立平行模型。若德勤中国执行估值模型的复核工作，则需建立平行模型，用以验证原始财务模型的正确性。

（4）敏感性测试。进行敏感性分析，即在保持其他参数不变的情况下，改变模型中的一个参数，观察结果的变动并解释原因。

（5）结论及报告。同管理层讨论德勤中国的工作结果、重要发现或建议。提供估值报告，包括行业和经济概述、历史财务数据、财务预测、关键参数及解释和可比数据分析。

（6）谈判协助。若管理层有需要，德勤中国将基于财务模型协助管理层进行交易谈判。

（三）投后阶段：获取预期收益

世界一流企业通常拥有完善的投资并购配套体系，它们将"六成投、四成管"的投后整合管理理念贯穿整个投资并购的后期阶段，通过内部整合及外部赋能强化被投企业核心能力，提升被投项目的综合价值。具体而言，整合方面包括百日计划、协同业务发展与跟踪、风险管理、沟通与变革管理、财务与IT整合、人力资源整合等；投后赋能方面，包括战略与业务发展、运营绩效提升、定价战略与销售效率、卓越运营、运营资本减少、创新管理等；资产退出或业务剥离方面，包括商业计划开发、协同效应评估与估值、卖方尽调、资产剥离计划工作等。

投后整合的时间长短取决于行业类型、整合规模、整合深度等因素。投后管理的实施阶段从并购首日新公司正式运作开始到并购百日，再到完成协同增值，通常需要2~3年的时间。投后管理可简要分为两大阶段，即百日计划阶段和中长期投后计划阶段。百日计划阶段的目标是保持稳定过渡，但也涵盖首日计划无法及时执行的相关事宜。中长期投后计划则在百日计划的基础上延伸，注重从更深层次、更长远的角度，计划整合任务。

1. 百日计划

制订百日计划时，首先根据举措的重要性和依赖关系进行优先级排序，然后建立任务列表，并匹配相应的责任人，以确保工作得到具体落实。在百日计划执行过程中，需要持续监督进度，并及时处理所发现的问题，促进整合工作的逐步、稳健推进。百日计划与首日计划类似，需要考虑到所有涉及的职能部门。虽然不同企业的计划任务可能存在一定的相似性，但更多的是根据企业的具体情况进行制订。沟通团队的百日计划工作重点（对比首日计划工作重点）如表2-8-1所示。

表2-8-1 沟通团队的百日计划工作重点（对比首日计划工作重点）

领域	首日计划工作重点	百日计划工作重点
战略	• 企业形象	• 沟通战略计划 • 实施文化融合战略 • 主要的关键绩效指标
组织	• 将工作移交给新公司的管理人员 • 与"一定要保留"的员工做一对一访谈 • 文化融合战略 • 新的会议召开频次	• 团队内和团队间的决策权 • 证实所有人员已转移到新的法律实体中 • 任命其他人员
沟通	• 与所有的员工沟通，传达公司简介、主要董事、汇报关系和未来展望的相关信息 • 向确认的各方发布公关消息 • 向相关方发送信息备忘录 • 完善所有利益相关方的信息资料和问答 • 分派现有标志、名称等的使用指南 • 推出新公司的电子广告 • 企业标志	• 按计划开展举措
行动	• 举措的过渡计划 • 开始实施关键高价值的举措	• 开始实施所有举措

续表

领域	首日计划工作重点	百日计划工作重点
制度/流程	• 逐级沟通和传达会议（信息共享）详细时间表 • 派发新的信头纸和名片给关键人员 • 向所有员工派发欢迎礼包 • 制作演示文稿的新模板 • 确保所有的沟通都使用同一个语言政策	• 评估并对广告和营销公司进行重新招标 • 评估谣言和国内政策以快速反应
系统	• 建立员工沟通中心以处理管理层/员工的询问（预计通信量会显著增加） • 更新网站，公布业务的下一步行动 • 统一电话应答协议	• 按计划开展举措

2. 中长期投后计划

中长期投后计划旨在深入了解每个职能领域的需求，将企业的持续改善和双方协同价值获取两个方面相融合，以投资并购为契机，实现企业整体价值的不断提升。并购首日、百日计划着眼于现有职能的平稳过渡，因此在不同的企业之间具有一定的相似性和参考性。与此不同的是，中长期投后计划是个性化和定制化的，需要根据公司的战略方向、整合规划和具体业务现状开展。

作为中长期计划，为确保相关安排在较长时间内得到有效执行，建议采用360°运营诊断作为核心工具。360°运营诊断工具可以在运营职能（包括销售与市场、采购、生产、物流、研发等）方面做出业绩回顾，识别出表现不佳的投资项目，并深入分析其根本原因，提出改善举措。360°运营诊断结合了定量指标和定性成熟度，以评估企业供应链的表现。定性并购后整合成熟度工具如图2-8-5所示。

在定性成熟度方面，通过战略、运营体系、管理架构、理念与能力4个维度，评估运营中20个领域的成熟度。通过访谈或自我评估的形式，识别现状及标杆对比差距，促进运营职能从"救火型"到领先实践的转变。

从定性和定量方面识别差距之后，将差距提升所带来的利润影响进行量化，从而促进组织内资源的合理分配和激励举措的落实。制定具体举措时，需要对所有待提升的领域进行优先级排序，规划实施路线图，并分配责任人，稳步推进实施。

在投资方面，企业面临着新的机会，也承受着转型升级的压力。企业要

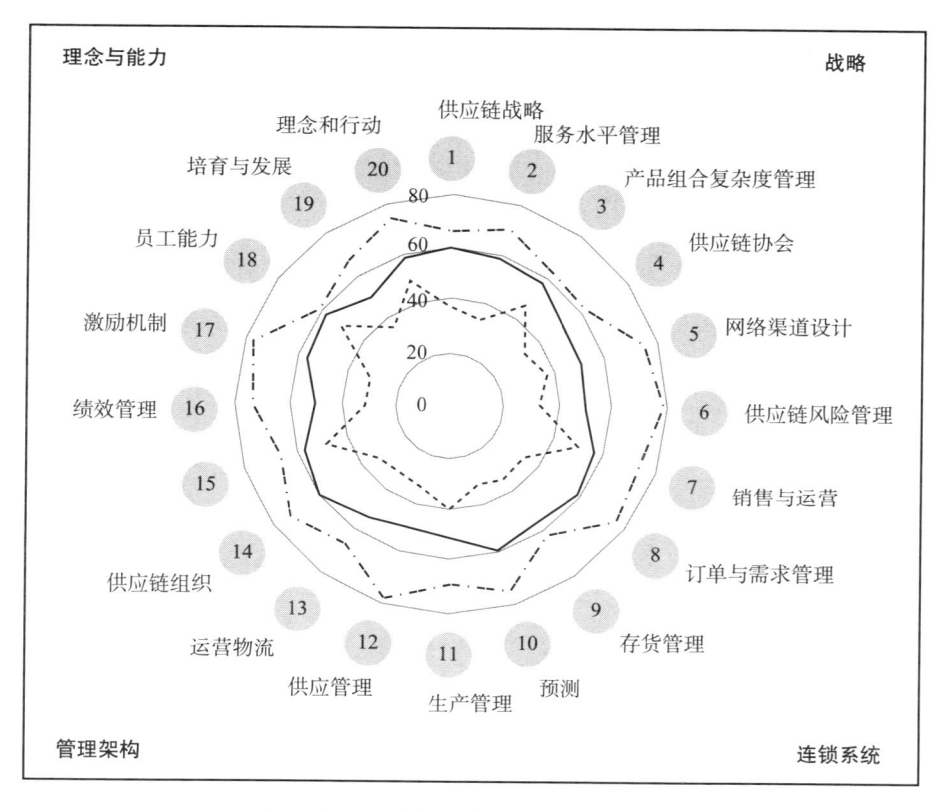

图 2-8-5 定性并购后整合成熟度工具

从盲目地扩大投资规模，转变为更加注重项目的效益。对此，德勤中国提出以下建议：①投资前做好充分、全面和有针对性的尽职调查，尽量在事前识别各类风险，明确监管合规要求，做好应对预案；②通盘考虑投资布局，借助科技手段建立投资优选模型，管理投资相组合；③根据项目属地情况，建立包容性和多元化的管控模式，投资布局和长期运营并举；④加强与政府及合作伙伴的合作，分担融资风险，降低税务成本；⑤以符合社会文化背景的公关和沟通方式，为企业长期发展创造好的外部环境；⑥选聘和培养双管齐下，建立和企业国际化进程相匹配的国际化人才"选用育留"机制；⑦重视投资并购后的整合工作，提前落实整合所需资源，预测可能面临的困难，并制定应对方案；⑧要做好产业与招商规划，争取税收等经营优惠政策。

[案例2]

以某世界前100强企业为例，集团拥有专职的投后赋能团队，为被投企业全程提供专业指导和经营意见。集团在各地区设立专业的"专家组"和"投后发展组"部门，派驻了解当地情况的专业人员根据被投企业的实际情况提供专业咨询，并联络集团资源提供帮助。该团队参与投资前期全过程，在早期标的尽调阶段就对此标的投后管理进行初步规划，并作为投资决策的部分参考因素。在交易完成后，投后赋能团队基于被投标的核心能力有针对性地实施投后管理策略，包括制订百日计划、快速形成被投企业新的战略及中长期行动规划，细化分解战略至关键时间点或里程碑，并配套制订考核激励计划。同时，基于被投企业的战略调整进行组织优化工作，系统性地开展组织架构体系、运营模式体系、人才团队体系，以及薪酬与考核激励体系等优化调整工作。此外，针对计划长期持有的标的公司，还需要进行财务系统调整等关键举措。

企业将被投企业纳入集团全球网络，提供集团国际产业链网络、销售网络、客户资源、信息化解决方案等赋能支持。此外，企业引入了行业顶级产业资源进行赋能，依托自身行业影响力，不定期举办创新技术交流日等企业资源交流活动，为被投企业接入一流外部资源。创新技术交流日是集团为促进被投企业资源流动而举办的企业资源交流活动，每年在全球范围内举办近百场，每场活动组织近10家企业与《财富》世界500强企业直接对话交流，推进合作。

该企业向被投科技公司派驻董事以监督其发展，并代表投资企业发表意见。这使得该科技公司的产品获得了全球唯一认证，极大地提高了产品的知名度和销量。投资企业利用自身资源优势，使该科技公司实现了与跨国企业的资源互换，并成为某上市板块"利润之王"。

四、参考对标体系

借鉴"德勤中国卓越管理企业"的评价模型，德勤中国建议企业从投资业绩和投资管理能力两个方面入手对标评价（表2-8-2）。

表 2-8-2 德勤中国投资并购管理评价体系

一级要素	二级要素	重点
投资业绩	• 战略贡献 • 投资规模 • 投资收益 • 行业影响力	• 精细化研究价值指标可以充分论证投资并购对于企业的意义,帮助其通过投资并购优化产业布局或转型。 • 持续稳定的对外投资体现了其充沛的资金筹措能力及良好的投资项目挖掘能力;庞大的投资规模帮助企业实现兼顾战略投资、财务投资的投资布局与风险平衡。 • 通过挖掘和投资优质项目实现较高的投资回报和财务收益,体现了其在投资方面的卓越能力和独到眼光,是投资业绩的外在表现,也是投资并购可持续的关键因素。 • 行业对于企业投资并购能力的认可,也是企业投资并购能力在投资行业是否具备影响力的具体表现。
投资管理能力	• 战略承接 • 投资逻辑 • 投资组合 • 募资合作能力 • 人员团队 • 投后管理	• 明确的投资逻辑表现为:一方面投资并购符合集团的核心战略和利益,另一方面在多种投资并购手段之间建立起相对清晰的投资边界,实现互补与差异化定位。 • 多元化是世界一流企业在投资组合方面的重要特征,主要体现在策略多样性和地域多样性两方面。灵活运用不同的投资比例和投资手段覆盖项目全生命周期,全球范围内优选标的,开展全球化多区域布局。 • 强大的募资合作能力为世界一流企业提供持续且稳定的资金支持,具体体现在募资能力、募资占比、出资人数量、复投率等方面,拥有长期稳定合作的出资人表明了其对企业投资并购能力的认可,也表明企业能够通过撬动更高比例的外部杠杆扩大投资规模实现战略布局。 • 专业化的人员团队也是世界一流企业拥有优秀的资本运营能力的关键,主要通过人员背景、团队规模、效率、人均创效等方面评价其人员团队的能力,这也是各类企业需要重点提升和对标的具体内容。 • 赋能式的投后管理是优秀的资本运营能力重要的组成部分,通过考察和对标企业对于被投企业的管控能力和给予被投企业的资源扶持与赋能,查找企业在投后管理方面的缺陷与不足,并着力改善和提升。

五、参考对标案例

通用电气[①]

通用电气是世界上最大的提供技术和服务业务的公司,也是自 1896 年道琼斯工业指数创立以来唯一至今榜上有名的企业,集团业务包括飞机发动机、

---

① 根据通用电气官方网站公开信息整理。

动力系统、油气、金融服务、家用电器、运输系统等。通用电气百年的发展之路正好印证了美国著名经济学家乔治·斯蒂格勒的名言："没有一个美国大公司不是通过某种程度、某种方式的兼并而成长起来的。几乎没有一家大公司主要是靠内部扩张成长起来的。"通过不断兼并与收购，通用电气实现了能力的快速获取与业务条线的动态调整，在近百年的并购史中积累了一套完善的并购管理范式，这对其他企业进行"外延式"业务发展有着良好的借鉴意义。

1. 投前阶段：制定清晰的投资战略

通过投资并购支撑公司战略发展：企业在1980—2000年，制定了"数一数二"战略，围绕核心业务（大型家用电器、照明、涡轮机、运输车辆、发动机和建筑设备）、高技术业务（医疗、材料、电力、航天和飞机发动机），以及服务业务（金融、信息、建筑工程和核能）开展投资并购。将不属于此三大业务范畴的其他业务进行整顿、出售或关停，包括中央空调、电视、音响、小型电气、开关电缆等。在两年内，通用电气出售了非三大业务的71条生产线，并围绕三大业务开展了超过118项投资交易，通过收购、兼并、合资及参股投资，在1985—2000年，通用电气实现年复合增长9.9%，其中近半的增长由并购交易贡献。2000年，通用电气的营业收入为1298亿美元，相比1980年增长了500%，股票市值达6000亿美元，相较于1980年增长了4200%。

明确并购标准，制定长远协同战略：通用电气对并购目标的遴选有着清晰的标准和思路。具体来说，可归纳为两条：一是被收购企业不能仅仅通过转售为通用电气带来"短平快"的财务收益；二是其业务能力与通用电气目前的战略方向高度吻合，且在整合后能达到业内"数一数二"的目标规模。以通用电气收购美国无线电公司为例。完成并购后，时任CEO杰克·韦尔奇对美国无线电公司的业务进行了大规模的调整，将其唱片、地毯、保险等与通用电气主体战略业务线条不相关的部分立即打包出售，在一年内从63亿美元支付价款中回收了13亿美元。同时，对于美国全国广播公司和通用电气主体业务战略强相关的部门，韦尔奇主导将其与通用电气的相关部门和团队进行改组合并，通过业务与能力的充分融合最大化凸显规模协同效应。

2. 投中阶段：多方协同完成投资交易的执行与交割

动态打造并购管理团队，设置"合并经理"助力项目成功落地：在通用电气，并购活动的核心决策与执行单元不是独立的组织或部门，而是根据项目行业、类型跨部门临时组建的"攻坚团队"。该团队一般由负责相关业务的执行副总裁牵头，主要负责并购前期和中期的尽职调研、并购谈判与执行决策。在人员结构上，并购部门通常由财务、税务、业务发展、人力资源和技术部门的人组成，尽可能兼顾横向职能部门的全局视野与纵向业务线条的专业视角。在并购团队中通常还会有一个特殊的角色，即"合并经理"。合并经理不一定是并购团队的领导者，其核心职责是全程参与并购活动后继续留在目标公司中，作为新任管理层推动并购项目的落地实施。这个角色缘起于通用电气收购 Gelco 公司的实践中。当时仅仅出于一个偶然的机会，一位曾参与并购考察的高级人力资源主管——拉里·图尔被要求继续留下来帮助新收购公司建设团队。图尔当时充当了新公司管理团队的协调人角色，他通过召集通用电气和 Gelco 公司的员工共同制订行动计划，使新队伍快速适应通用电气的标准和要求；同时，他还结合自身经验向 Gelco 公司的高级经理提出各种建议，指导他们如何在通用公司中快速取得成功。最终，由于 Gelco 并购案的出色运营，"合并经理"这个角色被固定下来。

通用电气在执行并购时，通常会任命两类人担任"合并经理"：一类是拥有巨大潜力的人，另一类是拥有丰富并购经验的人。前者虽然欠缺经验，但他们才华横溢，被视为未来的核心骨干。这种类型的人会在一些规模较小且较为简单的公司整合中发挥积极作用，在一些组织严密的整合工作中也会有他们的用武之地。而对于更复杂的收购或并购多元化企业的工作，拥有丰富并购经验且已经被证明了具有管理能力的人，则更能承担"合并经理"的职责。

在交易执行过程中，通用电气广泛与第三方专业服务机构合作，通过包括投行、会计师事务所、管理咨询公司、税务师事务所、律师事务所等第三方专业机构协助推动交易流程；通过对交易标的开展行业尽调、战略尽调、商业尽调、财务尽调、税务尽调等方式，提升通用电气的交易效率，降低交易风险，并确保通用电气的利益最大化。

3. 投后阶段：强化投后融合与退出策略

创新投后管理"四步法"，助力实现企业文化融合：如何让一群拥有不同企业文化背景，甚至是曾为竞争对手的人为一个共同的目标高效协作，是不少企业在投后管理阶段所面对的核心问题。通用电气创新投后管理"四步法"，旨在让有着明显差异的两家公司间快速搭建沟通桥梁、稳步推行融合实施。第一步，会面、致意并计划：当并购结束后，通用电气的业务领导会在合并经理的帮助下召开会议。会议要求双方代表各抒己见，共同完善与敲定被收购公司的管理团队、融合计划与政策制度等核心事项。同时，会议上还会为收购后续制订百日计划，充分制造紧张感与兴奋感，让初期磨合充满能量。第二步，制订交流计划：在公司融合中，为了最大限度弥合并购公司与被并购公司之间的文化分歧与制度分歧，通用电气要求并购后的两个组织的高级经理间建立常态化的交流与沟通机制。交流活动的参与者不限于公司管理层，最好能普及被收购公司的全体员工、供货商、客户与小区媒体。实践证明，信息透明度越高，人们对变革的接受周期就越短。第三步，正面提出公司文化问题：为了更好地解决跨国并购中的文化冲突，不将潜在矛盾埋藏在融合早期，通用电气构建了一个跨文化分析的系统工作程序。一方面，通用电气利用信息技术从成本、技术、品牌和客户四个维度建立了被收购公司的文化评价模型；另一方面，在融合100天后，通用电气会召开为期3天的"文化分歧解决方案"会议，基于文化评价模型给出相应的解决方案。第四步，由点到面逐步推进：在长期融合过程中，合并经理将会有意识地派遣并购公司和被并购公司双方人员共同参与短期项目，在业务中不断磨合。同时，通用电气还采用一些其他方法来帮助员工解决身处异国文化中如何开展工作的问题。例如，一名被派往印度分公司担任要职的美国人需要单独接受公司外部顾问的培训。这名顾问熟悉当地文化，可以帮助要调职的经理事先了解文化间细小但十分重要的差异，从而保证他下达的指令有的放矢而不会过于空泛。

发展过程中的资产退出与剥离：通用电气在发展历程中，随着市场环境及行业技术的快速变化，不断进行战略调整，并对其持有的资产进行退出与剥离，以实现业务的聚焦及资金的回笼。如在1980—2000年的发展阶段中，通用电气规划发展三大类业务，将其他的资产与业务出售、剥离或关停。例如，出售矿业公司、消费电子公司、家用电器公司和中央空调公司，获得85亿美元；出售矿业子公司，获得24亿美元；出售家电用品公司，获得3亿美元等。在2000—2020年，通用电气对公司的业务布局与战略规划进行了重新梳理，希望转型成为一家纯粹的工业制造企业，并依靠工业板块业务贡献其未来90%的利润。由此，通用电气实施了"去金融化回归工业"行动，出售了约1260亿美元的金融资产。

基于通用电气的实际发展需要分拆重组：2022年，通用电气发布了公司分拆计划，将按照航空、医疗和能源三大部分进行拆分。2023年，率先拆分医疗业务，随后对可再生能源、电力和数字进行业务重组，后者被定位为能源转型，并预计于2024年完成，而通用电气本体将专注于航空业务。通过拆分方案，通用电气将形成三个在全球行业领先的独立上市公司。其中，医疗公司将聚焦推动精准医疗领域的创新，应对关键疾病和临床诊治挑战；可再生能源公司将聚焦支持客户与社区，探索实现经济、可靠和可持续电力的解决方案；航空公司将聚焦帮助客户提高效率和可持续发展能力，聚焦打造未来航空。

拆分方案的执行将为通用电气带来诸多优势。一是每家公司均可以聚焦主业。拆分后三家公司的主业更加明确和显著，未来发展将更加聚焦于主业。二是基于各自行业属性和实际情况进行资产配置。拆分前的资本配置是由集团统一决定的，但拆分后三家独立公司可以基于行业发展特点，灵活配置资本。三是更加灵活地进行战略转型与调整。拆分后的独立企业可以更加贴合市场、了解市场，对市场的反应速度更快，也更容易制定和调整战略。四是推动客户、投资者和公司员工的长期价值增长。独立的公司对员工和团队意味着更高的专注度和专业化，企业更加精简高效，在回应客户诉求时更加迅速，配套独立设置的三个董事会将更加专业化。五是拆分后的新公司将得到更好的信用评级。拆分计划配套开展了大规模的资产出售和瘦身计划，大幅降低公司债务，为各个独立公司分拆后实现轻装上阵奠定基础。

第九章　国际化发展

> **世界一流企业关键要素七：**以全球视野结合本地洞察，制定全球发展战略和差异化区域发展策略，构建能应对复杂多变的宏观环境的跨国经营能力，实现业务运营的"全球本地化"，能够高效开展研发、数据、财税、组织人才等要素的全球化配置，注重全球企业文化和风险合规管理能力。

一、一流企业特征

世界一流企业的国际化发展呈现出对不断变化的全球环境的适应性和前瞻性，体现出了对全球化和本地化的权衡。它们对生产周期的各个环节实行全球化安排，在国际化的思维方式与布局上领先一筹，思维方式及其战略制定、运营决策和企业文化不以本土市场为限，而是以全球市场为参照背景，建立真正意义上有着国际化文化、国际化思路的工作方法，成为真正运营互联互通的国际化企业。

国际化不仅是指出口产品至海外市场，还是指企业在发达市场设立海外分支机构，逐步实现全球协同。世界一流企业国际化运营成熟的特征有以下几点。

（一）前瞻性和适应性兼具的战略国际化

在全球环境日益不确定的情况下，企业要能够清晰地认知到影响业务国际化发展的关键不确定性因素，并能够对未来进行情景分析以构建相应的发展战略。通过定期追踪不确定性因素的变化，及时调整发展战略，适应国际环境变化，做到前瞻性和适应性的平衡。

（二）业务运营的全球本地化

基于自身产品和核心能力，开发适合当地客户的不同产品，以及适应本地客户和竞争环境的业务运营架构。在充分利用全球化价值链布局优势的基础上，能够和本土业务合作伙伴构建合作关系。在品牌方面，以本地市场开发为导向，实现高效的品牌组合运营，平衡公司品牌和产品品牌的价值实现。

（三）技术研发的布局国际化

共享各地研发与产品应用经验，在优化本地技术应用的同时，掌握行业全球最前沿技术和行业技术话语权，进而拓宽未来发展空间，利用当地应用开发和提供适合当地客户需求的创新性产品和服务。

（四）组织、人才和文化国际化

依据国际化战略和业务发展要求，构建适配的属地化组织和全球管控架构，支撑全球高效运营。匹配完整的外派人才"选用育留"体系，确保人才能派出去、用起来、回得来；同时，积极推进本地化人才的"选用育留"，配置更理解当地市场的人才团队。通过构建包容的企业文化体系，在不同文化背景下实现企业价值观的共识和认同。

（五）合规和高效平衡的数字化管理国际化

随着全球各国和地区对数据和信息安全的日益重视，以及企业管理数字化的持续推进，世界一流企业在全球范围内不断调整其数字化管理基础和体系，以确保在满足数据安全要求的前提下，实现高效运作。

（六）适应不同风险的安全管理国际化

全球不同地区市场面临着不同的安全风险，全球领先企业在维护安全底线方面做到了高度针对性和灵活性。

（七）税务筹划的高效国际化

随着全球各个国家和地区贸易保护意识的增强，世界一流企业更为关注在合规前提下，在满足全球业务价值链重构要求下，调整全球法律实体架构，促进现金流、实物流、信息流等的顺畅流动，并实现全球整体税务最优化。

二、中国企业现状

当前全球形势复杂多变，国际经贸形势正面临新变局，地缘政治两极化风险增加；疫情后全球经济信心尚未企稳，全球通胀压力依然较大。大国之间的数字技术竞争日益激烈，数据安全等新兴议题也浮现出来。尽管宏观环境存在高度不确定性，但是无论从国家要求还是自身驱动力方面看，中国企业的国际化步伐都具备确定性。高质量地"走出去"，是中国实现高水平发展，向经济强国迈进的必由之路，也是中国企业提升国际竞争力，成为世界一流企业的必然选择。

在过去的 20 年中，中国的对外直接投资一直保持高速增长。对外直接投资金额从 2002 年的 27 亿美元增加到 2021 年的 1788 亿美元，增长了约 65 倍。中国对外直接投资增长的背后是中国企业国际化的市场开发和扎根运营。根据中国商务部的统计，自 2016 年以来，中国对外直接投资中海外当期利润留存再投资的比例持续攀升，从不到 16% 跃升到 2021 年的 55.5%。这一数据表明，很多中国企业在海外已经有稳定的营业收入和利润。截至 2021 年，中国企业海外营收已经超过 24028 亿美元，而海外资产已经达到了 55000 亿美元。相应地，中国企业的海外雇员数量也在迅速增加。2006 年，中国企业所有海外雇员的数量仅有 63 万人，而到 2021 年已增长至 395 万人，其中有超过 239 万人是外籍雇员。事实上，中国企业海外雇员中外籍雇员的占比一直在提升，从 2006 年的 42.6% 增至 2021 年的 60%。这也从侧面表明，中国企业在海外的运营逐渐开始属地化，优秀的中国企业已经由"出海"走向了"大航海"。中国企业的国际化发展趋势如下：[①]

1. 国际化布局地域更为多元，"一带一路"共建国家受到关注

近年来，中国企业海外投资的热点区域发生了变化。以前，北美、西欧等发达国家和地区是中国企业国际化经营的热点地区，但随着 2018 年中美贸易摩擦加剧，中国企业在北美、西欧国家和地区的投资数量和金额有所下降。与此同时，随着"一带一路"倡议的持续推进，以及受中国产业升级带来的现有产能海外输出需求的推动，中国企业对"一带一路"共建国家和地区的关注度不断提高。到 2021 年，在该区域出海并购金额已经占了中国企业海外投资的半壁江山。"一带一路"共建国家丰富的油气、矿产资源，不仅对中国企业具有持续吸引力，更为重要的是，随着全球化进程的推进，当地低成本劳动力也在吸引中国企业在该区域建厂，并面向东道国和周边国家的广阔市场布局。

---

① 德勤中国. 中国企业全球化中的不确定与确定［EB/OL］. 2022-11-7. https：//accesspath.com/report/5793143/.

2. 产业升级推动高新技术领域投资更受关注

顺应我国经济结构转型升级的内在趋势和发布的《关于进一步引导和规范境外投资方向的指导意见》《境外投资敏感行业目录（2018年版）》，以及"三道红线"等政策，从交易数量和金额上看，过去的5年里，中国企业在地产和传统能源等方面的投资趋向理性。能源领域，在海外退煤、碳达峰、碳中和等政策之下，尤其在2021年9月中国宣布正式停止新建海外煤电项目的背景下，中国企业不断调整其在传统煤炭、油电领域的投资布局。另外，基于我国新一轮产业升级、技术升级的大背景，对于工业品、科技、生物科技和医疗等高新技术领域的国际化经营的关注度不断提升。

3. 从技术引进到全球扩张，践行属地化跨国经营

中国企业国际化发展从技术和品牌引进向跨国经营转变。10年前，不少中国企业通过海外收购，以市场换取关键技术谋求在国内市场的发展。随着中国企业技术能力提升、跨国经营经验增加，以及管理水平提升，这些企业的海外投资开始逐步布局全球市场和价值链体系，在发达国家设立研发中心，在发展中国家设立工厂和生产线，生产出来的产品可以销往全球。更进一步，中国企业的属地化经营程度也将进一步提高。

4. 中国国有企业的国际化发展或将面临四种场景

"不确定性"是未来世界的一个关键词，而不确定性的两大核心特征分别是地缘政治格局和产业技术水平，以这两个特征为轴构成四个象限，或代表着中国企业国际化发展将面临的四种情景（图2-9-1）。

情景一：高光时刻。

在这一情景下，地缘政治趋向多边合作，同时由于中国企业产业技术水平领先，有较强的技术外溢效应。基于国际化发展的诉求，中国企业海外并购交易将趋向活跃，区域布局全面开花，行业选择上会呈现明显的多元化特征。除了欧美等跨境并购的热门市场外，"一带一路"共建国家也将受到青睐。在快速进入市场、优化业务组合、扩大市场份额等多种因素的推动下，中国企业国际化发展将形成"高光时刻"的局面。

情景二：伙伴输出。

中国企业的产业技术优势具有较强的外溢能力，然而在地缘政治关系紧张的情形下，中国企业在海外市场并购与投资的可行性会受到一定程度限制，并呈现出局部热点区域特征。中国的伙伴关系国家，包括"一带一路"共建

国家等，或更有动力吸引中国资本。考虑到不少伙伴关系国家为发展中国家，中国企业更倾向于以开拓海外业务、输出国内技术和产品、满足当地市场需求为驱动。

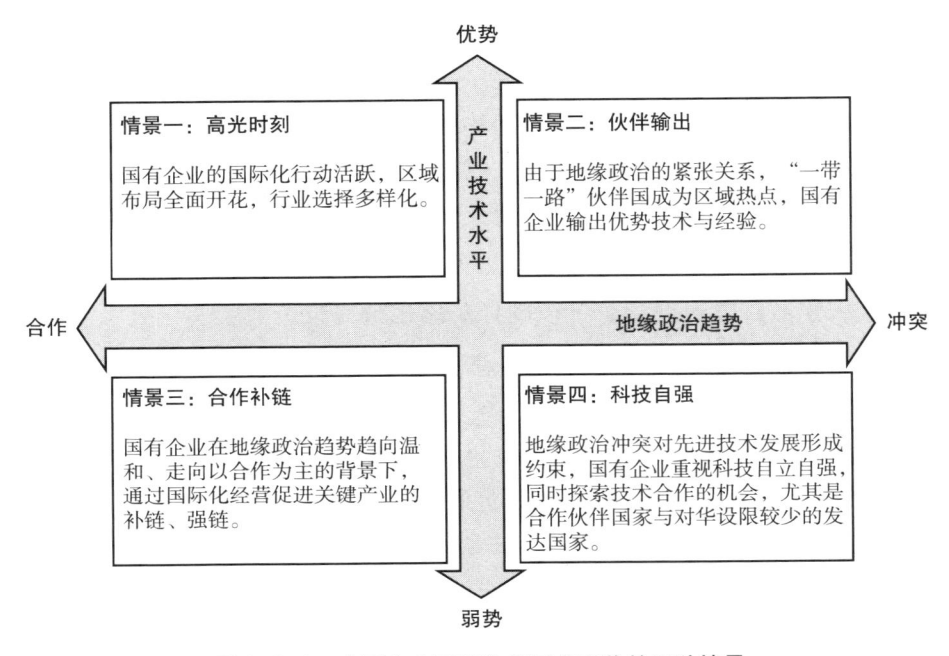

```
                          优势
                           ▲
                           │产
   情景一：高光时刻         │业   情景二：伙伴输出
   国有企业的国际化行动活跃，│技   由于地缘政治的紧张关系，"一带
   区域布局全面开花，行业选择│术   一路"伙伴国成为区域热点，国有
   多样化。                 │水   企业输出优势技术与经验。
                           │平
   合作 ◄─────────────────┼─────────────── 地缘政治趋势 ──► 冲突
                           │
   情景三：合作补链         │     情景四：科技自强
   国有企业在地缘政治趋势趋向│     地缘政治冲突对先进技术发展形成
   温和、走向以合作为主的背景│     约束，国有企业重视科技自立自强，
   下，通过国际化经营促进关键│     同时探索技术合作的机会，尤其是
   产业的补链、强链。       │     合作伙伴国家与对华设限较少的发
                           │     达国家。
                           ▼
                          弱势
```

图2-9-1 中国企业国际化发展将面临的四种情景

情景三：合作补链。

在这一情景下，全球政治环境温和，国际合作依然是主旋律，中国企业在国际化发展中更看重对关键产业的补链、强链，以提升自身的产业技术水平。与高光时刻相比，这一情景中的海外交易总量和活跃度将有所下降，中国企业在投资布局上将更加趋向理性，以推进产业链和供应链全球化布局，并寻求战略并购。通过寻求领先技术、品牌或者产品，全方位提升自身竞争力。

情景四：科技自强。

在这一情景下，地缘政治冲突频发，大国间的技术制裁和封锁屡现，而中国仍面临先进技术发展受限的问题。长期以来，企业主要依靠输出制造业和工程师红利为主，技术与科研输出较少。因此，中国企业将更重视科技领域的自立自强，在立足自主研发的同时，探索全球范围内进行技术合作的机会，尤其是合作伙伴国家与对华设限较少的发达国家。科技与产业技术水平

的提升不仅能防止核心技术被"卡脖子",还能提升企业在国际市场的竞争力。

虽然中国企业的国际化发展已经取得巨大的成绩,但我们同时看到未来的国际局势会愈加复杂,海外市场的不确定性将长期存在,中国企业的国际化发展进程也面临巨大的挑战。

首先,从战略视角看,中国企业普遍没有充分认识到全球业务的复杂性和不确定性,难以有效梳理发展的主次和脉络,缺乏自上而下的顶层设计。其次,从运营视角看,中国企业对于海外业务管控的僵化是导致其无法迅速扩张并及时调整的重要原因之一。同时,随着业务走向国际化,企业缺乏具有前瞻性的全球化供应链战略体系和布局,影响了企业全球运营的效率。最后,从能力底座视角看,数字化已经成了国际化进程中越发重要的一个环节,各市场的数据割裂导致许多中国企业无法对全球业务和运营情况进行有效的数据分析和洞察,数据的合规性与安全性也有待提升。

具体来看,不同类型的企业在海外扩张时,面临的具体挑战也各有不同。我们可以通过两个维度分析中国出海企业,包括海外资产总量及跨国指数(衡量海外资产、收入和员工的占比)(图2-9-2)。根据这两个维度可以将中国企业大致分为三类:大型头部出海企业、快速成长海外转型企业,以及本土经营的出海初探型企业。

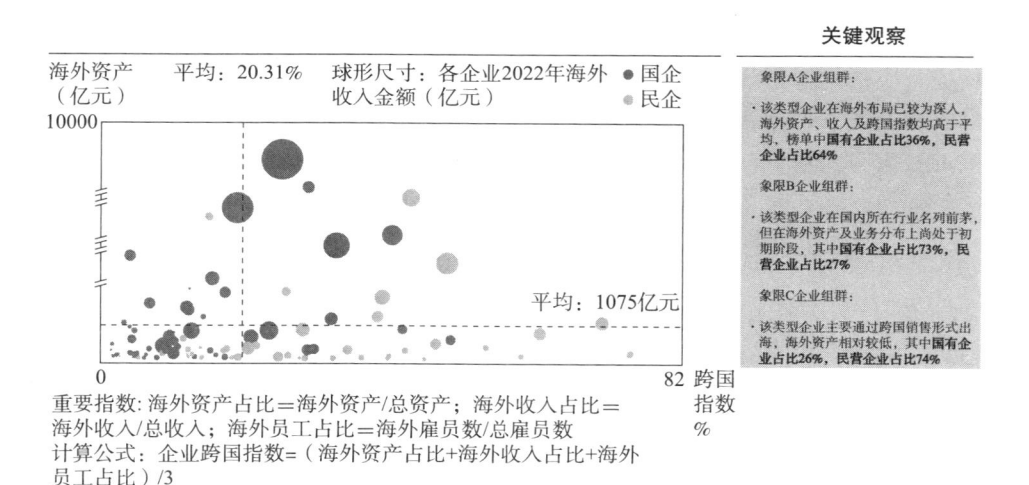

关键观察

象限A企业组群:
- 该类型企业在海外布局已较为深入,海外资产、收入及跨国指数均高于平均,榜单中国有企业占比36%,民营企业占比64%

象限B企业组群:
- 该类型企业在国内所在行业名列前茅,但在海外资产及业务分布上尚处于初期阶段,其中国有企业占比73%,民营企业占比27%

象限C企业组群:
- 该类型企业主要通过跨国销售形式出海,海外资产相对较低,其中国有企业占比26%,民营企业占比74%

重要指数:海外资产占比=海外资产/总资产;海外收入占比=海外收入/总收入;海外员工占比=海外雇员数/总雇员数
计算公式:企业跨国指数=(海外资产占比+海外收入占比+海外员工占比)/3

图2-9-2 2022年中国前100大跨国企业跨国指数

对于大型头部出海企业(象限A企业组群),为了持续领跑全球而需要能进一步整合全球业务和资源。如何打造全球一体化战略，实现全球业务的协同发展；如何推动全球资源实现联动，提升资产利用效率；如何升级为可支撑全球业务管理的组织架构体系，招募全球化管理团队；如何升级为以数字化和信息化驱动的全球管理架构等，是现阶段需要着重关注的领域。

对于快速成长海外转型企业（象限 B 企业组群），则需进一步依托中国的产业链优势，加速海外布局运营转型。如何提升跨国管理效率，建立适合业务快速扩张的敏捷组织，并发展相应的团队；如何整合数字化基础架构以适应跨国业务管理等，都是下一步发展的方向所在。

对于本土经营的出海初探型企业（象限 C 企业组群），一体化管理经验尚不充分。如何选择目标市场和进入方式；如何设计运营模式和管控模式；如何培养国际化管理人才；如何建立可支撑出海业务的数字化基础架构等，都是亟待解决的问题。

此外，无论对于哪一类型的企业，都伴随着宏观环境不确定性的进一步增加，安全和风险管控都是下一阶段国际化发展面临的重大挑战。根据对 119 个国家 2013—2021 年的面板数据的分析，从整体来看，在政治稳定性、监管质量和腐败控制方面，北美和欧洲始终领先于亚太、拉丁美洲、中东和非洲地区。具体来看，各地区安全环境有所不同，相关监管政策也存在较大差异，如北美地区，"贸易制裁"和"出口管制"已成常态化；亚太地区随着《区域全面经济伙伴关系协定》（RCEP）的生效，区域内合作进一步加强；而在拉美、中东和非洲地区，外商投资政策则较为宽松。可以看出，不同区域海外经营安全环境的差异显著，这对中国企业的安全和风险管理水平提出了更高的要求。

三、最佳实践

（一）制定全球化战略和市场选择

中国企业在全球化过程中受到了全球宏观环境（包括社会动态、科技发展、政经变化等）、产业链环境（包括产业动态、需求迭代、竞争局面等），以及企业自身面临的业务要求和核心竞争力等因素的制约。外部环境的不确定性对中国企业的全球化发展产生了影响，因此需要在这三个层面上做出研判进而制定全球化战略。

随着全球宏观环境的不确定性日益加强，企业应当从过往的"单一预期"

思维模式，向"多情景"思维模式转变。原来战略强调的是在未来有一个预期的情况下，通过下降和上调形成最坏和最好结果，但本质上是基于已知信息预测下进行的规划，排除了不确定性因素带来的可能无法预测的情况。而情景化战略意味着企业将更为关心对企业全球化发展最不确定的两个因素，并依此形成四种情景，然后基于对情景的描述去检验各项战略举措的可能结果。情景化战略举例如图2-9-3所示。

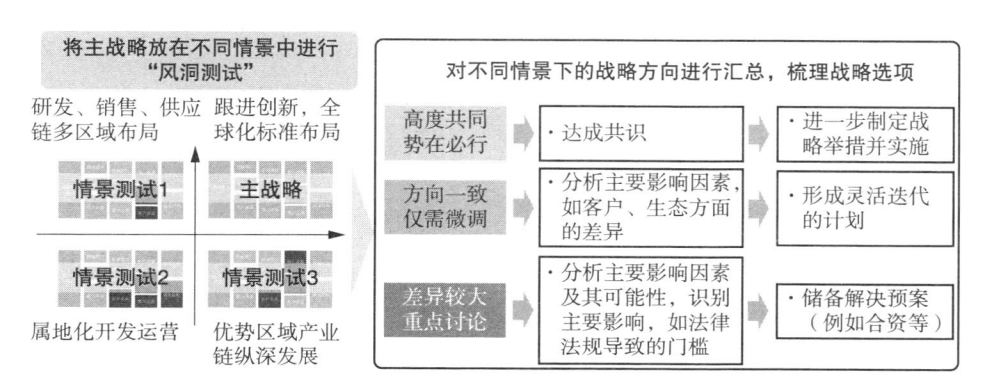

图2-9-3 情景化战略举例

举例而言，对于在消费电子供应链上的中国企业而言，全球产业链一体化程度及产业技术创新进度存在较高的不确定性。这是因为原先的全球产业链分工的全球化假设已经不再牢靠，而新技术的迭代也很难确切预知时间点，从而对于生产、供应链、研发的海外投资程度需要具体考量。另外，这些供应链上的中国企业会应下游品牌商的强烈要求而出海，这时候中国企业需要充分考虑是为了未来3年的订单而在海外设厂，还是会有更长远的海外战略布局。

在明确全球化大战略框架的基础上，需要进一步考虑国别选择及相应的进入方式。通常来说，需要建立一个分层次的国别筛选漏斗，明确优先进入的市场（图2-9-4），并通过分析这些市场的特征对其进行聚类，从而为每一类市场确定一个进入策略，最终对每一个国家或区域市场进行可行性的验证。

针对优选出的区域市场，可以进一步考虑进入策略和可行性验证，一般可以从四个层面进行分析。首先，对市场前景的研判，包括整体市场规模、增速，以及未来发展驱动因素和趋势。对中国企业来说，尤其可以关注自身产品的高性价比相对于其他跨国企业是否具有替代性。其次，对该市场的竞争格局进行研究，是否存在垄断性竞争对手，或者是否存在结构性变化的机会,以及竞争对手的表现和未来的发展计划。再次,对可能的进入策略进行研究,如下游渠道格局如何,是否存在有实力的经销商,或者通过合资合作更有利于进入市场。最后,基于上述收集到的信息,对投资回报进行估算,同时可以从量化的角度,对投资回报周期进行测算,从而做出决策。

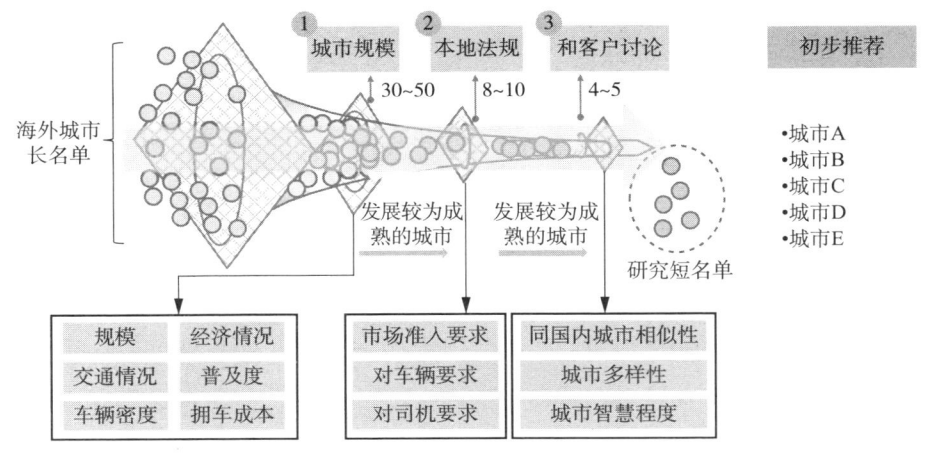

图 2-9-4 国别筛选漏斗举例

(二)建设跨国经营能力

当然,全球化战略意味着对企业国际化经营能力的升级。构建坚实的国际化发展能力,首先,明确在战略要求下,短期、中期和长期建设需要什么样的能力。不仅包括国际战略管理,也包括海外业务运营、品牌管理、职能管理等综合体系的考量。其次,进一步梳理总部和海外区域分支机构或区域平台之间的界面和管控关系,从而一方面管控国际经营中的风险,另一方面也能够对海外分支机构或区域平台进行必要和充分的授权,使其能结合海外具体情况开展相应行动。最后,这些职能职责都需要正确有能力的人承接,所以无论是外派人才还是属地化人才的管理都显得尤为重要。

德勤中国的"跨国经营能力成熟度模型"是基于对200多位知名跨国企业CEO的访谈和调研,总结归纳出的"管理金字塔",涵盖了从战略到运营,再到人才管理及基础体系四个层面共十个维度(图2-9-5)。

1. 战略层

(1)战略管理。全球领先企业在战略管理中有两个关键要素:市场分析洞察能力和经营战略规划能力。

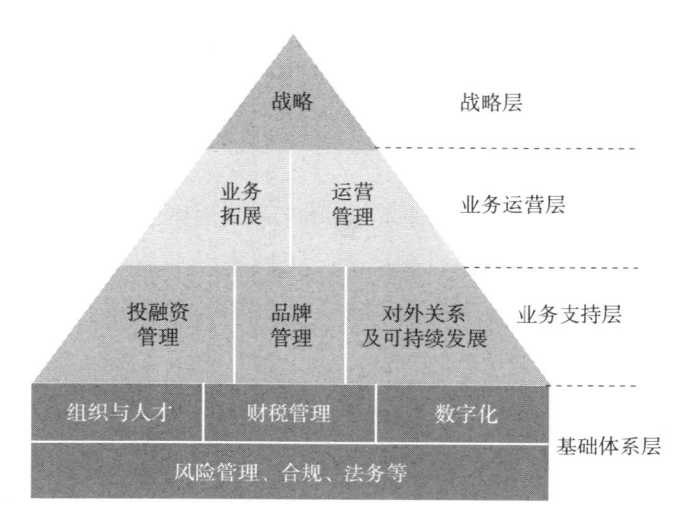

图 2-9-5　德勤中国跨国经营能力成熟度模型

1）市场分析洞察能力。国际整体和各相关国家和地区的宏观经济、市场趋势、客户需求趋势、竞争环境、供应商动态和政治环境变化等信息的收集、提炼和分析。

2）经营战略规划能力。包括国际市场的业务规划、客户规划、区域规划、价值链定位、在国际市场的竞争优势与竞争策略、财务规划等的制定与更新。

2. 业务运营层

（1）业务拓展。依据不同地区的市场情况和战略方针，构建与之相匹配的营销网络和营销能力，对产品能做到一定程度的本地化，甚至是完全为本地开发。

（2）运营管理。同样依据不同地区的市场情况和战略方针，设计与之相匹配的运营模型，包括采购、生产、物流配送等相应的能力配置，从而最大限度地发挥运作效率，同时符合本地的市场特征和监管要求。

3. 业务支持层

（1）投融资管理。可以分为投资、融资两个方面。

1）投资管理。制定符合全球发展的投资策略，识别并寻找符合策略的投资标的或资产，并有效开展投前、投中和投后管理工作，以发挥投资效益。

2）融资管理。善于运用全球资本市场和融资工具为海外扩展提供资金支持，从而有效地管理全球资金池，优化公司整体的融资结构。

（2）品牌管理。在全球相对一致的品牌标准下，依据各个属地的社会属性、社区要求、媒体环境、文化和政治环境，进行有属地化特征的品牌传播和品牌管理能力构建。

（3）对外关系及可持续发展。应对海外不同地区和国家的政治环境、媒体环境和社区环境，建立体系机制以充分了解不同利益相关的诉求，并构建网络关系和内部流程，以有效管理与这些利益相关方的关系，维护公司声誉。

4. 基础体系层

（1）组织与人才管理。分为三个层面：

1）外派人才管理。建立从本部向外派遣人才的"选用育留"体系和机制，有人才能派得出去、用得起来，同时也有回国后职位安排的管理体系。

2）属地化人才管理。能够识别、界定和挑选合适的属地化人才，激励、考核和发展这些人才，使其和公司利益相一致并共同成长。

3）文化融合。能够理解不同国家和民族文化，并在公司内部管理政策中尊重当地文化；同时，将公司自身价值观有机融合进去，使属地化员工认同这些价值观。

（2）财税管理。分为两个层面：

1）财务管理。能够通过数字化的手段综合管理不同地区会计准则的差异，进一步对资金进行统一管理，充分提高资金使用效率，对汇率波动进行有效管理；通过经营分析，为管理层了解全球不同地区业务表现提供真实、及时和可靠的依据；在一定规模下，构建全球财务共享中心，提高运作效率。

2）税务管理。在遵守各地区法规的前提下，积极进行税务筹划和管理，提升全球运作的有效性。

（3）数字化管理。分为两个层面：

1）信息系统管理。基于对全球信息安全保护和政策法规的深入理解，规划信息系统全球布局。同时，基于全球业务发展需要，统筹全球一致性和属地特殊性之间的平衡。

2）数字化管理。在深刻理解各地数字生态和当地业务需求的基础上，规划并执行各类型数字应用，包括但不限于物联网、软件及服务等内容，构建有效的数字生态管理体系。

（4）基础体系管理。在支持业务全球化过程中，需要进行一些基础体系构建，包括合规管理、法务管理、风险控制体系、房地产管理、租赁管理等。这些基础体系需要与业务发展节奏相适应，以实现高效支持。

在每个维度下又细分出不同的能力标准，从而可以更为准确地衡量公司在这个维度上的成熟度。以战略维度为例，我们通常又将其细分为市场分析洞察能力和经营战略规划能力，以区分两种不一样的视角。进一步地，我们在评价能力的时候，又会拆分成目标、组织、人才、流程及技术五个维度去界定。因为在建设任何一种能力的过程中，首先需要明确的管理目标以支撑业务发展，并通过完善和分工明确的组织设计，配以相应能力的人才和规范的流程以确保落地。其次，在数字化时代，组织能力还需要考虑是否有合适的技术支撑。而每一项能力的评估将从"初始级"到"市场领先"四个状态评价，标定企业海外经营能力所对应的状态，并结合领先企业的最佳实践标定各项能力的目标状态。通过这些维度的评估，明确后续能力提升的具体方向。

举例而言，德勤中国曾帮助某电力企业加快境外扩张的步伐，特别是在火电、清洁能源、综合能源服务项目建设方面，因地制宜地进行多元化、全球化的业务布局。在跨国经营业务上，该企业制订了三个阶段计划。在从国际化阶段向跨国经营阶段过渡时，遇到了管理能力上的挑战和经验不足的问题。通过调查研究，德勤中国发现其中一大能力差距在于业务拓展维度中的项目开发能力方面。具体表现在项目初期开发随机性较强，并未完全承接战略规划；境外项目开发渠道相对有限，主要依赖兄弟单位的推介；同时，现有项目开发流程冗长，审批环节繁多；属地化项目开发能力处于起步阶段。因此，为了推进战略导向和属地化开发能力建设，德勤中国建议在本部设立开发投资团队，负责划定境外开发项目的赛道并设立相应规则。建设属地化意味着包括所在国家居民的开发团队，双向向总部和区域汇报。总部把控方向并将更多审批权限下放给区域，区域能够快速决策，并协调资源赋能开发团队赢得项目。关键人才包括具有全球眼光的战略人才、有协调和决策能力的区域负责人和有本地资源的开发人员。他们各司其职，并根据正确的考核指标进行评估。

（三）完善属地化平台功能

属地化平台是企业国际化发展的前沿阵地，在属地化经营早期就应将关键职能和相应的能力建设引入，并在推进过程中逐步细化海外治理、管控架构和举措。这不仅能最大限度地发挥属地化平台功能，促进其与中国总部的融合，还能辐射开拓周边市场，以此为基点进一步扩大国际化版图。

在利用属地化平台深化管理体系方面，有两种建设路径：基于海外子公司和基于海外收并购公司。

1. 基于海外子公司搭建属地化平台

根据不同阶段对海外子公司的定位，从 0 到 1 逐步完善平台功能。

早期的海外子公司通常主要承担销售职能，充当集团总部在全球各个地区的业务桥头堡角色，其他业务和职务功能则相对较少。随着国际化业务的推进，中国企业海外机构需要完善属地化平台建设，以延展出强大的业务运营支撑力和资源整合能力。因此，基于海外子公司搭建属地化平台，应根据企业所处的国际化发展阶段、未来国际化战略目标，对海外子公司进行精准的职能定位，从基础职能开始搭建平台功能，并配合业务需求逐步完善进阶式功能。

例如，某国工程总承包服务商海外子公司的属地化平台构建历程可分为三个阶段。第一阶段，"单点布局，职能单一"。国际化早期，该公司在海外主要目标市场成立了子公司，负责当地市场业务的开拓。此时的海外子公司职能较为单一，以销售职能为主，其余业务职能和行政职能均由集团总部支持和处理。第二阶段，"布局本地，引入运营能力"。国际化进入稳步发展的阶段，企业海外子公司在各个国家市场的项目逐渐增多，市场份额逐步扩大，子公司开始在本地搭建业务运营能力，如市场运营能力、供应链运营管理能力等，通过本地化的能力布局来支撑业务发展迈向下一个阶段。第三阶段，"建设区域性平台，引入后台职能"。在这一阶段，该企业在国际市场已形成以区域中心为核心向周围辐射的布局方式，在北美、新加坡、迪拜、南部非洲等多个区域设立了区域中心进行综合开发。同时，其组织架构发展为"总部""业务板块和海外区域中心""下属子业务"三个层级的管理。为实现区域不断扩张和属地化发展，集团总部将海外区域中心建设成为开放式区域属地化平台。基于以上建设目标，企业将开放式区域属地化平台的职能定位为区域开发、跨业务线资源协调和功能共享，因此开放式区域属地化平台在业务运营职能基础上引入了后台职能，更好地在各个区域服务不同业务板块的业务开拓和管理。对此，集团对该平台的三项管理重点：一是业务方向上，重点配置区域内各下属业务资源及总部业务板块/新兴业务开发资源，根据集团的战略方向，在所在区域开拓行业市场；二是职能方向上，重点进行区域内财务共享（如资金集中）管理、物资联合采购，以及提供人力资源、公共事务、行政后勤等共享服务,向区域内各业务板块进行职能服务输出;三是管控方向上,重点管控区域内各下属业务的运作,保证合法合规,同时促进区域内各下属业务的协同效应,最大化资源的价值。从结果上看,该开放式区域属地化平台进一步提升了集团的资源协同度,为区域业务拓展奠定了良好基础。①

2. 基于海外收并购公司搭建属地化平台

整合收并购公司现有的海外资源,逐步实现一体化协同。

与子公司相比,收并购的属地公司与总部在组织架构、业务职能、企业文化等方面截然不同,因此企业要根据整合前、中、后阶段的特点,循序渐进地实现整合与协同增效。在业务整合的初期,企业需以运营效率为导向,从全局角度出发,对属地公司进行高阶的方针性改革。总部应对属地公司的制度设计、职责边界的划分、核心岗位的安排及委派等重大决策进行梳理和管控,为未来企业进一步管理运营及拉通资源做好铺垫。在业务整合的中期,企业需以资源和能力为导向,加强彼此沟通融合及协作能力。总部需厘清属地资源及业务的价值创造方式,实现资源和能力的聚合。将海外业务与国内本土业务进行资源拉通、有机融合国内外能力,确保关键人才的流动以实现属地区域扩大及能力的深化与提升。在业务整合的成熟期,企业需以有效盘活全局资源为导向,打造跨区域一体化的协作能力。这一阶段的关注点在于构建全球一体化经营的协同组织,将属地化业务的发展方向、能力的提升、资源的整合,逐步与总部战略方向对齐和贴合,实现跨境业务的有序流动。

例如,2016 年海尔集团为提高整体研发实力并打入北美市场,并购了通用电气家电业务,最终通过一系列整合,使其成了海尔集团的全球创新平台。② 在整合初期,引入海尔集团"人单合一"的管理模式,以传递海尔价值。该模式要求研发人员对自己的产品倾注更多的创造力,使之能够在市场上受到更多用户的青睐,从而提升研发人员的价值。这种"人单合一"的管理模式获得了通用电气家电研发人员的认同。在整合中期,海尔集团对双方的研发技术和专利进行评估分析,减少相同技术的开发,最大限度降低重复开发所带来的成本、效率问题。对目前自身缺乏的技术,消化吸收、直接运用或是结合消费者的需求,对已经吸收的技术进行二次研发和继续升级,制

---

① 国务院国资委 2022 年重点课题"新形势下国有企业国际化经营重点问题研究",2023 年。
② 刘铮铮. 海尔、GE 与人单合一:企业的选择与命运[J]. 哈佛商业评论,2022(9).

造出能够满足消费者的不同需求的产品,实现技术提升。在整合成熟期,双方联合建立了全球创新平台,共享研发资源、产品资源,共享技术和专利,双方进行创新方案、技术成果的学习交流和探讨,加强技术融合,共同开发新的技术。联合开发出 NTC 防干烧技术、FPA 云控湿技术、动态热量温控系统等,并快速转化至产业链应用于新产品。这些产品满足了消费者需求,获得了消费者的认可,增强了海尔集团在家电市场中的核心竞争力。[①]

(四)筑牢国际化发展安全底线

"安全发展"是当前国际化发展的底线。面对愈加复杂的外部发展环境和明显增多的各类风险,将忧患意识贯穿始终,系统性搭建国际化发展防护网是高质量发展的前提。中国企业应将安全管理融入支撑企业发展的机制、制度与流程中,建立以"财务(三资)安全和数据与信息安全"为核心管控要点,辅以"尽职调查人员安全、作业安全、医疗卫生安全"等方面管理,以"境外纪检监督机制、境外合规机制以及危机与应急管理机制"为保障的"多方位、全视角"的国际化经营安全管理体系;同时,应充分利用大数据、人工智能等科技工具的支持,将数字化技术与安全管理体系建设相结合,从被动应对转变为主动预判,全面保障企业国际化发展的行稳致远。

具体来说,在"财务(三资)安全"方面,需考虑通货膨胀、外汇、利率、流动性等多重影响因素,遵循以预防为主的原则,加强监测分析所在国或地区及全球宏观经济形势变化和金融市场变化,评估风险状况。梳理排查企业自身资金管理等方面潜在的重大风险因素,及早采取行动。对威胁企业财务安全状况的突发事件的反应要快速高效,及时报告、及时处置。在"数据与信息安全"方面,需建立科学有效的跨境数据和信息安全管理流程,对数据资产进行盘点和分类,加强数据的标准化管理及数据的质量管理,开展数据安全识别和风险评估,通过对跨境数据与信息的全生命周期管理,确保其传输与存储安全。

例如,壳牌公司建立的多层级、全方位的安全制度体系,涵盖从集团承诺政策、标准、手册、细则文件,到作业公司及项目的程序及指导。采用"作业活动所在国家的法律法规、集团的标准,以及利益相关者(如合作伙伴的标准)"孰严的原则,执行最严格的标准。特别是在资金管理方面,壳牌

---

① 董倩. 全球价值链视角下跨国并购绩效及整合路径研究:以海尔集团并购通用家电为例[D]. 呼和浩特:内蒙古财经大学,2021.

公司按照上下游业务特点及合作方式实行灵活的多种融资方式。下游业务主要是成熟的技术及市场，且以合资公司为主，资金需求主要以项目融资及银行贷款为主。而上游业务由于其高风险、高投入的性质，融资往往由股东直接提供。项目资金的需求额较大时，壳牌公司根据安全机制从一开始就制订严密的计划，并且在实施时进行准确的预测与及时的调整，保证资金合理规划与安全使用。[1]

另外，当前海外经营环境错综复杂，针对其区域化结构差异，中国企业应建立完善的海外局势和监管政策追踪机制，在不同地区的安全管理措施也应有所侧重。针对政治稳定性不佳的地区，进行预防性控制，在保障境外员工生命财产安全的同时，充分利用保险等手段保障海外资本、资产、资金的安全；针对腐败控制与监管质量不佳的地区，需加强对境外纪检监督机制关注，防止国有资产流失；针对政治稳定性与监管质量、腐败控制与政府效率均相对较好的区域，需着重关注对治理架构的监管要求。

同时，中国企业还应进一步通过战略合作、股权合作、绿地投资等多种方式，加强与所在区域本土企业及领先跨国企业在区域产业链上的协调合作，有效整合上下游资源和要素，共同打造高效互动、优势互补的产业生态圈，构建互利共赢、深度融通的产业链合作机制，有效防范产业链关键环节的安全风险。

四、参考对标体系

借鉴"德勤中国卓越管理企业"的评价模型，我们建议企业从四个方面入手对标评价（表2-9-1）。

表2-9-1 德勤中国国际化发展评价体系

一级要素	二级要素/评价指标库
财务	海外营业收入占总经营收入的比重
	海外营业利润占总经营利润的比重
资本	海外资产规模占总资产规模的比重
	企业海外融资占总融资的比重
	企业投资方式折算系数（有并购为1，无并购为0）
	海外投资的国家分散度

---

[1] 袁跃. 叶军：百年壳牌的财务基因［J］. 首席财务官，2011（10）：44-48.

续表

一级要素	二级要素/评价指标库
运营	海外业务的国家分散度
	或：涉及发达国家业务规模占海外业务总规模的比重
	海外分支机构数量及其占比
	出口业务规模和属地化业务规模比重
	供应链的全球化程度（采购、生产和仓储配）
无形资产	收取海外专利费用规模占营业收入比重
	或：涉及技术出口的营业项目规模占总项目规模比重
	或：是否存在涉及技术出口的营业项目
	拥有全球排名前500的品牌（自身成长为1，收购而来为0.5）

五、参考对标案例

（一）万喜集团[①]

> 法国万喜集团（Vinci Group）是世界顶级的建筑及工程服务企业，业务分为特许经营、能源、建筑和房地产四大类，旗下有2500多家分支机构分布在全球120多个国家和地区，在租赁经营、通信、公路桥梁等领域优势突出。万喜集团是全球最大的土木工程公司，一方面通过发展集团旗下各个业务实现多元有机增长；另一方面广泛兼并收购，扩大了业务规模与利润水平。截至2022年，万喜集团以594亿美元的营业收入在《财富》世界500强榜单中排名第218位。

万喜集团国际化之路的成功既得益于集团海外布局，通过精准并购扩张业务版图；也离不开集团对海外公司的协同运营和柔性管理，使得各海外子公司能与集团业务形成合力。

1. 海外并购奠定国际化业务版图

自2005年起，万喜集团加大对海外公司的并购力度，围绕完善产业链上下游布局、拓展行业业务领域、开拓国际区域市场三个主题开展海外并购。

---

① 根据万喜集团官方网站公开信息整理。

万喜通过兼并收购策略的实施，成功提升了工程技术能力并增加价值链中附加值较高的后期运维服务能力。例如，2005年，万喜集团收购公路特许经营公司法国南部高速公路公司（ASF）成为法国居于领导地位的公路特许经营商，该收购使2006年万喜集团的营业利润率增长近5%；2008年，万喜集团并购德国Vossloh基建服务公司，更名为ETF，强化铁路业务的后期服务能力；2012年，万喜路桥公司收购加拿大Carmacks集团，进一步强化了万喜集团在铁路运输基础设施的维护、保养等方面的能力，同时帮助万喜集团进入加拿大市场。

通过一系列的海外并购活动，万喜集团实现了在区域、行业和价值链方面的多维度拓展。到2012年，万喜集团已发展形成工程承包与特许经营两大业务板块，按照行业划分为万喜建筑工程公司、万喜能源公司、万喜路桥公司、万喜高速公路公司、万喜承包与服务公司五个子公司。各子公司在业务上各有侧重，并且工程承包业务和特许经营业务具有较强的互补性。通过两大业务板块的平衡，万喜集团有效分散了市场需求波动对工程承包业务的影响，保证了集团整体收入和利润率的相对稳定。此外，万喜集团还通过海外并购向欧洲以外的发展中国家扩张，通过实施属地化经营，加大开发力度，深挖当地市场，使业务增长远高于原有欧洲市场的增长率。

2. 协同效应助力运营国际化

在进行频繁的海外并购之前，万喜集团在法国本土已经建立起了良好的客户口碑和稳定的政府关系，因此长期以来法国是万喜集团收入的主要来源市场。如何使本土运营优势和成功经验在海外市场得到发挥，是万喜集团在完成海外并购后需要思考的问题。而万喜集团解决这一问题的核心思路是在运营体制上确保协同效应的最大限度发挥，形成业务运营之合力，从而实现全球业务的良性增长。

在工程承包业务板块，万喜集团在组织架构设计上确保了各子公司的资源在内部能够得到充分调动和高效协同。以万喜建筑工程公司为例，其在法国本土及海外主要运营国家及地区成立区域子公司，负责市场开发与政府关系维护，并设立多个专业的土木建设公司和项目管理与实施公司。万喜建筑工程公司下各子公司均有一个或多个设计团队，各子公司设计团队会根据所属子公司的业务特点开展设计，具备较强专业性。在项目筹备阶段，万喜集团根据项目需要向下级公司发放项目信息，抽调万喜建筑工程公司内部各个部门的设计团队参与设计，通过与各个子公司的设计团队合作，万喜集团具备了广泛的设计能力，保障了大型、复杂项目的设计能力。在项目实施过程中，万喜集团通过有效协同旗下不同公司的资源，为项目配备专业的技术团队与专家团队，同时确保项目团队的专业性与管理能力。

万喜集团特许经营业务盈利能力明显高于工程承包业务，是主要利润来源。这离不开公司对于特许经营业务的高投入及业务本身良好的运营模式，而其中的关键仍然在于集团对内部资源的协同能力。在特许经营项目实施中，万喜集团十分重视公司内部资源的有效利用。万喜集团工程承包板块的三家子公司具有不同领域（如建筑、公路等）中行业领先的工程设计、施工、土建等工程能力；特许经营板块的两家子公司在资金运作、法律合规及基础设施运营方面具有丰富经验；承包与服务公司在机场、基础建设、停车场等具体业务方面有特定公司负责运营，专业性强。在项目实施过程中，通过推动集团内部工程承包板块与特许经营板块各个子公司之间的合作，有效整合了工程技术、运营、融资等方面的能力，提升了项目质量。以南特机场项目为例，该项目的承包方为万喜建筑工程公司和万喜路桥公司，运营商为南方机场公司（万喜机场公司85%控股），万喜集团以绿地投资的形式与法国政府合作，运营期55年，由万喜机场公司负责运营，收入来自机场收费。

这种协同合作的方式使得万喜集团能够充分利用内部资源，提高特许经营项目的运营效率和盈利能力。这也是万喜集团能在特许经营领域取得成功的重要因素之一。

3. "集中—分散性"管理方式助力国际化

在对属地公司的管控上，万喜集团采用分散化的管理模式和专业化的授权监管体系，坚持去中心化的组织结构。集团总部设置人员较少且部门精简，主要职责是为子公司提供支持和监督，具体掌握战略重大决策、政府公共关系和中后台职能共享三大核心职能。但在属地公司设置时，组织架构会更加精细完备，部门设置完整成熟，能够有效满足属地公司的本地深耕需求，充分给予属地公司独立运营自主权；同时，通过属地公司各部门对总部相应部门的条线汇报，实现对国内外公司的统一管理。万喜集团十分重视员工培训，通过构建多样化的培训体系，对不同层级的员工进行各类技能培训，以提升员工的技术与管理能力。同时，万喜集团大量人员扎根于全球各地公司，通过人才流动网络也可实现先进技术和经验在集团内部的流通与共享。

对于属地公司的权限方面，万喜集团设有明确的重大投资授权机制及金额界定标准：5000万欧元以下的投资事项可由业务线自行决策，超过5000万欧元需报送董事会下设的战略委员会审核，超过2亿欧元则需董事会审核，做到对重大性、关键性投资的集中把控，同时给予各业务部门较多的自主性。这一机制不仅给各属地公司增添一份灵活性，也使得集团能够在统揽大局的同时，不会因流程冗杂而错过任何一个细小的业务发展机会。

（二）潍柴集团[①]

> 潍柴控股集团有限公司（以下简称潍柴集团）成立于1946年，以制铁起家；曾经历濒临倒闭的风险，但始终以开放的姿态抓住技术革新、产业升级的机遇，又在艰难时期力挽狂澜，在国际化的浪潮中成长为行业的全球标杆企业。目前潍柴集团发动机板块在全球拥有11家海外子公司、41个海外代表处，设立了25家海外产品展示中心、17家海外培训中心、9家仓储物流中心。此外，潍柴集团还在全球布局了500家授权服务站，产品销往110多个国家和地区。近年来，潍柴集团的海外收入占比达40%，"打造受人尊敬的智能化工业装备跨国集团"是其发展愿景。[②]

潍柴集团的国际化是紧紧围绕"技术"这一核心开展的。在发展初期，潍柴集团大力引进国外的先进技术和人才；在企业强大并进入全球并购阶段后，潍柴集团对海外拥有先进技术的公司进行并购，整合集团的整体资源，利用标的企业的技术之长补充自身短板。潍柴集团国际化之路的成功，为其他中国企业提供了一个成功范例。

1. "引进来"与"走出去"，拥抱国际前沿技术

潍柴集团自建厂以来就秉承开放的发展态势，技术上兼容并蓄和自主创新并行，技术创新是其发展的动力引擎。在我国全面改革开放以前，潍柴集团通过自主研发在柴油发动机领域达到国际先进水平；改革开放后，潍柴集

[①] 根据德勤中国、第一财经研究院《中国企业全球化新纪元白皮书》中"76年，一台柴油发动机启动的世界 | 跨越山海"案例整理。

[②] 根据潍柴集团官方网站公开信息整理。

团抓住机遇引进海外先进技术。1983年，潍柴集团引进WD615大马力高速柴油机，这款产品累计生产超过400万台，是世界产销量最大的发动机机型之一。同时，也让以潍柴集团为代表的发动机企业彻底扭转了我国缺少重型动力核心技术的困局，让中国内燃机行业在世界舞台上占有了一席之地。

早期的潍柴集团以"引进来"的姿态接纳全球化，壮大实力跻身世界舞台；随后潍柴集团主动"走出去"，进行海外并购，积极拥抱全球化浪潮。2008年席卷全球的金融危机大幅降低了一些品类的资产价值，潍柴集团在这一时期开启海外并购，围绕核心产业的技术短板进行跨国收并购。2009年，潍柴集团并购了法国最大的船用发动机及动力系统供应商博杜安公司，填补了其16L以上大马力高速柴油机的业务空白，实现了海上动力升级。2012年，潍柴集团并购了世界顶级豪华游艇制造商意大利法拉帝集团，进一步实现了其从陆地动力向海上动力的转型、从国内品牌向全球高端品牌的转型，同时倒逼潍柴集团海上动力技术升级。同年，潍柴战略重组全球第二大叉车公司德国凯傲集团及其旗下的林德液压公司，推动了潍柴集团业务向中后周期产业转型。2018年，潍柴投资全球领先的固态氧化物燃料电池公司英国锡里斯动力、氢燃料电池公司加拿大巴拉德动力，掌控商用车新能源核心技术；2020年，潍柴战略重组德国欧德思公司，补齐了电机控制系统短板，成功构筑起"电池+电机+电控"的新能源动力系统集成优势。

回看潍柴集团历年的海外并购案，不难发现潍柴集团的每一次海外收并购都是紧紧围绕核心产业的发展需求展开的。潍柴集团的国际化之路不是"为了走出去而走出去"，其全球化业务布局并非单纯追求业务版图扩张，而是为了补足自身发展的不足，所有的并购业务都与主业相关。潍柴集团在其国际化道路中顺利实现自身的产业升级和高端化转型，并在此过程中寻求与海外收购公司的合作共赢和长足发展。

2. "因地制宜"与"求同存异"，放大海外并购的协同效益

在中国企业走出去的过程中，并购是一种常见的方式。如何推动被收购标的公司和母公司顺利整合，使得协同效益得到最大限度发挥，良性驱动母公司和标的公司的可持续发展，是每一家进行收并购企业需要面临的关键问题。潍柴集团打破了海外并购一般意义上的"七七定律"魔咒，即70%的并购项目没有实现预期的商业价值，其中又有70%的失败是由并购后的整合问题导致的，而潍柴的海外并购项目都实现了成功整合并盈利。

潍柴集团海外并购的成功，首先得益于潍柴集团灵活的投后管理策略。潍柴集团所有的并购业务都是与主业相关的，因此寻求和母公司业务协同效益最大化是潍柴集团在投后整合中的核心关注点之一，"补短板、调结构、做强主业"是潍柴集团全球业务整合的底线。对于并购后的企业，潍柴集团坚定按照"战略统一、资源共享、独立运营"的原则进行管理，针对每家标的企业经营情况，设计最合适的投后管理体制。例如，潍柴集团收购法国博杜安公司时，这家百年企业濒临破产。潍柴集团看好其技术，试图用一种柔和的管理方式让企业存活下去。因此，潍柴集团对博杜安公司进行"无微不至"的管理：一方面向其派驻专业团队、输入成熟管理模式，另一方面通过业务协同、资源共享，推动博杜安公司国产化进程。而在潍柴集团对德国凯傲集团的收购案中，德国凯傲集团于被收购的次年在法兰克福证券交易所挂牌交易。在经营像德国凯傲集团这样业务成熟、运营规范的公司时，潍柴集团的投后整合工作原则是选用好职业经理人，做好财务管控，推进其与母公司的战略一致与业务协同。

以文化融合促进业务整合，是潍柴集团海外并购成功的另一条经验。对于潍柴集团而言，其每一次海外并购都伴随着一次产业升级，也不可避免地面临文化从冲突到融合的问题。为了加深文化融合，潍柴集团推进海外子公司的文化交流，开展文化互动活动，形成定期交流互访机制，出版外文文化刊物，增进中外员工的了解与互信，推动双方在文化与价值观方面的认同。目前，潍柴集团与海外子公司实现人员、技术、资源等要素的互通有无，在管理、文化等方面"求同存异、互相借鉴、融合发展"。

总结而言，潍柴集团国际化之路的成功得益于以下几个方面。

（1）立足中国，放眼世界。从建厂之初就注重引进和对标国外先进技术，在消化吸收国外技术的同时积极开展自主创新。

（2）不忘初心，取长补短。不是"为了走出去而走出去"，始终围绕核心业务布局海外拥有先进技术的公司，摆脱海外并购"七七定律"的魔咒，实现海外并购业务盈利的状态。

（3）求同存异，促进融合。在战略统一的原则下对不同的被收购公司采用不同的管理方式，独立运营；同时，以文化融合增进对海外企业的管理，使并购后的整合能够成功。

第十章　公司治理

> **世界一流企业要素八**：尊重和接受国际公认的公司治理原则与标准，扎根所在国家或地区的政治与经济环境，建立和维护合理有效的公司治理架构和运行机制，有效保护股东权益并充分考虑其他利益相关者的合法权益与合理诉求，进行充分透明的信息披露，培植健康先进的治理文化，实现公司可持续和有韧性的发展。

一、一流企业特征

公司治理是保障企业稳健发展和长治久安的基础，"治理现代"是世界一流企业的核心特征之一。公司治理旨在实现三大目标：一是帮助企业取得融资，特别是从资本市场融资；二是保护投资者的合法权益；三是支持公司的可持续发展和经营韧性。

经济合作与发展组织制定发布的公司治理原则，提出了被普遍接受的公司治理定义：公司治理涉及包括管理层、董事会、股东和其他利益相关者在内的一整套关系，它所提供的结构和系统，设定了企业行动的方向和发展的目标，确定了实现目标和监督绩效的手段，向股东、董事会成员、高级管理层、员工、金融中介、服务供应商和其他利益相关者，提供履行其角色的正确信息和适当动机，并在相互制衡的框架内确保各方承担受托责任。

公司治理是一个复杂、动态的体系，理解公司治理需要有整体、系统的观点。广义的公司治理包括外部治理和内部治理。外部治理主要包括公司外部有助于实现治理目标的制度、机制和其他环境因素。典型的外部治理机制包括监管机制、市场机制、信息中介、新闻媒体等。内部治理则是公司内部用于实现治理目标的一系列制度、组织、机制安排，主要包括由公司章程定义的公司治理架构，股东、董事和管理层在公司治理中的角色和权责，包括决策、监督和激励在内的公司治理运行流程与机制等。

在对世界一流企业的公司治理实践进行观察和分析的基础上，本书提炼和总结出一流治理特征。

（一）清晰合理的治理架构与权责边界

公司搭建了既符合法律和监管要求，又满足自身生存和发展需要的治理架构，股东大会、董事会、监事会、管理层等治理主体权责清晰、各司其职、规范运作，既相互制衡又协调配合，作为一个整体发挥最佳治理效能。

（二）股东的权益保护与公平对待

公司充分尊重和保护股东合法权益，切实保障股东权利的行使，公平对待包括少数股东和外国股东在内的全体股东。股东在法律法规和公司章程赋予的权限范围内，按照公司治理流程和程序积极行使所有者权利，既不缺位也不越位。

（三）尽责高效的董事会

公司董事会在董事构成上尊重和体现多元化、平等和包容性原则，相对于控股股东和管理层具有独立性，董事具备有效履职所需的专业知识、经验与能力，董事会内部结构和议事规则健全合理，能够高效地发挥战略决策、激励和监督管理层的治理中枢职能，切实承担对于公司全体股东的信托责任。

（四）合理有效的管理层选聘、激励与约束机制

公司通过外部聘任或内部提拔，将德才兼备的经营管理人才配备到适当的管理岗位上。在考核评价的基础上合理确定管理层薪酬，使薪酬水平具备市场竞争力。基本薪酬、短期激励性薪酬和中长期激励性薪酬结构合理，通过薪酬递延和追索扣回机制，促使薪酬水平和结构充分反映管理层的能力和贡献，并与公司的业绩指标、股东回报和风险状况具有高度的相关性。

（五）健全有效的风险管理与内部控制体系

公司建立了健全有效的风险管理和内部控制体系，能够有效识别、衡量、评估和应对各类风险。董事会负责设定或批准风险偏好、风险管理战略和政策，管理层负责风险管理战略和政策的执行，确保公司经营合规、管理有效和对内对外报告的真实可靠，实现价值创造和风险承担的良好平衡。

（六）充分透明的信息披露

公司尊重股东和利益相关者的知情权，积极主动地披露财务状况、业绩、可持续性、所有权、公司治理等财务和非财务信息，确保重大事项信息披露的及时性和准确性，充分利用外部审计及鉴证机制确保信息披露的质量。

（七）利益相关者保护与可持续发展

公司充分尊重和保护利益相关者的权利，在经营管理决策中充分考虑利益相关者的诉求，积极主动地与利益相关者沟通，将可持续发展理念全面融入公司治理和管理，致力于实现业务模式向绿色低碳转型，主动发布高质量的可持续发展报告，确保以可持续和有韧性的方式做出决策和风险管理。

二、中国企业现状

中国企业的公司治理是在改革开放背景下，在建设现代企业制度进程中逐步形成和完善的。资本市场的发展和国资国企改革，是中国企业完善公司治理的关键动力。

（一）中国企业公司治理取得的成就和经验

改革开放40多年来，中国企业在公司治理领域取得的主要成就和经验可以概括为以下几点。

1. 建立了既遵循公司治理普遍原则又充分考虑中国制度环境要求的公司治理体系

中国企业的公司治理体系，是在学习和借鉴国际普遍接受的公司治理基本原则和良好实践经验的基础上建立起来的。一是遵循法治原则和契约精神，在法律法规、国家政策、监管规则的基础上（表2-10-1）制定公司章程，以公司章程为纲领和蓝图，搭建公司治理的框架和结构，确立公司治理的基本运行规则。二是充分尊重公司治理的基本原则，强调分权与制衡，平等对待各类股东，充分考虑利益相关者诉求，促进充分透明的信息披露。三是积极借鉴公司治理的良好实践经验，例如设置专门委员会以提升董事会决策效率，引入独立董事以提升董事会的监督和制衡作用等。现代公司治理体系的建立和有效运行，是我国企业拿到国际市场的"通行证"，在市场经济中不断成长壮大的重要条件。

公司治理没有"放之四海而皆准"的通用模式，公司治理结构和机制的设计必须考虑企业所在国家或地区的制度环境因素。中国企业的公司治理，具有自身的鲜明特色。一是强调党的领导在公司治理中的法定地位，国有企业普遍实现"党建进章程"，党的领导全面融入公司治理，党组织在公司治理中"把方向、管大局、促落实"的领导角色得以确立和落实。二是强调以人为本，充分发挥员工在公司治理中的角色和作用，包括在董事会中引入职工董事、在监事会中引入职工监事等。

表 2-10-1　中国企业公司治理领域现行的关键制度和规则

制度和规则类型	制度和规则名称
基本法律	《中华人民共和国公司法》（2023 年修订）。 《中华人民共和国证券法》（2019 年修订）。
重要的国家政策	《中共中央　国务院关于深化国有企业改革的指导意见》（2015 年印发）。 《国务院办公厅关于进一步完善国有企业法人治理结构的指导意见》（2017 年印发）。 《国企改革三年行动方案（2020—2022 年）》（2020 年审议通过）。 《关于中央企业在完善公司治理中加强党的领导的意见》（2021 年印发）。 《国务院办公厅关于上市公司独立董事制度改革的意见》（2023 年印发）。
重要的部门规章与监管规则	国务院国资委《中央企业负责人经营业绩考核办法》（2016 年印发）。 国务院国资委、财政部《国有企业公司章程制定管理办法》（2020 年印发）。 国务院国资委《中央企业董事会工作规则（试行）》（2021 年印发）。 中国证监会《上市公司治理准则》（2018 年修订）。 中国证监会《上市公司独立董事管理办法》（2023 年颁布）。
交易所自律监管规则	《上海证券交易所股票上市规则》（2023 年修订）。 《深圳证券交易所股票上市规则》（2023 年修订）。 《香港联合交易所有限公司主板上市规则》（附录 14《企业管治守则》）（2023 年修订）。

2. 形成了以董事会为中枢、运转有效的公司治理架构与机制

尽管公司治理的具体结构和运行机制有所不同，但世界各国普遍接受董事会在公司治理中的中枢地位，这一点在我国企业的公司治理架构中也得到了确认。不仅股权多元化的企业普遍建立了董事会，国有独资公司建立董事会也成为一项法定要求。国有企业全面加强党的领导，并未否定董事会作为决策机构的公司治理角色。党组织主要履行重大事项前置研究职责，并通过"双向进入、交叉任职"机制，支持董事会更加有效地发挥决策主体功能。

中国企业普遍建立了股东大会、董事会、监事会、管理层"三会一层"的公司治理架构，基本实现了治理主体各司其职、各负其责、协调运转和有

效制衡。企业董事会普遍引入独立董事或外部董事，上市公司实现独立董事在全部董事中占比不低于1/3，中央企业及其子公司普遍实现董事会中外部董事占多数。董事会通过设立战略、提名、薪酬、审计等专门委员会，提高了议事效率。董事会与管理层之间的授权经营关系逐步走向清晰化、合理化。

3. 股权结构多元化与股东公司治理角色的规范化

多元化、适度集中的股权结构，有利于发挥股东参与公司治理的积极性，同时也能够形成不同性质、不同持股比例股东之间的相互制衡。在建立现代企业制度的过程中，中国企业的股权结构趋于多元化和合理化，为公司治理体系的有效运转提供了良好基础。一是国有股东"一股独大"的局面得以改变，民营股东、外资股东等非国有股东的投资，不仅扩大了资本来源和资源投入，也促进了国有企业所有权职能的有效行使。二是机构投资者快速成长，包括养老基金、社保基金、保险基金、证券投资基金、信托基金等在内的"长线资金"和"耐心资本"，正在中国企业尤其是上市公司的治理结构中发挥越来越积极和正向的作用。

股东在公司治理中的角色重在不缺位、不越位。国资国企改革，重塑了国有资本出资人的公司治理角色，一方面确保国有资本出资人能够享有充分的股东权利，维护国有资产的保值增值，另一方面也为国有资本出资人的权利划定了边界，即国有股东不能任意干预国有企业的正常经营管理，且其行使股东权利必须经过公司章程设定的公司治理流程与程序。不仅如此，包括国有资本出资人在内的所有股东，都不得通过关联方交易损害其所投资公司的利益。中国企业特别是上市公司，在规范关联方交易和股东行为方面，已取得了长足的进步。

4. 逐步完善的管理层聘任、激励和监督机制

选聘德才兼备、具有经营管理才能的管理层，通过激励和监督机制的设计，实现股东和管理层"目标一致""激励相容"，是公司治理需要实现的关键目标。在管理层的聘任和薪酬激励方面，民营企业的市场化程度较高，而国有企业则将"党管干部"原则与管理层的市场化聘任有机结合，在一定程度上实现了管理层"能上能下""能进能出"，以及按照能力、业绩和贡献取酬。

相对而言，国有企业管理层面临的监督机制较民营企业管理层更为严密。国有企业管理层不仅面临来自董事会、监事会等公司治理体系内部的监督，

还面临党内监督、纪检监察、国家审计等公权力机关的监督。不论是国有企业还是民营企业，在按照国际通行标准建立风险管理和内部控制体系方面均取得显著成果。上市公司按照监管要求实施内部控制自我评价并接受外部审计，国有企业也在国务院国资委引导下显著加强了风险管理和内部控制的健全性和有效性。

5. *不断强化的信息披露、利益相关者保护与社会责任履行机制*

充分透明的信息披露、健全有效的利益相关者保护与社会责任履行机制，是现代企业公司治理的基本要求，而这三个方面也紧密结合在一起。中国企业，尤其是上市公司，在信息披露充分性和透明度方面取得了显著进步。上市公司对外披露的信息，不仅包括财务报表和审计报告，也包括与发展战略、公司治理、风险管理和内部控制相关的大量信息，而社会责任报告、可持续发展报告和ESG报告，也成为近些年信息披露的热点。

中国企业在利益相关者保护和社会责任履行机制等方面取得的进展也有目共睹。随着可持续发展成为时代主题，充分考虑企业决策对于利益相关者的影响，致力于实现可持续和有韧性的增长，已成为越来越多中国企业的自觉行动。消费者权益保护、社会责任和可持续发展，已成为董事会的常规议题。许多声誉卓著的大型企业和上市公司已在董事会的推动下，制订并实施绿色低碳转型、实现净零排放的行动计划，同时也开始主动思考如何评估和应对气候风险对于经营管理的影响。

（二）中国企业的公司治理较世界一流企业存在的差距及提升方向

中国企业在公司治理领域取得的成绩和积累的经验十分宝贵。虽然少数中国企业在公司治理领域毫无疑问已进入世界一流之列，但整体而言，中国企业的公司治理水平与世界先进水平相比，仍存在较大差距。以下几点是中国企业公司治理较世界一流水平存在的差距，以及未来应重点改进和提升的领域。

1. *公司治理架构与流程*

中国企业公司治理架构主要是由《中华人民共和国公司法》（以下简称《公司法》）确立的。《公司法》在立法过程中充分考虑和借鉴了公司治理的英美模式和德日模式，建立了"三会一层"的治理架构，其中既包括专司监督职责的监事会，也包括董事会中主要发挥监督和制衡功能的独立董事。对于国有企业而言，除"三会一层"之外，党组织也是关键的治理主体，在公司治理中加强党的领导，是国有企业承担的政治责任。从世界范围来看，中国企业公司治理架构与流程既具有较强的完备性，也具有较高的复杂性，公司治理所涉及的环节相对更多、经历的流程相对更长，在一定程度上降低了治理的效率，增大了治理的成本。

《公司法》（2023年修订）明确提出有限责任公司或股份有限公司按照公司章程的规定，在董事会中设置由董事组成的审计委员会，行使《公司法》规定的监事会职权，可以不设监事会或监事。新《公司法》将监事会由公司治理的"必选项"改为"可选项"，而"三会一层"的公司治理架构，也有了调整为"两会一层"的制度空间。企业治理层可根据实际情况，考虑是否保留监事会，以及如果不保留监事会，公司治理架构和流程应当如何调整。

中国企业应当思考如何根据成本效益原则，对公司治理的流程与机制进行调整和优化。一方面，在满足监管合规要求的基础上，主动开展公司治理有效性自我评估，深入分析和精准识别现有公司治理体系中冗余或低效的领域和环节，以进一步明确治理权责、精简运行环节、加快信息流转、提升公司治理质效。另一方面，也可结合公司的数字化转型战略与方案，利用数字化技术和工具，提升公司治理流程中信息归集、处理和报告的效率，并充分发挥数据分析、人工智能等工具的辅助决策功能。

2. 董事履职能力与董事会效能

董事履职能力和董事会效能是紧密联系在一起的。在中国企业董事会中，股东委派的董事和独立董事等外部董事，已普遍在董事会中占据多数席位，保障了董事会相对于管理层的独立性和对于管理层的监督有效性。与国际同业相比，中国上市公司独立董事中来自学术界的比重较高，而拥有实际管理经验的独立董事占比较低。在《上市公司独立董事管理办法》（2023年修订）发布之后，合格独立董事的人才资源将更加稀缺，未来需要各界采取措施，一方面拓展优秀独立董事的来源，另一方面通过更加有效的培训和学习机制，提升现任独立董事的履职能力。

高效董事会需要建立完善的规则体系和运行机制。与国际同业相比，中国企业董事会存在差距和有待改进的领域主要包括：①在股东会、党组织、董事会和管理层之间更加清晰、合理地划分职责权限，完善股东会对董事会、董事会对管理层的授权制度，保障和落实董事会依法行使重大决策、选人用人、薪酬分配等权利，避免出现董事会授权过度或授权不足的情况。②提升董事会构成的多样化、平等和包容性（Diversity, Equity and Inclusiveness, DEI）程度。例如，保证董事会至少有一名女性董事，促使董事会形成更加优势互补，有利于带来新视角、提出新观点的人才结构。③完善董事会的运行机制，保证董事会有掌握议事日程、获取充足信息的权利，通过建立并优化董事会专门委员会、独立董事闭门会议（executive sessions）等机制，提升董事会的治理效能。

3. 管理层选聘、激励与约束机制

公司的经营绩效在很大程度上取决于管理层的经营管理才能，而管理层经营管理才能的发挥，又有赖于激励和约束机制设计的合理性。中国企业在管理层选聘、激励和约束机制等方面，有待提升的领域和改进的方向主要包括：

（1）国有企业需要将"党管干部"原则和管理层的市场化选聘有机结合起来，根据不同企业类别和层级，实行选任制、委任制、聘任制等不同选人用人方式，推行职业经理人制度，畅通现有经营管理者与职业经理人身份转换通道，建立和完善管理层成员任期制、契约化管理和市场化退出机制。

（2）完善经理层的薪酬激励机制，尤其是中长期激励机制，确保经理层的薪酬水平能够充分反映其能力和贡献，与企业经营业绩、股东回报和风险状况保持"强关联"。建立和完善管理层激励性薪酬的递延支付和追索扣回制度，重视股权激励在实现股东和经理层"目标一致""激励相容"方面的重要价值。对于国有企业而言，应尽量缩小"限薪令"的适用范围，以吸引和保留一流经营管理人才，充分激发企业家精神。

（3）在激励与约束机制之间取得更佳平衡，提高经理层监督和约束机制的针对性，聚焦关键的道德风险领域，以适当的监督成本实现良好的监督效果。对于国有企业而言，应整合监督体系和监督资源，减少不必要、无效的监督程序与环节，形成结构更为精简、力量更为集中、效果更为突出的监督机制。

4. 可持续发展的公司治理安排与信息披露

ESG 投资、可持续发展理念与实践，正在重新塑造公司治理的面貌。中国企业在 ESG 和可持续发展理念与实践方面已积极行动并取得明显进展，但与国际先进水平相比，仍存在较大的提升空间。

（1）可持续发展成为董事会核心议程的范围还有待于进一步提升，相关的公司治理机制有待于进一步加强。未来需要进一步完善和保障可持续发展的公司治理安排，包括但不限于设立以 ESG 或可持续发展为主题的董事会专门委员会，引入具有 ESG 专业知识和能力的董事，将可持续发展绩效指标与高级管理层的薪酬挂钩等。

（2）加强气候风险的识别和应对。将气候风险纳入企业的风险治理与管理框架，制订和落实净零排放行动计划，准确评估气候风险并采取可行的应对措施。

（3）提高可持续发展相关信息的披露质量，积极采纳与可持续发展相关的信息披露国际高标准，例如国际可持续发展准则理事会（ISSB）颁布的相关准则，建立和完善支撑可持续发展信息披露质量的制度安排和基础设施。

5. 公司治理人才培养与文化培育

公司治理包括显性和正式的制度与机制，也包括隐性和非正式的制度和机制。公司治理人才的能力和专业度、公司治理文化的积极性和健康度等较为隐性和非正式的制度安排，往往是公司治理效能更为重要的决定因素，也是中国企业未来需要重点加强的领域。

（1）打造专业化的公司治理人才队伍，既包括董事、监事和高管等公司治理的"关键少数"，也包括董事会办公室工作人员、监事会办公室工作人员、总经理办公室工作人员等承担具体工作、实现公司治理有效运转的专业人才，通过多种途径，提升他们的专业知识、经验和能力。

（2）充分发挥董事会秘书、公司秘书在促进公司治理有效运行过程中的关键作用。赋予董事会秘书、公司秘书以公司高管的地位，建立和完善任职资格标准，遵循市场化的选聘和薪酬机制，以吸引和保留优秀的公司治理人才担任董事会秘书、公司秘书职务。

（3）董事长和董事会设定并维护公司治理的文化基调，形成先进正向的公司治理价值导向，促进理性、合作、团结、包容的文化氛围，激发公司治理中"人"的主动性和积极性，以"人"的灵活和变通弥补由于显性制度的刚性和滞后性所带来的局限性，节约公司治理运行的制度成本，提升公司治理运行的实际质效。

三、最佳实践

德勤中国公司治理框架反映了德勤中国对于公司治理要素及其相互关

系、董事会在公司治理的中枢角色,以及公司治理基本运行方式的理解(图2-10-1)。

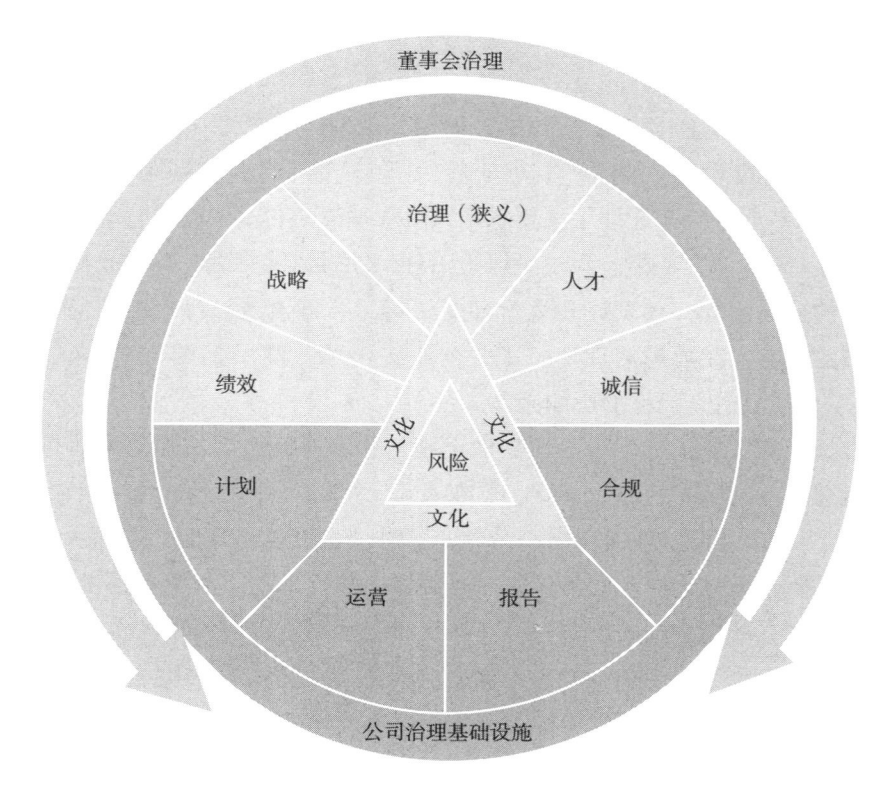

图 2-10-1　德勤中国公司治理框架

尽管治理和管理是不同的概念,但在公司治理实践中,二者是密切相关、无法截然分开的。在德勤中国公司治理框架的上半部分,治理(狭义治理概念,主要指董事会结构和构成)、战略、绩效、诚信、人才、风险和文化属于传统意义上的公司治理范畴,董事会在这些领域中承担责任主体角色,且相关的职责和决策权一般不会授权给管理层。在框架的下半部分,计划、运营、报告、合规等要素,更为偏向传统意义上的公司管理范畴,董事会一般将相关的职权授权给管理层,自身则主要承担监督者角色。因此,德勤中国公司治理框架强调董事会和管理层之间的授权关系和权责界分。

董事会在公司治理中的中枢角色,在框架中被描述为一个具有灵活性、驱动所有要素运行的覆盖层(框架中的外圈部分)。从框图的顶部到底部,董事会对于相关要素的参与程度逐渐减少。在公司治理实践中,不同公司的董事会对于经营管理事务的参与程度是不同的，对于管理层授权的范围和内容也是不同的。

框架强调风险和文化在公司治理中的核心地位。企业经营环境多变性和经营结果不确定性的上升，显著提升了风险在公司治理中的重要性。公司治理的每个要素，都涉及风险的识别、评估和应对。在框架中，董事会主要承担风险偏好的设定、风险管理战略和政策的制定等风险治理（Risk Governance）职能，而管理层主要承担风险管理战略和政策的执行等风险管理（Risk Management）职能。无论是风险治理，还是风险管理，抑或是更为普遍意义上的公司治理，其设计和运行都受到信念、价值观、行为准则等企业文化因素的影响。在公司治理体系中，企业文化和"高层基调"（Tone of the Top）是一个具有全局性的影响因素。

在框架的底层，是公司治理基础设施，它是所有公司治理要素运行的基础，涵盖了驱动和保障公司治理要素运行的所有运营模型（Operating Models），包括人员、流程和技术。高级管理层运用运营模型，实现对公司日常活动的管控，并建立起收集信息并向董事会和外部利益相关者报告的流程。公司治理如果脱离公司的运营和管理体系的支撑，是无法实现有效运行的。

我们结合德勤中国公司治理框架及全球企业观察，结合对中国国有企业公司治理实践的研究，总结中国企业的如下公司治理最佳实践。

（一）党的领导与公司治理的全面融合

公司治理没有一个"放之四海而皆准"的通用模式，不同国家或地区的公司治理安排，都必须根植于自身的制度环境。对于中国企业，尤其是国有企业而言，党组织如何嵌入公司治理，发挥治理功能，是必须回答和解决的核心问题。近些年来，党组织在公司治理中的角色和定位日益明确化、具体化和规范化，致力于实现党的领导和公司治理的有机融合和相互促进，已成为国有企业公司治理实践中最具中国特色的组成部分，可概括为以下几点。

（1）在公司章程中明确党在公司治理中的角色和地位。公司章程确立了公司治理的基本架构和运行规则，将党的领导写入公司章程，有助于按照"权责法定"原则，充分发挥党组织在公司治理领域的作用，促进国有企业公司治理体系的有效运转，并在完善公司治理的进程中，实现加强党的领导的目标。

（2）在党组织和董事会、监事会、经理层之间清晰地划分治理权责，实现公司治理机制的协调运转。

（3）通过"双向进入、交叉任职"等方式，提升国有企业公司治理的运行效率。为了降低国有企业公司治理的运行成本，提升运行效率，一方面可通过优化党组织和其他治理机构成员"双向进入、交叉任职"机制来实现，另一方面可通过完善公司治理运行支持机构（党委办公室、董事会办公室、监事会办公室、总经理办公室等）之间的沟通、协作机制来实现，包括运用数字化技术、系统与工具提升沟通、协作效率。

（二）良好的股权结构与恰当的股东角色

良好的股权结构和恰当的股东角色，特别是大股东的持股比例和对股东权利的积极行使，是保证企业公司治理有效性的重要条件。在国有资产监管体制由"管资产"向"管资本"转变的大背景下，无论是代表国家行使国有资本出资人职能的国有资产管理部门，还是国有企业集团中承担控股股东角色的各级母公司，均有必要思考如何优化国有企业股权结构、完善国有大股东治理角色与功能的重大命题。相关的良好实践可以总结为以下几点。

（1）国有股东保持适当的持股比例，通过引入战略投资者等方式，进一步提升国有企业股权结构的多元化，以拓展国有企业的资本来源，促进不同性质股东之间的相互制衡。一是对于国有控股公司，国有股东在能够保持控股关系的前提下，可以适当降低持股比例[①]，为非国有股东增加持股比例，提升其参与公司治理的积极性创造良好条件。二是积极引入包括养老基金、保险基金、证券投资基金等在内的机构投资者和战略投资者，以优化股权结构，提升公司治理有效性。

（2）国有股东行使权利不缺位、不越位、不错位。国有资本出资人代表的特殊性，导致国有股东权利的行使容易出现缺位、越位或错位的问题。解决上述问题的良好做法，一是通过法律法规和公司章程明确国有股东的权利和义务，以及国有股东行使股东权利的方式和程序，确保国有股东权利的行使遵循法治原则和契约精神；二是国有股东行使权利，应主要通过股东会投票、向董事会委派董事参与治理等方式，而不能脱离公司治理的程序，直接干预国有企业的经营管理；三是建立"监督监督者"的机制，由适当的部门或机构对国有资本出资人代表的履职情况和工作绩效进行考核和奖惩，以督

---

① 例如，持股比例由60%下降到55%，不会改变国有大股东的控股地位。

促他们按照最有利于国有企业及其终极所有者的方式行事。

（3）国有股东积极主动承担股东的义务。股东是"剩余索取者"[①]，也是最终的风险承担者。股东的义务既包括向企业提供资本和承担风险，也包括支持国有企业的经营自主权，不随意干涉企业正常的经营管理活动。对于国有企业大股东而言，其义务还包括尊重和保护中小股东的权益，为中小股东提供参与公司治理的机会，不滥用大股东的权力来侵害中小股东的合法权益，特别是不利用不合规、不公允的关联交易来侵占中小股东的利益。

（三）董事会切实发挥治理中枢功能

在公司治理体系中，董事会发挥着承上启下的治理中枢功能，一方面上承股东会的授权，另一方面下启对经理层授权，承担着平衡协调各方利益，指引公司战略方向，选聘、激励、监督高级管理者等最为关键的治理功能。切实加强董事会治理中枢地位，打造高效董事会，是提升公司治理有效性的关键，也是被普遍接受的公司治理良好的实践经验。

（1）确保合理的董事会人员构成，提升董事个人和董事会整体履职能力。一是保证董事会相对于大股东和经理层的独立性，董事会中应当有足够比例的外部独立董事。二是董事作为一个整体拥有充足的履职能力，董事会中应该既拥有熟悉企业经营管理的执行董事，也拥有具有经济、法律、财务、会计等专业知识和能力的独立董事。不仅如此，已有越来越多的上市公司引入具有 ESG、数字化转型工作背景和经验的董事。三是强调董事构成的 DEI 原则，大多数上市公司都遵循 DEI 原则，实现了董事会中至少有一名女性董事。这不仅是企业重视和遵循可持续发展理念的表现，也是促进董事会提出新观点、引入新视角、激发创新思维，提高董事会决策议事质效的重要举措。四是董事长和总经理分设，董事长领导董事会工作，总经理具体负责执行董事会的决议。五是通过高水平的培训，持续提升董事的履职能力。

（2）保证董事会能够有效行使法律和公司章程赋予的关键性权利。董事会拥有的法定权利通常包括：审议批准公司发展战略；监督管理层执行公司战略；提名和选聘总经理和其他高级管理人员；审议批准高级管理人员的薪酬方案；监督公司的风险管理与内部控制体系、财务报告、信息披露、内外部审计等事项；审议批准重大的关联方交易；等等。中国企业董事会享有的

---

① 所谓"剩余索取者"，是指对于企业创造的盈余或利润，股东在其他权利人（例如员工、债权人、政府等）之后参与分配。

法定治理权利，已在越来越大的范围内得到落实和保障。在国有企业中，为了进一步夯实董事会的治理权利，也出现了多项值得借鉴的实践经验。例如，在财政部门、国有资产管理部门制定国企高管薪酬政策的前提下，赋予国有企业董事会决定或影响管理层薪酬的更大权利，将"党管干部"原则和董事会市场化选聘职业经理人有机结合等。

（3）建立有效的董事会运行机制。一是建立有效的董事会专门委员会制度，除按照相关法律法规要求设置战略、提名、薪酬、审计委员会之外，还要根据公司的实际发展需要设立社会责任与消费者权益保护、关联交易管理、ESG等专门委员会，由独立董事担任主任委员并占据多数席位。二是赋予董事会秘书、公司秘书以公司高管职位，充分发挥董事会秘书团队对董事会运行的协调和支持功能。三是明确董事会及其专门委员会的运行规则，确保其具有独立于管理层设置董事会议程的能力，同时能够及时获取履职所需的充足、准确、完整的信息。四是为董事履职投保责任保险，降低董事的履职风险，保障董事在决策中能够做出恰当的商业判断，而不会因为畏惧风险而做出过于谨慎保守的决策。

[案例1[①]]

某地方国有企业为省属国有企业集团全资子公司，董事均为集团派驻，股东会与董事会权限未能实现分层设置，董事会形同虚设。作为省属国资国企改革试点单位，希望通过引进战略投资者实现股权多元化，在现有基础上重组董事会，完善现代化公司治理体系。

该企业面临的挑战如下：

（1）董事会席位分配难度大，一方面要保护战略投资者和中小股东的权益，另一方面要保证国有资本在某些特定的事项，尤其是涉及国家利益、公众利益等方面的话语权。

（2）党委会与领导班子既有部分人员重合，又有差异，如何实现各个会议的高效运作且能保障党组织在企业中的政治核心领导作用成为一大难题。

（3）当前集团母子公司管控模式下对企业重大事项的审批流程与董事会

---

① 德勤中国. 以"人"为本 深化改革 从国企改革新一轮十项试点看国企人才体系转型[EB/OL]. 2016-8-2. https：//www.waitang.com/report/10642.html.

审议流程需要理顺，改变过去集团审批为主、董事会一年召开一次走形式的做法。

1. 董事会建设分步走、合理分配董事席位、保障决策高效

（1）董事会人员规模按照精简高效与分步扩展原则进行完善：当前阶段为 5 人，且全部为集团派驻；股权多元化改革后第一阶段设置为 7 人，调减集团董事名额，增加执行董事、职工董事、战略投资者派驻席位；股权多元化改革第二阶段启动上市计划，逐步提升独立董事占比，调整扩增为 9 人。

（2）明确董事提名规则：对股权多元化后的股权结构可选方案进行顶层设计，制定董事提名规则，推演不同阶段股权结构方案下董事席位情况，据此再对提名规则进行验证、调整，并设计特殊情形下的应对机制，如可获得董事会席位的最低持股比例限定、一致行动人提名权等，其中董事长将由国有股东提名、董事会选举产生。

（3）专门委员按照分步走规则构建：当前仅仅设置战略、薪酬考核、审计三个专门委员会，未来逐步增设其他专门委员会，在上市前构建完毕。

2. 确保国有股东在某些特定事项的话语权

（1）实行董事会一人一票表决制度，普通事项、重大事项分别按照 1/2 通过与 2/3 通过的表决权规则执行。

（2）基于公司行业特点设立特别事项。该国有企业虽然大部分业务都属于竞争性业务，但由于身处敏感行业，需要确保国有股东在某些特定事项上的话语权。在符合《公司法》相关规定前提下，明确涉及国家利益和公众利益等特别事项，董事长拥有一票否决权。

3. 向董事会下放关键职权、赋予制度保障

（1）在国有企业集团中的母子公司管控与双层董事会治理之间寻找平衡，理顺集团审批流程与董事会治理流程。

（2）明确股东会、董事会、领导班子会议与党委会在审议决策中的顺序，确保党组织在股权多元化之后作为企业政治领导核心的组织地位，根据党中央总体部署，根据该企业的定位和实际情况，在"三重一大"事项上提出建议和意见；明确不可授权范围，在可授权范围内采取分步走策略：与人力资本相关的决策，包括高级管理人员选聘、业绩考核、薪酬管理和工资总额备案制管理等，均从出资人平稳移交董事会；战略、投融资管理、财务管理领域的决策权，按照重要性、规模、相关性，分层设计、明确划分股东会与董

事会的权责及其对接程序。

（四）市场化的人才聘任与激励机制

管理层的企业家精神和经营管理才能，是企业创造良好业绩、价值和股东回报的关键。为公司选聘优秀的经营管理人才，并通过设计良好的激励机制，实现股东和管理层"激励相容"，促进管理层充分发挥企业家精神和聪明才智，既是公司治理需要解决的核心问题，也是董事会承担的关键职责。对于国有企业而言，管理层的聘任和激励受到较多的政策限制，在制度空间允许范围内提升管理层聘任和激励的市场化程度，是激发国有企业经营活力、提升业绩表现和价值创造的公司治理的良好实践。

（1）将"党管干部"原则与经营管理者的市场化选聘有机结合。将二者相结合的主要做法是合理增加管理层成员市场化选聘的比例，由董事会依法行使高层管理者的提名权、选任权，按照市场化方式选聘和管理经营管理者。无论是党组织委任的经营管理者，还是按照市场化方式聘任的经营管理者，均应遵循"举贤任能""能上能下""能进能出"的原则，且均应由董事会按照公司治理流程行使审核和批准的权利。

（2）建立合理的管理层薪酬激励机制。管理层的薪酬激励机制，应保证授予管理层的薪酬具备必要的市场竞争力，以吸引和留用优秀的经营管理人才。管理层的薪酬总额，应充分反映管理层的能力和对企业业绩、价值和股东回报做出的贡献。合理安排管理层的薪酬结构，基本薪酬、短期激励性薪酬和中长期激励性薪酬比例，积极探索股权激励、养老福利等中长期激励机制。实施激励性薪酬的递延支付和追索扣回制度，使管理层实际获得的薪酬充分反映当期经营管理活动对于企业业绩和价值造成的长期影响，同时对管理层事后暴露出的违法违规行为实施经济惩罚。

（3）完善经理层任期制和继任计划。合理的任期制，对于经理层具有重要的激励和约束效应。稳定的、较长的任期，能够鼓励经理层坚持战略定力，积极谋划和落实重大的改革和创新举措。定期的任期考核和更换压力，包括任中和任期结束的经济责任审计，能够激励管理层尽责履职，以良好的业绩表现争取连选连任的机会。考虑到优秀经营管理人才长期的稀缺性，而经营管理人员一旦由于种种原因离职或辞职，导致的职位空缺会对企业正常经营管理造成不利影响，董事会应主导董事、高管继任计划的制订，以形成合理的人才梯队和深厚的人才"板凳深度"。

[案例2[1]]

华润集团的薪酬管理

华润集团制定了《华润（集团）有限公司工资总额备案制管理办法》，实行工资总额备案制管理，进一步完善工资总额与经济效益同向联动、能增能减的机制。

华润集团坚持业绩薪酬"双对标"，强化薪酬与公司业绩的紧密挂钩。业绩对标方面，选择行业一流上市公司作为业绩对标组，每年根据企业在行业的综合排名确定业绩对标考核结果；薪酬对标方面，明确薪酬评价规则，结合评价结果和薪酬分位值，实行总薪酬动态调整制，并严格按约定刚性兑现。2022年，深入开展经理层成员任期制和契约化管理，按照业绩考核结果兑现经理层成员2021年度绩效奖金，充分激发了经理层成员干事创业的动力。

（1）积极推进上市公司股权激励：华润微电子、华润三九、华润江中制药集团有限责任公司、华润双鹤药业股份有限公司4家上市公司完成限制性股票授予工作，华润化学材料科技股份有限公司就限制性股票激励方案发布实施公告。通过实施股权激励，华润三九、华润双鹤等上市公司的市值大幅提升，华润微电子核心骨干员工离职率大幅降低。

（2）稳慎推进员工持股和跟投：华润微电子旗下无锡迪思微电子有限公司实施混改员工持股，首期32名骨干完成持股；华润数字科技有限公司工业互联网及智能制造项目实施跟投，50名管理人员和核心骨干参与，实施跟投后，项目成功引入10余名中高端人才。

（3）完成科技型企业分红激励破冰：华润水泥控股有限公司旗下技术研究院优选项目，开展分红激励，靶向激励14名核心研发骨干，助力企业创新转型。

（4）探索建设超额利润分享机制：2022年，华润万家探索实施超额利润分享机制，选取119名核心骨干作为激励对象，提取超出目标净利润部分的一定额度作为激励总额，分3年递延兑现。激励方案实施后，充分调动了华润万家核心层员工干事创业的积极性。

---

[1] 根据华润集团2022年度可持续发展报告整理。

（五）健全有效的授权经营、内部控制与风险管理机制

公司治理是一个层层授权的体系，为了实现经营管理的规范性和有效性，授权经营机制极为重要。授权经营旨在实现"由最了解情况的人来做决策"的目标。对于外部市场环境快速变化，需要灵活和敏捷做出决策的企业而言，授权经营是抓住和利用市场机会的制度保障。授权通常是授予决策权和执行权，而保留监督权，授权而不监督，必然会增大被授权一方的道德风险。授权方对于被授权方实施有效的监督，依赖于企业建立的内部控制和风险管理体系。

（1）建立有效的授权经营体系。对于国有企业而言，广义的授权经营体系主要包括三个层面：第一个层面是国有资本出资人根据法律法规和国家政策，将经营自主权授予国有企业；第二个层面是集团企业中的母公司向子公司授权；第三个层面是公司治理结构内部的授权，主要包括股东会向董事会授权、董事会向董事长授权、董事会向管理层授权等。

在建立授权经营体系的过程中，授权的适度性和边界十分重要。一是并非所有的权利都可以授予出去，无论是股东会还是董事会，都有若干不得向下授予的基本权利。例如，公司的合并、分立、清算、终止等决策，股东会通常不能授权给董事会行使。二是授权不干预原则，即授权方不能在已授权之后，又随意干预被授权方行使相关权利。三是授权须适度原则，授权方既不能授权不足，导致事无巨细都必须在企业高层决策，又不能授权过度，导致企业高层对中层和基层失去控制。四是权责对等原则，被授权一方获得了权利，就必须承担相应的责任。五是授权必监督原则，授权之后应当加强监督，而不是放松监督，甚至是放弃监督。

（2）建立健全有效的内部控制和风险管理体系。内部控制和风险管理是公司治理体系的有机组成部分，是确保董事会、监事会对于管理层的监督能够落地的支撑系统。在内部控制和风险管理领域，国际和国内都有成熟的规则和标准体系。例如，由美国国会反虚假财务报告委员会（the Treadway Commission）的发起组织委员会（COSO）制定发布的《内部控制——整合框架》（2013）、《企业风险管理（ERM）——战略与业绩的整合》（2017）；中国财政部等五部委制定的《企业内部控制基本规范》（2008）及其配套指引（2010），国务院国资委制定发布的《中央企业全面风险管理指引》（2006）等。

目前，中国上市公司均已按照《企业内部控制基本规范》及其配套指引，建立和完善包括内部环境、风险评估、控制活动、信息与沟通、内部监督五要素在内的内部控制体系，管理层定期开展内部控制有效性的自我评估，并接受由外部审计机构提供的内部控制审计。中央企业也在国务院国资委的持续推动和监督下，不断完善内部控制和风险管理体系，并把内部控制和风险管理体系有机地融合在一起。

（3）国有企业监督体系的有效整合。中国国有企业面临的内部监督和外部监督，相较于非国有企业更为繁复。国有企业不仅面临监事会、董事会、内部审计和外部审计等公司治理常规监督机制，还面临党内监督（包括巡视巡查）、国家审计监督、纪检监察、法务合规、职工监督等特有的监督机制。国有企业正在探索以党内监督为主导的"大监督"体系，统筹协调监督计划的制订与实施、资源调度、信息沟通、成果共享等，以整合监督资源，形成监督合力，提升监督效率和效果。

（六）充分透明的信息披露

充分透明的信息披露，旨在保护投资者和其他利益相关者的知情权，保证其可以及时做出明智的决策，因此是最为重要的投资者保护机制，也是公司治理应当实现的关键目标。信息披露不仅是一项合规义务，也是企业主动接受外部监督，为公司治理和经营管理的完善引入外部驱动力的重要举措。

（1）超越合规要求，主动向投资者和其他利益相关者披露相关和可靠的信息。对于上市公司，监管机构制定了较为完备的信息披露监管规则体系，而准则制定者也为财务报表的编制提供了与国际准则趋同的会计准则体系。按照会计准则的要求，保证财务报表的真实性和公允性，同时按照监管规则的要求，披露与公司发展战略、业务模式、经营态势、公司治理、风险状况等相关的信息，是上市公司应当遵循的合规底线。然而，仅按照监管要求做最低限度的信息披露，还不能称为最佳实践。在信息披露方面表现卓越的公司通过各种途径披露的信息，远远超过了监管规则的底线要求，而这些公司也通常更受投资者和其他利益相关者欢迎，并拥有更高的市场估值。

（2）积极拓展和利用多样化的途径，提高信息披露的效果。狭义的信息披露，只是通过公司年报、重要事项公告等方式提供书面信息，而广义的信息披露，则是涵盖了以各种方式开展的正式和非正式沟通。通过开展富有成效的投资者关系管理，积极拓展与投资者沟通的渠道和方式，是值得推荐的良好实践经验。具体形式包括组织由公司高管参加的业绩说明会（包括采用线上直播方式）、路演、投资者主题交流活动、投资者开放日等。

（3）建立和完善信息披露质量的保障机制。从信息披露的"量"和"质"来看，如果不能保障信息披露的质量，信息披露越多，投资者和其他利益相关者被误导的可能性就越大。信息披露质量的保障机制，既包括外部机制，也包括内部机制，二者均不可偏废。在外部保障机制中，外部审计师作为独立的信息验证者，对于保障企业披露的财务报表和其他相关信息的真实性和完整性，发挥着不可替代的作用。除此之外，资本市场监管机构、财务分析师、新闻媒体，对于保障企业对外披露的信息质量，也发挥着重要的作用。在内部保障机制中，由董事会秘书牵头负责信息披露工作，建立信息归集、处理、核验和披露的完整工作机制，明确各个相关部门在信息披露过程中的配合责任，特别是内部审计部门在信息核验方面的重要作用，恰当运用信息系统和工具提升信息披露工作的效率与质量，是当前保障信息披露质量通行的良好做法。

（七）可持续发展和 ESG 全面融入公司治理

公司治理的目标导向，经历了从"股东中心主义"到"利益相关者主义"的转变。随着可持续发展成为世界各国共同关注的焦点，利益相关者保护、环境保护、气候风险应对、社会责任履行等关键议题被纳入可持续发展的框架，成为应当通过公司治理制度和机制加以解决的重大课题。强调 ESG 的责任投资理念和实践，作为推动可持续发展的主要抓手，也在公司治理实践中得到了空前的重视。

（1）在公司治理中充分尊重和保护利益相关者的合法权益和合理诉求。社会的发展和进步，要求企业必须成为负责任的"企业公民"，如此才能实现自身的可持续发展。股东投入企业的资本仍然是企业宝贵的资源，但企业的生存和发展，日益依赖资本以外的其他资源，包括管理层和员工的人力资本、消费者的信任、供应链的韧性、社区的支持等。这要求现代企业将利益相关者保护纳入公司治理和管理体系，建立旨在保护利益相关者的制度和机制，为利益相关者参与公司治理提供便利条件，主动与利益相关者沟通，以了解和回应他们的诉求。中国企业在利益相关者保护方面的公司治理实践近些年取得了较快进展，已有越来越多的上市公司在董事会层面设置消费者权益保护专门委员会，同时也有越来越多的企业拥抱以客户为中心的经营理念。基于中国法律法规和监管规则要求，中国上市公司、国有企业在董事会中引入职工董事，在监事会中引入职工监事，同时充分发挥职工代表大会、工会的职能，为员工参与公司治理、保护员工合法权益提供了良好的制度保障。

（2）可持续发展和 ESG 理念与实践融入公司治理。可持续发展与 ESG 理念已日益普及和深入人心，成为近些年中国企业公司治理的关注焦点。相关的良好实践主要包括：在董事会中成立 ESG 或可持续发展专门委员会，或将 ESG 与可持续发展纳入董事会整体的议程，引导和推动与 ESG 和可持续发展相关的战略规划与行动；探索为企业高层管理者设置 ESG 和与可持续发展相关的关键业绩指标，并将其与业绩考核和薪酬激励挂钩；将社会责任报告升级为 ESG 报告或可持续发展报告，采纳国际主流的 ESG 或可持续发展披露准则，持续提升相关信息的披露质量。

（3）将碳排放和气候风险披露作为推动 ESG 和可持续发展相关实践的优先事项。随着国家层面碳达峰、碳中和"双碳"目标的提出，已有越来越多的上市公司、国有企业明确提出自身实现"双碳"目标的时间表和行动计划。在实现"双碳"目标的过程中，企业如何识别、评估和应对气候风险，成为投资者和其他利益相关者高度关注的信息，需要企业进行充分的信息披露。一是关于气候风险相关信息披露方面的国际标准已趋于成熟，气候相关财务信息披露工作组（TCFD）制定发布的相关准则被广泛接受，其准则框架和相关披露要求也被国际可持续发展准则理事会（ISSB）所采纳。世界各国的企业正在按照 TCFD 的相关准则，实施气候风险的识别、评估和应对，以及相关的信息披露工作。二是将气候风险区分为物理风险和转型风险，纳入企业全面风险管理体系，与其他类型的风险一道，按照相同或类似的框架或方法论进行管理，以将气候风险管理变为公司的常规工作，并充分反映气候风险与其他类型风险之间的相互影响和作用。三是在公司年报或可持续发展报告中提供碳排放和与气候风险相关的详尽信息，特别是从范围一到范围三的碳排放信息，以及与气候风险评估和应对相关的信息。

四、参考对标体系

借鉴国际上权威的公司治理准则（例如经济合作与发展组织的公司治理原则）及其实施工具（例如世界银行下属国际金融公司开发的公司治理计分卡），德勤中国归纳了评价一家企业的公司治理水平是否达到世界一流水平的核心要素体系，建议从五个方面入手对标评价（表2-10-2）。

表2-10-2 公司治理评价体系

一级要素	二级要素
股东权利、公平对待所有股东和主要所有权功能	• 在公司章程中明确界定股东的基本权利。 • 股东应充分了解并有权批准导致股东权益发生重大变动的事项。 • 股东应有机会有效参与股东会并投票，了解股东会的规则，包括投票程序。 • 允许股东（包括机构投资者）针对股东基本权利展开相互协商。 • 关联方交易应当得到恰当的授权和批准，确保利益冲突得到适当的管理。 • 保护少数股东的权益不受控股股东的侵害，赋予少数股东有效的救济手段。 • 允许公司的控制权市场以透明和高效的方式运作。
有效发挥机构投资者、股票市场和其他中介机构的治理功能	• 促进和支持机构投资者与其被投资公司的接触与沟通，以受托人身份行事的机构投资者应披露投票政策和公司治理相关政策，包括决定如何使用投票权的程序。 • 机构投资者的投票代理人应充分考虑股份受益人的利益和诉求。 • 以受托人身份行事的机构投资者应披露他们如何管理可能影响关键所有权行使的重大利益冲突。 • 对于为投资者决策提供相关分析或建议的实体和专业人员，如代理顾问、分析师、经纪人、ESG评级和数据提供商、信用评级机构和指数提供商（如受监管），披露应尽量减少可能损害其分析或建议诚信度的利益冲突。 • ESG评级和数据提供商、信用评级机构、指数提供商和代理顾问使用的方法应透明且公开。 • 执行相关法律法规的规定，禁止内幕交易和操纵市场。 • 跨境上市的公司，应明确披露适用的公司治理法律法规；在交叉上市的情况下，确认主要上市地上市要求的标准和程序透明并记录在案。 • 股票市场应具备公平有效的价格发现功能，作为促进公司治理的手段。
充分透明的信息披露	• 充分披露投资者需要的重要信息。 • 应根据国际公认的会计和披露准则编制和披露信息。 • 应由独立、称职和合格的审计师根据国际公认的审计、道德和独立性准则提供年度外部审计，以便向董事会和股东提供合理保证，确保财务报表在所有重大方面按照适用的财务报告框架编制。 • 外部审计师应向股东负责，并对公司负有责任，审计应当符合公众利益，并尽到应有的专业主义。 • 应为信息使用者提供平等、及时和具有成本效益的获取相关信息的途径。
尽职高效的董事会	• 董事会成员应在充分知情的基础上，诚信、勤勉和谨慎行事，以公司和股东的最大利益为出发点，并考虑利益相关者的利益。 • 如果董事会的决定可能会对不同的股东群体产生不同的影响，董事会应公平对待所有股东。 • 董事会成员应遵循高道德标准。 • 应保障董事会履行其关键治理职能。 • 董事会应能对公司事务做出客观独立的判断。 • 为了履行职责，董事会成员应能够获得准确、相关和及时的信息。

续表

一级要素	二级要素
公司治理应保障可持续发展和韧性	• 可持续性相关的披露必须一致、可比、可靠，包括回顾性和前瞻性的重要信息，理性的投资者认为这些信息将对于投资或投票决策是重要的。 • 应当允许公司、股东和利益相关者开展对话，以针对公司经营战略有关的可持续性事项和对于重要性（Materiality）标准的评估交流看法。 • 应当确保董事会在履行关键职责的过程中充分考虑重大的可持续性风险和机遇，这些关键职责包括评估、监督、指导治理实践、披露、战略、风险管理和内部控制系统，以及与气候相关的物理风险和转型风险。 • 应当考虑利益相关者的权利、角色和利益，鼓励公司、股东和利益相关者积极合作，以创造价值、提供优质工作、打造具有可持续性和韧性的公司。

五、参考对标案例

（一）淡马锡[①]

淡马锡控股公司（以下简称淡马锡或淡马锡控股）是新加坡财政部全资持有的大型国有控股公司，目前在全球9个国家设有13个办事处。从1974年成立至今，淡马锡控股及其参股的"淡联企业"一直是全球国有资本出资企业追求持续卓越的标杆与典范。作为国有控股公司，淡马锡不仅切实贯彻了新加坡政府的经济政策，极大地促进了本地产业发展，成为新加坡经济的中流砥柱，而且难能可贵地实现了企业的长期盈利与价值增长，做到了国有企业社会责任与市场价值的有效平衡。2023财年，淡马锡的投资额为310亿新元（约合1659亿元人民币）。

究其根源，淡马锡的成功离不开领导层确立和坚持的治理理念与治理模式。在淡马锡集团的治理结构中，淡马锡控股类似我国国务院国资委的地位，其公司治理之道值得我国大型企业借鉴，如图2-10-2所示。

1. 治理理念

董事会在公司治理结构中处于中枢位置，淡马锡董事会可以视为承接国家意志与企业经营决策的中转枢纽。对于国家意志如何有效地体现在企业治理层面，以及董事会意志如何有效地体现在经营层面两大关键问题，世界各

---

① 根据淡马锡官方网站公开信息及淡马锡2023年度报告整理。

国的国有企业都在积极探索。新加坡政府与淡马锡控股在此方面有着独到的理解与实践。

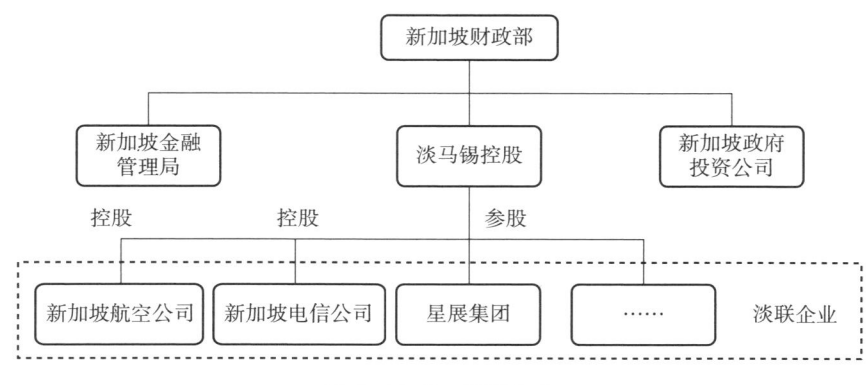

图 2-10-2　淡联企业

（1）政府与企业：以政府为引导、以市场为主导。对于国有企业治理结构的设计，厘清政府与企业的权责边界永远是最核心的议题。新加坡政府十分重视市场化运营与专业化管理对国有企业持续健康成长的重要性，奉行"无为而治"的理念，不参与或指导淡马锡具体的投资战略、投资决策或其他商业决策，而是通过评估淡马锡的长期回报，要求董事会对淡马锡的整体业绩负责。同时，新加坡政府还规定了国有控股公司不得享受任何特权与优惠，进一步推动国有企业在自由市场竞争中博取利润。此外，淡马锡自身也将市场化、专业化作为核心治理理念。在2009年修改的公司章程中，淡马锡强调自身是一家按照"商业原则"管理的投资公司，并放弃了旧版公司章程中"保护新加坡长远利益"的相关说法。淡马锡原总裁何晶女士在淡马锡成立30周年的演说中指出，"政府一开始就支持国有企业自主运作，不干涉企业的专业化经营和经营策略的制定，是新加坡国营事业成功的最主要原因"。

（2）淡马锡与淡联企业：完善董事会构建、放手经营决策。基于相同的逻辑，淡马锡对其投资的淡联企业也奉行类似的"无为而治"理念，根据对内涵价值的评估，通过增持、减持或维持现有投资来管理投资组合，以提高经风险调整后的长期回报，坚持不干预投资组合公司的商业决策或运营，也不会为投资组合公司的责任和义务提供财务担保。淡马锡相信，真正能帮助企业成长的最好方法是为其配备商业经验充足、深谙专业领域、具备较强市场开拓能力的董事会，加上表现突出的企业管理层和全心投入的企业员工。淡马锡主张董事会独立于管理层，以实现对管理层的有效监督。这一理念还包括建立由独立且经验丰富的非执行董事占多数的董事会，履行对管理层的监督职责。

2. 治理架构及机制

淡马锡的治理架构主要包括董事会、高级管理层两个层次，董事会和高级管理层分别设有以提高决策效率为目的的多个专门委员会（图2-10-3）。

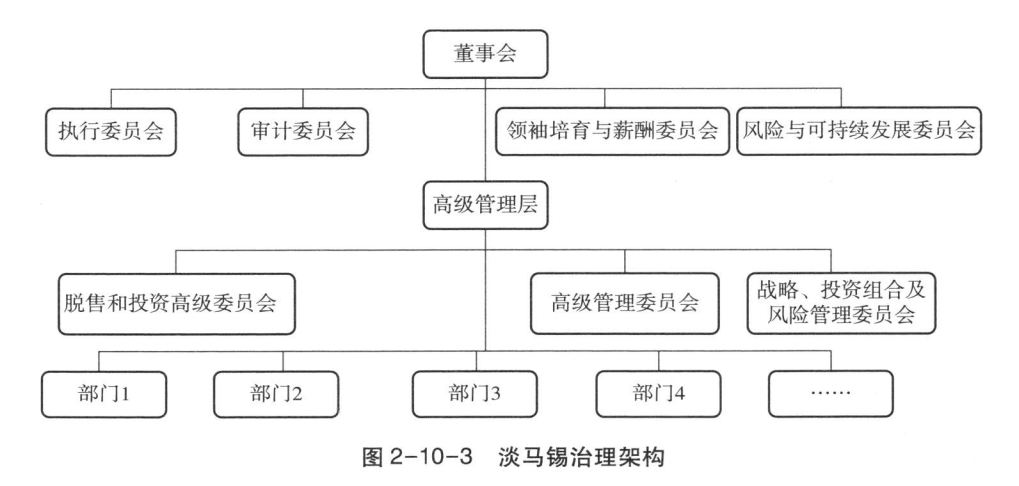

```
                          董事会
    ┌────────┬─────────────┼──────────────────┬──────────────────┐
 执行委员会  审计委员会              领袖培育与薪酬委员会   风险与可持续发展委员会
                          │
                        高级管理层
    ┌──────────────────┬──┴───────────┬──────────────────┐
脱售和投资高级委员会        高级管理委员会        战略、投资组合及
                                              风险管理委员会
    ┌────────┬────────┬────────┬────────┐
  部门1     部门2     部门3     部门4     ……
```

图2-10-3 淡马锡治理架构

（1）淡马锡董事会构成及选聘。

①董事专业背景多元化，独立程度高。据淡马锡2023年度报告，董事会由来自世界各地的13名董事组成，每名成员博学多才、经验丰富，具有国际化视野。董事会成员85%为非执行独立董事，全部为来自私营部门的商界领袖，专业/行业背景覆盖金融、能源、电信、国际贸易、法律、财务、技术创新及数据、气候与环境等众多领域。执行董事2人，来自淡马锡的管理层或淡联企业领导层，熟悉公司的市场现状与发展脉络，既是公司战略的制定者，也是最核心的执行者。董事会下设四个专门委员会：执行委员会、审计委员会、领袖培育与薪酬委员会和风险与可持续发展委员会，各委员会的主席均由一名独立于管理层的非执行董事担任。协助董事会执行监督职能的审计委员会全部由独立董事组成，且审计委员会主席为毕马威新加坡前执行合伙人。淡马锡董事长为非执行董事，且CEO由与董事长相互独立的不同人选担任，确保适当的权力平衡及董事会对管理层监督的有效性。

②董事任职时间普遍较长。淡马锡的13名董事中，有5名董事在淡马锡的任职时间接近或超过10年。其中，董事长兼任执行委员会主席、领袖培育

与薪酬委员会主席，副董事长兼任执行委员会委员、领袖培育与薪酬委员会委员，任职时间均超过10年；审计委员会主席、风险与可持续发展委员会主席在董事会中的任职时间均接近10年，十分熟悉淡马锡的经营和管理情况。

③董事及高管选聘机制。领袖培育与薪酬委员会负责审议领袖发展计划，向董事会推荐董事和高管人选。董事会对董事变更和CEO的委任及继任计划拥有提名权。独立董事按市场价值与原则聘任，旨在确保淡马锡在世界范围内进行资本运作与各项战略投资的合理性与有效性。新加坡政府以股东的身份在《新加坡公司法》下行使对淡马锡董事会成员任免或续任的批准权力。为了确保淡马锡董事会成员和CEO的诚信，以保护累积的国有储备金，董事会成员的任免或续任及CEO的任免需获得新加坡总统的同意。

（2）淡马锡薪酬激励机制。淡马锡对标全球、区域和当地相关市场，制定市场化的薪酬激励机制，致力于培养高效绩优、有担当的机构文化。淡马锡薪酬框架强调长期利益高于短期利益，在不同经济周期内确保管理层、员工与股东的利益一致。薪酬结构包括短期、中期和长期奖励，中长期奖励占据年度薪酬总额的主要部分。递延奖励和回拨机制是淡马锡薪酬框架的重要组成部分，且高级管理层被递延的奖励相对更多。长期奖励最长可递延12年派发，取决于市场风险和回拨机制，且考虑了在不同市场周期内回报的可持续性，例如，部分长期奖励与投资组合碳减排目标挂钩。

（3）子公司董事会运作。根据《新加坡公司法》要求，淡马锡根据自身持股比例，推荐淡联企业董事会人选，最终由股东大会选举通过。淡马锡主张淡联企业董事会独立于管理层，以实现对管理层的有效监督。这一理念包括建立由独立且经验丰富的非执行董事占多数的董事会，履行对管理层的监督职责。淡马锡支持具备丰富商业经验的高水平、多元化人才所组成的董事会，同样鼓励投资组合公司的董事会物色并考虑具有相关背景与经验的潜在董事人选，并对董事会的继任计划进行年度评估。

新加坡国立大学商学院治理与永续发展研究所（Centrefor Governance and Sustainability，CGS）的研究发现，相比非淡联企业，淡联企业更加重视独立董事，董事会中独立董事比例明显高于非淡联企业，且淡联企业董事长为非执行董事的比例（大于80%）远高于非淡联企业（小于1/3）。另外，大多数淡联企业至少有一名具有相关行业经验的独立董事。同时，淡马锡关注实现长期可持续的价值，原则上不参与淡联企业的战略及经营决策，而是通过对淡联企业半年报与年报的审核，对其经营状况做一年两次的审查与评估。CGS

研究发现，淡联企业已普遍对董事（包括执行董事和非执行董事）和 CEO 使用长期激励措施。

3. 可持续发展融入公司治理

淡马锡将可持续发展视为一切行动的核心理念，致力于实现长期可持续的价值，并以此为基础制定机构运营战略，塑造投资组合，并与投资组合公司交流合作以推进业务的可持续发展。

（1）董事会的监督。淡马锡于 2022 年 1 月成立风险与可持续发展委员会，旨在进一步强调可持续发展理念与实践所带来的机遇和风险，具体包括气候变化及金融、声誉、营运与网络风险。风险与可持续发展委员会协助董事会履行监督职责，审议投资组合的风险偏好和风险承受能力，ESG 重大事项，风险管理和可持续发展框架及政策，与风险、可持续发展和 ESG 相关的重要公开声明等。针对风险和可持续发展相关事项，风险与可持续发展委员会在必要情况下会与审计委员会、领袖培育与薪酬委员会等董事会其他常设委员会协调。

（2）高级管理层的监督。高级管理层下设高级管理委员会、脱售和投资高级委员会，以及战略、投资组合及风险管理委员会。通过下属专门委员会，高级管理层负责监督淡马锡的团队和投资组合。

1）高级管理委员会负责审查与制定整体管理组织政策。高级管理委员会制定了淡马锡道德与行为守则（T-Code），并设立道德委员会协助该行为守则的执行。淡马锡全体员工需遵守并履行该行为守则。

2）脱售和投资高级委员会在进行投资和脱售决策时，会考虑与气候相关的风险和机遇，并对管理和塑造投资组合进行其他相关决策。

3）战略、投资组合及风险管理委员会负责监督 ESG 政策，并将气候变化等 ESG 因素融入公司战略、投资、风险和运营管理流程中。

（3）职能管理与伙伴关系。淡马锡的可持续发展团队与各部门及生态系统合作，确保可持续发展是一切行动的核心理念。该团队建议、拟定并执行应对气候变化的战略，同时打造具有气候韧性的零碳排放投资组合。团队还与内外部利益相关群体携手，促进形成对气候发挥长期积极影响作用的投资，合作推进全球进程，构建面向未来的可持续发展机构。

淡马锡设立 ESG 专门投资管理部门，旨在将投资活动中纳入可持续发展的相关考量。这一职能部门汇集 ESG 研究、数据及 ESG 专家，与投资团队分享对重大 ESG 议题的分析结果，与公司交流见解，确保投资组合面向未来，落实 ESG 的最佳实践。

（二）中国神华[①]

> 中国神华能源股份有限公司（以下简称中国神华）成立于 2004 年，截至目前已发展为全球领先的以煤炭为基础的综合能源上市公司。公司坚持"建设具有全球竞争力的世界一流综合能源上市公司"发展战略，建立健全中国特色现代企业制度，不断完善公司治理机制，落实董事会职权，深化企业改革，切实维护投资者合法权益，为可持续发展打下坚实基础。2022 年 1 月，中国神华入选国务院国资委国有企业公司治理示范企业名单；2022 年 8 月，入选《财富》中国 ESG 影响力榜。2022 年，中国神华营业收入超过 3445 亿元。

1. 党的领导融入公司治理

中国神华推动党的领导与公司治理有机统一，党的建设与改革发展深度融合，以一流党建引领一流企业建设，为公司改革发展提供坚强政治保证。党委会与董事会均为公司治理主体，但各司其职、各负其责，既有区别也有联系。中国神华党委会发挥把方向、管大局、促落实的领导作用，董事会承担定战略、做决策和防风险的治理职能。董事会决策的重大经营管理事项，由党委会进行方向性的前置把关，把关重点是判断决策事项是否符合党的理论和路线方针政策，是否契合党和国家的战略部署，是否有利于提高企业效益、增强企业竞争实力、实现国有资产保值增值，是否维护社会公众利益和职工群众合法权益。党委会前置研究讨论不同于前置决定，不代替董事会决策。

在实际运行中，中国神华及时深入学习党的最新讲话及文件，并定期召开全面从严治党会议，持续加强政治建设；通过完善党委会前置研究程序，深化党的建设和公司治理的深度融合；同时，制定宣传思想工作重点任务清单，在集团范围内开展党建宣传教育。

2. 董事会构成及运作

截至 2022 年底，中国神华董事会由 8 名董事组成，下设战略与投资委员

[①] 根据中国神华 2022 年度报告及中国神华 2022 年环境、社会责任和公司治理报告整理。

会，审计与风险委员会，薪酬与考核委员会，提名委员会和安全、健康、环保及 ESG 工作委员会，5 个专门委员会就各自专门领域为董事会提出决策意见。

（1）董事会多元化和专业能力。中国神华董事会提名委员会制定《董事会成员多元化政策》，多元化基础包括但不限于性别、年龄、文化及教育背景、种族、技能、知识及专业经验等方面。提名委员会定期检讨董事会的架构、人数及成员多元化，并就任何拟做出的变动向董事会提出建议。

截至 2022 年底，中国神华董事会构成为 2 名执行董事、2 名非执行董事、3 名独立非执行董事及 1 名职工董事；其中，有 7 名男性董事和 1 名女性董事，7 名董事来自中国内地，1 名董事来自中国香港特别行政区。董事来源于不同行业，专业领域覆盖能源、法律、经济、会计、运输、审计与风险、ESG 等，每名董事的知识结构和专业领域既具有专业性又互为补充，有益于保障董事会决策的科学性。表 2-10-3 展示了董事会成员在专业技能或知识、经验等方面的情况。

表 2-10-3　中国神华董事能力矩阵

领域	技能及经验	董事数/人
能源	拥有多年大型煤炭、发电类企业、资产或项目的运营管理经验。	3
运输	拥有多年国内铁路、港口、航运企业运营管理经验。	2
战略管理	负责或参与过企业有关长远发展方向、目标、任务、策略等的制定和实施。	2
经济与金融	为经济学或金融学领域的专家或资深人士，负责或参与过相关研究或企业内部相关管理。	1
财务与审计	拥有企业财务管理、审计方面的经验，或为该等领域的专业人士。	1
风险管理	拥有企业风险与内部控制管理方面的经验，或为该领域的专业人士。	2
法律	法律方面的专业人士，或拥有企业法律事务管理方面的经验。	2
ESG 管理	拥有企业 ESG 管理或 ESG 风险管理方面的经验。	4

（2）董事会独立性。中国神华 3 名独立非执行董事分别担任审计与风险委员会、提名委员会、薪酬与考核委员会主席。审计与风险委员会全部由独立董事构成，主席为审计、会计行业资深专业人士。提名委员会和薪酬与考核委员会独立董事比例均为 2/3。

公司制定和实施多项机制以确保独立董事发表高质量的独立意见。这些机制包括：独立董事有权聘任独立财务顾问，就重大关联交易议案提出建议；

开展多种形式的调研活动，到生产经营现场实地考察；利用公司办公系统查询所需相关信息；通过信息化手段，定期收取董监事专报、股票动态周报等公司报送的资讯，以获得决策参考信息；获取公司管理层的通信录信息，方便随时与管理层沟通信息等。

3. 可持续发展

中国神华持续完善ESG治理架构和运行机制，将可持续发展理念融入企业战略并贯穿整个业务环节，积极回应利益相关方要求和期待，努力履行社会责任。

（1）ESG治理架构。中国神华的ESG治理体系覆盖本部及各所属企业。董事会为ESG工作的最高决策机构，负责整体规划及重大事项决策和部署。董事会下设安全、健康、环保及ESG工作委员会，主要负责监督公司安全、健康、环保及ESG工作计划的实施，就影响公司安全、健康、环保及ESG工作领域的重大问题，包括但不限于员工发展、气候变化、生物多样性及水资源管理等向董事会或总经理提出建议；监督检查公司ESG相关事项的识别、评估、管理过程和相关目标的推进进度等。

公司管理层成立安全环保组、社会贡献组和企业治理组，负责ESG策略的推进及实施，涉及能源供应、节能减排、安全生产等议题。ESG工作办公室负责统筹协调和推进落实日常ESG管理工作。所属企业按照ESG管理制度和流程开展相关工作。

（2）明确ESG管理目标。中国神华制定2020—2025年温室气体排放、污染防治、能源使用、用水效益等四个方面的管理目标（表2-10-4）。

表2-10-4 中国神华2022年度ESG管理目标

项目	管理目标		2022年比2020年
温室气体	碳排放总量	于2030年前达到峰值	上升30.8%
污染防治	化学需氧量（COD）排放量	以2020年为基准到2025年降低4%	降低12.8%
	火电SO_2排放绩效	以2020年为基准到2025年降低2%	持平
	火电NO_x排放绩效	以2020年为基准到2025年降低2%	降低14.3%
	火电烟尘排放绩效	以2020年为基准到2025年降低3%	降低23.1%
	一般固体废弃物综合利用率	以2020年为基准到2025年提高5个百分点	提高22个百分点

续表

项目	管理目标		2022年比2020年
能源使用	万元产值综合能耗	以2020年为基准到2025年降低0.8%	降低13.4%
	供电标准煤耗	以2020年为基准到2025年降低1%	降低3.3%
用水效益	污染水利用率	以2020年为基准到2025年提高5个百分点	降低0.69个百分点

中国神华每年编制年度环境、社会责任及公司治理报告，并聘请独立第三方专业机构对ESG相关的关键绩效指标进行鉴证。

（3）ESG指标被纳入高管薪酬考核体系。中国神华梳理香港交易所、大公责任云上市公司ESG指数、MSCI-ESG评级、标普道琼斯指数、穆迪ESG评级等主流监管评级指标，结合自身运营实际，整合建立了覆盖碳排放、污染物排放、能源消耗、水资源管理等主要指标的ESG目标管理体系，并将ESG指标纳入管理层和所属单位年度绩效考核体系中，其中安全生产和环境保护作为约束性指标，完成年度目标不加分，未完成扣分；其他ESG指标如公司治理、"双碳"目标落实、绿色矿山建设、科技创新等作为个人业绩指标，考核分数占比约为30%。

（4）可持续发展理念融入供应链管理。中国神华将履行可持续发展理念融入供应链管理要求之中，全面评估并有效规避供应商ESG相关风险，促进供应商不断提高环境保护意识，践行绿色发展理念。

公司制定了《绿色采购办法（试行）》和《供应商环境、社会及公司治理（ESG）管理办法（试行）》，规范供应商ESG风险管控机制与采购流程管理，范围涵盖全体供应商。中国神华要求供应商注重环境保护，鼓励供应商制定与自身业务相关的环境保护政策；供应商应在生产及供应产品和服务时合理使用自然资源，严格控制污废物排放符合业务运营所在地（国）标准；鼓励中国神华各子（分）公司与在环境保护方面表现优异的产品或服务的供应商开展合作。

公司实行供应商分级管理制度，从行业类型、采购金额两个维度对供应商进行ESG风险等级评估，识别出高、中、低三种风险等级的供应商，并对高风险等级的供应商采取更加严格的准入和评估机制（表2-10-5）。

表 2-10-5　中国神华供应商准入机制与审核评估

环节	评估内容
准入	在供应商准入环节，公司要求供应商提供有关产品质量、职业健康、环境保护、数据安全等方面的认证情况（包括但不限于 ISO 9001 体系认证）。
风险管理与考核评估	供应商考核内容涵盖企业管治、环境绩效表现、服务质量等方面，最终得分将作为下一阶段供应商分级管理的依据。公司不定期邀请高风险供应商填写"供应商 ESG 问卷"，及时进行评价更新与结果反馈。对于优秀供应商给予奖励，不合格供应商要求其限期内改正，否则予以退出处理。
退出	公司对 ESG 评价分数低于 60、虚假回复 ESG 问卷或不能提供所获认证的相关材料、违反供应商行为准则，以及出现重大环境污染事故、重大安全生产事故、重大社区纠纷等 ESG 事件的供应商予以退出处理。2022 年，因违规或失信被取消资格的供应商共 4837 家，被列入重点关注名单的有 40 家。

4. 与利益相关者的沟通

根据行业动态及公司的特性、发展情况，中国神华识别出各利益相关方并为之提供直接沟通、举报、投诉的渠道，倾听他们的建议并及时回应、妥善处理。公司每周、每月定期将投资者的关注及诉求向管理层、董事会成员呈报，确保投资者的声音及时有效地向内传递，并做出相应管理策略。公司通过举办业绩发布会、股东大会，参与投资研讨会，接待内地及海外投资者来访和网络交流等方式，及时解答投资者问题（表 2-10-6）。

表 2-10-6　中国神华利益相关者沟通渠道

相关利益方	重点关注议题	沟通渠道
政府与机构监管	遵纪守法 合规经营 能源安全 可持续发展 依法纳税 带动地方经济	检查与监管 审批和审计 沟通和汇报 调研和座谈
股东与投资者	合规经营 可持续发展 收益回报 信息畅通	信息披露 公司官网和公众号 业绩说明会 路演和交流 现金分红
客户	诚信履约 品质保证 优质服务	走访和调研 满意度调查 合同履约

续表

相关利益方	重点关注议题	沟通渠道
员工	薪酬福利 员工权益保障 职业发展 健康与安全 人文关爱	职工代表大会 文化活动 定期培训 董事长培训
社区	应对气候变化 水资源保护 污染防治 节能减排 生物多样性 社区发展 公益活动 带动就业	环境影响评估 声明与承诺 环境数据采集与披露 社区沟通与交流 公众开放日 公益活动 乡村振兴 媒体沟通
行业与伙伴	商业道德 透明采购 互利共赢 公平竞争 促进行业进步 推动产业链发展	合同履约 公司采购、电子采购 业务合作 专题培训 经验交流 技术合作

第十一章 组织管理

> **世界一流企业要素九**：具有权责清晰、精简高效的组织体系，组织运营模式以"客户导向、敏捷、透明、协作"为原则，确保组织高效运转；适应技术变革，充分利用数字化手段实现组织及流程运营一体化，提高科学决策的水平和效率。

一、一流企业特征

21世纪以来，以物联网、大数据、云计算、移动互联网、人工智能、区块链等新技术为标志的数字技术革命，在宏观上改变了产业结构和经济结构，极大地提升了社会生产力；在微观上改变了企业的管理模式，提升了组织运行的效率。相较于工业化时代，数字化时代企业的外部环境发生了革命性的变化。市场化需求瞬息万变，世界一流企业在构建以客户为中心的组织及运营体系过程中，必须具备"支撑快速迭代和创新的能力"。这不仅是一项技术、产品或运营能力，还是将上述能力融会贯通，外化而成的一项组织能力，是数字化时代企业竞争力优劣的核心差异所在。就此，世界一流企业在过去10年走上了快速发展的"未来组织"的变革之路。数字化技术与全新商业模式的相互作用，深刻影响着产业价值链的各个环节。不仅研发、市场、供应链、生产运营等价值链要素，价值体系整体也在不断重构。企业外部环境的变化呈现出快速性和不确定性，速度和敏捷成为企业在数字化时代成功的关键要素，这导致工业化时代以传统的科层制为理论、以集团控制为主要诉求建立起来的组织控制模型将不再适用于数字化时代的要求。因此，企业如果想在数字化浪潮中乘风破浪，将不得不进行组织变革以适应外部环境的变化。

"未来组织"为了快速适应不可预知的环境变化，需要建立战略、组织、流程和数字化运营等"四位一体"的协同管理机制，把组织放在与战略承接、与流程融合的现代视角进行持续、动态的优化，同时需要遵循"客户导向、敏捷、透明、协作"四项基本原则。

（一）客户导向

以客户体验为中心，配置内外部资源和能力，为客户提供差异化和有竞争力的服务，授权机制更加灵活；组织及流程体系再造将围绕客户全生命周期的价值开展。

（二）敏捷

组织各职能对外部环境变化高度敏感，数字化技术将提升销售、生产、供应和服务的组织和流程效率。构建更加敏捷的、灵活的、可匹配战略的组织体系，并通过数字化平台优化业务流程体系，保证与组织模式的协调一致。

（三）透明

外部环境信息高度共享；企业内部信息、资源、能力高度透明；组织、团队愿景、目标有高度共识；工作评价高度透明；业务流程公开、透明、清晰可见。

（四）协作

既包括从集成产品开发、市场到订单、订单到回款、问题到解决的价值链端到端流程，又包括集成供应链，企业拥有全球统一、各国家区域统一和跨业务单元统一的流程层级，以及不同业务单元间差异化和个性化的流程，闭环串联，高效响应。

二、中国企业现状

组织转型普遍会遇到管理风格、人员能力、技术支撑等一系列矛盾与挑战。过去5年，德勤中国对获得中国卓越管理公司（Best Managed Companies，BMC）项目奖的58家中国领先民营企业，开展了5年的企业高管问卷调研。调研发现，"组织模式是否有效支持业务快速发展"一直位列第一大挑战。我们也研究了包括国有企业、民营企业在内的大量中国大型企业的组织转型案例，发现一些普遍的挑战，具体表述如下：

（1）总部职能定位不清晰、机构设置不匹配、授权放权不充分、流程运转不顺畅、管理方式不合理。企业内部各专业资源分散于多个部门，受制于企业内部树状组织结构及部门壁垒，自上而下的决策机制难以匹配业务的快速创新需求，部门协同过程中存在中空地带，权责无法有效落实，企业内部协同效率较低，内部资源难以进行充分、有效利用。集团下属单位在业务类型、运营模式、管理模式等方面的差异化管控模式仍需优化。

（2）在业务发展与组织管理过程中，关注维稳多于效率，相应的人员管理机制较为传统，人员缺乏流动。在面对业务模式的组织转型时，受制于现有体制的过于固化或过于松散的特性，无法有效推进组织与业务变革。

（3）当企业不断面对客户需求，且这些需求通常呈现为临时性，需要以项目制形式组织时，无论是团队的设立形成、工作实施，还是团队的结果评估、激励引导，大多都缺乏与之相匹配的组织管理、绩效考核与激励挂钩机制，难以开展规范、有序的组织管理，同时往往未能实现对团队创新的包容、鼓励与驱动效果，难以推动组织变革。

（4）长期稳定、层级式的组织架构需升级为持续动态调整、网络化的多样化组织模式，而数字化转型大大提高了组织和流程的复杂度；架构的逐步迁移、决策模式对于数据与算法的关注，以及相关技术的持续迭代等都增加了升级难度，使得业务、组织、技术任一方面的变革与调整均需从前瞻性、整体性与连贯性角度衡量。

（5）新组织模式强调对企业员工、管理层敏捷学习、设计思维、结果导向与数字化技术知识等方面的专业技能与软性能力需求，而在传统业务中，持续培养、发展团队的现有能力难以满足与承接这一需求，从而产生能力缺口与短板。IT架构以各自系统独立建设为中心，形成信息孤岛，导致交互性和拓展性不足，难以支撑组织的持续性发展；传统瀑布式流程导致整体交付的迭代速度比较缓慢，无法应对灵活多变的业务需求，从而阻碍了支持数智化时代组织运营的能力。

（6）组织模式转型需要建立统一的共识与一致的目标。在组织转型升级的过程中，更加强调与关注资源的整合与专业精深度的提升，打破现有的部门壁垒，实现资源的共享与灵活搭配。这样可以使组织更好地适应未来敏捷、灵活的业务模式。特别值得注意的是需要改变既往成功管理模式的经验与习惯，以进一步释放企业组织转型的内驱力。

（7）企业流程管理与制度规范等在与业务发展和组织管理的协调上存在脱节，缺乏基于业务价值链分析的方法，未明确流程与组织的最佳组合方式。而一流企业在设计组织时，需要密切结合企业的战略、商业模式，以及业务端到端流程体系，有针对性地安排组织资源。

三、最佳实践

从传统组织到敏捷组织的升级是企业的"转基因"工程,对领导层和整个团队都是一种考验。唯有真正建立"价值思维",让"价值导向"而不是"管控导向"驱动企业的组织设计,才能避免传统的"集团管控"方法带来的弊端,提升组织快速迭代优化能力。从传统组织向敏捷组织的转型,本质上是对于"让价值说话"的笃信,是一次企业经营文化的升级。

在全球化运营要求下,全球与区域间需要有效融合和标准化,总部与事业部间需要协调差异并实现共享,系统与数据间需要统一打通并实现洞察,上下游与合作伙伴间需要有效协同并共同发展。德勤中国观察到,一流企业的组织设计或者优化的实践包括以下几个方面。

(一)新型组织转型思路及设计方法

未来,企业运营理念转向敏捷、以客户为中心、增强一线能力方面。企业需要持续拥抱变革并迅速调整,而"适应性组织"代表了企业管理理念的根本性转变。这一理念消除了企业对结构和控制的信念,取而代之的是构建授权的"网络型团队",有效地分配并最大限度地发挥企业内部人员的潜力。通过不断从过去经验中持续学习并进行相应调整,使组织获得敏捷的特性。

在组织转型升级过程中,业务模式、组织与数字化技术三个方面需要动态互联、协同推动。这包括业务模式重构、组织保障业务落地,以及技术支撑组织升级。在处理三者关系时要坚持三个基本原则。

(1)前瞻性。组织转型过程中涉及的业务模式、组织形态、技术能力等均从公司平台化视角出发,以顺应趋势。

(2)整体性。不割裂地看待数字化转型过程中涉及的业务、组织和技术,整体思考、整体设计。

(3)连贯性。整体思考、分步建设,保证最小闭环,避免重复投入。

企业组织转型升级是一个系统化的演进过程,既要打造"硬装备",又需具备"软实力",可以从五大方面推进组织的成功转型与持续升级。

1. 从"静态"到"敏态"

在组织演进过程中,外部市场、客户需求、业务模式都在发生持续变化,因此组织需要从原有的相对静态、稳定的组织架构转变为敏态、灵活、柔性的架构与模式,以快速响应业务需求。例如,针对业务孵化的项目或任务需要随时分拆、组建部门。然而，高频的架构变化将同时给企业内部的标准化、规范化管理带来极大的挑战。为同时满足组织的灵活设置与企业的内部管理需求，企业需在不确定环境中定义确定因素，固态岗位与敏态组织的"双态"管理理念应运而生。

2. 从传统组织特征到数字化 DNA

每家企业在发展过程中都形成了独一无二的组织特征，涉及组织构成、组织运营与组织行为三个方面。然而，组织若想紧跟数字化时代的发展步伐，则需要识别组织自身特征的数字化匹配程度，并提升数字化准备度。德勤中国的研究表明，有 23 项组织特征脱颖而出，成为成熟的数字化组织具备的典型要素（图 2-11-1）。组织需要逐步将自身特征向数字化方向提升，从探索数字化、参与数字化走向深化数字化与实现数字化。

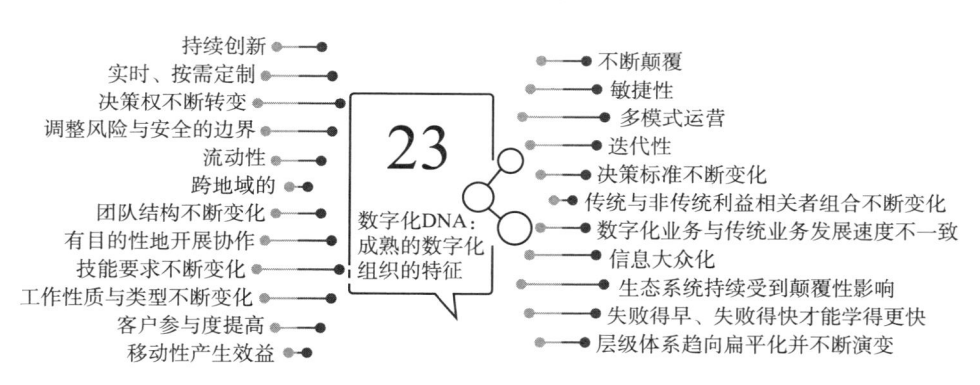

图 2-11-1　德勤中国 23 项数字化组织特征

3. 从"一刀切"的人岗匹配到"精细化"的能力匹配

随着组织的转型与核心能力要求的转变，对于组织内的个体能力要求也发生了较大的变化。在组织能力分解至岗位核心职能的同时，需要进一步梳理、细化岗位对人才的能力要求，识别人才能力缺口，针对性匹配人才获取策略，以有效落实组织能力，从而支持组织的进一步升级。

在组织与岗位重设后，岗位类型和职责可能发生不同程度的变化。对于传统业务模式有较大调整的组织职能，其所承接的职责可能发生 50% 以上的调整，包括现有职责的深化、拓展及新增职能的补充完善；对于基于新业务模式新增的组织职能，可能需要从无到有新设岗位予以承接。

在过往进行人岗匹配时，通常单纯地从职能所需的综合能力要求出发，针对性考虑人才的招聘与发展诉求,但未对能力要求进行进一步的精细化识别。针对数字化环境下的组织转型,为推进组织及人员能力的有效、快速补足,需要分层、分类细化识别各岗位所需的能力类型,特别是完全新增或有大量新增深化职责的岗位,从而有针对性地确定人才配置与发展策略。对于以专业资质等硬性技能需求为主的岗位,建议以内部人才为主,开展多手段、多渠道的专业定向培训,从而提升人员专业资质,满足岗位能力需求;对于以过往实践经验需求为主的岗位,建议主要通过外部招聘与获取补足人才缺口;对于以软性能力需求为主的岗位,则可通过内部人才的搜寻与匹配,优先利用现有资源满足岗位与能力空缺需求,实现企业内部人才的活用。

4. 从定期评估到敏捷反馈

随着组织的转型,业务工作开展方式变得更加多样化,脱离了原有固化的部门与职责,转而以项目制的形式推进,并更加关注项目团队的协同与贡献。敏捷绩效根据工作性质与内容"划小单元",高频、灵活地对工作进行实时绩效反馈,并以正向激励为导向,高效组织各类资源,激发个体潜能,实现组织与项目团队的自我组织、自我管理与自我驱动,强化多部门的工作协同,为组织转型提供有效配套措施。在敏捷绩效管理中,可以进行多次绩效目标设定与调整,同时更加关注团队业绩。绩效评价通常由多个主体完成,不仅包括直接上级,还包含员工所属工作项目团队的项目领导。对于持续发生敏态调整的组织架构和日益成为常态的项目制工作模式,从定期评估向敏捷反馈的转变无疑可以成为引导个人与组织最大化发挥自身价值,持续追求核心业务目标的有效抓手。

5. 从"紧中有松"到"松中有紧"

组织氛围与企业文化作为组织与人才生存、发展的土壤,在经历组织转型冲击的同时,也深刻影响着组织模式调整的节奏与运作效果。传统组织更强调企业内部的规范性与高效执行,类似军队式、乐团式的组织氛围成为有效支持传统企业发展的优选类型。军队式、乐团式组织氛围的特点是"紧抓严控""适度放权",企业内通常具备清晰的组织目标,以及目标的决策者、跟随者,明确界定各岗位职责分工,工作以指令传达为主,内部层级与职业发展路径清晰,员工的归属感更多地来源于身份认同。

然而,在新的经济形势、业务模式与人才环境下,企业正面临前所未有的复杂人才结构,多代际员工成为企业的突出特点,对企业组织氛围的期望也发生着重大变化。球队式、义工式组织氛围成为数字化企业更加偏好与认同的类型。球队式、义工式组织氛围的特点是"高度授权""紧控核心",企业各团队内部平等,以沟通协调式信息传递为主,认同灵活的分工模式与自驱式的任务达成,在组织中人人都是决策者,并希望得到尊重,员工的归属感更多地来源于贡献感。

随着企业的持续转型甚至颠覆重组,团队创新、协同合作的价值与重要性越发明显。企业的组织氛围也需要从原有的"紧中有松"向"松中有紧"转变,为灵活的业务模式、敏捷的组织架构和持续的人员发展提供归属感与稳定的内部驱动力。

一流企业组织转型升级的顶层设计过程,无论在哪一阶段、以何种形式进行组织转型,其根本需求均来源于企业的业务运营模式。因此,无论是在何种架构下进行组织转型,都需要对业务战略进行梳理、解读与承接,并通过逐层拆分与落实,确保架构设计与业务模式的密切贴合,以促进组织目标的最终达成。面对大型业务转型引发的组织转型,已越来越呈现为一个"综合转型方案",需要思考多个维度。德勤中国认为组织模式转型的核心在于获取"大公司平台优势",保持"小公司创新活力"。图 2-11-2 所示德勤中国组织转型设计框架在总结新型组织设计时,从立体视角明确了需要一体化考虑的重点因素,可供企业参考。

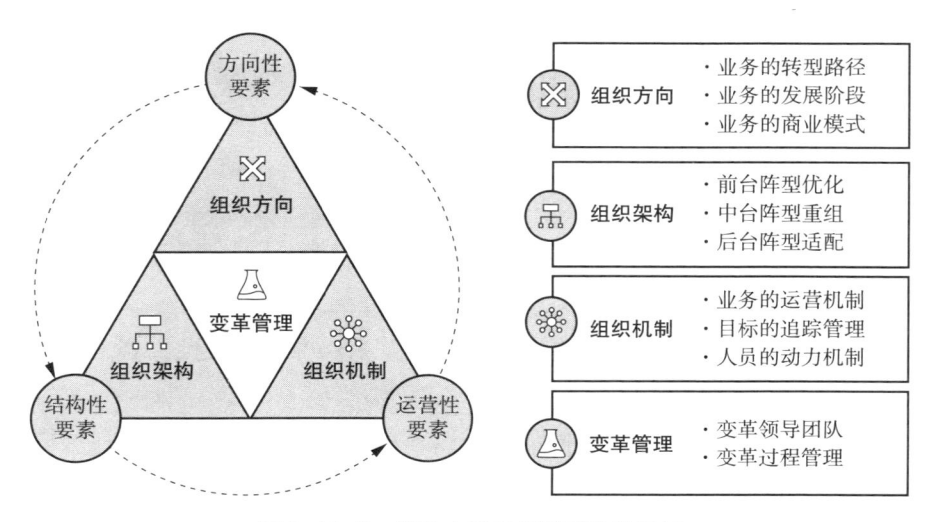

图 2-11-2 德勤中国组织转型设计框架

（二）平台型组织设计

在中国大型企业组织向敏捷型、适应型组织转型的过程中，"平台型"的组织转型是其中比较流行的方式，这类组织通常有以下三个特征。

（1）业务"插件化"。独立经营，业务经营体完全独立，对自身盈亏全权负责；自主决策，业务经营体自主设立适用于自身的业务模式和经营策略；生态参与者可自主选择加入或退出。

（2）平台"共享化"。标准化的服务或赋能，平台由具有普适性的功能模块组成，为前端业务经营体提供标准化的服务、赋能和协同；市场化的资源需要对平台资源进行"定价"，以促进平台资源利用最优化。

（3）布局"开放化"。业务共生，平台优势吸引生态伙伴参与，可能与自有业务形成协同，共生长；平台扩展，随着业务需求的升级，外部资源不断加入平台中，平台能力不断加强。

很多大型企业的平台型组织变革围绕"前台—中台—后台"展开（图2-11-3）。

1. 前台定位：面向市场与客户，实现"从0到1"的价值创造和"从1到N"的价值扩展

前台组织设计时通常包含五大职能，即市场洞察、产品策略、方案构建、客户拓展及客户服务。在满足上述价值创造与价值扩展的要求下，企业需要在前台组织设计时考虑这五大职能。

（1）市场洞察。精准把握市场发展动向一线经营主体，关注客户需求和市场变化，致力于市场研判、产品销售、用户需求的及时满足。

（2）产品策略。拓展和开发产品应用的客户场景；规划产品组合，制定产品拓展策略。

（3）方案构建。需要创建全新的产品或解决方案；为特定大客户提供整合解决方案和服务。

（4）客户拓展。开拓基于事业部的客户关系；维护与关键大客户的持续合作。

（5）客户服务。响应客户诉求，提供客户服务，及时满足客户对后续维保和迭代更新的诉求。

其中，难点是产品事业部与销售事业部（销售中心）分工合作的方式。产品事业部要完成价值从0到1的创造过程，通常包含三大职能：①产品策划，做什么产品；②产品开发，做成什么样；③产品营销，卖给谁，怎么卖。

销售事业部（销售中心）则要面向目标客户群构建完成从 1 到 N 的价值扩展过程，包括：①销售通路，如何直达目标客户；②客户关系，构建什么样的关系；③客户策划，如何扩大市场份额。产品事业部的销售相关指标，侧重利润和客户突破；销售事业部的销售相关指标，侧重销售额和市场份额。

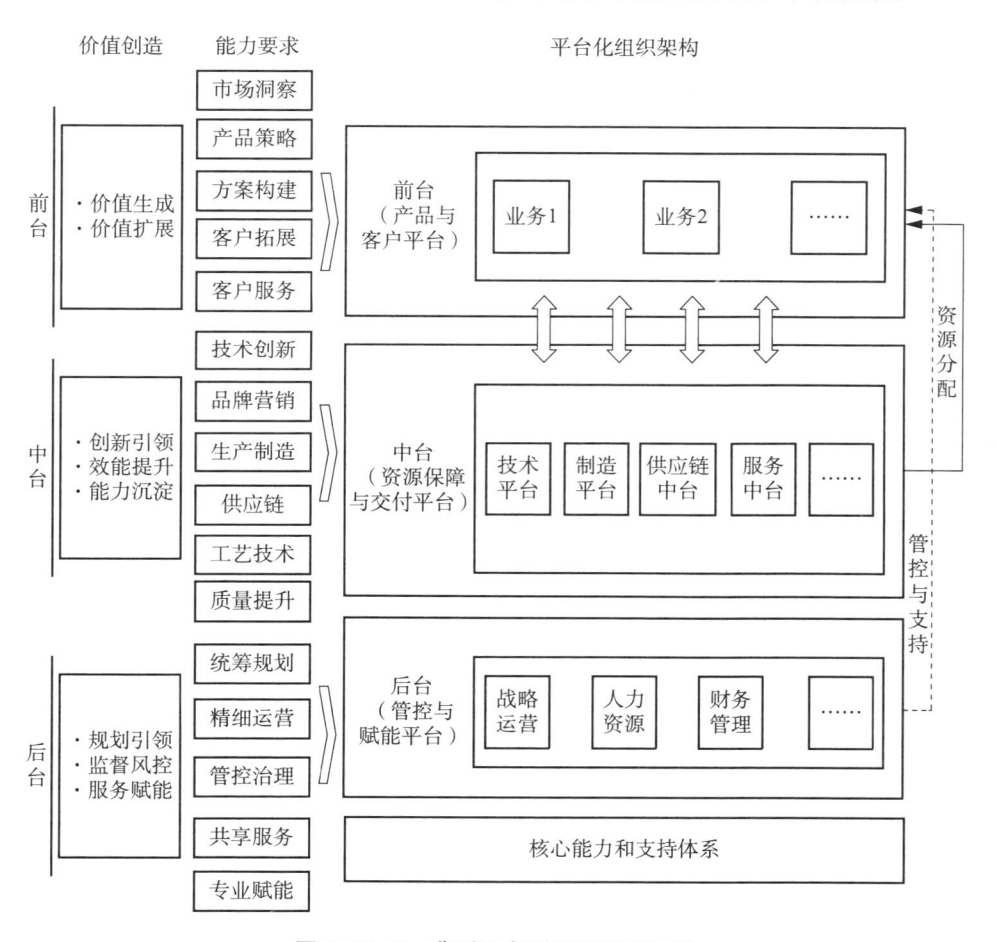

图 2-11-3　典型平台型组织架构示例

2. 中台定位：打造核心竞争力和能力复用平台，统筹集团整体通用能力建设，实现对业务一线的赋能和支持

中台组织设计时通常包含六大职能，即技术创新、品牌营销、生产制造、供应链、工艺技术及质量提升。在满足创新引领、效能提升、能力沉淀的要求下，企业需要考虑这六大职能设计。

（1）技术创新：共性技术、前瞻技术的开发等。

（2）品牌营销：新的品牌宣传和推广方法；市场营销活动策划。

（3）生产制造：打造制造中心，开展产销协同、生产管理、产能调配和统筹，以提升制造效率。

（4）供应链：打造供应链平台，强化供应链管理能力的沉淀和统筹。

（5）工艺技术：全新工艺技术的开发。

（6）质量提升：标准化质量体系。

中台组织的归属通常需要考虑一些核心要素，在保证事业部灵活性和平台化体系成本效率之间进行平衡，核心考虑产品的共通性、规模经济、专业化和敏捷性（图2-11-4）。

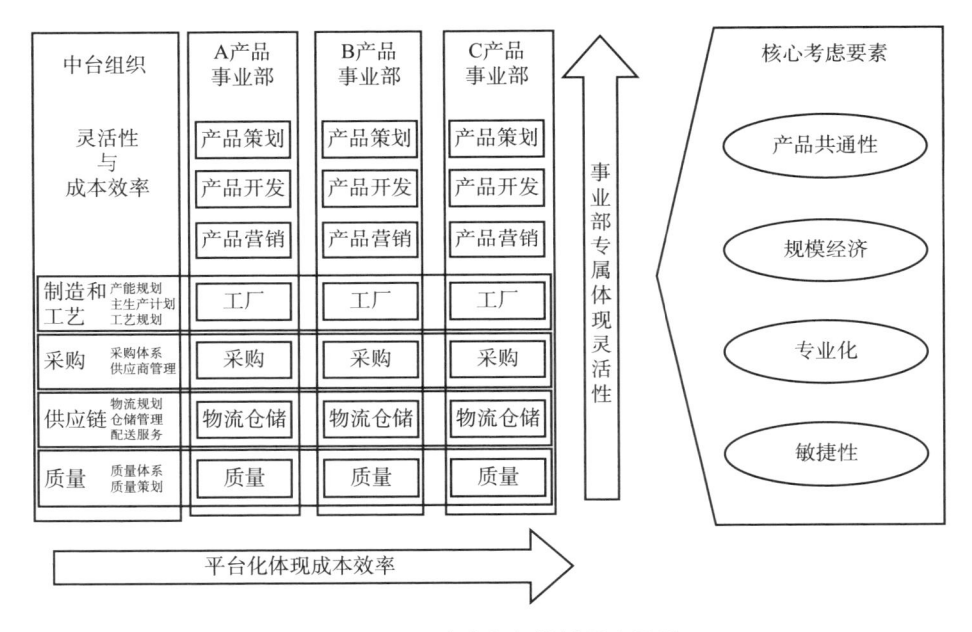

图2-11-4 中台组织设计重点示例

3. 后台定位：打造具备统筹规划、精细运营、管控治理、共享服务和专业赋能的后台组织，实现对业务一线的赋能和支持

后台组织设计时通常包含五大职能，即统筹规划、精细运营、管控治理、共享服务、专业赋能。在满足规划引领、风控监督、服务赋能的要求下，企业需要考虑这五大职能设计。

（1）统筹规划：在各专业领域进行全局性的规划。

（2）精细运营：通过严密的运营体系，追踪业绩与指标的达成情况。

（3）管控治理：对下属业务板块和远端组织进行合理的管控和授权。

（4）共享服务：在公司或区域层面，集中各专业领域的事务性服务，提供统一、标准、便捷的共享服务。

（5）专业赋能：在各职能领域打造核心的专业能力和工具，向前台、中台组织赋能。

后台组织的设计需要针对业务发展的特性，依据耦合性、专业性、灵活性、协同性四大原则进行。管理组织按专业功能划分，进行专业化管理；组织与业务紧密耦合，深度参与业务价值链环节；业务线和区域线之间价值互锁；根据各业务板块和区域特征，灵活配置组织功能。

（三）流程运营模式重塑与再造

组织转型要与业务运营模式及运营流程匹配。对于全球运营的企业，全球与区域间需要有效融合；企业与事业部间、企业与下属单位间需要协调差异、实现共享；系统与数据间需要统一打通；上下游与合作伙伴间需要有效协同、共同发展。对企业跨层级、跨地域、跨业务的流程进行整合、梳理变得十分具有挑战性。德勤中国认为，企业应有"不破不立"的信念，通过端到端的流程打通与对接，完成流程再造与变革，实现全流程的持续优化，提高组织的高效化运作水平。

借鉴全球不同国家和区域一流企业经验，企业通常需要细化到三级能力进行拉齐分析，优化形成一套全球融合各业务线、各区域特色的流程体系兼顾不同运营模式和特点，设计流程分层共性与差异并存，构建统一的全球流程模板，健全以企业愿景为驱动、以客户为导向，高阶全球一致、低阶各地适配的"四位一体"管理机制，完成数字赋能，突破发展瓶颈，多方协同升级，释放企业潜力。其中，以下几个流程最为关键（图2-11-5）。

1. 洞见到产品流程：敏捷研发，精准定位

产品的持续开发是保持高科技制造企业发展的最重要原动力。对于全球化企业，不同市场、不同目标客户的需求各不相同，企业对市场需求洞察的全面性与细致性通常有所欠缺，导致无法开发准确匹配客户需求的产品。同时，在许多企业中，产品研发相对独立，销售、供应链等部门对产品研发的可视性不足，导致无法与其他部门有效协同。世界一流企业洞见到产品流程，建立了敏捷协同的研发体系。关键是连接产品研发、市场与供应链，深度洞察产品及服务，精准识别市场需求，数模化产品设计，提升各市场本土化产品开发能力，数字化赋能供应链，完成流程闭环管理，从而实现混合式开发，保持高科技企业的高速发展。

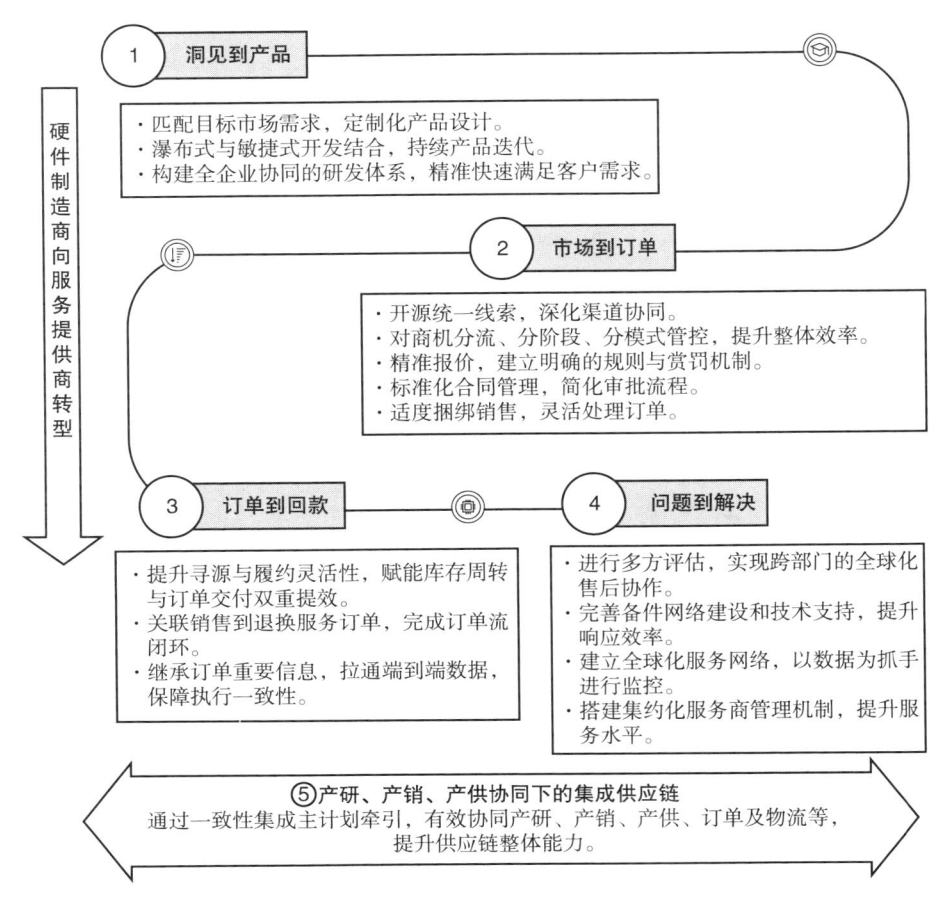

```
┌─────────────────────────────────────────────────────────────┐
│  ①  洞见到产品                                               │
│                                                              │
│  ·匹配目标市场需求，定制化产品设计。                         │
│  ·瀑布式与敏捷式开发结合，持续产品迭代。                     │
│  ·构建全企业协同的研发体系，精准快速满足客户需求。           │
│                                                              │
│           ②  市场到订单                                      │
│  硬件制造商向服务提供商转型                                  │
│  ·开源统一线索，深化渠道协同。                               │
│  ·对商机分流、分阶段、分模式管控，提升整体效率。             │
│  ·精准报价，建立明确的规则与赏罚机制。                       │
│  ·标准化合同管理，简化审批流程。                             │
│  ·适度捆绑销售，灵活处理订单。                               │
│                                                              │
│  ③  订单到回款              ④  问题到解决                    │
│                                                              │
│  ·提升寻源与履约灵活性，     ·进行多方评估，实现跨部门的     │
│   赋能库存周转与订单交付      全球化售后协作。               │
│   双重提效。                 ·完善备件网络建设和技术支持，   │
│  ·关联销售到退换服务订单，    提升响应效率。                 │
│   完成订单流闭环。           ·建立全球化服务网络，以数据为   │
│  ·继承订单重要信息，拉通      抓手进行监控。                 │
│   端到端数据，保障执行一致性。·搭建集约化服务商管理机制，   │
│                              提升服务水平。                  │
│                                                              │
│  ⑤产研、产销、产供协同下的集成供应链                         │
│  通过一致性集成主计划牵引，有效协同产研、产销、产供、        │
│  订单及物流等，提升供应链整体能力。                          │
└─────────────────────────────────────────────────────────────┘
```

图 2-11-5　流程重塑与再造重点示例

2. 市场到订单流程：深化合作，销售赋能

在市场到订单流程中，以客户全生命周期价值视角，立足提效、赋能、生态协同，增加线索来源，提高分场景商机适配度，全面赋能销售，从市场到订单全链打通，高效满足业务及客户多样化需求，实现增收、降本、可持续的战略目标。关键的流程再造点如下：

（1）开源统一销售线索，深化渠道协同。

（2）商机分流、分阶段、分模式管控，提升整体效率。

（3）精准报价，分级审批，适度授权，强化反馈机制，防止虚假立项。

（4）将合同标准化、线上化、模板化，采购合同、保密协议、市场营销合同、法务合同等类型一致化管理，简化审批流程。

（5）适度捆绑销售，灵活处理订单。在订单处理中，依据客户需求、供应情况等内外部复杂环境，对订单进行灵活处理，例如拆单、特殊订单高亮显示等，将订单的轻重缓急信息传递至供应链。

3. 订单到回款流程：闭环串联，高效响应

在订单到回款流程中，强化供应链和财务流程管理。在保留中国区特点和各业务单元特性的同时，进行全球业务流程的标准化和统一化，达成跨业务单元、跨区域的流程和平台协同，梳理与优化从订单下达、寻源、履约到退换货的规则，高效响应需求。

4. 问题到解决流程：群策群力，辐射全球

在售后服务问题到解决流程中，企业要格外注重完整的履约及服务能力，同时配套完备的备件运作网络及高度适配的呼叫中心（Call Center），设计因地制宜的售后服务模式，降低售后服务成本，提升用户满意度。

5. 产研、产销、产供协同下的集成供应链流程总体计划牵引，垂直协同

世界一流企业注重价值链的垂直整合，以提升效率与品质，发挥供应商协同作用，进行全球布局，提高供应链柔性，整合上下游，打造生态体系，增强韧性，从而建设包含一致性计划体系在内，结合产研、产供和产销的集成供应链，实现端到端的全面降本增效。

诚然，每一条流程最初都被设计得非常完美，但随着时间推移，业务需求不断变化，实际的业务流程也在随之不断变化。现实的业务流程往往和最初的设计千差万别，太多的例外情况和流程分支将业务流程交织成网状结构（图 2-11-6）。

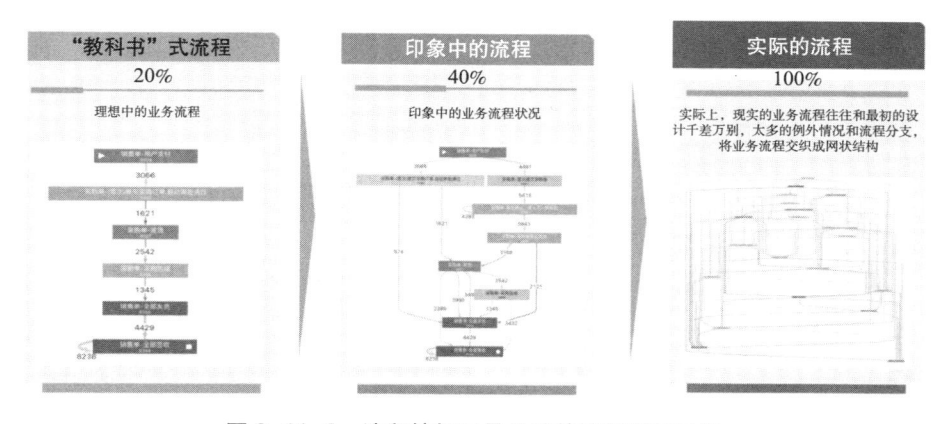

图 2-11-6　流程挖掘工具总结的流程现状示例

2004年,荷兰知名教授Wil van der Aalst就提出"流程挖掘"技术。流程挖掘是大数据技术和商业智能的结合,基于企业业务系统中的日志文件的真实数据,还原实际的业务流程,并以全动态图示的形式进行可视化呈现。作为新型技术,流程挖掘重新定义了企业数据应用的新方向,通过量化流程成本,为企业降本增效提供有效的工具抓手,助力数字化转型产业升级。区别于商业智能及传统流程改善方法和工具,流程挖掘从如下四个方面实现了较大突破,赋能业务流程改善。

(1) 全量流程路径还原。还原全量业务真实流转路径,通过减少、规范流程路径改善流程;展现端到端流程图,构建真实流程模型并持续监测过程数据,进行流程模拟预测。

(2) 瓶颈与根因分析。动态识别、分析流程瓶颈和根本原因,促进流程改善;动态、实时、主动发现需要关注的问题,深入挖掘追寻根因,关注"问题为何发生"。

(3) 组织优化符合性检查。对设计的流程与执行的流程是否一致进行执行控制符合性检查;实现数据库直连,支持组织优化并进行不断校验。

(4) 组织挖掘。分析和优化组织架构、角色、岗位、人员等流程相关资源配置;发现资源分配规则和模式,关联流程变革与组织发展问题。

[案例]

西门子全球流程挖掘主管拉斯赖·因克迈尔(Lars Reinkemeyer)博士曾说:"流程挖掘向我们展示了我们流程中的所有活动和变体。"这种透明度使西门子的团队能够根据他们的目标有效地优化流程。具体来说,第一,流程挖掘帮助企业降低流程复杂性。对于西门子这种跨国企业来说,其内部流程规模大、复杂程度高。利用以流程挖掘为核心的执行管理系统,通过查看流程挖掘创建的透明度,对流程进行评估和优化。第二,流程挖掘帮助企业提高业务自动化率。西门子借助流程挖掘手段,通过对不同变量指标进行基准测试,以自动化率、返工率和数字拟合率三个指标进行评价,切实推动业务的自动化提升。第三,流程挖掘加速企业数字化转型。通过流程挖掘这一开放平台,西门子最大限度地提升了团队执行能力,为数字化转型的未来做好准备。

越来越多的世界一流企业使用流程挖掘工具,推动企业管理成本降低,了解并改善客户体验。

（四）组织转型的关键支撑

数字化时代组织转型升级概览图，如图 2-11-7 所示。

图 2-11-7　数字化时代组织转型升级概览图

在传统层级式的组织向灵活、拼接式的组织演进过程中，岗位、薪酬、绩效和企业文化各要素需匹配组织能力需求的变化，共同构筑完整的管理体系。从组织维度来看，一方面，组织需向上承接企业整体战略规划并匹配业务模式。企业战略规划中对未来组织所需核心功能及定位有更明确的定义。组织是有效承接这些核心功能，并使这些核心功能在实际业务运作中更为高效、协同发挥功效的重要保障，进而使企业的业务经营目标得到有效达成。另一方面，组织向下与人力资源各业务领域紧密相连。组织的核心能力将逐层分解至岗位层面，构成岗位的核心职能，根据岗位的差异化价值确定薪酬激励策略、手段与职业发展路径；匹配组织核心能力的达成情况，将对应形成组织与岗位层面的绩效管理体系，牵引、驱动组织的发展方向，并与薪酬、职业发展挂钩。同时，组织的整体运作与企业文化交织融合，无论是企业整体的管理理念，还是实际运行过程中的文化导向，都将对组织的设置产生动态影响，彼此塑造。

（1）高管的充分沟通与共识。组织转型不仅是一项专业技术，还是一门管理艺术。企业的组织设计与调整离不开高管团队的支持、认可与推动。在组织转型伊始，需在高管团队内部进行变革导向的意见征询与充分沟通。唯有公司的核心管理思路形成稳固的共识，才能为后续组织架构及配套管理体系的搭建奠定基石。若管理层未能形成合力，基石不稳，则无论后续如何设计恢宏的组织蓝图，都会面临一而再、再而三地推倒重建。

（2）组织对人力资源专业领域的体系化理解。组织的转型将牵一发而动全身，影响各关联模块的管理体系与机制调整。在组织架构设计时，针对人力资源相关领域需具备全面、专业的理解与丰富的实践经验，从人力资源管理体系的联动与衔接角度进行全局把控，确保组织架构设计结果"不脱节""不落单"，确保转型的科学、扎实、系统、可落地。

（3）变革管理的贯穿始终。在组织转型时，如何平缓过渡，得到管理者、员工，甚至业务上下游合作伙伴的认可与接受，是所有企业均需面对的课题。变革管理始于理念转变，通过行为参与予以强化，并借助变革成果巩固。在组织转型初期，需保证企业内部愿景一致、转型理念得到有效宣贯，通常通过强化紧迫氛围、建立变革团队与高管共识使变革愿景实现；在转型过程中，需要通过持续沟通与价值普及、授权企业内部人员参与变革行动，开展共创，使管理者与员工主动支持变革过程；在变革初步完成后，更需充分展示变革成效，并借助知识转移与赋能培训持续巩固信念，从而深化变革，完成组织的最终蜕变。

企业组织的转型升级并非一蹴而就，而是需要持续迭代的过程。一方面，组织的变革调整不仅牵动着众多管理体系与机制的匹配变化，同时也需要人员能力、组织文化等软性因素的调整，这需要一定的过渡周期。另一方面，由于业务持续调整变化，组织架构的形式难以在较长的时间内维持不变，而需要随时准备进行敏捷、动态的调整。区别于传统的"一劳永逸"式组织转型，数智化组织转型升级更加体现"积木拼接"式特点。第一阶段着力于基础建制，将支撑组织运作的岗位体系、薪酬绩效与职业生涯发展机制进行匹配调整，铸造打磨"硬装备"；第二阶段重点推动内部人员的能力匹配与补足提升，通过内训外引，积蓄储备"软实力"；第三阶段则从企业内部经营管理理念与思路、企业文化与组织氛围角度逐步引导向数字化转变，为企业的长久、持续发展提供源源不断的"内驱力"。

四、参考对标体系

借鉴"德勤中国卓越管理企业"的评价模型，我们建议企业从五个方面入手对标评价（表 2-11-1）。

表 2-11-1　德勤中国组织管理评价体系

一级要素	二级要素	
管控模式	功能定位	弹性扩展，以用户/客户运营为导向。
	责权划分	组织体系的授权机制及责权的对等性。
管理结构	总体结构	组织形式灵活调整。
	管理幅度	各高管或部门直接领导的部门或人员数额应该适当。
	管理层级	组织层级扁平化、网络化，以提高运营效率。
组织功能	功能匹配度	组织功能在价值链上的完整性及与业务的契合性。
	功能职责	各功能的职责应尽可能地清晰明确。
	功能整合性	工作相对动态，强调能力要求；岗位之间灵活组合形成部门；能力沉淀、持续运营、敏捷响应。
部门职能	部门职责	各部门职责应完整覆盖其相应职能。
	部门规模	部门规模应与其职能相匹配且各部门规模应大体平衡。
	部门建设	定期回顾组织、岗位体系，以有效承接组织职能。
协作机制	部门协同性	团队内部交流充分、协调性强；定期目标设定是一个开放、合作的流程。
	部门间的沟通协作	管理者以领导力、感染力驱动工作开展；团队内部决策权平等；个人具备充分自主权。 工作开展关注协同合作，而非指令执行。
	跨部门非正式组织	工作相对动态，强调能力要求；岗位之间灵活组合形成部门。

五、参考对标案例

宝马集团

宝马集团是全世界最成功的汽车和摩托车制造商之一，并提供汽车金融和高档出行服务。作为一家全球性公司，宝马集团在全球设有超过 30 处生产基地；销售网络遍及 140 多个国家和地区；截至 2022 年 12 月，宝马集团在全球共有 149475 名员工。宝马集团的成功基于长远的规划和高度的责任感。凭借远见卓识，宝马集团始终将可持续发展和高效的资源管理置于战略核心，涵盖从供应链到生产，再到所有产品的全生命周期。2022 财年，宝马集团总营业收入超过 1426 亿欧元（约合 10185 亿元人民币）。

宝马全球流程挖掘中心是宝马集团在德国设立的专门负责流程挖掘和优化的部门。该中心的主要任务是通过应用流程挖掘技术和工具，发现并分析宝马集团组织内部各个业务流程中的问题和改进机会，并提出相应的优化方案和措施。通过流程结果可视化和智能化流程报告，该中心帮助企业更好地理解和传达流程挖掘的结果，并基于流程挖掘分析，识别出新的自动化机遇，以实现流程的降本提效。

对于大型企业来说，新技术的应用和实践总是谨慎的。2016 年，宝马集团的 IT 部门进行了两次流程挖掘 PoC。PoC 的周期持续了整整 12 个月，在此期间，宝马对流程挖掘技术的能力进行了全面的评估和测试。2017 年，两项流程挖掘 PoC（采购到付款流程、涂装车间流程）均取得了卓越的效果，宝马集团决定在多个领域和地区全面推广工艺挖掘技术。

2018 年，全球流程挖掘卓越中心在德国成立。卓越流程（Excellence Process）、卓越工具（Excellence Tools）、卓越运营（Excellence Operations）已成为宝马集团建立全球 IT 和数据网络的核心驱动力。截至 2023 年，流程挖掘技术已经在宝马集团总部的六个核心流程中进行了检验和实施。这六个核心流程分别是方案策划（Idea to Offer）、产品交付（Order to Deliver）、售后服务（Offer to Order and Deliver to Customer Care）、财务管理（Financial Services）、业务管理（Business Management）、资源管理（Resource Management）。

在宝马集团使用流程挖掘的几年间，流程挖掘技术的深入使用在制造生产领域产生巨大的影响。回顾宝马集团在流程挖掘上的应用探索过程，其高度创新的涂装车间流程挖掘实践是非常值得学习的应用案例。2017 年，宝马集团决定在生产过程中使用流程挖掘技术，起初管理层的动机只是基于工厂引入了一个高度创新的涂装车间。对汽车制造企业来说，新技术的采用总是伴随着各种各样的初期问题，其中最令管理人员头疼的是新涂装车间不断涌出的报废产品。涂装车间的专家们试图找出这些问题的根本原因，例如某些颜色的油漆错误、长距离跑线、返工等。但这种寻根求源通常是使用最传统的方式——观察或依靠多年的经验得出结论。专家们从每个生产步骤收集了大量数据，但对这些数据的评估通常是复杂和耗时的。除此之外，基于数据的流程监测和流程改进在很大程度上近乎空白。因此，IT 部门推荐了流程挖掘技术，这项新技术的引入，让整个游戏规则发生了改变。

首先，流程挖掘将生产过程可视化，呈现真实的生产过程，而不是计划中的流程情况或生产专家以为的流程情况。流程全貌的还原便于详细了解流程的复杂性，从而避免一叶障目。流程挖掘技术在部署后，帮助涂装车间专家们快速识别瓶颈，帮助他们看到哪些流程更改真正发挥了作用。例如，某些生产步骤的并行队列是否有助于减少吞吐量，或者这些更改是否会在流程的错误部分实现这一目标。此外，流程挖掘通过与原流程数据的实时连接来实现流程的监控，以及基于数据的快速决策，帮助减少返工，提高产品质量，降低生产成本。生产人员可以将实际过程与原计划的过程进行比较，以识别计划外的偏差及修改生产步骤的需求。对于困扰管理层的报废率问题，流程挖掘技术通过在分析中加入质量数据，可以进行基于数据的根本原因分析，将生产中的某些错误直接与相关的流程步骤联系起来，便于问题的解决和改进。

从宝马全球流程挖掘中心的应用案例中，我们可以总结以下经验：

（1）流程的透明度也许会带来痛苦和困境。流程挖掘技术不应该被用来问责，而是应该服务于企业优化流程、改进流程。员工不该因过去的不完善流程而受到处罚；相反地，每个人都应该参与流程挖掘的应用，从更好的流程中受益。让员工减轻工作负担、提高工作效率，让企业实现运营成本的下降和风险管理的更高效。

（2）新技术的引入和推广并不是一件容易的事情。对于流程挖掘来说，基于业务流程的真实数据才能够更好地体现流程挖掘的功能。具体的案例实践是传达流程挖掘功能的最好方式。企业应基于流程挖掘技术的部分试点，先验证流程挖掘工具的价值后，再进行工具的全面推广。

（3）企业应建立流程监控机制，在定期对流程进行评估和分析的同时，通过实时的流程数据获取，进行流程风险预警，将流程风险管理工作从"事后补救"向"事中预警"和"事前防控"转化。

（4）宝马全球流程挖掘中心还注重跨部门合作和知识分享，因此企业也应该重视在各部门间打破传统壁垒，从端到端流程的角度出发，共享流程挖掘的经验和最佳实践，促进组织内部的学习和协作。同时，也应学习宝马全球流程挖掘中心致力于培养具备流程挖掘技能和知识的人才，不断探索和应用新的流程分析技术以适应不断变化的业务环境和需求。

第十二章　财务管理

> **世界一流企业要素十**：聚焦价值支撑，持续深化以战略财务、业务财务、运营财务为一体的核心职能体系，以敏捷灵活性财务组织与流程为基石，以先进系统与技术为有力支撑，以复合型财务人员为核心驱动，充分释放财务管理潜能，助力企业把握业务发展机遇。

一、一流企业特征

世界一流财务管理体系以价值管理为核心定位，逐渐从账务处理向决策支撑转型，财务职能边界向外扩展，组织架构更加灵活，流程管理更为高效，数智手段更为先进，并向更多复合型财务人才敞开怀抱。

2022年3月，国务院国资委发布《关于中央企业加快建设世界一流财务管理体系的指导意见》（以下简称《意见》），指导企业立足新发展阶段要求，加速财务管理变革，支撑企业实现高质量发展。《意见》具体可概括为"1455"框架，即围绕一个目标、推动四个变革、强化五项职能、完善五大体系。重点对以下五项工作提出了创造世界一流的要求：第一，强化核算报告，实现合规精准；第二，强化资金管理，实现安全高效；第三，强化成本管控，实现精益科学；第四，强化税务管理，实现规范高效；第五，强化资本运作，实现动态优化。

《意见》的提出，基本涵盖了财务管理工作的主要方面，对企业管理具备系统的指导性。然而，要如何实现整体世界一流体系的建设，则需要全面规划，分步实施，通过财务管理角色定位的明确、管理内容的丰富、管理手段的转型升级和信息化工具的应用，实现对企业战略发展的全面支撑。德勤中国在此基础之上，从各个领域总结了世界一流企业财务管理体系的特征。

（一）财务管理定位

财务管理定位逐渐从后台走向中前台，职能定位从传统的账房先生转为战略家与业务伙伴，以实现价值管理支撑为关键导向。

传统的财务角色主要聚焦于财务核算、财务报告、预算管理、资金管理等方面。这些角色主要基于规则和管控，重在确保企业财务信息的准确性和透明度，帮助企业做出正确的财务决策。然而，随着企业运营环境日趋复杂、市场竞争日益激烈，财务管理正在经历一场深刻的转型。以核算和报告为中心的传统财务管理模式的局限性越来越明显，财务管理正逐渐向更为综合的价值管理支撑导向演进。

在业务战略伙伴定位及价值管理导向的要求下，世界一流企业财务管理的目标不仅仅是确保财务信息准确透明，财务运作模式的驱动因素不仅仅局限在降低成本，而是更多地拓展至业务财务分析决策支持。财务与业务的融合将持续加深，并且更多地聚焦于业务洞察。例如，财务向业务提供预算、预测和财务分析，帮助业务制定合适的战略和行动计划；财务通过有效的资金管理，确保企业有足够的资金支持业务的拓展和创新；财务制定与执行有效的绩效评估体系，辅助业务部门及时识别内部差距，提质增速。

（二）财务管理内容

随着企业规模的扩大和业务复杂度的增加，财务管理的职能逐渐被分化，财务工作方式经历多方面变革，财务职能边界向外扩展，逐渐形成集战略财务、业务财务、运营财务为一体的三分财务管理体系。这一变革匹配了财务组织和人才、流程和制度，以及信息和系统等三大赋能驱动因素，实现了全面提升。德勤中国的"3×3价值模型"框架及其核心要素将有助于企业进行全面的规划和思考，逐步向世界一流财务管理体系靠拢。在德勤中国"3×3价值模型"中，涵盖了上述国务院国资委《意见》中的五大职能和五大管理体系的相关内容，具体要素对比如图2-12-1所示。

1. 战略财务的形成

战略财务作为企业财务职能的核心，聚焦企业财务战略的制定，以支持整体战略目标的实现，为企业长期发展提供支持和保障。战略财务需要深入了解企业的内外部环境，分析市场趋势和竞争对手，对企业的财务状况进行监控和分析。其主要职责包含资金统筹管理、风险合规管控、专业会计职能、税务筹划及资本管理决策等。工作方式上，战略财务需与企业的战略规划部门、业务部门密切合作，参与战略决策过程，提供财务角度的建议和解决方案，共同为企业创造价值。

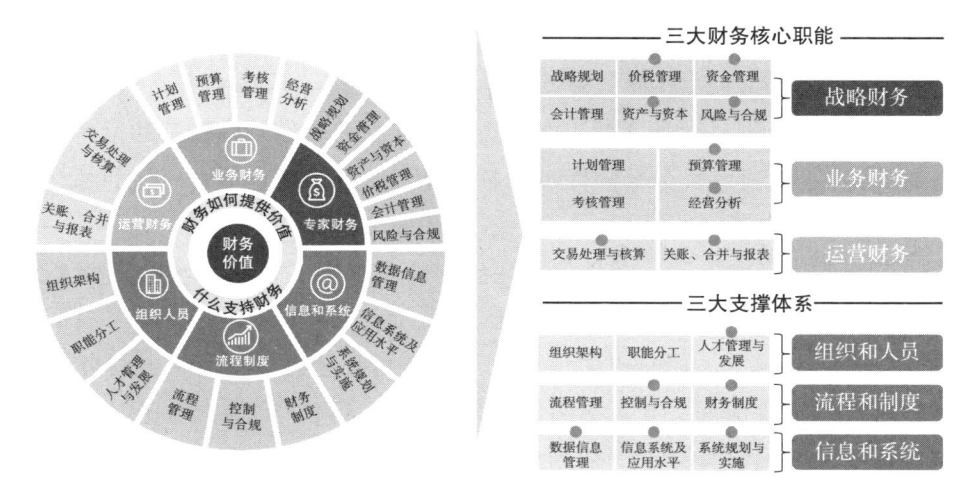

图 2-12-1　德勤中国企业财务"3×3 价值模型"

2. 业务财务的崛起

业务财务是连接财务管理和业务管理的桥梁，主要负责为企业的各项业务提供财务支持。业务财务聚焦计划和预算、绩效管理、管理报告与分析、决策支持等核心职能，帮助业务人员识别、评估和管理与业务相关的财务风险，以预算规划和预测分析保障企业资源得到高效利用，并通过绩效评估提升业务经营效率与资源配置效率。工作方式上，业务财务依赖于与业务部门的密切合作，需深入了解企业的业务流程和业务模式，为业务部门提供合适的财务解决方案。

3. 运营财务的精细化

运营财务是财务管理体系中的基础职能，主要负责如账务处理、报表编制等日常的财务核算工作。随着企业业务发展及经营环境的复杂化，企业需不断提升自身精细化管理水平，对企业内部财务流程进行优化和整合，共享财务资源，提升流程效率与质量控制，为企业的财务管理提供支持和保障。

（三）财务组织和流程

世界一流企业的财务组织与流程向敏捷性、灵活性方向变革，适配于灵活的工作模式，适应于跨部门的紧密合作。

传统的财务组织结构较为固定、层级分明，且多数工作发生在信息孤岛中，缺乏财务部门内部的合作或与业务部门的合作，这导致财务信息的有用性大大降低。世界一流的财务管理体系应当构建动态化财务组织，组织结构趋向扁平化，积极尝试财务共享等新型财务工作模式，合并处理同质财务工作，提高财务工作效率以加快管理层决策速度。与此同时，财务管理体系应重视跨部门协作，促进财务与其他部门间的沟通和合作，打破信息孤岛，促进内部信息共享与资源整合。

为适配灵活组织变革，财务流程应向简明化、标准化、自动化转变。流程重塑优化过程中，清晰定义各组织在流程中的权责利，避免权责不清、权责重影等情况；明确流程中各环节风险控制点与细化控制点，精简冗长审批与流程长度，提高流程效率；设计流程自动化异常提醒与纠偏机制，实现业财流程端到端优化。

（四）数字化手段支撑

世界一流企业财务管理体系建设以先进的信息系统与技术为支撑，以信息化驱动数字化、智能化转型。

智能化信息系统平台是企业实现财务工作自动化的有力抓手，通过数据集成、数据可视化、分析自动化等功能，实现业务财务数据快速获取、处理及分析。除传统业财系统外，以RPA、商业智能平台为代表的智能化系统平台正进一步推动财务管理工具变革。以RPA为例，该工具可以模仿各种基于规则而不需要实时创意或判断的重复流程，在电脑上不间断地执行基于规则的各种工作流程，比人类更快、更准。

除了智能化信息系统之外，以生成式人工智能为代表的先进技术正对财务领域产生不可忽视的影响。生成式人工智能能够迅速整合大量数据并即时显示数据趋势、预测和监控数据走势，实时分析交易并发现问题，实现无限、同步、持续的异常检测，及时向财务人员发出异常情况警示。

（五）复合型财务人才

财务人员是财务转型的核心力量，伴随着财务管理工作向综合性、融合性转变，企业传统的财务人才技能已不能满足新时代复合型人才要求。

传统财务人员主要聚焦核算工作，而伴随着财务数据与信息的价值凸显，在先进技术的支撑下，财务核算、财务管理、财务预测与分析等财务工作呈现相互融合的趋势。世界一流企业财务人员不仅需要了解会计准则，还需要掌握数据挖掘、分析等技术，能够从海量的财务信息、业务数据中快速提取出有利于企业发展、提升企业管理决策水平的科学信息。传统的核算型财务人员亟须向战略支撑型转变。

另外，在经济全球化的进程中，企业生存与发展的压力越发沉重，经营风险持续上升，风险控制型财务人才的重要性逐步凸显。财务风险防范不仅限于资金的收支、凭证审核等方面，还聚焦从财务工作各环节至企业各部门中全面识别显性风险与潜在风险，建立全面风险预警机制，帮助企业防范化解危机。

专业知识储备方面，财务人员不仅需掌握基础会计知识，还应兼备市场、经济、金融分析等财务相关领域知识，促进财务人员进一步理解企业发展目标与策略，培养业务敏感性，进一步释放财务潜能。

总体而言，世界一流财务管理体系聚焦价值支撑，持续深化以战略财务、业务财务、运营财务为一体的核心职能体系，以敏捷灵活性财务组织与流程为基石，以先进系统与技术为有力支撑，以复合型财务人员为核心驱动，充分释放财务管理潜能，助力企业把握业务发展机遇。

二、中国企业现状

纵观中国企业的财务管理现状，当前大多数中国企业的财务管理水平显著提升，在加快推进财务共享、司库管理、财务风险监督等方面取得不俗的成效，积累了十分宝贵的经验。但整体而言，在具体财务管理工作开展过程中，中国企业的财务管理水平与世界先进水平相比，仍存在较大差距，存在顶层规划不清晰、集团化财务管控建设不到位、资源配置功能发挥不充分、业务决策支持不足、数字化手段落后于技术进步等问题，还需继续磨炼，重点改进和提升。

（一）顶层规划不清晰，无法满足企业发展需求

顶层规划不仅是财务管理转型工作开展的基石，而且是推进财务管理体系建设的主要战略方向，通过全局的谋划，确保财务管理工作的有序开展。但当前大多数中国企业财务管理顶层规划的体系性和前瞻性相对不足，主要

体现在：其一，转型缺乏方向。部分企业财务管理发展定位不清晰，忽视企业发展战略分析对财务管理规划的输入，未全面梳理当前存在的短板与不足，未全局性地为财务管理转型明确方向，往往点状式部署财务管理工作，导致财务管理难以找准适应企业战略发展的发力点，从而无法从整体上有序建设财务管理职能，有效支撑企业战略目标实现。其二，路径不清晰。顶层规划仅有空泛的方向和目标，没有转化为落地的核心举措和实现路径。顶层规划仅为空中楼阁，规划的实现方式仍不清晰，没有明确的落地指引。其三，思想没有达成共识。未就财务管理顶层规划与管理层及执行层充分沟通，从而无法确保企业上下对顶层规划方向高度自信和坚定认同，以致无法广泛凝聚共识，确保财务管理顶层规划有效落地。

（二）对业务洞察不足，无法有效支持业务决策

在高度不确定的商业环境中，为支持企业战略的目标达成和效益提升，企业管理层对更精细化的财务分析提出了更高要求。然而，大多数企业财务人员对业务的洞察仅限于旁观，并不能基于数据分析就业务经营改善提出有效观点和合理建议。财务部门如何赋能业务战略、助力价值创造，是当前财务部门所面临的最大挑战之一。德勤中国分析认为，财务部门为业务部门提供有效洞察的难点主要有三个方面：其一，财务人员视野的挑战。大部分的财务人员依然秉持后台思维，缺乏前台引领的战略思考，对企业的战略目标与财务绩效进行有机结合缺乏清晰的认识，未能提供独立的财务、运营观点，为企业创造价值。其二，完善分析体系的挑战。部分企业财务部门缺乏支持业财联动的经营分析体系，未实现底层散落的业财信息整合，难以出具高频、量化、与业务密切相关的，下钻至客户、产品、渠道、场景等多维度、精细化的经营分析结果。其三，数据信息方面的挑战。提供及时、相关、高质量的信息是财务人员发挥效用、为企业提供有效商业建议的关键基础，但多样化的技术环境、不相关的数据冗余、不尽如人意的数据管理，以及不友好的可视化工具往往是制约财务人员提供有效业务洞察的重要因素。

（三）资源配置功能发挥不充分，无法有效支持价值创造

当前市场环境变幻莫测，培养灵活的资源配置能力是企业财务部门帮助新常态下企业价值创造的必修课。当前大多数企业的财务部门已建立预算和绩效的相关流程，但在将速度和灵活性融入计划、预算、预测和资源分配方面还需继续提升。传统的预算与绩效流程和工具的不足逐渐显露：其一，战

略参与度不足。财务部门缺乏对企业战略的深入理解和主动参与。预算目标缺乏深度和宏观性，未能与企业战略相结合。在制定预算时，企业财务部门往往只关注短期经营目标和资源投入分配，忽视了与长期战略计划协调一致。其二，前瞻性预测不足。为应对不确定性，增强财务的预测能力和快速反应能力至关重要，单一情景的年度规划已跟不上当今商业世界的变化节奏，季度滚动预测的周期已无法有效支撑商业决策的制定。

（四）集团化管控不到位，底层数据打通不足

众多大型企业集团业务规模庞大，组织层级数量多，业务范围涉及多个产业和区域。在过去业务开展和信息化建设过程中虽积累了海量数据，但在数据治理和数据应用方面，往往仍受限于信息系统"割裂"、数据存储"离散"，以及数据管理"混乱"等问题，共性的底层数据未能互通和共享，导致数据价值难以充分发挥，主要表现为：其一，数据孤岛问题严重。集团总部缺少企业级的数据仓库来统一汇总各个成员企业的系统数据。其二，数据标准不统一，数据质量整体不高。集团下属成员企业的数据口径、数据格式等不一致，导致数据存在失真、多头报数的质量问题，无法为集团整体数据应用与决策分析提供数据支撑。其三，缺乏有效的数据管理机制，无法获知集团整体有哪些数据类型、有哪些可以被使用的数据资源，导致海量数据变成沉睡数据。

（五）数字化尚在起步阶段，数字化技术应用较为初级

数字技术正以各种各样的方式改变企业的运营和发展方式。从互联网到人工智能，在企业创造长远价值的道路上，数字化转型是必然的过程。财务数字化关系着企业数智化的整体进展与成效，当前不少中国企业财务部门在积极尝试和推进财务数字化，但大多数企业尚处于起步阶段，正在进行流程自动化试点或普遍应用。根据德勤中国《2022年中国首席财务官调查报告》，在财务部门推动数字化的过程中，数字化技术主要应用于运营财务领域，应用电子发票、共享运营服务平台、财务业务中台与数据中台、智能文档识别与电子档案的企业比重分别为54%、34%、32%、31%；而数字化技术在业务财务和战略财务领域的应用尚在探索中，目前使用流程挖掘与流程数据分析技术来获得更佳财务洞察的企业比重仍较低（20%），其他更为前沿的技术，例如机器学习与算法、智能财务聊天机器人（线上咨询）等，现阶段少有企业采用。在推进财务数字化的进程中，财务部门仍面临着不少挑战，例如在

系统数据层面，集团企业系统割裂和信息孤岛问题严重，数据质量不高，标准不一致，碎片化、分散化；在数字化人才层面，数字化专业人才的匮乏及企业员工对数字化普遍认知不足等，均是束缚企业财务数字化转型的重要因素。

三、最佳实践

德勤中国结合国内外的诸多实践经验，同时基于中国企业面临的大环境及财务管理现状，提出中国企业需要将已有的财务价值管理体系进一步提升为"Value+"的财务体系。其中，有六项核心建议有希望帮助中国企业在未来充满不确定性的发展周期内培养世界一流的财务管理能力，助力企业精实增长。

（一）设计稳健的顶层财务战略，对业务的不确定性形成约束

中国企业在当下中国经济新常态下的发展需要更加关注风险。这些风险来源于充满不确定性的社会大环境、充满变化的技术革新和充满动荡的金融市场。财务需要充分介入业务，在赋能企业增长的同时把控随之而来的财务风险，诸如流动性风险、负债风险等，这种介入将从战略、管理、运营三个层面着手，形成不同层级的关键财务指标刚性约束，确保企业是在健康可控的情况下实现增长。

企业顶层财务战略设计是企业在制定长期发展战略时，对财务资源进行合理配置和利用的过程。它包括对企业未来几年的财务目标、策略和行动计划的制定，以及对财务风险的评估和管理，帮助企业合理配置财务资源，提高财务绩效，增强企业的盈利能力和市场竞争力，对企业未来可能面临的财务风险进行预测和评估，并采取相应的风险管理措施，降低企业的财务风险。

德勤中国纵观世界一流企业领先实践，设计企业顶层财务战略所必须具备的要素：一是财务人员深度参与公司业务战略目标规划和资源配置过程，并提供充分的专业意见，帮助企业厘清自己的长期财务目标。二是在宏观上精准地判断企业所处的外部环境和内部环境。根据战略目标和环境分析的结果设计相应的财务战略，包括财务资源配置策略、融资策略和投资策略等。企业根据财务战略的目标确定所需的资金规模和融资方式，包括自有资金储备、债务融资、股权融资等。三是财务风险管理。企业需要对可能面临的财务风险进行评估和压力测试，包括市场风险、信用风险、流动性风险等。四是明确的管控规则。企业需要建立相应的财务约束框架，设定财务资源配置

策略、融资策略和投资策略关键财务指标刚性约束的目标值，并有效落实到不同业务单元战略执行过程中，帮助企业在高度不确定的经济环境中实现稳健发展。

（二）打造集成的计划预算体系，对业务的多变化形成弹性

为了应对多变的市场，除了通过顶层财务战略形成约束以外，德勤中国建议中国企业构建集成的计划预算体系，其有别于过去企业谈论的全面预算。全面预算已无法完全应对当前企业面临的快速多变的环境，企业需要一套新的管理体系以便让战略与商业计划能够更有效地落地，同时能够更具弹性地面对市场的种种变化，集成计划预算体系便应运而生。其一方面更关注战略、计划、预算、预测的有效衔接，另一方面相较于过去的全面预算更重视经营过程中的调整与有效的预测，可以使企业能够更好地应对外部的变化。

集成计划预算体系要求深化战略、计划与预算的衔接关系，这不仅需要企业的财务人员具备更深刻的业务理解、更敏感的市场洞察、更精准的宏观判断，也需要财务人员充分发挥在决策支持、风险控制、资源配置和价值管理等方面的职能和技能。对标领先实践，财务人员应参与企业规划管理的全过程。财务人员负责提供权威的价值评估规则，提出基于价值创造、资源配置和财务利益相关者期望的规划，应被规划目标的提出人视为重要的合作伙伴和专家顾问。

集成计划预算体系要求更短周期、更频繁的预算编制，以应对全球经济环境的不确定性。集成计划预算以动态发展的思路，把计划预算预测视为一个连续的过程，以更短周期的预算编制、更频繁的业绩预测帮助企业快速决定资源配置。根据德勤中国《2021年计划、预算及预测全球调研》，对于大多数受访者而言，年度预算编制仍主要着眼于未来一年。然而，部分受访者（27%）认为预算编制的周期长度需要缩短到一个月至三个月，编制频率增加至每月一次或每季度一次。更短周期的预算编制、更频繁的业绩预测也为中国企业财务人员带来思考。目前存在一种观点，即在预算编制颗粒度与准确性之间找到最佳平衡点，以帮助提升预算编制效率，实现动态滚动的预算预测编制。德勤中国调研发现，不同行业的企业预算编制颗粒度有所不同，这主要取决于业务性质。消费及工业产品行业及生命科学与医疗行业的企业倾向于编制更加详细的年度预算以支持运营规划和决策。小型企业更有可能编制详细计划，而大型企业编制的计划通常处于适中详细程度。领先企业正在

按行业项目确定最合适的详细程度，从而在效率和准确性之间实现平衡。

企业全面计划预算体系的构建，除了与业务衔接更加紧密和迭代周期外，还需要有体系化的框架和体系思考，德勤中国的"6×4"全面预算管理框架可以帮助企业进行统筹思考，从而实现计划预算能力的全面提升（图2-12-2）。"6×4"全面预算管理框架包括预算目标确定、预算编制、预算执行与监控、预算调整与滚动预测、预算分析、预算考核六大职能模块，以预算管理组织、预算管理制度与流程、预算标准体系、预算管理模型/系统四大管理要素为载体。

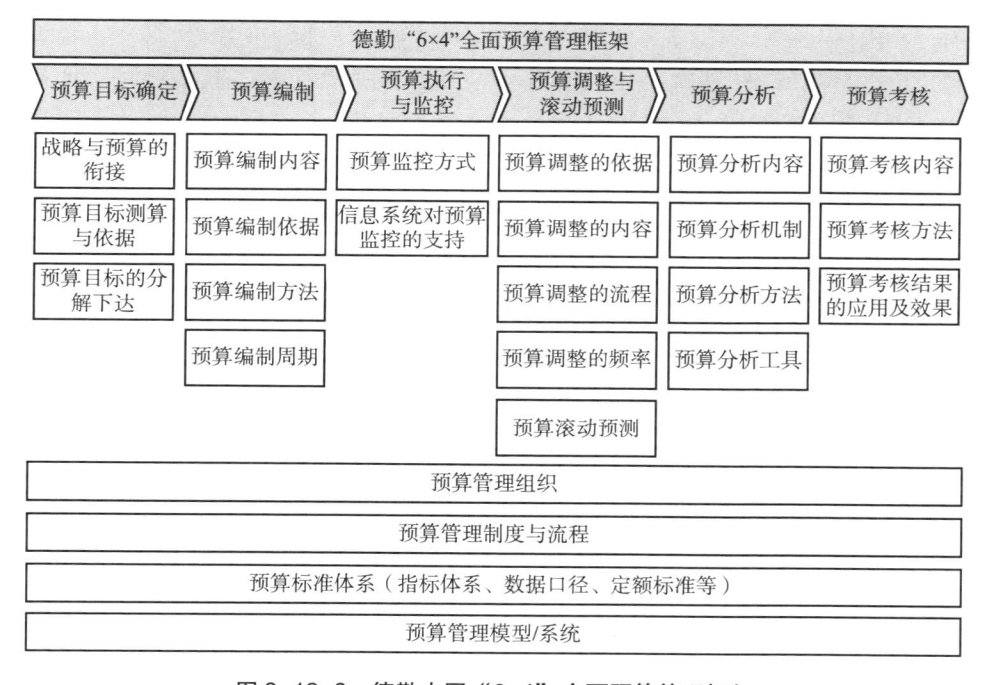

德勤"6×4"全面预算管理框架					
预算目标确定	预算编制	预算执行与监控	预算调整与滚动预测	预算分析	预算考核
战略与预算的衔接	预算编制内容	预算监控方式	预算调整的依据	预算分析内容	预算考核内容
预算目标测算与依据	预算编制依据	信息系统对预算监控的支持	预算调整的内容	预算分析机制	预算考核方法
预算目标的分解下达	预算编制方法		预算调整的流程	预算分析方法	预算考核结果的应用及效果
	预算编制周期		预算调整的频率	预算分析工具	
			预算滚动预测		
预算管理组织					
预算管理制度与流程					
预算标准体系（指标体系、数据口径、定额标准等）					
预算管理模型/系统					

图 2-12-2　德勤中国"6×4"全面预算管理框架

（三）构建全覆盖的财务业务伙伴机制，对业务的增长形成赋能

中国企业需要在未来的发展过程中进一步对标世界一流企业打造符合自身特点的精益管理能力，在此德勤中国结合诸多国内新旧企业的领先实践提出，中国企业需要构建一套全覆盖的财务业务伙伴（Business Partner，BP）机制。全覆盖指业务分类全覆盖、管理层级全覆盖和职能领域全覆盖，通过全覆盖让财务业务伙伴深入业务的各个层级，真正成为业务的"参谋"，对业务赋能，实现更有效的成本管理。

不同企业由于所处发展阶段的不同、管理水平的差异、意识水平的参差不齐，对于财务业务伙伴的提升策略可能都不一样。德勤根据多年来的经验，总结得出：财务业务伙伴的成功需要具备管理机制支撑、专业价值突出和高效架构体系三大方面要素。

1. 管理机制支撑

（1）营造文化。想要提供企业所需的商业洞见，首先要在财务部门内部营造合适的文化，以保证财务与业务合作的可持续性。首席财务官在其中的作用非常关键，通过发出"来自高层的声音"改变外界对财务部门的固有印象，对内树立财务部门在企业监管、商业咨询等多方面的信誉。[①] 财务人员也必须进行自我革新，能够在企业上下建立牢固的合作关系，具备挑战企业权威的自信心，以及渴望对企业绩效产生真正的影响，时刻准备好与业务部门一起承担企业的风险，坦然面对各种不确定的因素。

（2）技术检查。企业在实施财务业务伙伴转型前，须确保相关的财务系统功能性及自动化率达到一定的水平，以此保证财务人员能够从过去烦琐的核算控制工作中解放出来，将有限的时间聚焦于价值创造领域，更好地履行财务业务伙伴的职责。

（3）全面拥抱数据。当今企业需要在更短的时间内做出决定，未来变得越发不可预测，正可谓"差以毫厘，失之千里"。在数字化的商业环境中，有效利用企业数据将是创造和保持竞争优势的重中之重。然而，财务部门面对的数据状况通常很复杂，且很碎片化。财务部门需要打通自身作为数据的核心管理者的角色，发挥其真正的价值。

2. 专业价值突出

（1）专业知识储备。数据、系统、文化、组织等方面对于财务业务伙伴转型来说都属于支撑条件，而对于业务的理解才是财务人员转型业务伙伴的根本。企业战略、行业洞察、价值链、商业模式这些业务层关注的话题恰恰是许多财务人员所不了解的，学习和掌握这些知识是财务人员的当务之急。

（2）视野聚焦。大部分企业的财务部门都不确定从何处入手为企业创造价值，通常采取全面铺开的方式，又苦于资源的掣肘，最终取得的效果不尽如人意。若想让有限的财务资源发挥最大的效果，企业的财务业务伙伴在开

---

① 梁淑屏. 改善业财融合的九点计划［N］. 中国会计报，2015-08-07.

展服务之前必须识别出企业最需创造价值的领域，并在其中挑选三项可以立刻产生效益的关键点作为开展业务伙伴服务的首选。如此可以迅速让业务部门意识到财务业务伙伴所创造的效益，并能够迅速建立信任与信誉。

（3）主动接触。在实施业务伙伴转型的过程中，财务人员必须改变原有的思维意识。以往财务部门通常被动地接受业务部门的需求，未来财务人员必须改变原有的工作方式，从被动向主动转型，在与业务部门展开合作的过程中，勇敢地跨出第一步，主动为业务部门提供服务，替业务部门思考问题。

（4）价值可被衡量。德勤中国调查显示，大部分的企业已经意识到财务业务伙伴能够为企业创造价值，但财务部门往往不知道如何证明并衡量自己所创造的价值。这就要求财务人员学会不断展现自身能够为企业创造价值的能力，并加以量化，更好地证明自己。只有这样，才能真正赢得业务部门的信任，换取企业的长期投入，帮助财务业务伙伴真正在企业内扎根。

（5）贴近客户。财务业务伙伴作为业务部门的得力助手必须贴近客户。这里的贴近不仅仅指心理上，在转型的过程中首先需要做的是在物理距离上拉近与核心业务部门的距离。根据德勤中国的经验，大多数成功的财务业务伙伴在办公位的设置上都是紧邻企业核心业务管理层。在与业务部门共同工作的过程中，需要在满足业务部门基本需求与期望的基础上识别一些可以创造出额外价值的领域，为业务部门创造惊喜。这能够加速获得信任的过程，让业务部门感受到财务业务伙伴真正在为他们思考，想他们所想，从而真正建立合作关系。

3. 高效架构体系

（1）高效架构。在业务伙伴的实际操作中，往往受到其他责任的多重制约。绝大多数的首席财务官仍希望进一步"净化"财务部门的角色分工。业务伙伴是否应该隶属财务部门内部是一个长期存在的架构问题。虽然贴近业务的优势不言而喻，但也有人担心财务部门的"触角"未免伸得过长，所以找到最匹配企业主流文化的架构很关键。[1]

（2）简化系统。许多企业在信息化的道路上已经越走越远，但面对海量系统的疲劳轰炸，财务部门往往并没有从烦琐的财务工作中解放出来，相反越陷越深，所以企业应尽可能地简化系统，尝试采用市场上最新的技术架构

---

[1] ACCA, MA. 财务洞察：挑战与机遇（上）[J]. 首席财务官, 2015（10）：68-71.

或云解决方案，真正通过信息化提升效率。

（四）建设一体化的司库管理体系，对业务的拓展形成助力

近年来，随着越来越多中国企业"走出去"，以及外部形势的瞬息万变，许多企业越发意识到司库管理的必要性与复杂性。司库管理为企业财务管理的核心能力，德勤中国认为未来中国企业需要学习世界一流企业建立全球一体化的司库管理体系，确保海内外资金运营的畅通，有效降低企业资金使用成本及实现企业全面的资金风险可视化。

2022年3月，国务院国资委发布的《意见》强调进一步加强资金管理建设，并围绕"1455"框架，提出中央企业加快构建世界一流的财务管理体系。其中，"强化资金管理，实现安全高效"作为五项职能之一，继2022年1月发布的《关于推动中央企业加快司库体系建设进一步加强资金管理的意见》强调"不断强化资金管理的风险防控"之后，再次被重点强调。政策要求下，中央企业乃至大型企业集团纷纷采取行动，推进司库管理转型升级。

身处当下变革时代，伴随着全球政治经济环境的变化、后疫情时代的到来、数字化技术的颠覆，领先的司库管理需要具备业财整合能力、分析应用能力、决策支持能力、数字运营能力和管控创新能力，从而实现司库职能从资金交易的被动管理到智慧运营价值创造的转型升级。德勤中国总结的新时期企业司库价值构建的核心能力如图2-12-3所示。

司库价值构建的五大核心能力

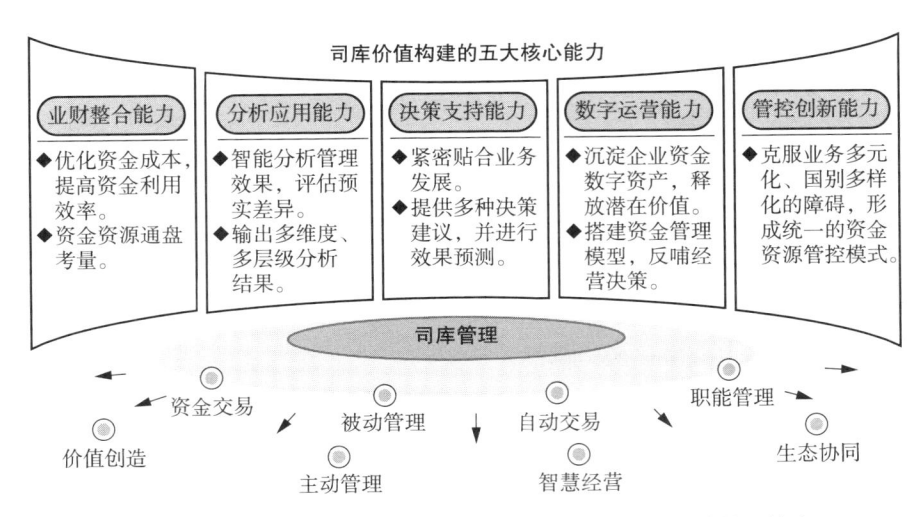

业财整合能力	分析应用能力	决策支持能力	数字运营能力	管控创新能力
◆优化资金成本，提高资金利用效率。 ◆资金资源通盘考量。	◆智能分析管理效果，评估预实差异。 ◆输出多维度、多层级分析结果。	◆紧密贴合业务发展。 ◆提供多种决策建议，并进行效果预测。	◆沉淀企业资金数字资产，释放潜在价值。 ◆搭建资金管理模型，反哺经营决策。	◆克服业务多元化、国别多样化的障碍，形成统一的资金资源管控模式。

司库管理

资金交易 → 被动管理 → 自动交易 → 职能管理
价值创造 → 主动管理 → 智慧经营 → 生态协同

图2-12-3 德勤中国总结的新时期企业司库价值构建的核心能力

为了实现上述五大能力，德勤中国纵观全球司库管理发展趋势和世界一流企业领先实践，结合目前企业的行业特点、发展阶段、管理水平，在新的转型方向驱动下，精准对标世界一流企业在司库管理领域的先进理念、体系与工具方法，强化动因分析，汲取共通性的成功要素，为大型企业集团提供参考和借鉴，归纳总结为以下四点。

1. 全球司库体系整体布局、分步实施

世界一流企业在综合考虑企业业务发展方向、业务资金流向、币种覆盖范围、各国监管及税务政策等基础上，整体规划布局企业全球司库，建立一体化的全球司库组织，凭借统一的管理模式、运作流程及共享的 IT 系统，统筹管理全集团范围内的资金，落实资金运营管理、资本市场管理、资产并购管理、资金风险控制等职能，挖潜和拓展境内外资金资源，以支持企业发展战略，实现全球资金管理的安全性、效率性及效益性。对大型企业集团而言，司库管理体系是一项系统性工程，需要对全球司库功能定位及职责范围、组织体系、海外财资中心建设、现金池设计、银行账户合理化及合作银行选择、运营体系、风险模型、资金系统与工具等方面进行整体规划并分步实施。

2. 全球化资金集中，提高资金使用效率

随着精益化理念的不断加深，对于全球资金集中在世界一流企业中已形成普遍共识。通过建立全球化运作的资金池体系、全球支付工厂等，实现全集团账户结构合理化、资金集中可视可用、对公对私集中收支结算、资金错配平衡资金压力，以准确、及时地掌握全球资金分布、存量、流量和流向，有效平滑企业流动性压力，节约资金成本。对大型企业集团而言，应根据需要建立跨境双向现金池，打通境内实体现金池、境外实体现金池和境外名义现金池，放大规模效益，实现全球范围内的资金集中、灵活调动与联动。对于管制货币国家的资金，除了通过名义现金池做到资金可视、增加合作银行信用额度外，还应从投资国家当地货币评估、地缘政治考量、人民币结算推动、投资国家资金收入再投资等角度进行投前投后的综合管理，从而实现对全集团资金的集约管理和动态监控，提高资金运营效率、降低资金成本、防控资金风险。[1]

3. 智慧化风险管理，搭建可落地模型工具

随着全球资金监管要求的日益加强，世界一流企业更加注重对"三反"

---

[1] 王亚亚. 不确定环境下探寻司库管理的"锚"[J]. 中国外汇，2022（16）：37-39.

合规风险、信用风险、操作风险、市场风险、流动性风险等风险的管理与防范。通过采用业内领先的风控模型，建立风险监控预警指标体系，配合高质量风险数据积累，实现对各类风险事前、事中和事后的全过程监控、预警及规避。对于大型企业集团而言，应结合企业特点和管理水平，搭建精细化、可落地的工具和模型。例如，大型贸易型企业集团应关注构建精细化的信用风险管理工具和模型，强化客户和供应商信用风险管理；而全球化生产制造型企业集团，更应关注构建大宗商品价格风险测量及对冲工具和模型，合理使用金融套期保值工具，做好金融风险防范。此外，企业应将体系化的管理监控和数字化的智能系统落地进行整合，有效提高风险管理的预警覆盖率。

4. 数字化技术应用，促进一体化系统整合

数字经济时代的全面到来，使世界一流企业逐渐将数字化转型视为保持行业地位与竞争力的关键要素之一。通过在司库管理领域中不断探索和应用RPA、区块链、5G、人工智能、可视化分析、数据挖掘等新技术手段，升级乃至重塑企业财资管理模式，为实现智慧司库提供更大可能。大型企业集团应主动把握新一轮信息技术革命和数字经济快速发展的战略机遇，充分进行司库数字化转型。在基本资金业务信息化管理基础上，积极拓展风险智能监控、投融资估值模型、供应链金融服务等高阶功能，实现资金业务的全面穿透监测、全球资金和金融资源的统筹配置，同时深度挖掘数据价值，进一步增强企业战略决策支撑、增长财务管控力度。建设司库系统时，应充分考虑业财资税的一体化，特别是与现有财务系统、业务系统之间的数据交互，以及与外部银行、外部交易系统的数据交互，构建业务侧、财务侧、客户、供应商、金融机构和集团各单位相互连通、信息充分共享的司库管理生态圈。[①]

（五）升级更为敏捷的会计核算体系，对业务的经营进行加速

无论是国际企业还是国内企业，近年来企业管理层对财务管理的要求不断提升，其中"加速"是一项重要的需求。可以看到，无论是日常流程还是月末结账，抑或是管理报告的出具，财务都被要求不断"加速"以适应企业的快速决策，其中最典型的莫过于企业月末/年末结账流程的日益缩短。德勤中国近年来的调研显示，全球企业在结账方面的领先级水平正在大踏步地提

---

① 杜剑，黄俊杰，谭琳. 财务公司转型与供应链金融创新——基于集团司库体系建设视角[J]. 管理会计研究，2023（6）：90-96.

升。诸多领先企业正在朝着"一日结账"的目标而努力。

作为财务管理的核心"老本行",会计核算是企业财务管理的基石。随着企业面临的大环境变化,未来企业需要更为快速的决策能力,而其中会计核算能力的强弱直接影响企业的决策力。在此德勤中国提出,中国企业需要一套更为敏捷快速的会计核算体系来支撑企业的决策加速,使企业加工数据逐步实现"实时"。为此,一方面需要企业财务从原先基础的业财一体化升级为业财集成化,深入业务前端,通过标准化、规范化等方式手段从源头解决业财衔接的问题;另一方面,构建更为灵活的核算方式来应对随时变化的业务模式,最后也要考虑到财务共享中心未来在新的体系中的重要角色。

随着业务的发展,越来越多的中国企业在布局出海,会计核算标准化需要考量新时代的企业要求,避免国内国外"两张皮两套账"、管理风险无法有效控制的情况。在国际化、标准化和规范化的原则下,建立全球会计科目体系,针对我国和出海国的准则要求,建立全球统一的会计核算体系〔业务规则梳理、会计科目编码规则(含辅助核算项)、现金流量编码、核算规范〕等,实现信息管理的及时、高效和准确。世界一流核算标准化管理体系如图 2-12-4 所示。

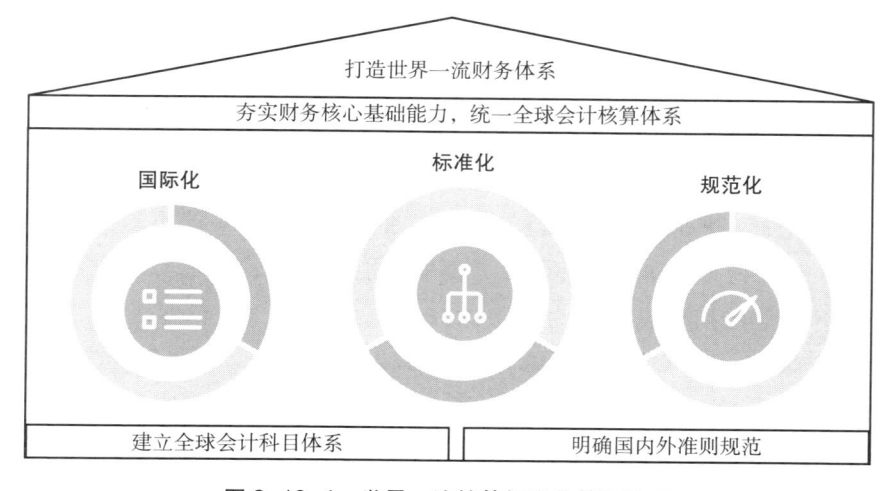

图 2-12-4 世界一流核算标准化管理体系

(六)依托更为科学的财务数字化体系,对财务的运营形成助力

数字化是近年来企业发展过程中绕不开的热门话题,财务管理的发展亦如是。未来无论是集成的计划预算体系、全覆盖的业财 BP 还是更为敏捷的会

计核算都需要依托企业强大的财务数字化工具。德勤中国建议企业结合自身的业务特点形成适合的财务数字化体系。其中，企业首先需要选择适合自身的财务数字化架构，无论是依托已有的企业资源计划（Enterprise Resource Planning，ERP），还是新建中台等，都需要结合自身的业务特点及信息化现状。同时，对于业财数据的管理亦是未来财务数字化的核心。一方面真正打通业务数据和财务数据之间的壁垒，另一方面形成有效的业财数据资产。最后，亦需要打造一支独立的财务数字化团队以支撑财务数字化的建设与新技术的探索。

德勤中国建议不同企业应基于财务成熟度及变革难易度来考量，选择适合自身发展的财务数字化转型的实现路径。德勤中国总结认为，有以下三种通常的实现路径：

1. 规模化借力

借助企业开展整体数字化转型的契机，依托整体数字化平台的建设开启财务数字化转型。德勤中国开展数字化转型是企业整体工程，财务数字化转型是其中的组成部分。伴随企业整体数字化转型开展是财务数字化转型的最佳路径，而其中打造企业的数字化运营平台便是转型中的重中之重。对于普通的搭建企业，应视自身情况选择是自建平台还是依托 ERP 升级；对于大量传统行业来说，新一代 ERP 升级是撬动财务数字化转型的绝佳良机。

2. 点状突破

对于已具备一定财务管理成熟度，但无法敲定企业整体数字化变革的企业，可按优先级进行点状的突破。诸多企业在过去数年中已不同程度开展财务转型工作，财务共享、全面预算、商业智能分析等常见的转型项目遍地开花。诸多企业已初步具备较为成熟的财务管理水平，且企业级应用系统也处于稳定状态。这种情况下，财务需依靠自身能力逐步完成 PF 数字化的转型。在这种状态下，选择突破点变得尤为重要。根据丰富的数字化转型经验，德勤中国列举了优先级的突破点：算法预测的应用、认知人工智能、区块链等。

3. 丰富与固化

对于在数字化财务道路上走在前面的企业，在已基本具备良好的数字化平台的情况下，不断探索丰富数字化应用的同时固化组织能力是其进一步前行的路径。德勤中国发现，领先企业的财务管理无论是技术的应用还是数据的挖掘都已有丰富的用例。这类企业未来需考虑如何在进一步丰富用例的同时将用例固化为能力。德勤中国根据国内外的实践总结了财务数字化用例库，企业可根据用例库对数字化建设进行指导，同时进一步巩固数字化财务组织及人才培养体系。

在企业财务数字化具体建设过程中，需要避免基于技术实现而实现，而是需要满足企业的管理需求，从战略出发承接流程管理要素，搭建信息化架构并完善数据管理体系，完成财务数字化的迭代升级，从而实现对企业业务发展的支撑。

四、参考对标体系

德勤中国财务能力成熟度评价模型是一套国际领先并通行的、全面反映财务管理工作的标准化评价框架体系，是评价财务管理能力的实用性工具，是引导财务管理能力逐步发展成熟的标准指南（图2-12-5）。

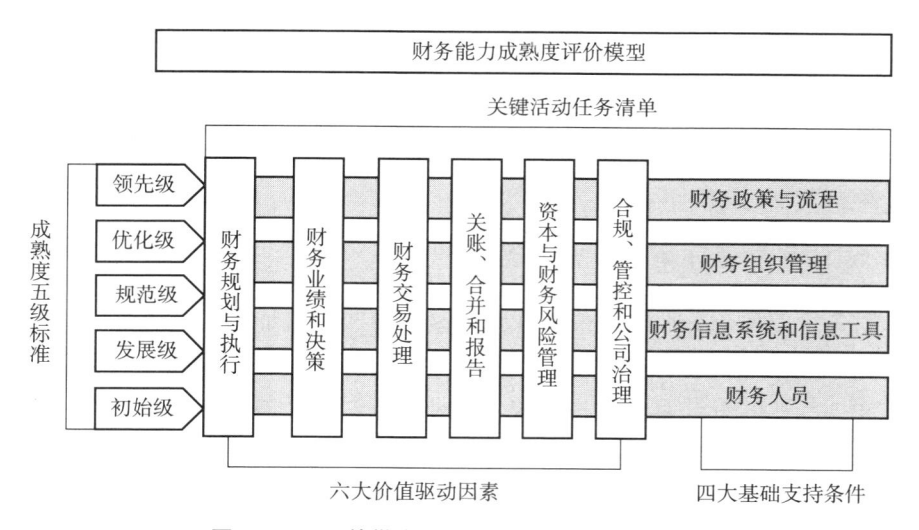

图2-12-5　德勤中国财务能力成熟度评价模型

其中，六大价值驱动因素从驱动企业价值实现的角度，将财务管理职能落实到具体的财务工作中；四大基础支持条件从实现价值驱动因素功能的支持和保障条件入手，确保每项价值驱动因素都能切实发挥作用。德勤中国建议企业从以下十个方面入手对标评价（表2-12-1）。

表 2-12-1　德勤中国财务管理评价体系

一级要素	二级要素
财务规划与执行	通过财务信息影响公司战略制定，帮助战略在全公司层面推广并执行财务战略。
财务业绩和决策	通过定义组织级的业绩目标并监控全公司范围内的业绩表现，反映公司业绩表现，为决策提供信息支持。
财务交易处理	通过有效处理财务事项，参与业务活动决策、审批过程并提出财务建议，为业务部门的运作提供支持。
关账、合并和报告	获取、总结、分析和报告财务结果及与管理层和股东相关的信息披露。
资本与财务风险管理	识别和管理企业主要财务风险，确保资本的正当使用和优化资本结构。
合规、管控和公司治理	监控财务制度，确保财务规章的合规性，通过财务报表实现内部管控及公司治理的合理化。
财务人员	通过公司范围内对人员的培训、配置和业绩管理，定义和监控职业发展道路，为员工提供必要的培训以满足职责要求。
财务组织管理	确认并执行公司范围的组织结构设计，相关角色和职责的管理。
财务政策与流程	建立财务管理范畴内的制度流程体系，并帮助在集团范围内执行这些制度。
财务信息系统和工具	支持公司范围的财务应用系统及其升级更新，以及财务系统数据的合理化管理。

五、参考对标案例

财务管理是企业管理的中心环节，是企业实现基业长青的重要基础和保障。近年来，德勤中国观察到诸多世界一流企业都在不断提升和优化自身的财务管理体系以应对未来发展的不确定性。它们有的对财务体系进行了彻底的重塑，有的聚焦在某些领域进行深化。同时，德勤中国也欣喜地发现，部分领先的中国企业在财务领域已迎头赶上，甚至有的企业已具备领先全球的财务管理能力。

（一）丹纳赫

丹纳赫是全球科学与技术的创新者，致力于帮助客户在全球各地应对复杂的挑战，并改善生活品质。

德勤中国认为，财务在企业经营中可以从推动者、战略家、管控家、操作者四个不同维度，引领及推动企业的可持续发展进程。推动者重在打通企业上下，通过一系列推动措施，实现战略和财务目标，同时营造具有风险意识的企业文化。战略家意在从财务的角度支持企业未来业绩目标，特别是关键的战略业务目标的制定，以及明确并购、融资、资本市场和长期战略。管控家重在保障和维护企业的重要资产，为内部和外部利益相关方准确汇报企业的财务与运营状况。操作者则关注维持业务能力、人才、成本与服务水平之间的平衡，高效履行财务部门的核心职责。

丹纳赫从财务职能的四种角色出发，结合自身业务特点，不断细化财务的各项职能，形成高执行力、高绩效表现、高效率、强管控的财务管理体系，支撑企业的高速高质量发展。

在投资初期，财务充分发挥战略家和推动者的职能，从企业顶层财务战略出发，采用"平台型+补强/邻近型"业务组合的并购方式进入新行业，开始从行业角度筛选具有高增长特点的行业，以及该行业中的龙头公司或利基公司。在投资过程中把控企业整体的财务安全性，对并购后的企业进行重组整合，通过提升营运资金周转次数、促进主营业务和营运利润率增长，保证强劲的现金流，为持续投资提供支撑。在投资后期注重提升并购资产质量和强化并购后管理；保持着较高的并购增速，在筛选收购标的时也注重公司在市场中的不可替代性和高市场占有率，帮助旗下子公司在自己的细分领域里形成突出的全球竞争优势。对于处于成熟期的企业，其在并购后的财务管控不再局限于重点财务指标及区域性经营分析，而是承接战略的资源配置功能，从财务最终结果入手，向企业前端价值链延伸。通过构建完整的业财分析体系，将财务分析细化至不同业务、产品、区域等，管理层从战略视角进行战略执行分析；区域公司层从地域经营视角进行区域竞争力分析；运营单位层从盈利能力视角进行绩效分析，从而推动企业战略落地，实现全集团范围内的资源联动，进而实现整体利益最大化。

基于投资并购业务占据主要地位的业务特色，丹纳赫的财务在管控家的角色上尤为重视，特别是对资金风险的管控。丹纳赫通过强有力的财务管控，确保其长期位于稳健的杠杆水平内，资产负债率基本在50%以下。集团并购的资金来源亦多以发债为主，通过财务融资方式的选择，对冲了大量汇率和利率风险，获取了低成本现金流，同时在一定程度上提高了丹纳赫投资的容错率。通过有效的并购整合，实现业务结构升级、经营能力提升等，进而持续改善优化降低成本；通过重组和生产能力提升，带来成本节约和经营效率的提升，实现持续增长。

（二）越秀集团

> 广州越秀食品集团有限公司（以下简称越秀集团）于1985年在香港成立。经过39年的改革发展，越秀集团已形成以金融、房地产、交通基建、食品为核心产业，包括造纸等传统产业和未来可能进入的战略性新兴产业在内的"4+X"现代产业体系，是国务院国有企业改革"双百企业"。从2012年起，越秀集团启动"转型升级发展"，推动三大核心产业的规模发展、布局优化和效益提升，特别是高度重视金融产业的培育和发展。集团先后投入约300亿元，"并购、新设、资本扩充"三管齐下，推动金融板块迅速成为越秀集团资产规模最大的产业板块和广东省最具实力的金控集团之一。越秀集团位列中国企业500强榜单，还入选2023年中国大型跨国公司100大。越秀集团管控有广州越秀资本控股集团有限公司、越秀地产股份有限公司、越秀（中国）交通基建投资有限公司、越秀房地产投资信托基金、越秀服务集团有限公司、华夏越秀高速REIT等6家上市平台。

越秀集团的财务信息化建设自2002年开始进入体系化建设阶段，通过系统化、精细化的财务核算，提升管理效率，推进精细化管理。2010年后，依托较好的财务基础，越秀集团开启了财务组织的转型升级之路。在不断夯实财务管理基础的同时，从战略财务、运营财务、专家财务三个方面全面开展财务管理转型提升；通过三分财务管理体系的建设，完善财务管理职能，不断提升财务管理的专业化、精细化程度，并通过系统、流程等配套管理提升，构建全局化的财务数字化管理体系。

通过运用德勤中国的财务成熟度评估模型，越秀集团对总部及下属各业务板块的财务成熟度进行评估，全面评估了各下属企业的财务管理水平、亟待改善的问题等。基于不同下属企业的不同管理成熟度，结合三分财务管理体系，越秀集团规划了分步实施、重点突出的财务管理提升路径。为了提升财务标准化水平，夯实财务管控基础，解决集团内存在多套会计科目体系，以及多个核算系统的问题，先后推动了"核算科目""核算手册""核算系统"三大核算标准化管理工具的建设落地，建立了全集团统一的会计科目体系，编写发布了统一的标准核算手册，提升了核算基础标准化程度。

越秀集团核心板块属于资金密集型行业，资金投入大、周期长，交易环节涉及大量资金往来。越秀集团基于以区域和分公司的形式管理资源的业务模式，在发展过程中形成了众多独立的数据孤岛，业务数据与财务数据未能融通，拉低了管理效率。因此，在财务体系建设中，优先规划建设财务共享中心，提升运营财务管理水平。在财务共享中心建设中，结合成熟度评估的成果，明确了以"先上线费控共享，之后攻克对公业务共享、应收共享，最后打造总账共享，实现财务共享闭环"为目标的财务共享中心建设方案。通过 3 年多时间循序渐进地完成财务共享中心的全面建设，夯实运营财务基础，赋能高质量发展。

财务共享中心的建成实现了不同领域的价值创造，为快速、稳定、可持续的发展提供多方面的支撑。财务共享从管理层面实现了四大提升：一是提升了对集团决策的支撑能力，二是提升了对企业业务快速扩张的支持能力，三是提升了企业风险防控的能力，四是提升了企业的整体经营管理效率。财务共享闭环管理也有效支撑了企业规模的迅速扩张。

通过运营财务基数的夯实，以及一系列技术手段的应用和流程的优化重塑，业财全流程实现了线上管理，提升了工作便捷性。区域公司、项目公司无须新增财务人员，人力成本大幅降低；财务运作规范，风险管控力更强，财务组织的职能进一步精细化。业务财务在区域侧，可以从标准化的重复工作中解放出来，去做更贴近业务、更当地化的工作。区域的业务财务对业务的支撑能力显著提升，在此基础上总部的财务分析能力与财务管控能力得以加强，伴随着财务共享中心的逐渐成熟取得了持续的、显著的提升。

在业务财务和战略财务方面，为匹配财务共享中心建设的持续优化，越秀集团开展了预算绩效管理体系优化和业务财务分析体系建设，从管理提升、制度流程、数据系统等方面，构建了一整套管理机制。同时，完善财务预算、分析、考核等一系列财务管控的制度流程，优化数据质量，强化数据治理，提升业务数据、财务数据的应用能力。随着预算系统、核算系统、合并系统、税务系统的逐步落地，借助集团数据仓库，打造资金、税务、财务分析平台，实现对集团战略、业务的财务支持。其中，司库管理体系建设围绕全面完善、深化应用两大目标，实现账户、资金集中、融资统筹、资金预算、资金结算、票据管理、借款、投融资和担保等管理功能的上线，并进一步完善风险预警、完成集团内供应链金融服务的业务及配套建设，同时利用业务系统数据建立从资金后端到业务前端的全流程分析模型，实现资金分析场景化、动态化和智能化，为集团重大经营投资活动提供决策支持。①

越秀集团在从财务信息化向财务数字化推进建设的过程中经历了三个阶段：第一阶段为财务标准化，第二阶段为财务信息化即业财一体化，第三阶段为财务数字化。在财务标准化阶段，以信息化系统建设为手段，标准化财务核算、资金、税务和报表业务流程，初步形成数据标准，降低纠错成本。在业财一体化阶段，加强数据汇聚与连接、打通业财流程与数据贯通，通过财务数据服务逐步赋能前端业务开展。在财务数字化阶段，通过数据治理，提升数据服务化程度，使业财状态透明可视；通过数字化提供决策支持依据，提升整体财务管控能力。

持续的财务管理提升助力越秀集团在国内的综合排名稳步上升，目前围绕公司"十四五"战略目标，基于资金管理在战略财务管理中的重要地位，越秀集团继续推动资金管理向数字化、智能化、生态化转型，完善智能化司库管理平台，坚定不移地做强做优做大国有资本和国有企业，推动财务管理理念变革、组织变革、机制变革、手段变革，更好地统筹发展和安全，更加注重质量和效率，更加突出"支撑战略、支持决策、服务业务、创造价值、防控风险"功能作用，以"规范、精益、集约、稳健、高效、智慧"为标准，以数字技术与财务管理深度融合为抓手，固根基、强职能、优保障，加快构建世界一流财务管理体系，有力支撑服务国家战略，有力支撑建设世界一流企业。②

---

① 朱挺. 首钢财务公司司库管理创新实践 [J]. 冶金财会，2022，41（5）：9-12.
② 李玉焯. 紧抓数字化转型新机遇 奋力开创高质量发展新局面：基于全面数字化转型的司库管理体系建设创新实践 [J]. 中国总会计师，2022（9）：12-15.

第十三章　供应链管理

> **世界一流企业要素十一**：清晰的供应链管理愿景，推动数字化和可持续；与价值链上下游、企业前后端拉通，形成产研、产销、产供协同的供应链模式，实现合作共赢；通过可视、可感、可分析、可调节的大供应链模式，实现高效、敏捷、协同、强韧的供应链目标。

一、一流企业特征

随着全球化进程的加快，全球供应链已经成为全球经济活动的核心组成部分。它涵盖了原材料采购、生产、运输、销售的全过程，涉及多个国家和地区，具有复杂性、动态性和交叉性等特征。近年来，全球供应链在规模和复杂性方面都得到了极大的发展。以中国为例，作为全球最大的制造业国家和第一出口国，中国的供应链网络覆盖了世界各地，为全球消费者提供丰富多样的产品。此外，其他国家如美国、德国、日本等也在供应链方面具有强大的实力和影响力。然而，全球供应链的发展也面临着一些挑战。首先，贸易保护主义的抬头对全球供应链的稳定性和运营效率造成了冲击。其次，自然灾害、政治动荡、技术故障等不可预测的风险因素也会对全球供应链造成破坏。同时，不同国家和地区的文化和制度差异也造成了全球供应链管理复杂性和难度的上升。

随着科技的飞速发展和全球化进程的深入，企业的供应链管理正在经历一场深刻的变革。可以预见，未来的供应链将更加智能化、绿色化和可持续化。而在这场动荡与变革中，世界一流企业该如何提升自身供应链的能力以保持韧性、柔性与竞争力，并在保障稳定供应、支撑企业发展的基础上，进一步降本增效？决策者该如何带领企业制定多领域协同、兼顾战略指引性与可操作性的供应链策略，支撑企业进一步发展？结合以往项目经验及对世界一流企业领先实践的调研，德勤中国提炼出了一流企业特征与关键成功要素，并参考供应链运营参考模型，从计划、采购（包括寻源与执行）、制造及物流四个领域进行分析。

（一）计划领域

端到端信息串联，消除数据孤岛，提升数据可视化、时效性与准确性；通过对结构和非结构化信息的提炼和分析洞察，逐步优化预测能力；并行推进跨职能计划，打破传统链条式的计划流程和节奏；打造数字孪生平台，通过供应网络动态调整以进一步优化资源配置；借助智能技术建立计划编制引擎，实现自动化业务决策。

（二）采购领域

转型远景与企业战略驱动采购战略与业务模式设计；实现跨团队与核心领导参与高效协同组织管理，多方面合作共赢；保持开放的转型思维，对新业务模式、新数字化工具等应用具有一定的包容与敏感度；形成完善的管控能力，具备清晰规划、专业采购人员培养和选拔，以及全球化统一管理模式与流程。

（三）制造领域

敏捷和灵活的制造能够快速响应市场变化和客户需求，通过模块化、精益生产等方式提高生产效率和产品质量；具备端到端流程柔性，能够支撑突发与异常情况下的运营和制造，应对供应风险；积极应用数字化系统，实现制造端到端的实时监控和信息共享，提高透明度和协同性；注重环保和可持续发展，通过材料、技术、工艺等的更新升级降低生产过程中对环境造成的影响。

（四）物流领域

具备优秀的全网运营能力及全球化视野，在各地域、各环节、各参与方之间紧密合作与协调；建立细分、场景化的物流策略，灵活应对、快速响应市场变化和客户需求；应用先进的数字化工具，通过数据共享、智能化设备等，实现物流信息实时采集、分析和共享，提高效率和准确性；注重ESG与低碳，积极推动循环经济与资源回收利用，减少运输过程中产生的废弃物和碳排放。

二、中国企业现状

基于德勤中国调研数据与过往经历，在建设世界一流水平的供应链各环节过程中，中国企业仍面临以下挑战。

（一）供应链战略定位待明确

一是对于供应链理念及价值定位不清晰。当前，企业的供应链管理更偏重业务需求的执行，而供应链的整体统筹规划与价值定位尚待建立与明确，导致企业内部对于供应链基本概念的理解相对模糊，对于企业供应链的价值定位缺乏方向。二是对供应链目标的理解不一致。企业内部尚存在对于供应链管理目标理解不清晰的情况，针对供应链管理的预期目标如体系化建设、降本、合规等方面的理解各有侧重，具有不一致性，需要进一步统一。

（二）供应链的整体管控效率、合规性待提高

一是管控层级与节点较多，降低了业务效率。在自下而上的信息传递过程中，管控层级较多，天然地造成审批节点多、审批效率低，其中还包含部分与业务相关性较弱的审批节点。并且，由于审批过程依据不充分，集团领导在审批的过程中缺少一手信息和资料支持，因而决策较为谨慎，拉长了审批周期。二是重合规、轻结果。由于缺少对于供应链体系（如采购）过程管理细节化、体系化的指导文件，在合规审查中业务领域的判定依据较粗。这会造成业务人员主要从合规的角度审视业务过程，但对于该操作是否合规的判定缺少细节指引。故而，在部分场景下会出现符合合规程序但是违背业务价值最大化的情况。三是尽管流程管控繁多，但合规问题频发。尽管目前企业已设置层级繁复、节点密集的合规管控制度，但由于缺乏有效监管制度，在实操过程中落实不到位，导致了供应链管理领域贪污受贿、滥用职权、侵占国有资产、签订/履行合同严重失职等违规违法事件屡禁不止。

（三）供应链核心能力待增强

1. 计划领域

随着对服务需求的日益增长、对差异化供应链的要求提高、经济与行业周期的波动、企业兼并的持续，以及供应链运营模式的不断创新，以传统电

子表格为基础的计划管理模式已经无法适应企业需求。

（1）战略层面缺乏对指导性计划的运用。对于计划战略是利润导向还是服务导向，许多企业仍然缺乏清晰的定位，因此难以指引后续一系列具体运营规则的制定，如产销对接模式、职能部门的 KPI 设置等。在缺乏共识的背景下，供应链计划管理决策容易导致一事一议、因人决事等问题，限制了决策机制效率的提升。

（2）缺乏独立的计划管理部门进行集中管理。多数中国企业并没有设立专门的计划管理部门，计划管理职能分散，依附于销售、供应链，甚至物流部门，这一架构设置直接影响了计划决策的权威性。对于企业而言，缺乏中立部门进行全局的统筹和分配，势必桎梏其价值实现。

（3）计划管理流程信息化程度普遍较低，不同环节数据分散在不同的系统或手工报表中，存在信息孤岛，缺乏端到端可视性。同时，计划管理高度依赖收纳公共测算。由于信息化工具使用不足，企业需要耗费大量的时间进行数据收集、刷新、扣减、分析，尤其在应对突发情况时，会制约供应链响应速度和质量。

2. 采购领域

受宏观环境动荡和科技创新的影响，自动化与大数据化趋势促使企业通过数字化转型来实现降本增效，然而数字化采购在建设过程中存在重重挑战。

（1）内外部变化为企业采购转型带来冲击。在疫情、地缘政治、经济贸易、战争等外部因素的持续影响下，根据德勤中国《2021 年全球首席采购官调研报告》，只有约 1/3 的首席采购官认为了解其企业一级供应商中存在的潜在供应风险，需要建立高效精准的供应风险管控体系。然而，在此大环境下，降本增效成为企业采购的重中之重，目前多数企业仍然采用简单独立的成本分析或供应商协助，这些方式已难以满足成本节降的目标。因此，采购管理者需利用更加先进的数字化分析工具，与上下游部门协同合作；另外，为确保采购成本连续节降及创造的财务价值可被衡量，需提前与利益相关方一起设定目标和计划，才能体现自身价值。

（2）企业采购数字化转型困难重重。首先，部分企业缺乏战略层面清晰的全局观，未明确数字化转型的目标和指导原则，仅关注孤立有限的技术需求而忽视了全面规划和长期发展的整体方案；其次，由于采购环节涉及多部门、多业务场景，部分企业的采购工作难以适应业务场景的复杂化，无法打造与之匹配的既有宽度又有深度的数字化工作模式；再次，在企业采购转型过程中，企业容易受限于现有信息系统架构，对未来数字化实施的技术路线、开发路径与实施路线缺乏清晰认识与突破决心；最后，多数企业受限于数据基础建设，数据质量和可获得性较差，缺乏统一标准，导致全面性、准确性和有效性大打折扣。

3. 制造领域

随着市场趋势快速变化，客户要求提升服务水平，增进产品体验，企业在制造领域的转型迫在眉睫。根据德勤中国经验，转型中常面临多种典型问题。

（1）产品配置复杂，多样化的产品配置增加了供应链计划与管理的复杂度，而很多企业在产能网络的布局上，思考逻辑较为单一或局限，忽视了从端到端供应链视角及业务发展的视角，未能通盘考虑产能布局，进而限制了运营效率的提升。

（2）预测准确率不足，市场变革使得传统的预测需求产生较大偏差，如互联网思维下的颠覆性业务模式。

（3）资源分配效率低，销售渠道和层级冗长繁杂，导致供应资源无法直接准确地匹配最终客户需求。同时，当受到外部影响，出现区域性供应受阻时，多数企业的现存资源分配方式难以应对资源短缺时的业务需求。

4. 物流领域

面对战争、自然灾害、地缘政治等压力，物流领域尤其是跨境物流，正面临前所未有的挑战。

（1）通达性受阻。跨境物流通关关口关闭，运输线路暂停、地区性道路封闭等突发情况导致配送时效性和安全性面临挑战。

（2）运力资源短缺。受全球局势影响，物流行业的劳动力稳定性下降，而与此相对的线上需求增长快速，导致劳动力供给紧张。

（3）需求突变和波动，加上部分企业的仓库数量配置不合理、地理布局不合理、动态性和灵活性不足等弊端，给企业带来物流调度安排的挑战和物流账款周期的影响。

（4）物流成本攀升。物流运输环节涉及车辆、船舶、飞机等交通工具，需要消耗大量能源，因此国际油价、人力成本等的提升，导致运输成本不断上涨。同时，随着环保要求的提高，物流领域还需考虑排放控制、废弃物处理等环保要求，导致成本的进一步增加。

（四）缺乏针对供应链体系的强有力的运营支撑

一是集团层供应链职能组织宏观管控能力薄弱。尽管企业集团层面具备采购职能，但是不具备支持未来集团层面供应链平台建设的能力，这就意味着管控和赋能无从谈起。二是缺乏专业供应链管理人才储备且人才培养体系不健全。现有供应链管理人员以操作执行类采购职能为主，其他供应链和采购相关职能人员暂无能力储备。同时，各业务单元的供应链专职人员也存在能力参差不齐的问题，且针对供应链职能人员与组织，企业内部尚未建立系统的专业培养体系。三是缺乏供应链系统平台或数字化管理工具。部分企业的采购记录依赖于采购员个人经验，线上工具或系统支持较少（如三单匹配线下操作）。同时，由于信息化建设和规划主要以各业务单元贴合市场需求先建后优为主，存在同一业务领域由不同系统管理的情况，集团内部数字化系统不统一，难以协同。

（五）缺乏统一及标准化的供应链制度与流程设计

一是缺乏体系化制度。采购需求缺乏内部统筹与计划，依赖员工个人对集团制度的理解，各业务单元层级未统一规范与管理，存在潜在合规风险。二是缺少规范化管理。集团层面缺少对于各个板块的流程层面、考核层面的指导文件，对业务操作过程中的管控较弱。同时，业务部门的需求缺少清晰明确的提报标准，需采购员工多次与之沟通和反复操作才能完成，不同业务单元对业务流程的定义不同，如合同与订单的定义不同。

三、最佳实践

供应链运营管理，首先应设定供应链转型策略，确定供应链愿景；其次，拆解至计划、采购、制造、物流领域，与价值链上下游、企业前后端拉通，构建产研、产销、产供协同的供应链模式；最后，通过组织、流程、数据、应用和技术平台、变革管理等底座，进行数字化支撑与绩效提升，全面建立可视、可感、可分析、可调节的大供应链模式。德勤中国的供应链转型分析框架，如图 2-13-1 所示。

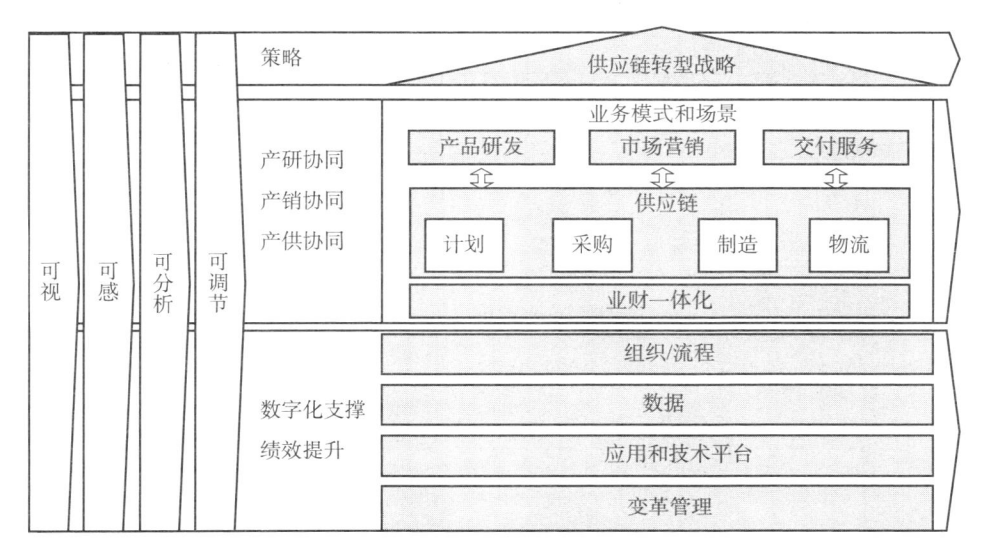

图 2-13-1　德勤中国供应链转型分析框架

综合《全国供应链创新与应用示范城市（企业）评价指标体系》、Gartner《供应链标杆管理标准》等海内外权威供应链管理标准，德勤中国咨询公司与供应链管理协会（ASCM）共同推进供应链运营参考模型的数字化版本更新，建设基于德勤中国数字化供应网络框架的供应链能力管理模型，该模型广泛地包含了供应链管理的相关模块（图 2-13-2）。

德勤中国结合过往项目经验与"愿景到价值"变革方法论，针对供应链整体战略、各领域能力，以及与其他领域的协同性，总结出世界一流企业在供应链能力提升时的实践重点。

（一）供应链整体战略与管理模式

一是提升供应链成熟度，保障企业供应链健康体征。供应链管理成熟度是体现一家企业供应链管理质量的"健康指针"。通过不断地夯实基础，企业得以有效预防众多不必要的风险，且在危机发生时也将有更强的抵抗力与韧性。二是搭建强大的生态资源网络，快速聚合共享的资源及资金网络。借助日趋发展的各行业互联，搭建强大的生态资源网络，充分利用外部优势资源有效地为供应体系构建保护屏障，而并非仅仅依赖自身资源及能力应对所有风险的冲击。三是优化风险管理技能，部署与行业属性高相关的风险应急能力。虽然企业难以预知所有潜在风险，但是面对与企业所处供应链高度相关的风险，企业仍需具备足够的应急能力，即在危机发生时，能够精准快速地评估危机对供应链的影响并部署针对性应对措施。

	研发管理	供应链计划	采购管理	制造	仓储物流	售后运营
战略	DV1.0 研发和创新战略 DV1.1 产品生命周期管理	PL1.0 计划策略	SR1.0 采购战略	MK1.0 制造战略	DL1.0 仓储与物流战略	RL1.0 逆向物流战略
核心能力	DV1.1 产品生命周期管理 DV1.2 开发项目管理 DV1.3 产品结构管理 DV1.4 产品信息管理	PL1.1 需求计划 PL1.2 S&OP PL1.3 采购计划 PL1.4 生产计划 PL1.5 库存计划	SR1.1 品类规划 SR1.2 战略性采购 SR1.3 采购执行 SR1.4 供应商管理 SR1.5 合同管理 SR1.6 招投标/询报价	MK1.1 排期和物料可用性管理 MK1.2 生产管理 MK1.3 产品质量管理 MK1.4 维修管理 MK1.5 卫生管理 MK1.6 工程管理	DL1.1 节点规划 DL1.2 运力管理 DL1.3 仓库管理 DL1.4 运输执行	RL1.1 退货授权 RL1.2 退货接收 RL1.3 退货处理 RL1.4 退货分发
信息系统	技术与业务战略对齐	企业IT架构	管理和治理	技术组合和财务	组织及供应	IT维护与支持
组织与管控	组织架构	人才	培训学习	领导力	沟通	文化	变革管理
绩效管理	绩效指标体系		汇报		提升项目	
分析与洞察	使命和决策权	组织与人才	流程和整合/共享	数据与分析	分析工具/技术	可视化
	第三方和内部工具					

图 2-13-2 德勤中国供应链能力评估模型

（二）计划领域

供应链计划管理发挥着对接产销协同的关键职能，指引着企业端到端的行为和资源规划。除了基本的供需匹配职能外，管理层越发关注其在降本增效方面的作用。世界一流企业一般采取以下措施确保其计划体系的有效、高效。

（1）建立规则。由高层明确计划管理的战略，以此为基础思考供应链的运营模式和定位，进而明确所需的关键计划能力，评估"起点"与"目标"的差距，明确规划达成路径和关键里程碑，在实践中逐步推进。除关注需求预测、产销协同、计划排产等传统话题外，还需要考虑：如何与内部其他职能协同，实现成本与盈利可视；如何与外部供应链协同，实现价值链信息共享。同时，目标设定与转型应以赋能业务为目的，让实际业务的运营数据得以在系统内落实，并实现可追溯。基于此，计划管理团队可及时了解当前的供需变化，并就此进行被动响应，通过资源的再调配最大限度缓解供应中断所带来的销售损失。

（2）建立健全基础建设保障落地。认真商榷具体的业务流程、业务规则、组织架构、协作方式、系统工具需分别进行怎样的调整与优化，充分考虑当前现状和企业自身的生态，进行计划链路的外延，切忌照搬照抄其他企业的做法。同时，进行数据的准备与管理，制定严格的规则与参数，并借助先进的工具和模型。在这一阶段，企业可考虑梳理与优化端到端计划流程，如产销对接机制、总部与区域对接机制等，并梳理与定义关键业务规则/参数，如需求优先级，从而形成能够主动预判、结合未来关键市场活动和供应约束的流程与规则。

（3）重视管理因素。企业管理离不开人员运作，计划管理的落地也离不开人才保障。企业在转型项目中，既需要对当前业务有深刻理解的"老法师"，又需要对新模式、新方法有想法并欢迎变革的"新人"。因此，企业可建立保障转型的组织架构，如复杂转型项目管理专职组织、数字化的培训体系等，在项目中培养更多数字化人才，为后续方案落地和持续性优化打下基础。还可通过调整KPI，更好地激励团队利用数字化工具实现运营效率和管理成熟度的提升。

（4）目标指引下的数字化持续迭代。数字化转型不可一蹴而就，应先信息化，后智能化，小步快跑，分阶段实施。在初期的信息化中，主要关注现有管理逻辑的还原，即将当前经过验证的业务决策逻辑落实到系统流程和参数配置中，比如将各种供应资源抽象化，将计划优化目标和约束条件量化为公式和函数等。在系统应用过程中，还需持续投入，由一线计划管理人员清理数据、调试参数，使得系统计划结果更接近人为规划结果，同时打造数据中台和控制塔，进一步提升数据质量与可视性，辅助业务决策优化。在此基础上，高阶智能化阶段是借助先进的系统和技术，优化业务逻辑或算法模型以突破人的能力界限，进行更优的业务决策。在人的事后评价中，再结合数据分析、前瞻性预判，以及调整举措形成自我学习的闭环，并不断地进行内生循环、优化。在此阶段可利用人工智能等领先技术，辅之以业务运营和决策流程的优化，并通过数据和智能化工具的使用、业务流程、运营和决策等环节，实现生态圈内各商业实体从战略到运营的联动，优化生态产业资源配置。

（5）持续开展变革管理，业务变革管理需要贯穿始终。由于长期对手工操作的依赖，企业在转型过程中会花费更长的时间在系统方案设计上，以此逐步适应新的思维和工作模式。因此，一方面，从设计阶段就需要定期与相关团队对齐进度和未来变革点，并鼓励业务人员转变工作方式，保持对业务预期执行情况的即时沟通，从而对系统上线后可能的实施阻力进行充分的事前管理。另一方面，变革管理只有得到自上而下的坚定支持，才能保证自下而上的执行过程得到足够的重视。在一定程度上，管理层的变革决心直接决定了用户对新计划系统工具的应用接受程度。只有坚持治理数据、坚持优化逻辑、坚持对系统的计划结果进行检查和反馈，帮助计划系统自我学习更新，才能最终实现计划系统为我所用。

（三）采购领域

德勤中国认为，采购的转型是一个循序渐进的过程，其中数字化转型当属重中之重。在数字化转型过程中，首先需要构建业务实体的数字镜像，再建立数据分析能力，并最终利用分析结果驱动业务决策形成闭环，从而逐步打破职能边界，实现整体业务价值的最大化。综合过往经验与调研，成功实现采购转型、提升中长期效率与效益回报的企业需要把握以下几个转型的关键点。

（1）需要构建驱动企业长期发展的采购战略与能力体系，规划全面的未来业务蓝图，并清晰地定义转型的战略、目标和优先级，以及相应的指导原则与成功标准。建立符合市场动态、竞争格局、用户体验、产品创新等核心要素的前瞻性采购战略与目标，明晰企业采购战略、能力体系，以及在端到端产业价值链中扮演的角色和相应价值，以领先的战略引领卓越的运营。

（2）在前瞻性寻源到合同管理过程中，从支出分析、预测分析等角度出发，对需求、供应商资源、价格及成本进行分析与预测，帮助达成更加透明的协议。在不断优化的过程中，需要保持开放的数字化转型思维，包容新功能与新技术的应用。开放的思维能够为世界一流企业成熟复杂的组织体系注入创新的活力，让其在转型过程中勇于突破，包容对新功能的应用，并积极观察、监测新应用的发展趋势、成熟度水平和对业务的影响程度，实现企业的转型与成长。

（3）在从自动化采购到付款流程过程中，通过流程自动化及系统集成工具，打通上下游业务部门数据，使用目录采购、供应商平台、电子签章、电子发票等功能实现自动化交易，仅存极少的异常订单情况需要采用人工干预。

（4）建立主动型供应商资源管理系统，实现大数据抓取、网络追踪及潜在风险预测识别。同时，采取主动型管控策略，与供应合作伙伴共同实现能力提升。

（5）打造业务与数字化互动的创新工作方式。深入分析业务价值链上的关键模块与功能，协同内外部与跨职能相关方开展用户旅程的串联，挖掘具有高价值的业务场景。同时，基于"以人为本"的理念，克服过往的业务逻辑和思维惯性，共同畅想并描绘未来采购线上化、数据化、智能化的图景，评估这种工作方式背后的驱动因素，以及可能带来的收益，实现线上线下的业务融合及未来运营模式的创新。

（6）推动高级数据分析技术进入业务洞察领域。通过收集组织内部与采购相关的数据，并结合外部品类信息进行市场洞察；通过智能化的品类管理智能助手，以及具备预测能力的多级供应商风险管理产品，助力中国企业降低成本、拓宽资源供应渠道、增强风险管控。

（7）建立协调一致的组织与敏捷的实施方式。首先，在业务设计阶段，构建以采购模块为划分依据的业务、产品、技术团队，业务与数字化人员协作，打破职能壁垒，以高效合作的团队形式对产品方案进行及时优化与快速迭代。其次，需要强有力的核心领导背书，建立清晰的跨团队协同机制。成功的领导者能够为组织设计有效的转型愿景与路线图，并为转型的战略和目标背书，提供及时且有力的政策支持，鼓励并推动转型团队迎接挑战。最后，一流企业的采购管理部门、业务部门等各参与主体必须对采购转型的目标和实施路径达成共识，明确各自的分工和职责，同时建立跨业务/部门协同的矩阵式管理机制，提升决策效率，加大资源投入力度。

（8）构建融合业务与技术的数字化人才能力，关注转型过程中个人角色和职责的变化，使得人才的未来定位与转型的目标保持一致，并且让掌握业务和技术能力的特定角色参与转型过程。由于这些角色通常既有业务方面的经验，具有一定的业务潜力，又具备数字化技术，因而担任这些特定角色的人才能够弥合业务与技术之间的潜在差异，在转型之旅中，其相互配合能提升团队能力。德勤中国采购数字化转型步骤如图2-13-3所示。

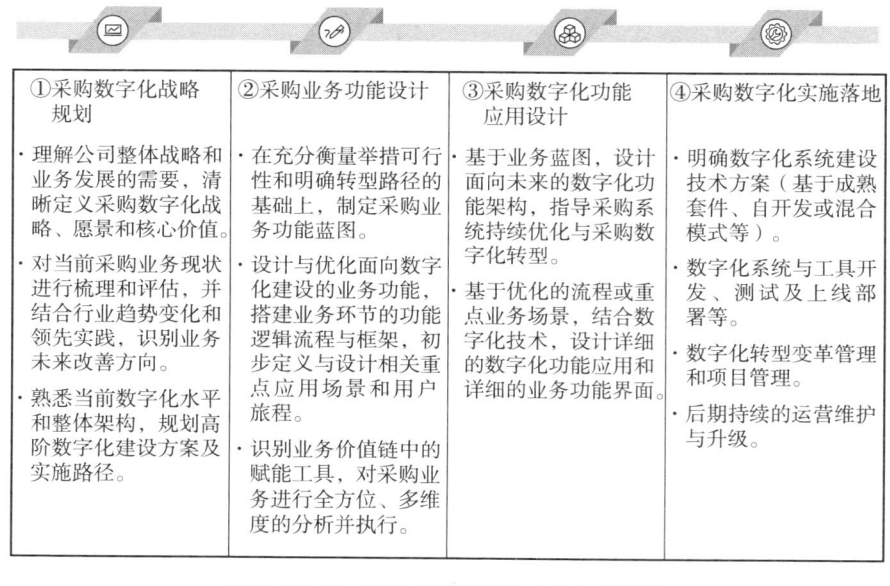

①采购数字化战略规划	②采购业务功能设计	③采购数字化功能应用设计	④采购数字化实施落地
·理解公司整体战略和业务发展的需要，清晰定义采购数字化战略、愿景和核心价值。 ·对当前采购业务现状进行梳理和评估，并结合行业趋势变化和领先实践，识别业务未来改善方向。 ·熟悉当前数字化水平和整体架构，规划高阶数字化建设方案及实施路径。	·在充分衡量举措可行性和明确转型路径的基础上，制定采购业务功能蓝图。 ·设计与优化面向数字化建设的业务功能，搭建业务环节的功能逻辑流程与框架，初步定义与设计相关重点应用场景和用户旅程。 ·识别业务价值链中的赋能工具，对采购业务进行全方位、多维度的分析并执行。	·基于业务蓝图，设计面向未来的数字化功能架构，指导采购系统持续优化与采购数字化转型。 ·基于优化的流程或重点业务场景，结合数字化技术，设计详细的数字化功能应用和详细的业务功能界面。	·明确数字化系统建设技术方案（基于成熟套件、自开发或混合模式等）。 ·数字化系统与工具开发、测试及上线部署等。 ·数字化转型变革管理和项目管理。 ·后期持续的运营维护与升级。

图2-13-3　德勤中国采购数字化转型步骤

（四）制造领域

结合过往经验，德勤中国认为，若想建立世界一流水平的制造体系，需要从顶层模式入手，通过细化流程，使用高阶数据分析与IT系统，完成对整个体系的全面升级。

1. 顶层业务模式的设计

作为"订单到交付"（Order to Delivery，OTD）转型的先行步骤，其设计结果对具体流程和系统的实施起到了指导性作用。顶层业务模式设计需要综合考虑客户、市场需求及疫情等重大风险要素，结合企业自身战略定位，制定出高阶 OTD 运营指导原则，如按单生产或预测生产、产品直销或渠道销售、多级库存策略等。因此，只有在合理的运营模式基础上，才能设计出符合业务发展要求的 OTD 流程。

2. 流程的细化设计

这就需要加强 OTD 端到端的流程柔性，从而支撑异常情况下的运营和制造，如订单细分管理策略和流程、预计交付时间（Estimateol Time of Arrival，ETA）设计与管理、生产制造及物料供应灵活性。具体举措如下：首先，识别现有流程的改进点及互相的依存关系，并衡量潜在收益，从而帮助确定流程再造的重点和优先级（各环节齐头并进可能适得其反）。其次，流程设计本身也可以分为多个层级。高阶的流程设计通常用来明确大致流程步骤并为不同业务部门划清职责边界，更进一步的细节流程设计（第二层、第三层……）用于为操作人员提供足够的日常工作指导。最后，流程设计必须尽可能全面地考虑异常状况发生时的处理方式（例如资源短缺时的资源配置方法），提高流程柔性及其在实际应用中的适用性，降低异常和突发状况对业务造成的冲击。

3. 高阶数据分析应用

特别是高阶数据分析能力，有利于实现流程自动化和自主分析决策。在数字化浪潮下，数字化技术已经不可避免地渗透到社会的方方面面。相较于传统的流程改善和方法变革，充分利用数字化技术通常可以助力分析决策，应对复杂业务挑战，如市场需求预测、质量感知解决方案制定、动态关联市场需求供应情况的了解等；重塑 OTD 全价值链环节的流程能力，包括订单 ETA 管理、生产及物料灵活性等；提升运营柔性，灵活应对突发异常情况下的各类运营挑战，能为企业带来事半功倍，甚至颠覆性的效果。

4. IT 系统搭建及实施

功能强大且符合业务需求的 IT 系统是保证流程高效运转的关键要素。德勤中国咨询公司在 OTD 领域已经与多家国内和国际领先的 IT 系统方案提供商形成生态合作体系，能够为客户提供一站式系统搭建服务，包括订单管理系统、产销协同系统、生产排程系统、生产执行系统、资源分配系统、物流运输管理系统、ETA 追溯平台、零部件供应预测平台等。

（五）物流领域

德勤中国建议物流企业及企业的物流部门从"策略—运营—数字化底座"

三个层面，对原有的物流网络进行重新审视与优化，以此赋能全渠道变革。综观各行业世界一流企业的物流体系建设，可以明确的是，多数一流企业的物流体系都具有"广度覆盖""动态可变""高效协同"的特征，并且能够抓住机遇风口，充分发挥自身优势。德勤中国韧性、高协同性、可持续性物流框架如图2-13-4所示。

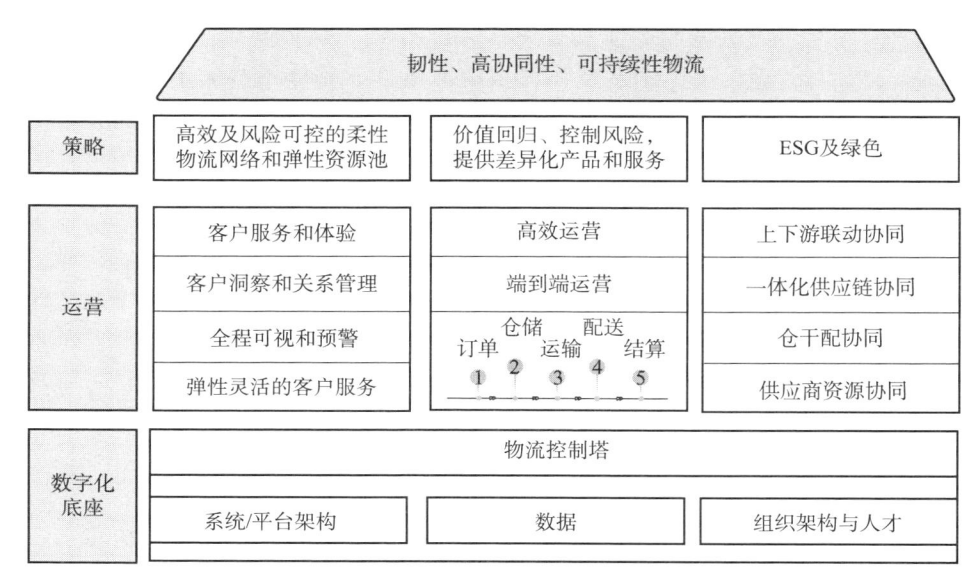

策略	高效及风险可控的柔性物流网络和弹性资源池	价值回归、控制风险，提供差异化产品和服务	ESG及绿色
运营	客户服务和体验 客户洞察和关系管理 全程可视和预警 弹性灵活的客户服务	高效运营 端到端运营 订单 仓储 运输 配送 结算 ① ② ③ ④ ⑤	上下游联动协同 一体化供应链协同 仓干配协同 供应商资源协同
数字化底座	物流控制塔		
	系统/平台架构	数据	组织架构与人才

图 2-13-4　德勤中国韧性、高协同性、可持续性物流框架

1. 策略层面

打造风险防范情境下成本控制与服务质量并重的策略，提高物流通达性和韧性。企业需强化柔性网络布局，推动物流节点的多功能性发展，提升其多业务兼容能力，构建整体连接、局部可调整的柔性网络。同时，构建柔性物流网络的关键是企业在网络规划时考虑到链路的可替代性，以及网络节点和资源的灵活切换能力。[①] 首先，物流业应形成"时效为先"兼顾"成本和服务"的网络结构，把"柔性、风险可控"当作重要的考虑因素；其次，企业需注重差异化产品和服务，聚焦现有优势行业及高潜力行业，实现重点行业深耕，形成重点行业解决方案，提升专业服务能力，实现"强者愈强"，针对大客户和中小客户提供差异化产品/服务，为大客户提供定制化产品/服务，

---

① 闫嘉博，张佳男. 透视全球供应链变化的十个视角［J］. 中国远洋海运，2023（10）：32-36，8，9.

为中小客户提供相对标准化的产品/服务；最后，企业应更加关注 ESG 及绿色发展，探索包装、运输、仓储、循环利用及生态合作等环节的绿色可持续发展方式，如绿色包装、绿色运输和仓储，以及生态伙伴的全链路减碳。在实操层面，以头部企业为核心，建立供应链各环节的碳核算体系，结合物联网和互联网技术，开发供应链减排的数据采集软件工具，准确及时地掌握供应链环节的碳排放情况，降低全链路单位产品/服务的碳排放。

2. 运营层面

通过智慧运营提升运营协同和响应能力，保障业务的稳定性和持续性，实现降本增效。首先，企业应建立由科技与数据共同驱动的运营体系，保障高效履约，利用科技与数据驱动实现动态路由规划与运营可视。一方面，通过科技赋能和实践应用感知技术（位置、质量、数量、任务、对象、身份等）与监测数据采集和网络传输技术促使人、车、场地和设施等物流"要素"联动。另一方面，通过数据和算法，实现智能调度和动态路由规划，实现动态调整、预警和优化，减少人工派单、调度等问题，提高需求波动管理能力和履约质量，并且以端到端流程梳理作为驱动，拉通从订单到交付的全链路，实现流程优化和高效运营。其次，企业应深化客户洞察，搭建有弹性、敏捷的组织和运营模式，快速响应客户诉求。企业可通过客户画像深刻洞察客户和货物量走势，建立"客户洞察与需求分级、产品服务设计、客户服务、客户维护"等全生命周期管理体系。同时，围绕客户数据可视和风险预警等需求，依托数字化手段建立全程可视、可管、可控、可溯机制，通过前端场景划分和后端交付能力组件化，以灵活、可调用与组合的方式，满足不同行业、不同客户需求。最后，企业物流领域应建立上下游协同联动机制，实现供应链整体优化。物流在整个供应链的作用已经不再局限于物资运输，而是通过与客户供应链的深度合作，在前端供应采购，后端配送规划、资源和库存配置等方面进行一体化供应链协同，进而将仓干配各环节紧密结合，打破分段运行模式，最终实现全网一体化运作。而对于下游供应商，企业应建立分级分类的供应商管理体系，提升供应商管控的颗粒度与透明度，实现供应商"注册—认证—日常管理—退出"全流程管控，并强化跨区域、跨板块的供应商资源协同，从而实现资源利用最大化。

3. 数字化底座

搭建物流控制塔，强化数字化系统的应用，让数据产生更大价值。首先，通过搭建物流控制塔（内塔和外塔），推动企业内部精细化管理，提升客户体验。"内塔"主要面向企业内部，针对企业不同的对象提供差异化信息。例如，为集团管理层提供跨区域业务情况的分析和比较信息，推动各区域业务互相取长补短，促进业务整体提升；为区域管理层提供深度经营分析数据，挖掘降本增效机会点；为业务操作层提供如状态查询、自动预警、日常报表等信息服务，提升员工工作效率及服务满意度。"外塔"主要面向企业外部客户或者合作伙伴，通过网页/小程序等方式提供订阅式物流服务，如货物状态查询/路径追踪等基础服务。也可进一步扩展提供诸如定制化报表、物流管理解决方案等服务，提升企业对外差异化服务能力，提升客户黏性。需要补充的是，在控制塔基础上，企业还应建立塔 PDCA（Plam，Do，Check，Act）体系，形成感知层、洞察层和改善层三个层面协同，实现从数据到见解的"智能化"提升。其次，企业还需构建"灵前台、强中台、稳后台"的系统架构，通过流程/IT 服务化，提升编排业务能力。具体而言，灵前台以客户为中心，以微服务体系为支撑，提高客户体验；强中台通过技术能力复用和持续迭代，实现业务能力、数据能力、科技创新能力可复用、可协同、可贯穿、可输出；稳后台通过规则化管理、智能化运营实现数字化风控和人性化服务。在建设系统平台的同时，企业更应强化数据治理，发挥数据价值。随着信息技术的快速发展和深入应用，企业数据日益呈现出海量增长、动态变化的特征。值得关注的是，数据治理的核心价值体现在提高数据质量，打破数据孤岛，围绕数据全生命周期，通过质量监控、诊断评估、清洗修复、数据维护等方式，提高数据质量，确保数据可用、好用。[①] 结合这两点来看，挖掘数据价值，提升数据对业务的支撑能力，通过数据优化推动卓越运营就显得十分重要。最后，企业的转型当然离不开团队的支撑，培育一支既懂业务又懂技术的专业团队对于企业提升经营能力尤为重要。

（六）跨职能协同

供应链管理只有与企业其他职能进行拉通，如实现产研、产销、产供等的协同，才能避免孤岛效应，助力企业整体数字化转型的成功落地。

（1）拉通产品研发、营销与供应链，增强产研协同，这需要将产品生命周期、营销、供应等各个层面进行有效集成，形成紧密的产研协同关系。一

[①] 驻马店市人民政府办公室. 驻马店市大数据产业发展行动计划（2023—2025 年）[EB/OL]. 2023-02-06. https：//www.zhumadian.gov.cn/html/site_gov/articles/202302/171443.html.

方面，通过客户生命周期管理平台，企业可以更好地理解并提取客户的个性化需求，进行产品的设计和优化。另一方面，数字化营销平台可以帮助企业传递产品生产订单和反馈质量信息，使生产过程更加透明和可控。最后，建立数字化产品生命周期管理平台既可以指导生产过程，实现设计的迭代和优化，同时又能将制造过程和运输信息反馈给客户，构建起敏捷的数字化产研体系。

（2）构建数字化销售与运营计划（Sales and Operations Planning，S&OP）体系增强产销协同。首先，企业应明确S&OP体系的目标和战略，例如提高供应链的灵活性、降低库存成本、提高客户满意度等，这些目标和战略应该与企业的整体目标和战略保持一致。这里需要注意两点：第一，在设计S&OP体系时，更应纳入销售、生产、采购、物流等不同部门，收集相关数据，考虑市场、生产、库存等多维度因素，共同协商制订S&OP计划。第二，在执行过程中，需要密切关注市场变化、生产进度、库存状况等因素，并及时调整计划。其次，企业需要对计划的执行情况进行监控和评估，及时发现问题并改进。在基本构建S&OP体系后，基于大数据及智能预测模型，企业可以进一步实现与销售部门数据与需求的共享，及时掌握市场动态和需求变化。同时，建立反馈协同平台，有效管控风险，提升敏捷性和应对市场变化的能力。

（3）完善供应协同及财务管控。增强产供协同，这需要通过精细化的财务管理和核算，实现对供应链采购、生产、仓储物流等成本的精确核算和控制。首先，企业可采取全面预算管理、成本分析、绩效考核等措施，提高财务管控水平，为供应链协同提供有力支撑。其次，企业仍需建立信息共享平台，实现供应链各环节的数据共享和信息交流。最后，通过实时获取供应链数据和信息，企业可以更好地掌握供应状况和市场需求，及时调整生产和销售策略，提高产供协同的效率。

四、参考对标体系

借鉴"德勤中国卓越管理企业"的评价模型，建议企业从以下七个方面入手对标评价（表2-13-1）。

表 2-13-1　德勤中国供应链管理评价体系

一级要素	二级要素
计划准确性	• 需求计划准确性 • 供应计划准确性
单位供应链成本	• 单位仓储成本 • 单位运输成本
订单合格交付率	• 运输交付及时率 • 运输交付合格率
库存健康度	• 库存周转率 • 呆滞库存比率 • 库存动销率
供应商管理指标	• 供应商质量 • 供应商交付绩效
社会责任指标	• 供应链碳排放量 • 供应商合规性 • 多样性与包容性
供应链韧性指标	• 供应链强度（在产业上下游出现不同程度冲击情况时不断供的能力） • 供应链耦合性（在终端需求异常波动的情况下保证服务水平的能力） • 供应链弹性（在受到外部环境不可抗力因素影响时，供应链各环节的衔接能力）

五、参考对标案例

（一）联想集团

联想集团有限公司（以下简称联想集团）是全球化科技公司，在世界各地共有 77000 名员工，服务覆盖全球 180 个市场，共有数以百万计的客户。为实现"智能，为每一个可能"的公司愿景，联想集团在不断夯实全球个人电脑市场冠军地位的基础上，向包括服务器、存储、手机、软件、解决方案和服务在内的新增长领域拓展，推动基于"端—边—云—网—智"技术架构的新 IT 科技。这一变革与联想集团改变世界的创新一起，共同为世界各地的人们造就一个更加包容、值得信赖的智慧未来。在 Gartner 发布的 2022 年度全球供应链 25 强排行榜中，联想第 9 次入选，居第八位，成为中国乃至亚太地区唯一上榜的高科技制造企业，更是上榜中国企业中排名最高的。2023 财年，联想集团营业收入达到 4240 亿元。

联想集团的业务模式主要涉及个人电脑和智能设备、数据中心基础设施，以及行业智能解决方案和服务。其中，在智能设备业务方面集团专注于智能物联网、智能基础架构和行业智能与服务的开发和应用，以满足不同行业和市场的需求。同时，联想集团还致力于推动新基建，通过数字化转型和智能化升级，为全球各行各业提供创新解决方案。此外，在企业发展转型的过程中，联想持续不断地改善客户体验、建立庞大的全球性网络、加强供应链韧性，始终坚持以客户为中心，持续打造品质更优的产品与服务，实现更短的交付时间，建立更严密的服务体系。

1. 基于"同一个联想"（One Lenovo）的全球标准化与统一化的转型战略

通过多个数字化转型项目，实现从战略到执行，再到数据与系统的跨事业部/跨地区的流程和平台协同。从线索到订单平台中，德勤中国与联想集团共同梳理多个事业部的流程现状，在高阶设计中实现跨事业部统一。同时，允许各事业部根据业务特点保留差异化流程，剔除过去多套冗余系统，从而实现信息系统整合，销售使用体验，增加面客时间。以客户全生命周期价值视角，立足提效、赋能、生态协同，增加线索来源，提高分场景商机适配，全面赋能销售，从市场到订单全链打通，高效满足业务及客户多样化需求，实现增收、降本、可持续的战略目标。

在订单到回款流程中，联想集团建设数字化的供应链和财务核心能力，在保留中国区特点和各业务单元特性的同时，进行全球业务的标准化和统一化，达成跨业务单元、跨区域的流程和平台协同，对订单下达、寻源、履约到退换货进行规则的梳理与优化，高效响应需求。

同时，联想集团还进行供应链垂直整合，提升效率与品质，发挥供应商协同作用，进行全球布局，提高供应链柔性，整合上下游，打造生态体系，增强韧性，从而建设一致性的计划体系，结合产研、产供和产销的集成供应链，全面实现端到端降本增效。

2. 供应链数字化核心能力建设

联想集团供应链数字化转型起于2017年，经过6年夯实了职能部门的数字化基础，开发了基于流程、规则、引擎的数字化解决方案，支持实时数据可视化及部分自动化决策。最终，它让联想集团的交付准确率提高了32%，人员成本累计降低近10亿元，提升产品复杂度的同时，产品的满意度也随之上升，大大下降返修度。在市场到线索、线索到订单、订单到交付及问题到解决等流程中，联想集团通过自研及与德勤中国共创的方式，搭建数字化平台并集成，同步启动数据治理与数据平台项目，全面增强端到端数字化核心能力。其中，在联想集团担任"智慧和决策中心"的供应链智能控制塔系统，清晰展现工厂、供应商、分销商和渠道商的信息及客户需求和供应情况，帮助职能部门进行调度决策，并入选工业互联网产业联盟"2022年供应链数字化转型案例"。

3. 面向服务的转型

立足服务转型的战略需要，打通硬件、软件和服务的订单交付能力，优化跨事业部交付的流程。例如，在下单过程中，通过预先设定的规则，将硬件、软件和服务自动绑定，降低人为配置选择的失误概率，并将该信息传递至后续的计划、制造和交付流程中，提升客户体验，支撑战略转型。

4. 基于"全球资源，本地交付"运营模式建立的全球供应链

联想集团在全球拥有30多家制造基地，主导着异常庞杂的全球供应链网络。以联想集团生产的电脑为例，在原材料供应环节，一台电脑有约2000个零部件，来自全球1000多家供应商，目前联想集团在售机型的配置超过120万种，意味着需要管理多达200多万种物料，不同物料有短则1周、长则3个月的管理周期，而供应商生产物料需要2~3个月的时间；在生产制造环节，工序超过100道，联想集团每年生产的1亿多台设备最终通过近50个物流中心运送到全球180个国家和地区。在这一覆盖全球的供应链体系中，任何一个环节出现问题，都会以"蝴蝶效应"层层放大到整个链条中，倘若跨国企业没有应对之策，就将蒙受巨大损失。因此，作为"链主"的联想集团通过"自有工厂+原始设计制造商（ODM）"的混合制造模式及"全球资源，本地交付"的运营模式，充分利用全球各地资源优势，实现与本地化交付的无缝衔接，充分保障了在复杂和不确定的大环境下联想集团全球供应链的强劲服务韧性。联想集团董事长兼CEO杨元庆曾明确表示，作为一家全球化高科技制造企业，全球供应链是联想集团企业运营的核心，也是保持企业效率和韧性的关键所在[1]。

5. 基于供应商管理库存（Vendor Mamaged Inventory，VMI）模式与全渠道一盘货 SEC（Shipping to End Customers）统仓共配的柔性敏捷仓配体系

VMI是一种供应商库存管理模式，萌生于企业即时生产、准时制生产方

---

[1] 杨元庆. 锻造企业高韧性发展模式[J]. 经理人，2023（4）：8-10.

式（Just In Time，JIT）需求。联想集团是国内 IT 企业中较早应用 VMI 模式的企业，基于 VMI 模式创新搭建了联合排产系统，优化产线安排。VMI 模式的实行，不仅使联想集团的库存大幅度减少，也能够让供应商根据排产计划随时确认自家产品的库存状况和需求状况，从而加快供应链协调和反应效率。SEC 是为支持联想集团中国区直供客户而专门搭建的一套物流仓配一体运作体系。SEC 模式取消了分销的仓库，让所有需要分销的货物均由联想集团指定的物流公司统一进行集中仓储管理和配送管理，这种统仓共配模式提升了端到端供应链效率，降低了供应链总成本。随着联想集团多渠道零售模式的创新，SEC 模式的库存共享进一步地演化出线上线下融合渠道。在多销售平台、多目标客户（B 端/C 端）的融合渠道销售模式下，通过打通库存"多盘货"，以性价比最高的方式匹配运输履约资源，最终大幅度降低成本。

通过上述举措，联想集团积极推动数字化转型，以更高效节能、成本优化的方式，提升供应链韧性与客户体验，并在市场中获得更大的竞争优势。

（二）亚马逊

> 亚马逊是美国一家领先的电子商务和云计算公司，在全球范围内拥有庞大的客户群和业务网络，致力于为消费者提供丰富的产品和服务，以及为各种规模的企业提供全面的云计算解决方案。亚马逊以客户为中心的理念和不断创新的商业模式，成为全球领先的电子商务和云计算公司之一。亚马逊的成功得益于其独特的产品和服务、高效的物流系统、先进的云计算技术，以及贝索斯的领导和管理风格。2022 年，亚马逊的营业收入达到 5240 亿美元（约合人民币 37529 亿元）。

亚马逊的业务模式主要涉及电子商务和云计算。其中，电子商务业务是该公司最主要的收入来源之一，即通过在线销售平台向全球数亿用户销售产品和服务。AWS 则是亚马逊的另一个核心业务，通过提供一系列云计算服务，包括计算、存储、数据库、网络等，帮助企业和开发者构建、运行和管理应用程序。亚马逊在全球范围内拥有庞大的员工队伍和广泛的业务网络，其分支机构遍布全球。该公司以客户为中心的理念和不断创新的商业模式使其成为全球领先的电子商务和云计算公司之一。亚马逊的成功得益于其独特的产品和服务、高效的物流系统、先进的云计算技术，以及贝索斯的领导和管理风格。

在 Gartner 每年发布的全球供应链 25 强排行榜中，除了在榜企业，还有一类供应链大师级企业（Master），其入选要求为在过去10年中，至少7年保持总分排名前5位，而亚马逊就是其中一员。作为全球知名的电子商务网站，成立于1994年的亚马逊已经成为涵盖图书、音乐、电影、家居、数码产品、服装等多个领域的综合性电子商务平台。

从2001年开始，亚马逊把做"以客户为中心的公司"确立为努力目标，借助强大的B2C基因、全球物流网络、内容生态和云计算实力，采用高效的物流系统和先进的仓储管理技术，为客户提供更快速、准确、高效的配送服务，以及优质的售后服务，从而提高客户满意度。

1. 高效的仓储管理

亚马逊在入库、网络规划和库存管理三个方面均做到了高度自动化和客户导向。

为保持仓储运营的高效，亚马逊在自有仓中仅保留交货期较短、购买频率较高的商品，以提升对客户的服务水平，而对于不那么受欢迎的产品，以及仓储成本超过边际销售回报的商品则进行存储和配送的外包，以此控制自身仓储运营的成本。

在入库环节，亚马逊采用独特的采购入库监控策略。亚马逊根据历史数据，结合过往经验，充分识别易坏类产品种类，标记产品出现瑕疵的地方，再进行预包装。然后，通过数据系统采集商品数据，系统还可提供商品上架、存储区域规划等指引。例如，与CubiScan匹配，可以对新入库的中小体积商品进行长、宽、高和体积的测量，并根据这些信息优化入库，大大提升新品上线速度。更为重要的是，这些信息将会通过数据库进行共享，让其他库房能够直接利用后台数据进行后续的优化、设计和区域规划，从而与供应商进行时间、人员、车辆等的调配协同。[①]

在库存管理上，亚马逊在全球范围内有大量仓库和配送中心，早在2019年便已经拥有全球493家仓库，在对消费者购物偏好进行分析的基础上，提前将产品存储在距离潜在购买者更近的仓库中，以缩短交付时间。亚马逊不但通过自动化系统进行全年每天24小时连续自动盘点，及时发现异常并纠错，而且为卖家提供库存管理工具，协助管理并提供再订购建议，降低整体库存水位，提升周转率。例如，2017年，亚马逊收购全食超市（Whole Foods），在将自身业务扩展进入杂货零售的同时，也为该行业带来了仓储管

---

① 亚马逊案例分析，2016年。

理的更新换代。杂货零售行业中一直以来的最大困扰之一就是其高额的仓储水位，虽然保障了客户需求的供应，但带来了效率的下降。亚马逊实施 JIT 仓储管理模式，精益整个仓储流程，同时释放了更多物理空间，在节省全食超市成本的同时，为进一步配送到家的业务扩展打下基础。

2. 内外结合的物流配送

亚马逊的物流配送服务包括其自主拥有的亚马逊物流和与第三方合作两种方式。其中，亚马逊物流采用创新 FBA（Fulfilment by Amazon）模式，卖家只需将产品送到亚马逊的仓库，亚马逊会负责其余的仓储、拣货、包装、配送、收款、客服及退货处理等一条龙物流服务，通过其覆盖全球的配送网络，为客户提供快速、可靠的送货服务。

（1）在物流分拣过程中，亚马逊的大数据物流平台通过算法计算优化员工拣货路径，并告诉员工具体拣货货位，以确保全部拣货路径最小化。通过这种智能化算法优化，可以将传统作业模式的拣货行走路径减少超过 60%。另外，大数据通过总结近期畅销品产品名称，并建议将其放在离发货区更近的地方，减少员工负重行走的路程。由此可见，亚马逊通过先进的数字化工具，配合细节化的管理手段和"以人为本"的管理理念，同步提高员工、合作伙伴和客户的全旅程体验。

（2）针对"最后一公里"配送难点，亚马逊对高峰期单量的分布进行数据统计和分析，并以此为根据优化配送路径，加上智能系统的辅助，更科学合理地安排每名配送员的派单工作，提升交付时效。[1]

（3）随着企业发展，亚马逊还在不断壮大其物流队伍。2013 年，购物季包裹的大规模延迟促使亚马逊开始着手打造自己的全球物流网络。2014 年，亚马逊开始自建仓库与车队，2015 年组建亚马逊航空公司（Amazon Air），2016 年推出了亚马逊航空物流网络。最后，通过内部投资发展和外部投资入股，亚马逊逐渐转型成为新的"物流服务提供商"，除了支撑自身业务发展，也成功找到企业发展的第二条曲线，开始逐步为第三方运送货物，不但摆脱了对物流龙头企业美国联合包裹运送服务公司和 FedEx 的高度依赖，而且成为市场竞争者。

---

[1] 恶猪王 520. 双 11 "黑五" 高峰全不在话下，亚马逊究竟牛在哪儿 [EB/OL]. 2016-11-24. http://www.360doc.com/content/16/1124/02/16/16123909-609050562.shtml.

3. 强大的信息化支撑

作为业内使用大数据、人工智能和云技术的先驱者，亚马逊通过广泛而深入的人工智能和机器学习技术应用，提高库存预测和需求预测的准确度，提高运营效率和响应速度，增强可视性，从而与上下游进行更高效的协同。

作为一家全球化企业，亚马逊在全球范围内搭建了一致的技术架构，使跨地区的业务数据、计算资源可以随时转移，实现全球可视的供应链管理。例如，在中国即可看到大洋彼岸的库存等信息，这一举措增强了现有市场的全球协同，满足了不同地区消费者、合作商和亚马逊工作人员对货物、包裹位置、订单状态等信息的全程监控和合作，并能够在开辟新市场时快速复制现有数据、运营和管理模式。

4. 关注可持续性

亚马逊设立"2025年前实现100%使用可再生能源支持企业运营"的目标，大力投资可再生能源支撑运营，不断扩大电动车队和可持续物流规模，并通过智能包装识别避免过度包装，降低塑料的使用量。同时，亚马逊作为行业龙头，也对整条产业链起到引领作用。从2024年开始，亚马逊将更新供应链，要求供应商与亚马逊分享其碳排放数据，并设定碳排放目标。亚马逊供应链的运作方式如图2-13-5所示。

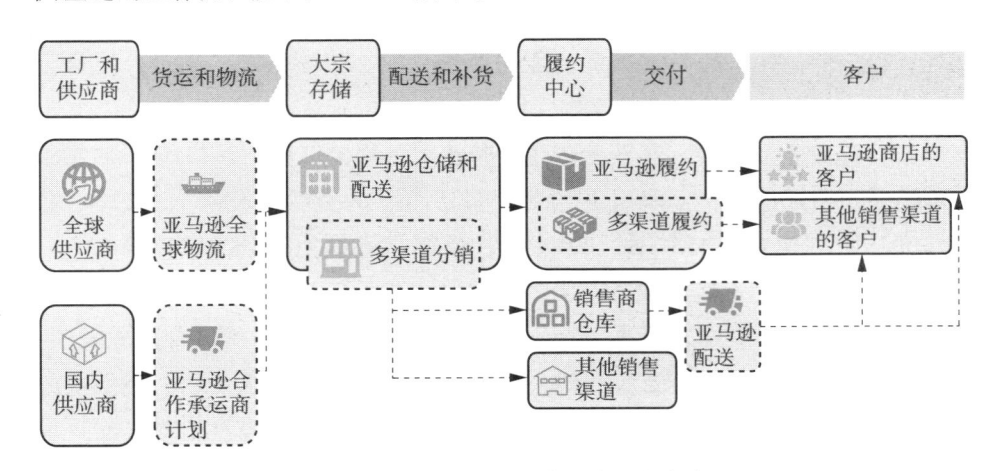

图2-13-5 亚马逊供应链的运作方式

第十四章　领导力发展

> **世界一流企业要素十二**：企业充分体现关于目标与信念、前瞻与创新、授权与赋能、均衡与协调、沟通与真诚的领导力科学与艺术；领导者队伍拥有带领企业实现超越现状、实现伟大目标的企业家精神，拥有勇于创新、包容失败的追求，具有授权员工实现突破并承担相应权责的魄力，能够持续赋能并鼓励员工发挥所长，协调个体与团队，提供平等沟通、真诚待人的良好环境。

一、一流企业特征

百年企业依靠卓越的领导者在危急时刻力挽狂澜，最终使企业重新回归卓越之列的故事数不胜数。在当今世界的一流企业中，生产经营的国界概念正在变得模糊，地域文化和资源环境的差异、专业领域的纵深发展与多元化经营、数字化转型和敏捷组织等问题，使领导者肩负更多的使命与挑战。尤其是近几年以来，传统的工作观念受到了前所未有的挑战，企业和员工都面临着比以往任何时候更为严峻的复杂局面，员工不再是传统雇员，领导权限也不再由组织结构图单一决定，不再完全取决于职位、职级或直线下属的数量，领导者可以是任何能激励员工完成工作的人，不论他们之间是否存在正式的汇报关系，不论他们来自组织内部还是外部。当下企业的发展正处于这样一个无边界的世界里，领导者们必须与他们的组织一起成长，并采用一套新的基本法则来动员员工和团队，从而在无边界的新世界中有所作为。[①]

谷歌、Lyft、戈尔公司（WL Gore）、万事达卡（Mastercard）和 Atlassian 等高效企业将领导力看作一种团队精神，这些企业高度重视并竭力寻找能够

---

① 德勤中国. 2023 年全球人力资本趋势［EB/OL］.

领导团队及构建生态系统的人才。这种新型领导者必须了解如何建立和领导团队，保持人与人之间的连接，激发人的参与感和主动性，善于营造创新学习、不断进取的文化氛围。如今，领导者需要具备跨领域的技能是大势所趋，职能负责人通过精通单一职能而晋升为高管的时代正在走向终结。GE、IBM、雀巢公司（Nestlé）、施东公司（Xerox）和万事达卡等企业将领导者们召集在一起，致力于共同设计和解决问题，让他们了解不同的企业职能、行业和技术是如何相互作用来形成解决方案的。总而言之，创新和冒险将定义当前的高效领导力。经过多年研究发现，德勤中国认为，世界一流企业领导力建设的成功经验具有以下特点。

（一）对领导团队能力的要求逐步提高，领导力定义群体正逐渐扩展

当今工作环境的变化，要求领导者能在易变、不确定和复杂的环境下迅速做出反应。因此，打造一支适应性强、能够敏捷应变的领导者队伍显得尤为重要。一方面，企业领袖要把好方向，具有战略思维、目标导向、风险管控、团队管理等特质，其他领导成员则能够互相补位、专业精深并高效执行；另一方面，领导的职能由以往的管理员工逐渐转变为通过项目、任务或待解决的问题动态协调工作任务和技能。[1] 随着外部环境愈加动荡，创新速度越发加快，行业竞争不断加剧，世界一流企业进一步提高了领导力的地位，扩展了领导力定义群体，对领导力的认知不再仅仅集中在领导者身上，而是从主要聚焦在核心成员个体扩展到所有需要展现"领导者行为"的员工，包括最低层级的专业贡献者。

（二）高层领导发展领导力的决心坚定，注重培养各个层次的领导者

近些年受外部环境的冲击，领导者们越来越意识到拥有强大的人才梯队是企业应对重重挑战的关键。德勤中国研究发现，业绩优秀的企业在管理者领导力提升方面的投入比它们的竞争对手高出了几乎四倍。一方面，高层领导者的参与可以保证对领导力培养的长期稳定投入，他们既注重培养所有员工的领导力，将企业人才和继承者放在首要位置，建设和增强人才供给线的奖励机制，并常与商业伙伴、大学、非政府机构和其他第三方合作，创造新的领导力提升机会，从而为公司员工提供更多样的锻炼机会；另一方面，注

---

[1] 德勤中国. 2023年全球人力资本趋势［EB/OL］. 2023-2-10. https://www2.deloitte.com/cn/zh/pages/human-capital/articles/global-human-capital-trends-2023.html

重培养各个层次的领导者,重视对千禧一代领导者、全球化领导者和女性领导者的培养,并且将领导力培养与公司的具体情况相结合。举例来说,很多组织为女性开发了领导力课程,以追求高级领导职位的性别多元化。

(三)注重设计长期领导力发展蓝图,建立专注领导力发展的科学框架

世界一流企业通常有明确的领导力发展目标,它们设计长期的领导力发展蓝图,确定需要发展的关键人才数量和类型,总结分析支撑企业成功的优秀领导者的行为,从而建立合适的领导力发展模型,以专注提升员工的领导能力。例如,宝洁公司通过对几百名不同部门、不同层级优秀经理的领导行为进行分析,总结提炼了 5E 领导力模型,即 Envision(高瞻远瞩)、Engage(全情投入)、Energize(鼓舞士气)、Enable(授人以渔)、Execute(卓越执行)。这个模型强调领导是一种行为,而不是一种职务。它清楚地告诉管理者最该做好的三件事:设定目标、鼓舞士气并提供帮助。另外,拥有最佳实践的企业也正在探索多元、场景化,以及适用于特定业务战略的领导力,发展一种整合的领导力建设体系,包括设定具体的领导力发展战略、开展领导力发展项目,以及进行详细的领导力项目的效果评估等。

(四)注重弘扬企业家精神、发挥企业家作用

在市场环境错综复杂、充满不确定性和诸多挑战的今天,一流企业尤为看重企业家精神。目前,各国各界所公认的企业家精神的本质和内核是创新精神与创业精神。其中,创新精神包括首创精神及超前行动、革故鼎新、批判质疑、破坏性创造等精神,创业精神则包括实干、拼搏进取、艰苦奋斗、持之以恒、建功立业、风险承担等精神。[1] 前通用电气 CEO 杰克·韦尔奇就是职业经理人中具有企业家精神的有力代表,他像爱护自己生命那样爱护公司的声誉,有企业家的责任担当,做事全力以赴、不遗余力;他以犀利的言语和无畏的魄力大力破除官僚主义,革故鼎新,进行企业变革;他思维超前,注重员工授权赋能,激发组织活力;他强调组织中的关系要随意、非正式,做人做事要脚踏实地、不拘礼节。正是他身上这种企业家精神的发挥,使得他在领导通用电气的 20 年时间里,将通用电气的市值从 130 亿美元提升到了 5000 亿美元。

二、中国企业现状

习近平总书记在党的二十大报告中指出,必须坚持科技是第一生产力、

---

[1] 李政. 激发和保护企业家精神 促国企国资高质量发展[J]. 支部建设,2019(8):11-14.

人才是第一资源、创新是第一动力，为了全面建设社会主义现代化国家，必须有一支政治过硬、适应新时代要求、具备领导现代化建设能力的干部队伍。据此，具体策略包括要选拔忠诚干净有担当的高素质专业化干部、选优配强各级领导班子、健全培养选拔优秀年轻干部常态化的工作机制等。但在实操过程中，提升领导力常常是一项非常艰巨的任务。在复杂的市场环境中，企业的领导者能否有效适应和应对变化非常重要，而现实情况是，在提升企业领导力的过程中由于企业领导者现有管理水平不足、市场需求不断变化，以及解决领导问题的资源和时间缺乏而变得十分艰难。目前，中国企业在领导力建设过程中通常面临以下挑战。

（一）用于领导者能力发展的科学框架与世界一流企业存在差距

近年来，中国企业管理者在加快建设现代企业制度的同时，纷纷积极推动系统领导力的建设，包括搭建领导力素质模型、开展领导力发展培训课程等。但在领导力建设的过程中，中国企业管理者通常将考察干部和民主测评的结果直接用于干部发展等方面。事实上，领导力发展可以有单独的领导力模型，世界一流企业在发展领导力过程中往往会设计专门的领导力发展蓝图和科学框架。

（二）领导者对数字化、智能时代的适应性不足

在当今数字化、智能化时代，企业渴望领导者更加灵活、多样、年轻，并能采用"数字方式、智能方式"运营企业。这种新型领导模式需要打破企业传统领导边界，并对那些能在快速变革的网络环境中成长起来的新型领导者予以授权。然而，管理者往往从狭义地界定义领导角色，对数字化、智能化的底层逻辑缺乏足够的认识，不能根据目前情况动态理解商业环境。德勤中国《2023年全球人力资本趋势》调查结果显示，有84%的人认为他们的领导者在使用技术提升产出和团队绩效方面做得不够好。

（三）需要采用更为科学的领导者能力培养方法

近年来，中国企业管理者逐渐认识到提升员工领导力的重要性，越发重视对领导者能力的培养，包括开展干部领导力教育培训、专门成立领导发展中心用于领导者能力培养等。但Gartner对60个国家与地区超过800位人力资源高管所做的调研结果显示，有24%的受访者认为他们的领导力培养方法并不能让他们的管理者为未来的工作做好准备。[①] 中国企业的管理者及人力资源

---

① Gartner Group. 2023年人力资源管理者五大优先事项. 2022-10-13. https://www.sgpjbg.com/baogao/102828.html

部专门用于领导者能力培养的科学方法略显不足，多以传统的课程培训形式进行，缺乏系统的分层级、分阶段的科学培养方法。

（四）领导者需扩大全球视野、提升全球竞争能力

具有全球竞争力的世界一流企业要求领导者不仅为企业自身的经营效益和股东价值而奋斗，还应立志于超越自我、超越现状，把目标定为为社会或人类的某一方面做出杰出贡献，[1] 并且能够以全球视野及"双赢"的开放合作心态，立足全球配置资源、人才、技术和市场等各类资源进行企业管理。这类企业通常都有系统的未来领导培养机制，充分满足战略制定的需要，同时与之配套的企业管理模式、技术创新能力等方面也较为领先。中国企业的中高层领导的视野还可以放得更远，相应的与全球竞争的配套体系也需同步搭建[2]。

（五）专业经历丰富度有待提升

中国企业从中层到高层，缺乏大量既具有大型国际企业管理经验，又充分了解国情，善于把本地管理经验与以往国际实践相结合，并在国际化的道路上成功复制区域企业成功经验的领导人才，经常存在"外行管理内行"的情况，这在一定程度上制约了企业的发展壮大。事实上，每位管理者除需具备管理技能和领导经验外，还需掌握组织的核心业务专业知识，尤其是中基层管理干部需要充分了解企业所处的行业并精通相关专业技能，这是做好管理的基础。当然，这也需要企业自身建立未来领导培养机制，以充分满足战略制定的需要。

（六）打造培养企业家的平台

中国企业培养企业家需要有一定的前提条件。首先，适当的股权设计可以令领导者与企业的长期价值保持一致，更好地发挥主人翁精神，从而在企业决策中发挥更大的作用。但我国国有企业的所有权与经营权分离，因此管理者在决策时更倾向于保守经营和规避风险，而非积极寻求创新和发展，这无疑对企业家精神的表现产生了影响。其次，需要企业使命和领导者个人目标一致，若企业使命和领导者个人目标不一致，则会影响领导者在推动企业发展时的积极性、主动性。最后，企业家的培养还需要有长效的任期服务机制，否则在领导者任期结束后的后续制度也将无法长效落地执行。

---

[1] 郝鹏．弘扬企业家精神，加快建设世界一流企业［J］．中国产经，2021（1）：76-81．
[2] 赵健．中国企业对标管理的九个方向［J］．哈佛商业评论，2014（2）．

三、最佳实践

(一) 德勤 Kaisen 领导力模型

为支持组织达到战略目标,世界一流企业往往通过大量的研究以总结出能够推动组织发展所需要的领导能力模型,如 IBM 的"三环模型"、GE 的"4E+1P"领导力模型等。德勤通过 30 年来跨地域、跨行业、跨职能的研究,以及长期对成功领导者的追踪,总结了领导者们必须具备的能力,以及决定不同层级间晋升速度的主要影响因素,进而提炼形成了德勤 Kaisen 领导力模型(图 2-14-1)。

与"你能做什么"有关　　　　与"你能跑多快"有关

8 一般性可学习的能力　　**+**　　**4** 一般性可训练的潜在维度

战略领导力	团队领导力	变革潜力	人际潜力
战略方向　商业判断	激励他人　推动执行		
经营领导力	关系领导力	才智潜力	内驱力潜力
竞争优势　梯队建设	策略影响　合作共赢		

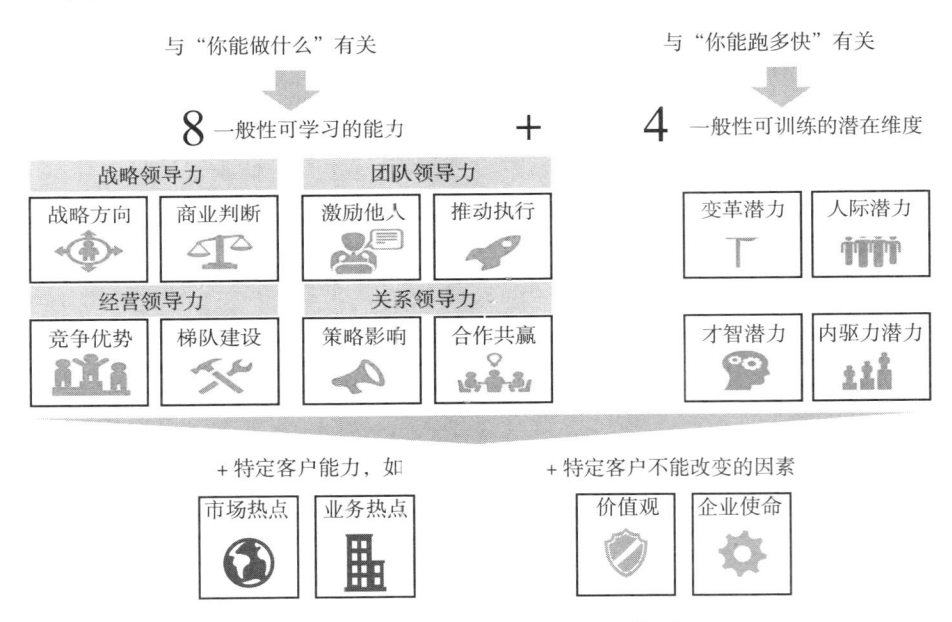

+ 特定客户能力,如　　　　+ 特定客户不能改变的因素

市场热点　业务热点　　　　价值观　企业使命

图 2-14-1 德勤 Kaisen 领导力模型

该模型总结了领导者们必须擅长的、一般可学习的 8 项能力,包括"战略方向、商业判断、激励他人、推动执行、竞争优势、梯队建设、策略影响和合作共赢",在每项能力下划分了领导者成长需要经历的 4 个不同层级,包括领导、中层领导、业务领导和企业领导,该设计还决定层级之间的跃升速度可通过训练习得的 4 个潜能维度,包括变革潜力、人际潜力、才智潜力和内驱力潜力。同时,在"8 个关键能力+4 个层级"通用模式下,企业还可根据所在行业增加特定能力,如业务热点、市场热点等,或增加特定企业不能改变的因素,如企业使命、价值观等。基于以上要素,德勤进一步为企业提供

Kaisen领导力模型的8个关键能力在不同领导层级的具体表现信息以供企业具体实操使用，为世界一流企业识别、评估和发展领导力提供有效帮助。

（二）德勤数字化领导力模型

在企业数字化转型背景下，世界一流企业纷纷探索领导力模型在数字化场景下的应用。在数字化时代，最成功的企业需要不断进化其数字DNA，在生态系统、组织、领导者、团队和个人的各个构面使员工能够以数字方式工作。德勤凭借多年数字化研究经验，开发了一种将数字化特质直接嵌入企业日常DNA的方法——数字化DNA。该方法总结了23个让企业在快节奏和日益数字化的世界中保持成功的关键特质，包括持续创新、快速迭代、不受地域因素限制、提高客户参与度、不断变化的技能要求等，而在加强数字化的过程中，组织则形成了新的DNA（图2-14-2）。其关键构建步骤如下：

（1）通过数字化成熟度评估工具评估当前企业数字化DNA成熟度。

（2）使用德勤独有的数字DNA框架，与领导者探讨，帮助企业创建和定制数字蓝图，包括定义企业数字化转型的目标，以及最需提升成熟度的数字化DNA特质。

（3）调整组织架构以实现更多的协作，利用数字技术来增强协作，并将协作与绩效奖励挂钩。

（4）将蓝图转化为一系列最小可行的变化（MVCs）以取得快速成效，每个MVC都明确对组织、客户和员工的价值。

（5）制定未来（MVCs）规划实施路径图，包括不同的应用场景、预期收益和成功的衡量标准/机会点。

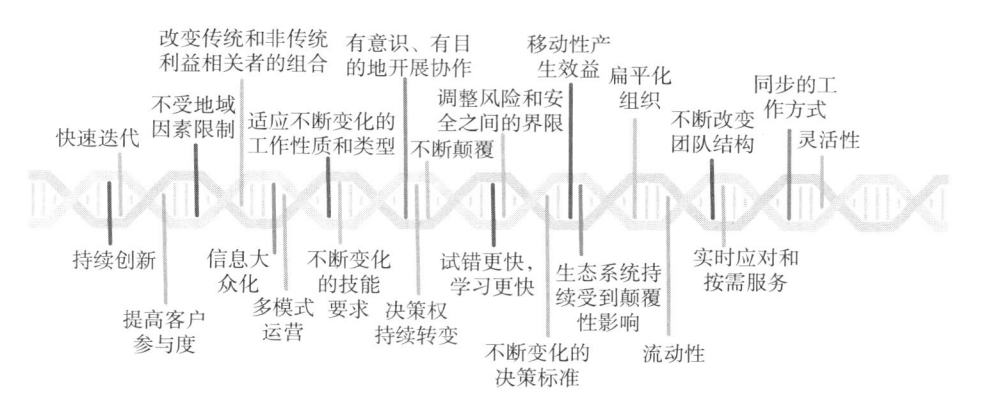

图2-14-2　德勤数字化DNA的23个关键特质

（三）德勤中国 RAW 团队效能框架

如今，领导力定义的逐步扩展意味着各个层级的人都被动员起来，迎接在无边界世界的过程中可能出现的新机遇，领导者们需要考虑如何既能推动组织目标，又不会扼杀团队层面的创新和敏捷性。要做到这一点，需要一个比以往任何时候都更加配合默契的领导团队。[①] 举例来说，美孚公司作为领先的跨国能源化工企业，为中国最大的化工综合体之一，面临业务激增、多界面协同难、多元文化融合难等问题，使来自不同背景的管理者更好地融入公司文化，实现跨职能团队高效协作等问题成为成功的关键。德勤中国基于 RAW［机制（Ready）、能力（Able）、信任（Willing）］团队效能框架，从机制、能力和信念三方面识别关键提升领域，帮助其建立项目规划执行所必需的机制体系，搭建高效的流程模型，并维持最合适的方式。主要基于以下解决思路：

（1）通过全面诊断评估，识别组织当前和未来期望之间的差距，深入探索团队存在的关键痛点，确定发展蓝图，量身定制团队效能之旅；通过管理者访谈和焦点小组访谈精确定位潜在因素，捕捉相关的声音和观点；关注管理者群体角色揭示的主要动机、重要时刻、挫折和员工生命周期旅程；确定根本原因并进行诊断，以理解优势/差距；根据重点团队效能因素，开发定制化团队效能提升路径；设计提升策略，并建立领导者共识。

（2）通过设计行动计划、全程辅导、培训和研讨会等方式赋能领导和利益相关者，实现团队效能之旅中的转变；基于组织效能提升措施，详细设计行动计划，解决每个团队的具体问题；加速企业提升组织效能的进程，提供包括辅导、第三方观察、培训和研讨会在内的多样行动计划执行支持；在行动计划执行过程中，定期检查和复盘；定期组织准备评估研讨会。

德勤中国 RAW 团队效能框架如图 2-14-3 所示。

（四）领导力建设最佳实践

世界一流企业在具体开展领导力项目时，会基于如下关键步骤，以保证项目的实际效果与预期相近。

1. 领导力标准建设

基于对企业战略目标的分解，构建适用于本企业的领导力模型，与此相

[①] 德勤中国. 2023 年全球人力资本趋势［EB/OL］. 2023-2-20. https://www2.deloitte.com/cn/zh/pages/human-capital/articles/global-human-capital-trends-2023.html

对应建立上下贯穿、能够清晰界定各层级领导者职能以及能够与此相对应的能力素质模型。同一能力素质在不同层级领导者间的要求不同，如对高层领导者的要求是"引领变革"，对基层领导者的要求是"拥抱变革"。

我们如何组织	我们如何运作	我们如何思考
建立机制……筹备、规划工作，同时建立执行所必需的体系	构建能力……用最合适的科技、运营模型、人才和流程设计武装我们的组织	促进信念……吸引并激励最好的人才，激活并维持合适的文化
我们的组织中有多少个团队？我们的组织中有什么样的团队？做哪些工作？我们的组织中有多少比例的工作是虚拟交付的？我们的组织中，一个高绩效的团队是什么样的？我们如何创建和维持高绩效的虚拟团队？	我们有什么协作工具？我们如何将新的技术团队加入员工队伍？我们如何评估团队的健康状况？我们有哪些数据观察团队和员工互动情况？我们目前如何衡量团队的价值和生产力？	当前的虚拟工作环境如何与我们组织的文化保持一致？日常工作中如何体现组织的公开透明？管理者如何领导临时组织和虚拟队？在这种新常态下，领导风格需要做出哪些调整？
Ready 机制	Able 能力	Willing 信念
· Alignment——每个成员对愿景和目标的理解一致。 · Governance——清晰且高效的决策流程。 · Practices——一致的行为准则和工作方式。	· Capabilities——实现目标需要具备的优势和能力。 · Resources——获得完成目标需要的资源。 · Agility——高效灵活地沟通、协作和执行。	· Motivation——对完成目标的高度承诺。 · Purpose——对成功抱有强烈的信念。 · Trust——彼此信任，相互包容，互为依靠。

图 2-14-3 德勤中国 RAW 团队效能框架

2. 干部人才盘点

选用合适的盘点工具从知识技能、能力素质和个人动机等多维度对企业现有干部队伍分层次、分序列地实施干部人才测评和盘点，深入了解干部人才队伍现状，有效识别干部人才队伍能力的长短板，发现高潜力干部人才，为后续干部人才结构优化、薪酬调整和人才培养等工作奠定基础，使"干部人员能上能下、能进能出，薪酬能增能减"的调整变动有据可依。

3. 人才选拔任用

绩效和干部人才盘点结果一方面被用于选拔干部人员，另一方面被用于搭建后备人才梯队。其中需要注意的是，对于未来重要但不易通过培训养成的，如企业家精神、成长型思维等，在人才选拔时需一步到位。后备人才梯队建设也不可断链，各个领导层级均应往下储备高潜力人才，充分评估高潜力人才与即将继任层级所需能力的现存差距，并结合未来预期的人才结构，有的放矢地培养人才。

4. 能力提升发展

根据人才盘点结果，明确各层级领导人员短期、长期需要培养的能力目标，并匹配适宜的培养方式，形成体系化的能力提升发展计划。其中，在各层级能力中，对未来相对重要且可通过培训养成的能力，可安排在常规培训体系中。但仅仅安排相关培训和课程是远远不够的，以个人发展计划为例，需要明确工作中哪些任务或项目能够培养人才的能力。如果想锻炼干部人员的策略思维，除常规培训外，还需指派制订产品上市计划、市场营销计划，制定销售策略等任务，以通过实操针对性地锻炼这项能力。

（五）企业家精神

近几年，企业家精神作为我国建设世界一流企业工作的重要方面被多次提及。中共中央办公厅、国务院办公厅印发《关于加快建设世界一流企业的指导意见》从"产品卓越、品牌卓著、创新领先、治理现代"四个方面首先明确了"世界一流企业"的核心特征，然后针对建设世界一流企业工作的落实提出了提升技术牵引和产业变革的创造力、提升全球竞争力、提升现代企业治理能力、提升彰显自信与担当的影响力和提升优秀企业家引领力的"五力"推进工作的要求。2023年10月，在国务院国资委首次公开发表的新一轮国有企业改革深化行动的行动纲领《深入实施国有企业改革深化提升行动》中，再次明确提出了要"大力弘扬企业家精神，建立完善新时代国有企业领导人员干事创业的有效机制，推动其当好创新发展的探索者、组织者、引领者"，并针对如何提升企业家的引领力提出了几点建议，包括如何加快培育具有全球视野的企业家，如何大力弘扬企业家精神，以及如何更好地发挥企业家作用，等等。德勤中国基于相关政策文件要求，结合中国企业现状，针对中国企业如何发挥企业家精神、如何创造条件以更好地激发企业家精神提出如下具体建议。

（1）进一步深化国有企业改革，优化国有企业的体制机制，提高企业经营的自主权，让企业领导者能有更多的自由和机会尝试新的想法。

（2）改革国有企业的激励机制，将企业一把手的收益更直接地与企业的长期发展和盈利能力挂钩，从而让企业领导者在推动企业发展时，更有动力去追求高质量的企业发展。

（3）培养和鼓励企业一把手的非凡行动力，可以通过提供更多的培训机会，帮助企业领导者提升领导能力和决策能力，以应对日益复杂和充满挑战性的企业运营环境。同时，营造包容失败的企业文化，让企业一把手更加敢于行动。

四、参考对标体系

借鉴"德勤中国卓越管理企业"的评价模型,建议企业从以下八个方面入手对标评价(表 2-14-1)。

表 2-14-1　德勤中国领导力发展评价体系

一级要素	二级要素
战略方向	• 明确成功的定义。 • 明确企业长期关键能力打造重点。 • 明确本机构单元战略承接举措。 • 战略沟通多样,把日常运营要求与战略发展有机结合。 • 明确战略执行对每个人的影响。
商业判断	• 做出提升业务价值的决策。 • 识别潜在风险。 • 平衡决策的短期和长期效果。 • 考虑业务运营模式和市场间的动态性。 • 提高客户参与度。 • 考虑决策对企业整体的影响,提供让高层领导者对其决策自信的依据。
竞争优势	• 前瞻视野。 • 塑造差异化竞争力。 • 预测市场趋势。 • 参照外部最佳实践方法。 • 持续质疑现状,勇于提议变革重点。 • 拓展市场能力强。 • 提倡流程优化。
策略影响	• 拓展影响力。 • 差异化与适合的内部沟通。 • 建立重要关系并赢得信任。 • 可说服高层领袖。 • 平衡利益相关方关系。
推动执行	• 鼓励高绩效发展。 • 明确个人目标与期望值。 • 使用因人而异的激励方法。 • 鼓励以终为始,强调结果。 • 及时提供回馈意见,促进团队能力提升。
梯队建设	• 建立完善的通道和继任机制。 • 指导员工的长期职业规划。 • 合理授权,作为培养手段之一。 • 鼓励团队走出舒适圈。 • 创新培训。 • 为下属提供新机会。

续表

一级要素	二级要素
激励他人	• 鼓励忠诚与传承。 • 公平公正对待下属。 • 以身作则。 • 推动跨团队人员流动、合作。 • 勇于担责并及时补救。 • 有效管理负面情绪。
合作共赢	• 与其他团队成员或组织建立良好关系。 • 建立互惠关系和联盟，创造价值增值机会。 • 通过合作为企业寻求更有效的运营模式。 • 深度理解合作伙伴观点、想法或业务，从合作关系中获取共同利益。 • 确保内外部合作伙伴均形成积极的合作关系。 • 构建多元化领导团队。

五、参考对标案例

西门子[①]

西门子作为一家专注工业、基础设施、交通和医疗领域的科技公司，是全球领先的技术企业，从1872年成立到如今成为"数字化转型最成功的公司"之一，它始终将领导力方法论与业务战略紧密结合。在企业发展的各个阶段（图2-14-4），强大的领导力是实现西门子业务战略的基础保障。

那么，西门子领导力方法论是如何在企业发展的不同阶段演进的呢？西门子领导力方法论的演变先后经历了四个阶段，初始阶段是以核心成员主导为特征的伟人论阶段，扩张阶段是强调领导特质和个人能力的个人化阶段，全球化阶段是基于情景的固定领导力框架阶段，现阶段是多元动态的领导力叙事阶段。在不断演变与迭代中，西门子领导力方法论始终与业务战略紧密结合，保持对外部环境变化的敏锐度和对人才的重视程度，探索出了一条拥有西门子特色的领导力道路。

1. 初创阶段

由于技术有限，此时的西门子和大部分企业一样，呈现出企业规模较小、

---

① 西门子. 西门子中国领导力白皮书：百年造英才，"领"航向未来迈入"动态多元"的领导力新篇章[EB/OL]. 2022-07-18. https：//w2.siemens.com.cn/download/hr/Talents-and-Future-Leadership-whitepager_cn.pdf.

产品线单一等特点。在企业管理方面，生产和分配主要由企业所有者自行管理。领导力则体现在核心成员主导作用上，具体来说，依靠创始人及其家族的个人能力及资源帮助西门子崭露头角。

	工业1.0（蒸汽动力——从手工到机械生产转变）	工业2.0（电力——引入流水线作业）	工业3.0（电子和信息技术——制造自动化）	工业4.0（数字化——信息物理系统）
阶段特征	·手工到机械化的过程。	·电气化推动生产规模化。	·信息化推动企业国际化。	·数据驱动推动企业走向网络空间。
企业特征	·企业规模较小。 ·产品线单一。	·规模化、标准化生产。 ·产品线多单元。	·大型综合企业集团。 ·业务全球化、多样且拥有协同效应。	·更敏捷高效的组织。 ·专注细分市场业务，抓住行业风口。
业务发展里程碑	·发明指针式电报机，为西门子成为全球企业奠定基础。	·发明实用发电机，让电力走进人们的日常生活。	·在自动化、直流输电、核磁共振成像等领域取得了重大进展。	·剥离非重点业务，专注电气化、自动化、数字化发展。

	领导力1.0（以核心成员为主导——伟人论）	领导力2.0（领导力框架——特质论、行为论）	领导力3.0（领导者画像——情景化）	领导力4.0（领导力叙事——多样化）
管理方式	·由拥有企业的个人主导企业管理。	·引入职业经理人角色参与企业管理。	·去中心化与权力下放以弥补企业管理的复杂性。	·以人为本，管理扁平化、灵活化、权力分解。
领导力需求	·对领导力认知和需求较弱。 ·强调个人能力、英雄主义。 ·天生领导。	·对领导力有一定的认知和要求。 ·明确强调领导者固有的个人特质与能力，认为优秀领导者可以培养。	·对领导力的定义和理解进一步深入。 ·基于复杂的管理场景，制定不同层次的情景化领导力框架。	·进一步提高领导力的地位。 ·弱化领导力固定框架，更加柔性、包容、多样。
领导力实践	·以创始人及其家族为核心领导者。 ·对创始人及其家族资源强依赖，并由其全权确定企业发展战略与方向。	·将固有特质及能力作为领导力主要评级维度，明确固定的领导力框架，强调对个人能力和结果的评价，维度涵盖个人能力、结果及专业经验等，评分标准细化。	·在全球设立分支机构并给予一定授权，将情景纳入领导力评价维度，推出领导力胜任力模型和数字化领导者画像，基于组织情景对不同层级员工提出不同的领导力评价指标。	·各分支机构授权范围进一步扩大，强调赋能于人，打破预设的固定领导力画像，用无框架动态多元领导力方法论代替静态固化的框架，推广多元文化、背景和经验。

图 2-14-4 业务发展与领导力发展阶段特征

2. 扩张阶段

电气化的推动使得生产效率大幅提升，西门子和领先企业借此实现了规模化、标准化生产，从而促使西门子旗下业务迅速扩张、企业规模迅速膨胀；

297

同时，企业管理的复杂性对企业领导者也提出更高要求。西门子进而推出了明确且固定的领导力框架，开始对领导者所需的个人能力进行明确定义的构建，这种构建是基于固定的特征维度，对领导者的领导力进行评价，并强调对结果的考核。

3. 全球化阶段

在信息化时代，西门子和众多领先企业一样，逐渐成长为大型综合集团，拥有多条复杂的业务线，进入全球化发展阶段。庞大的组织使企业管理面临更大的挑战，对领导力的研究也随之进入情景论层面，相继推出西门子胜任力模型及描述领导力画像，对不同的工作情景、不同层级的员工分别制定合适的评价维度，并明确指出领导力适用于所有需要展现"领导者行为"的员工，包括最低层级的专业贡献者。

4. 现阶段

"互联网、平台型企业"等新兴词汇逐渐成为时代标志，为了应对外部地缘冲突、全球疫情、需求升级、竞争加剧等挑战，西门子立志成为一家专注创新并能够实现可持续发展的科技公司。西门子将赋能于人、成长型思维的领导力文化运用至企业管理，推出了全新的"领导力叙事"方法论，不再遵循固化静态的框架，而是给予员工更多的施展空间，鼓励每个员工培养自己的领导力，讲述自己的领导力故事，更加积极地关注员工的未来发展潜力及在组织中可提升的领域。

"领导力叙事"方法论作为有别于传统的领导力理论模型，是如何与企业战略相结合并在员工中落地传播的？西门子开创的"领导力叙事"方法论，从"成就客户、科技有为、赋能于人、成长型思维"四大战略重点出发（图2-14-5），鼓励员工围绕这四个维度，结合自身实践经历讲述生动多元的领导力故事。该方法论不再预设领导力模型，不再关注绝对的硬实力指标，转而鼓励更加柔性、多元的领导力行为，它需要每位员工根据所处情景（包括市场环境、企业环境、团队环境等），展现出不同的领导力风格和行为，以打造一个真正能够让不同专长协作互补的多元团队。以"成就客户"为例，针对不同的场景，成就客户的方式有所不同，对于成熟业务，成就客户的重点强调对客户价值的发掘，共创客户生态，以实现多方共赢；对于开拓型业务，成就客户的重点是对客户需求的敏锐洞察，抢先于客户之前思考客户需求,从而获取订单并构建忠诚的客户关系。因此,在西门子"领导力叙事"方法论下,一个又一个真实而鲜活的故事不断发生,它们源自每位亲历者的讲述。

成就客户	科技有为	赋能于人	成长型思维
·洞悉需求,先于客户思考	·信仰科技,催化未来价值	·行胜于言,树立团队标杆	·学无止境,成长永无上限
·共创生态,实现多方共赢	·科技有责,矢志回馈社会	·信任团队,授权创造价值	·勇于担当,笃行正确之事
·自我驱动,携手客户成长	·固守陈规,可能扼杀创意	·明确目标,激发团队潜能	·激发团队,敢于求新求变
·真诚可靠,坚信善行致远	·活用数据,提升决策质量	·善用能者,授权决策下沉	·激励勇者,支持变革开拓
		·鼓励试错,汲取失败经验	·海纳百川,倡导多元包容

图 2-14-5 业务发展与领导力发展阶段特征

最后,西门子是如何在企业管理中落地和践行领导力方法论的?又是如何为企业持续培养理想领导者的?从观念到落地,从方法论到形成领导力项目,西门子探索打造了一系列有特色、有效果的领导力项目,它不忽略任何一个员工群体。目前,西门子拥有全球数十个领导力项目,对超过30万名西门子员工进行实践运用,这些项目覆盖了全部职位层级及全人才管理周期(图2-14-6)。它平等地给予所有员工展现自己价值的机会,并支持所有员工在各个阶段的成长,助力所有员工成为西门子的领导者,包括为高校毕业生设计的西门子管培生项目,支持中层经理成为高层管理候选人的西门子中国卓越领导力项目,助力中高层领导者和职能专家担任关键角色而开展的西门子的百人计划项目,等等。尤其是近几年基于全新转型目标要求,西门子正在设计开发针对全球所有管理者的赋能项目。该项目作为"战略性学习"的重要组成部分,聚焦核心转型话题,如"客户中心与敏捷思维""构建业务生态及平台""企业家精神"等,匹配"小而精"的学习资源和实践机会,激发管理者自主学习与行动。正是这些项目的推动发展,西门子推动人才形成自我驱动、终身学习的能力,以更优质的措施助力企业培养国际化、多元化的未来领导,保证人才提供可持续的业绩贡献,提高人才就业竞争力。

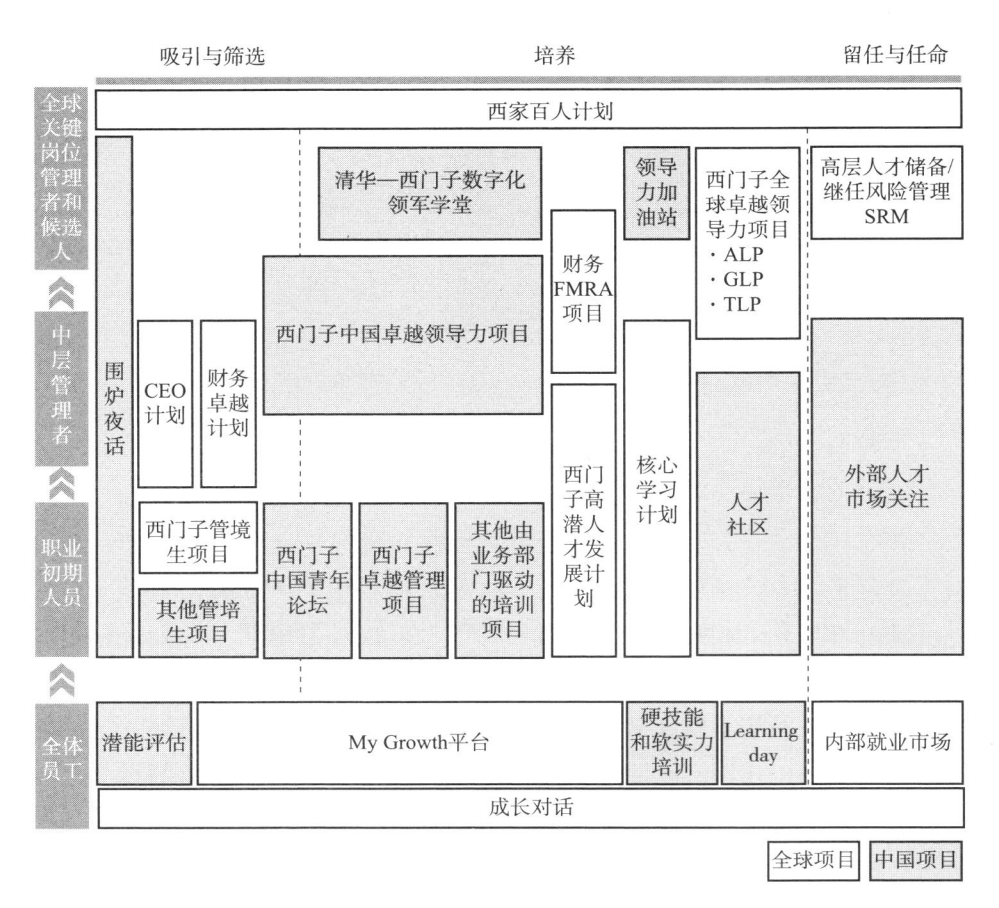

	吸引与筛选	培养	留任与任命
全球关键岗位管理者和候选人	围炉夜话	西家百人计划	
		清华—西门子数字化领军学堂	领导力加油站	西门子全球卓越领导力项目 ・ALP ・GLP ・TLP	高层人才储备/继任风险管理SRM
中层管理者		财务FMRA项目		
	CEO计划 / 财务卓越计划	西门子中国卓越领导力项目	西门子高潜人才发展计划	核心学习计划	人才社区	外部人才市场关注
职业初期人员	西门子管培生项目 / 其他管培生项目	西门子中国青年论坛 / 西门子卓越管理项目 / 其他由业务部门驱动的培训项目			
全体员工	潜能评估	My Growth平台	硬技能和软实力培训	Learning day	内部就业市场
	成长对话			

全球项目 | 中国项目

图 2-14-6　西门子领导力项目概览

第十五章　人才管理与企业文化

> **世界一流企业要素十三**：人才管理与发展关注从人才获取、识别，到开发、培养、发展的全过程，并且通过技术赋能人才发展、充分挖掘人才潜能，使人才发挥最大价值。深耕以人为本的理念，以富有使命感的文化和事业平台吸引、激励、保留关键人才，实现企业发展与人才发展的相互促进与正向循环。

一、一流企业特征

随着全球化进程的加快和科技的快速发展，各国之间的竞争更加激烈，而各国综合国力的竞争归根结底是人才的竞争。企业若想在追求创新和技术进步的竞赛中取得长足发展，就必须拥有高质量的人才队伍。企业发展与人才发展之间是相辅相成的：人才管理不断优化，推动企业发展；企业良性发展，给予人才更多施展拳脚的机会。如此，便形成企业发展与人才发展之间的相互促进与正向循环。

国际地缘竞争局势对全球经济和贸易具有深远的影响，越来越多的中国企业开始将目光放至全球市场，这向企业的经营管理提出新的挑战。首先，必须培养一支有创新能力的人才队伍。随着技术革新速度和复杂程度不断提高，公司要想在全球市场站稳脚跟，就必须不断培训、发展员工，提升员工的技能水平和全球运营适应能力。其次，必须要求员工掌握更多样的工作技能。最新的"技能型组织"发展趋势表明，企业需要培养员工多种能力，以适应灵活变化的岗位要求，从而提高应对市场变化的响应速度和灵活性，并促进企业内部的高效管理与决策。最后，必须重视数字工具的使用。数字经济时代，企业需充分借助最新技术赋能员工，加快信息、观点和创意的共享与流动速度，促进组织自我更新、有机进化。

在人才素质培养与人才管理体系方面，世界一流企业的共性如下。

（一）以人为本的理念

重点关注人才队伍建设和人才发展，把人才视为企业最重要的资产，注重人才的引进、培养、激励和发展，从源头出发，充分发挥人才潜能。

（二）匹配业务发展的人才阵型

人才管理支撑战略与业务规划，明确组织不同发展阶段对人才的要求，促使企业招人端与用人端深度连接，形成正向循环，而非割裂存在。在人才阵型布局上，企业需要明确战略与业务落实所需的关键能力及存在的差距，合理配置人才队伍，实现各层次、各类人才间有效嵌合，最大限度地发挥其工作能力。

（三）完善的人才管理机制

在当今技术更新迭代加速的背景下，企业对人才的需求是全方位的，需不断完善人才吸引、保留、培养与发展机制，打造一支能够快速适应市场变化的人才队伍，增强企业造血能力，改变过往单纯依赖外部获取人才的方式，转变为内、外部结合的双重人才供给方式，打造全方位的"人才供应链"，实现人才供给自主可控，在市场竞争中取得更大的主动权。

（四）全球化人才布局

全球化时代下挑战与机遇并存。越来越多的商业组织采用了更具全球化视野的人才观，打造跨职能和多领域人才团队，为企业发展和人才储备带来更多的潜在机遇，这正是取全球之智慧，向世界一流水平看齐的表现。

（五）全新的企业文化建设

企业文化不是某个人的文化，而是全体员工的文化，是构建在全员高度统一的思想和精神基础上的。只有当个人的价值观、行为和企业整体的价值观、行为相统一时，企业文化才能有效传递并转化为生产力。全新的企业文化聚焦未来，旨在实现企业内部上下齐心，最终达成"想干事、能干事、干成事"的积极风气。企业文化有助于提升企业的识别度和凝聚力[1]，在企业文化基础上打造雇主品牌，用统一的企业形象吸引和留住优秀人才。

---

[1] 罗安余．国企如何将企业文化转为生产力［N］．中国民航报，2014-05-08．

二、中国企业现状

中国企业经过多年的快速发展，在人才管理方面积累了较为丰富的经验，形成了具有中国特色的人才管理之道。同时，中国企业也十分关注全球人才发展的新动向、新趋势。德勤全球对人力资本趋势进行调研发现，存在以下几个主要趋势。

趋势一："岗位"的边界正在消失，技能将成为员工和工作的连接点

德勤中国关于技能型组织的调研发现，仅19%的企业高管和23%的员工仍然认为岗位是管理工作的最佳方式。并且，越来越多的组织正在设想一种突破岗位的工作模式，即人力管理决策更多地基于员工的技能要素，而非岗位、职级或学历等传统因素。[①] 目前，部分企业通过考虑其战略目标或预期结果，找到能实现这些目标需要完成的工作，以及完成这项工作所需的技能，收集并分析员工的技能数据，根据员工拥有的技能匹配工作。这些企业借助技术工具拆解并存储员工技能数据，并将员工技能更精准地匹配到合适的工作中，而针对技能的管理，也可以被应用到人才全生命周期的管理上，为人才的引进、开发、应用提供依据。同时，员工也在不断丰富自身所拥有的技能标签，有更多的机会获取新的工作机会，最大限度地发挥个人潜力。

趋势二：科技赋能人才，用科技优化工作，使人更擅于工作

随着时间推移，智能科技与员工之间的关系已经发生了重大变化。起初，科技被用于替代员工进行那些枯燥、肮脏、危险或孤独的工作。后来，科技成为额外辅助、增强能力和判断力的工具。[②] 如今，科技不仅能够对员工进行替代或者辅助，而且能够帮助他们提高自己，实现个人和团队的双升级。研究预测，到2025年，人工智能和机器学习将使生产率提高37%。为了最大限度地发挥当今这些技术的潜在价值，并最大限度地减少未来对员工队伍潜在的不利影响，组织必须重新构建工作、重新培训人员及重新构建组织。不仅要重新设计工作或使日常工作自动化，还要从根本上重新思考"工作架构"，以使组织、团队和个人受益。

趋势三：解锁劳动力生态，释放关键技能和人才的潜力

企业越来越依赖非传统形式的员工，以此交付高价值和战略性的工作内

[①] 王懿霖. 全球人力资本新趋势 工作无边界的新法则［J］. 求贤，2023（3）：40-43.
[②] 同上。

容。为了充分释放全部劳动力的优势,包括提高业务灵活性和可扩展性、拓宽人才渠道,以及提高员工的生产力和绩效,企业开始将劳动力队伍视为一个开放的、无边界的生态系统。许多员工已经在职业生涯中改变就业模式,除了在传统的全职工作、本职工作之外寻求内部就业机会(可能通过公司内的"人才市场")外,也会在自由职业或零工等灵活的就业模式之间转换。

在人才发展方面,中国政府及企业持续关注全球发展趋势,不断推出符合我国人才特点的用人政策和发展举措。面对错综复杂的国际局势和重要艰巨的改革发展任务,我国把人才工作摆在治国理政大局的关键位置,为新时代人才工作指明了前进航向、注入了强劲动力。2016年2月,中共中央印发《关于深化人才发展体制机制改革的意见》,这是中央层面出台的我国第一个人才发展体制机制改革综合性文件。随后,中央和国家相关部门配套出台政策140余项,各省(自治区、直辖市)出台改革政策700多项,体制机制改革呈现密集创新突破态势。2021年9月,中央人才工作会议在北京召开,习近平总书记指出:到2025年,全社会研发经费投入大幅增长,科技创新主力军队伍建设取得重要进展,顶尖科学家集聚水平明显提高,人才自主培养能力不断增强,在关键核心技术领域拥有一大批战略科技人才、一流科技领军人才和创新团队;到2030年,适应高质量发展的人才制度体系基本形成,创新人才自主培养能力显著提升,对世界优秀人才的吸引力明显增强,在主要科技领域有一批领跑者,在新兴前沿交叉领域有一批开拓者;到2035年,形成我国在诸多领域人才竞争比较优势,国家战略科技力量和高水平人才队伍位居世界前列。[①]

为加快培育具有全球竞争力的世界一流企业,国务院国资委制定相关意见文件,强调企业需要重点关注"建设高素质技能人才队伍""重点建设优秀经营管理人才队伍""重点培育科技人才队伍",以及建立健全关键人才评价激励机制内容。

第一,建设高素质技能人才队伍。全面提升劳动者素质,建设知识型、技能型、创新型劳动者大军,培育高技能劳动者队伍是提高全要素生产率、适应经济高质量发展、推进制造强国建设的必然要求。首先,建立健全与技能人才培养、评价、使用、待遇相统一的激励机制,逐步提高技术工人的待

---

① 习近平. 深入实施新时代人才强国战略 加快建设世界重要人才中心和创新高地[J]. 求是,2021(24):4-15.

遇。其次，建立基于岗位价值、能力素质、业绩贡献的工资分配机制，强化技能价值激励导向。再次，制定企业技术工人技能要素和创新成果按贡献参与分配的办法，推动技术工人享受促进科技成果转化的有关政策，鼓励企业对高技能人才实行技术创新成果入股、岗位分红和股权期权等激励方式，鼓励凭技能创造财富、增加收入。最后，大力弘扬和培育工匠精神，坚持工学结合、知行合一、德技并修，增强劳动者对职业理念、职业责任和职业使命的认识与理解，提高劳动者践行工匠精神的自觉性和主动性。[1]

第二，重点建设优秀经营管理人才队伍。实行经理层市场化选聘，着力破除束缚国有企业用人体制机制的障碍。通过市场发现一批决策、执行、组织和协调能力强，职业素养、文化水平高的优秀经营管理人才，建立以职业素养、职业能力为主体内容的国有企业管理者资质评价制度，探索建立市场化退出机制。切实落实企业经营管理人才素质提升工程，培养造就一批高水平经营管理人才，提高现代经营管理水平和企业核心竞争力。

第三，重点培育科技人才队伍。科技人才是国家人才资源的重要组成部分，是科技创新的关键因素，是推动国家经济社会发展的重要力量。完善科技人才评价激励机制，确立用人单位在科技人才评价中的主体地位，建立分类评价体系。根据科技人才所从事的工作性质和岗位，确定相应的评价标准和方式。健全科技人才流动和配置机制，确立市场在科技人才流动和配置中的决定性作用，健全科技人才流动和利益保障机制。完善领衔或参与国家科技重大专项、重大工程的科技领军人才培养、选拔和使用制度，重点培养重要行业和关键领域的中青年科研骨干、急需紧缺人才，造就和发现一批产业技术研发人才、工程技术人才、复合型科技人才和高级科技管理专家。[2] 加大对关键骨干人才的激励力度，在科技型企业、重大研发项目中，推动实施股权、期权、分红权等激励机制，建立健全有利于科技创新的中长期激励机制，探索建立规范的跟投制度。

德勤中国协助世界一流企业及中国一流企业优化人才管理工作水平。德勤中国认为，中国企业主要面临的相关挑战可以归纳为以下七点。

---

[1] 拉萨市人民政府. 拉萨市推行终身职业技能培训制度的实施意见 [J]. 拉萨市人民政府公报，2019-1-15.
[2] 谯涵丹. 试谈如何实现对重庆市科研院所人才工作的有效保障 [J]. 科学咨询（科技·管理）2015（6）：23-24.

（一）建立吸引保留及充分发挥人才效能的体系机制的挑战

世界一流企业需要有完善的体系机制保驾护航。部分中国企业的激励约束机制有待健全，企业文化建设有待加强，对人力资本效能的发挥有待进一步挖掘和释放。

（二）国际化人才队伍建设的挑战

随着全球化的进程加快，企业越来越多地参与到全球竞争中，想要在全球竞争中取得优势，需要有针对性地补充具备全球视野的经略人才、专业人才。

（三）专业化人才队伍建设的挑战

主要有两个挑战：其一，如何实现源源不断的专业化人才供应，是企业长期面临的课题，尤其针对研发、市场营销、品牌、运营等关键岗位；其二，如何有效地识别与培养企业发展所需的专业人才队伍，最大限度地发挥人才潜能、激发人才活力，是企业管理者的关键课题之一。

（四）适应前瞻性技术转型趋势的数字化人才储备不足的挑战

在当今数字化、智能化的时代背景之下，技术发展瞬息万变，世界一流企业需重点布局数字化人才，在时代发展浪潮中取得先发优势。

（五）打造大国工匠级高技能人才的挑战

技能人才是支撑中国制造、中国创造的重要力量。加强高级工以上的高技能人才队伍建设，对巩固和发展工人阶级先进性、增强国家核心竞争力和科技创新能力、缓解就业结构性矛盾、推动高质量发展具有重要意义。大国工匠级高技能人才队伍的建设是新时代背景下世界一流企业所面临的挑战。[①]

（六）应用多元用工模式的挑战

国内经济增速换挡，中国企业面临着经济增速持续疲软的影响，很多中国企业处在多元用工模式的了解阶段，关于实际转换效果及整体模式规范化仍有待加强，需要思考如何探索与应用多元用工模式，缓解企业用工压力及应对灵活变化的劳动力需求。

---

① 高中华. 征程万里风正劲 策马扬鞭正当时——深入实施人才强国战略［J］. 中国人力资源社会保障，2023（1）：16-20.

（七）技术在工作场景中应用的挑战

技术的发展促使员工工作场景发生变化，早期技术可以取代部分重复性高的操作类岗位，如今的企业不仅要应用技术替换基础岗位，还要帮助员工理解并应用技术，要求员工具备一定的技术能力，如此才能提升企业人工成本的投入产出效率。除此之外，具备创新突破能力的企业正在实践或思考的是，重构技术在工作场景中的应用，形成人与机器共生的"超级岗位"，甚至探索人工智能机器人"硅基员工"，重塑企业未来生产力与生产关系，令人惋惜的是，这些在中国企业中还鲜有实质性的探索。

三、最佳实践

世界一流企业在人才发展体系建设上，经常采用科学的方法论，并结合企业实际形成一套科学的管理体系。德勤中国人才发展体系框架包含"人才发展基础系统"和"人才发展应用系统"两大系统，以及五个模块（图 2-15-1）。其中，基础系统是人才发展体系的基石和前提，而应用系统是完整的管理闭环，促使组织人才能力和员工职业发展不断实现进阶。

人才发展规划制定
· 人才管理现状检视
· 人才发展中长期规划
· 重点人才工程设置

人才管理进阶方案制定
· 核心岗位人才画像
· "人才池"与继任计划
· 员工个人发展计划设定
· 人才机制与制度优化

人才评价与盘点
· 多维度、多方法的人才评价工具包
· 人才评价信息的汇总与交叉分析
· 人才盘点会与结果生成

人才发展通道建设
· 人才职业发展路径（纵向层级/横向序列）
· 人才流动转换规则

人才标准建立
· 管理与专业人才能力素质及行为标准
· 知识技能要求
· 发展潜力

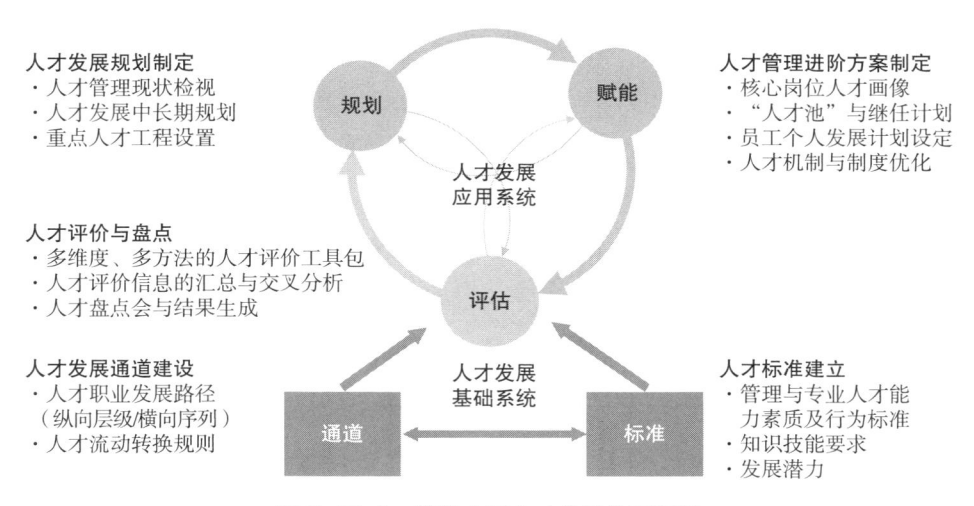

图 2-15-1 德勤中国人才发展体系框架

人才发展基础系统，包括人才发展通道建设和人才标准建立。其中，人才发展通道建设包括人才职业发展路径（纵向层级/横向序列）和人才流动转换规则的搭建；人才标准建立包括管理与专业人才能力素质及行为标准、知识技能要求与发展潜力等方面规则的搭建。

人才发展应用系统，包括人才发展规划制定、人才管理进阶方案制定及人才评价与盘点。其中，人才发展规划制定，包括人才管理现状检视、人才发展中长期规划、重点人才工程设置等；人才管理进阶方案制定，包括核心岗位人才画像、"人才池"与继任计划、员工个人发展计划设定、人才机制与制度优化等；人才评价与盘点，包括多维度、多方法的人才评价工具包、人才评价信息的汇总与交叉分析、人才盘点会与结果生成。

从全面视角总结世界一流企业的未来人才管理经验，以下九点尤为重要。

（一）建立健全激励约束机制

激励约束机制的建立需关注短期、中长期激励的搭配与平衡，对企业关键岗位人才实施差异化匹配激励方式，更大限度地实现对人才的吸引和保留，实现企业人力资源的高效利用。以国有企业为例，企业既要重视物质层面，又要重视精神层面，针对不同类型、不同成长阶段的员工，提供差异化的激励方式。同时，完善绩效考核机制、实现奖优罚劣，充分体现价值创造和价值兑现，探索核心骨干员工持股、股权激励、分红权激励、项目跟投等多种形式的中长期激励机制，尤其应用好员工持股这一国有企业改革首推的改革措施来改善企业治理水平、促进企业的长远发展，用预期性收益深度绑定员工和企业之间的利益关系，鼓励员工发挥主人翁精神，建立健全专职化项目团队和科技创新团队运行保障机制，大力创建项目跟投激励机制，将项目跟投意愿程度作为项目投资决策的重要依据，将"项目效益"与"员工利益"深度捆绑，促进激励与创新双驱动，支撑高质量研发和加速成果转化。

（二）建立外塑形象、内聚人心的企业文化

通过对企业文化的建设和创新，内强企业理念，外塑企业形象，增强企业凝聚力，提高企业竞争力，实现企业文化与企业发展战略的和谐统一，实现企业发展与员工发展的和谐统一，实现企业文化优势与竞争优势的和谐统一[1]。

企业文化包括企业文化核心纲领、员工行为规范、企业文化手册、宣传片等方面，指引着企业关键领域的经营管理理念，可从体系构建、文化推广、文化管理等方面着手。构建企业文化体系的过程，是统一管理者共识、和员工深度互动的过程，也是加强公司各级人员对企业文化的理解和认同的过程。

---

[1] 李丽红. 铸造跨越式发展的丰碑 [N]. 云南日报，2009-03-12.

在文化价值理念传承方面，既要分层分类开展企业文化全员宣贯，使得管理者、员工、新员工能够对企业文化建立起全面认知，更好地理解企业文化内涵并主动融入企业发展，又要打造企业文化内部讲师团队，使每个人都成为企业文化的宣传者、实践者。总之，统一而完善的企业文化有助于企业：外塑形象，提升企业品牌影响力；内聚人心，提升员工敬业度。

（三）建设开放多元的国际化人才队伍

在国际化人才培养开发方面，要采用内部选拔培养与社会招聘相结合的方式进行储备与培养。加大国际化人才培养力度，围绕"国际化"主题，开展高层管理干部系统培训，确保高管建立国际化战略认知。通过组织国际化人才培养储备班、定向班、实战班、语言班等一系列人才培养项目，快速打造一支国际化人才队伍。同时，在海外项目地开展属地化招聘，引进本地化人才，实现多样化人才供给。

在海外业务人力资源管理体系方面，要从海外业务相关负责人面临的管理挑战与难点入手，明确管理提升或变革路径，建立标准化的海外经营单元人力资源相关管理制度与清晰的职责分工，加强总部对海外机构人力资源工作的指导，为海外经营单元提供有效的可复制的管理依据，进而提高海外业务负责人的管理效率。同时，在标准化制度框架下，保留海外业务负责人相关决策权，提升中国企业总部与海外经营单元双方人力资源管理水平，为今后开展海外人力资源管理工作打下扎实的基础。建立完善的境外派遣政策，保证人才选得出、派得动、用得好、回得来，推动企业外派的国际化人才在海外广阔的舞台上建功立业。

在课程开发方面，建立国际化人才发展课程库。紧紧围绕企业国际化发展所需要的核心能力开发课程，重点加强在投资运作、商务技能、国际化专业管理及跨文化管理等方面的能力提升。采用主题研讨、行动学习、团队拓展与海外实践等丰富多样的学习方式，开拓人才队伍的国际化视野，全面提升国际化领导力软能力、国际市场规则与国际商务语言硬能力。鼓励员工在陌生的环境中积极探索，推动经验共享，将国际化发展过程中成功与失败的案例总结后进行培训、共享，推动人才成长，促使国内人才参与到企业国际化进程中去。

（四）打造世界一流的科研、市场营销、品牌、运营等专业人才队伍

加强科研、市场营销、品牌、运营等专业人才队伍建设，以双通道建设

为抓手，以机制建设为牵引，聚焦前沿技术和重点领域，加强科研、市场营销、品牌、运营等方面专业骨干人才队伍的建设。全面体系化地思考短期、长期相结合的战略型人才规划，结合不同产业特点和实际工作需要，分类分层建立公司科研、市场营销、品牌、运营等专业人才梯队，盘点人才现状，统筹做好人才的引进、选拔、使用、培养等方面的全流程管理，根据业务需要随时调整人员结构，打造与组织能力建设要求相匹配的人才供应链，盘活人力资源，实现人才使用效益最大化，形成梯次衔接、滚动培养的良性循环。

产品研发方面，系统梳理科研目标、能力建设及承载项目三层科研架构体系，基于"目标层—能力层—项目层"整体布局，系统优化科研体系架构。建立以项目为主体的研发项目团队机制，确保研发团队的精干、专业、专注、前瞻，同时要让研发团队更好地融入产业、对接市场。依托各产业平台公司作为管理主体，整合现有科研力量，设立相应研发中心，实现研发与产业、市场的直接对接。同时，紧密联系政府、大学及外部科研机构，积极探索合作共享模式，整合社会科研力量，积极融入全球创新网络。市场营销方面，市场是企业发展的源泉，建立富有战斗力的全球一体化市场营销体系是世界一流企业的重要组织优势之一。整合市场拓展团队力量与政府关系、客户资源优势，加速市场营销体系价值转换，打造企业组织体系新的竞争优势。产业板块及一线单元层面要加大市场营销队伍配置力度，积极抢占市场份额。面向企业业务战略布局方向，树立以客户为中心的价值理念，加强市场营销队伍培训，建立"市场拓展—方案设计—项目交付"的复合型营销团队，提供集成式一体化解决方案，抢占新兴业务市场。品牌打造方面，品牌、运营等专业人才队伍是企业发展的底层动力，培育、创造品牌的过程是公司打造自身DNA、树立自身形象的重要路径，高效、精准的运营体系通过不断优化资源配置、产品流程及供应链体系、用户关系管理等方面推动公司业务增长，帮助企业在激烈的竞争中处于不败之地。

针对研发、市场营销、品牌、运营等专业人才队伍实施适度领先的薪酬策略并充分体现价值创造：一是各项资源直接下沉到一线人员。二是针对研发人员队伍，建立与研发成果、市场转换效果有关的市场化分成机制，对于有重大贡献、突出成果的科研团队和优秀人才，要敢于重奖，给予表彰。要重视物质激励的相关机制建设，更要重视内部研发创新的运营体制机制建设，形成能够有效助力科研人才干成事、出成果的氛围与高效的管理体系。要让科研领军人才在专业领域发挥决策作用，制定专业技术标准与技术规范，让他们充分参与国际国内前沿交流、研讨。三是针对在市场开拓有突出贡献的市场营销人才，建立与市场销售业绩挂钩的提成机制，奖惩分明，有效激励市场营销人才努力创造更大价值。四是针对公司长期发展做出突出贡献的品牌、运营等专业人才，建立其与公司整体价值相关联的价值分享机制，实现长期利益绑定与风险共担。

（五）打造具备技术转型能力的数字化人才队伍

数字化人才是企业数字化转型的核心动能。为应对数字化时代挑战，世界一流企业制定了积极甚至激进的数字化转型战略，以充分挖掘用户大数据、设备网络大数据，以及组织人才发展大数据的资源潜力。为与业务战略相匹配，全方位推动人才数字化管理成为必需，具体措施包括数字化人才供应链思维、数字化领导力开发、数字化工作场景建设、全员数字化技能培训、数字化团队建设等。

近年来，我国数字化人才缺口持续扩大，德勤中国将数字化人才划分为数字化领导者、数字化应用人才和数字化专业人才。企业要基于未来新业态发展和技术转型的需要，基于场景化思维，结合数字化转型的不同阶段，明确数字化人才画像，前瞻性地建立数字化人才储备，形成各领域、各层级数字化人才储备地图。企业需构建学习型组织，加快数字化人才供给与培养，使员工跟上社会发展的节奏，持续迭代知识技能水平，为企业数字化转型持续注入活力，使得海量的数字化资源宝藏得以有效利用。

（六）打造大国工匠级高技能人才队伍

战略性产业工匠级人才的培养，全然不同于以往的传统产业，是一个全球性难题。这类人才具有高度稀缺、培养周期长的特点，需要前瞻性布局、系统性培养。企业应紧密结合人才发展与业务，培养一支敬业奉献、技艺精湛、素质优良、作风严谨的工匠级人才梯队，建立健全高技能人才制度政策、加大高技能人才培养力度、制定科学有保障的评价及表彰激励机制。例如，"虚实结合"设立各种专业研究平台，具体解释如下：

什么是虚？以高阶专业技术专家、技能大师为统领设立"专家工作室""大师工作站"等相对松散的"虚"的工作平台，定期、不定期地组织有关学习、研讨、会诊，并且政府及相关部门应给予支持；"专家工作室""大师工作站"所在单位优先应用相应专业领域的新设备、新技术、新工艺的权利，给予其更多的技术改造、新项目开发的机会，让专家、大师们始终最先掌握最新、最前沿的技术。

什么是实？对于一些技术研究与日常工作深度融合或有一定固定业务量的专业领域，可以直接组建实体研发中心、技术中心、工作站等，也可以建设技术、装备广泛领先的示范厂站，把这些归为"实"的研究平台。完善高技能人才项目制培养模式，针对不同行业、不同领域高技能人才量身定制差异化技能培养项目，通过名师带徒、技能研修、岗位练兵、技能竞赛、技术交流等形式，以实战积累经验，持续壮大高技能人才队伍，提升其能力素质，加速高技能人才的培养输出。

（七）加强技术在人才培养发展中的应用

在当今竞争激烈的市场环境中，企业可以通过先进的技术工具和创新应用，不断加强员工的技能培训和提升，以适应快速变化的市场需求。企业可以建立数字化人才库，实现数据分析、预测和匹配，提升人岗匹配的科学性和精准性。企业可以搭建在线学习平台，在平台上规划和管理培训课程，如在线课程、电子书、视频教程等，为员工提供广泛的在线学习机会。通过个性化推荐算法，企业可以更加精准地为不同领域、不同层级的员工提供定制化的课程体系，精准推送学习资源。通过虚拟现实技术，企业可以为员工提供模拟环境，让员工在模拟环境中得以反复实践积累经验以应对现实工作场景。通过增强现实技术将虚拟信息叠加到真实场景中，企业可以为员工提供更直观的培训体验，增强其人才培养发展的有效性和趣味性。

（八）加强多元用工应用的探索

中央及地方出台多项政策支持灵活用工以稳定就业，促进社会整体经济发展，直接推进了企业多元用工模式的探索与发展。加之，经历新冠疫情后，企业面临着经济增速持续疲软的挑战，急需优化用工结构，引入多元用工模式。在这两方面的作用下，企业的正常运转无须完全依赖全职员工，而是通过转外包、零工化等模式，提升企业用工灵活性，以及时应对外界环境变化带来的用工需求变化，提升人才使用效率，为企业节省用工成本。在这样的市场环境下，个人不必完全局限于服务某一企业，可以根据自己的兴趣爱好及时间分配，灵活安排自身劳动输出。随着多元用工应用的探索与发展，通过市场关系的调节与自我优化，逐步实现人力资源的合理配置，打造"人才活水"。

（九）加强技术在工作场景中应用的探索

近几年，人工智能及智能自动化发展迅速的原因是人力成本的提升，例如，因为欧美的人力成本昂贵，机器人流程自动化（RPA）技术随之兴起，部分地区对智能技术的投入快速得到回报，促使更多企业在可接受的成本范围内采用技术替代人力。近些年，RPA 在各行各业的应用逐步展开，可实现基于设定规则的简单任务的自动化处理，当与人工智能技术结合后，还可实现部分复杂任务的自动化处理。科技不仅能够对员工进行替代或者辅助，还能够帮助员工提高自己，实现个人和团队的双升级。企业通过"RPA+人工智能"技术的加持，打造人机结合、人机协同的工作场景，进一步提升企业人工成本的投入产出效率。例如，通过引入人工智能技术，企业可以自动化处理大量烦琐的任务，让员工有更多的时间和精力投入更有价值的工作中。同时，企业通过使用大数据技术，也可以更好地分析市场趋势和用户需求，为企业做出更好的高质量决策提供依据。

四、参考对标体系

借鉴"德勤中国卓越管理企业"的评价模型，建议企业从以下九个方面入手对标评价（表 2-15-1）。

表 2-15-1　德勤中国人才管理与企业文化评价体系

一级要素	二级要素
人才战略	• 承接组织及业务战略的人才战略。 • 人才规划与人才战略的统一性。 • 与企业文化价值观建设有机结合。 • 多元化人才。 • 跨文化管理。
人才管理技术和流程	• 人才管理系统智能化。 • 丰富人才标签。 • 人才管理数据及报表的准确及完整性。 • 人才服务共享化、网络化。
关键岗位人才计划	• 关键岗位人才梯队配置合理。 • 未来领导选拔与培养机制完善。 • 人才画像关键要素清晰，如基本条件、知识技能及能力素质。 • 岗位职责或技能要求说明清晰。

续表

一级要素	二级要素
招聘与派遣	• 人才供给策略明晰。 • 内部人才举荐机制存在。 • 外部人才获取通道通畅。 • 招人端与用人端深度连接。 • 国内外人才派遣机制完善。
培训与发展	• 培训体系完善。 • 学习地图完备。 • 培训模式多样化（如项目制、导师制等）。 • 新员工入职培训常态化。 • 在线学习平台智能化。 • 内部知识管理平台搭建完备。
绩效考核	• 绩效目标制定、过程监督、绩效评估、结果应用闭环管理体系健全。 • 绩效考核制度完善。 • 绩效管理系统完备。
薪酬激励	• 认可员工贡献。 • 薪酬福利系统完备。 • 短期激励与长期激励相结合。 • 物质奖励与非物质奖励相结合。 • 员工收入、福利计划与绩效结果紧密挂钩。 • 提供弹性工作机会。
职业发展	• 员工职业发展体系健全。 • 员工职业发展路径清晰。 • 为员工职业发展提供指导。
企业文化	• 企业使命、愿景、价值观清晰。 • 企业文化体系健全，包括企业文化核心纲领、员工行为规范、企业文化手册等。 • 企业文化推广及宣传，内容丰富且创新。 • 企业文化价值理念传承，方法路径明确。

五、参考对标案例

施耐德电气

施耐德电气是一家起源于欧洲的跨国企业，经过逾180年的历史发展和不断创新，已经成为全球能源管理和自动化领域数字化转型的标杆。施耐德电气业务遍及全球100多个国家和地区，提供涵盖从能源管理、可持续发展咨询到资产全生命周期优化等各方面的数字化解决方案和服务。施耐德电气推动数字化转型，服务于家居、楼宇、数据中心、基础设施和工业市场。通过集成世界领先的工艺和能源管理技术，从终端到云的互联互通产品、控制、软件和服务，贯穿业务全生命周期，实现整合的企业级管理。

施耐德电气致力于成为全球最具包容性和关爱的公司，为每个人提供公平的机会，确保所有员工感受到独特的价值和安全，以发挥他们的最佳水平。在人才战略中，施耐德电气提出3个实现以人为本策略和使命的目标：一是组织敏捷性。建设一种增长的、创新的文化理念，形成更精简敏捷的多中心结构，实现贴近客户和快速决策。二是面向未来的人才。打造一支多元化的、被授权的且具有数字化技能的团队，所有人才都通过个性化的体验发展他们现在及未来的技能，以发挥他们的潜力。三是领导力影响。领导者通过颠覆、协作的方式，以包容的心态推动结果和变革的实现，建立优秀的团队，了解和关心需要共同实现的目标。

在施耐德电气，人力资源部门遵循三支柱模型为企业提供支持。人力资源业务合作伙伴团队专注在各自所属实体中推进实施战略性人力资源（包括关键人才、能力培养、人才规划、培训发展、职业规划等）转型，他们为其经理和员工提供战略支持和日常化的本地服务。人力资源解决方案团队根据员工远景塑造未来，专注部分全球优先事项，制订战略转型和行动计划，制定全球治理政策、流程，并推动数字化转型。人力资源服务团队专注管理人力资源运营体系、规划程序和系统，简化流程并推动数字化转型实施以释放潜力。

施耐德电气看重自己作为雇主的责任，确保施耐德电气的全部政策和服务，是以合理和公平的方式支持多样化的全球劳动力需求的。例如，"平等薪酬"的政策和项目，让身处任何地方的员工都享有平等的机会，帮助员工将职业规划变成现实，为有才能的专业人士提供优越条件，为其职业生涯增添动力；领先的员工持股计划，让施耐德员工可以及时分享到企业所获得的成就。不仅如此，施耐德电气允许全部员工能够灵活工作，让员工以适合自己的方式管理独特的生活和工作。在施耐德电气工作时，员工可以自由选择理想的工作方式，尽情发挥自身独特的价值并有安全感。如果需要，还可以选择兼职或者远程办公的方式。

施耐德电气研修院是为电气和工业自动化同人打造的一个线上专业学习平台（图2-15-2），设有能源管理、工业自动化、数字楼宇、行业大讲堂、大施对话、VIP专区六大学习分院。通过精心设计的学习课表，研修院为不同身份、不同知识储备的学员定制了差异化、进阶式的学习路径，把握课程内容、难度及数量，旨在激发学员学习时的成就感。平台自开放以来，已上线 1200 余门精品课程，开展 200 余场专业培训，为 6 万多名施耐德电气学员提供了优质学习体验。

图 2-15-2　施耐德电气研修院首页

秉承着以人为本的理念，施耐德电气重视雇主责任，通过清晰的人才战略和人力资源三支柱体系的协同支撑。为员工提供包容和赋能的发展环境，致力于让员工在有意义的工作中发挥自身的价值。让每个人都能够充分利用施耐德电气的能源和资源，确保 LIFE IS ON——在任何地方、任何时候、对任何人均是如此。

第十六章 风险管理

> **世界一流企业要素十四**：建立全面的风险管理框架，明确风险管理政策和流程，将风险管理融入企业战略和决策过程；采用科技和数据分析工具来支持风险管理决策；持续开展风险管理培训和提高风险管理意识；建立应急响应和恢复机制，以应对突发风险事件；建立与合规义务、合规风险水平相适应的合规风险管理体系。

一、一流企业特征

在过去25~30年里，全球经济和商业环境使企业似乎每3~4年就要经历"一生一遇"的危机（表2-16-1）。这些事件的发生频率表明它们既不是罕见的也不是孤立的，而是由复杂的、互相联系的，甚至是系统性的因素共同作用所导致的结果。

表2-16-1 "一生一遇"的危机（1982—2022年）

危机	危机
中南美国家债务违约（1982年）。	巴西危机（1998—1999年）。
美国储蓄与贷款危机（1985年）。	网络股泡沫破灭（2000年）。
"挑战者号"航天飞机坠毁（1986年）。	"9·11"事件和支付系统"千年虫"干扰（2001年）。
美股十月暴跌（1987年）。	安然/安达信事件（2001年）。
美国高收益债券市场崩溃及德雷克赛尔-伯恩汉姆公司倒闭（1990年）。	阿根廷危机（2002年）。
所罗门兄弟公司事件（1991—1992年）。	德国银行危机（2002年）。
英镑危机（1992年）。	"哥伦比亚号"航天飞机失事（2003年）。
美特吉赛尔谢夫特公司事件（1993年）。	"卡特里娜"飓风（2005年）。
美国债券市场崩溃（1994年）。	石棉致癌危机（2006年）。
加利福尼亚州奥兰治县政府破产（1994年）。	次贷危机（2007年）。
墨西哥货币危机（1995年）。	信贷泡沫破灭（2007年）。
大和银行危机（1995年）。	地产泡沫破灭（2007年）。
巴林银行魔鬼交易员事件（1995年）。	伯纳德·麦道夫投资诈骗案（2008年）。

续表

危机	危机
住友事件（1996年）。 东南亚金融危机（1997年）。 俄罗斯主权债务违约（1998年）。 长期资本管理基金事件（1998年）。	"大衰退"（2008—2009年）。 欧洲债务危机（2009年）。 冰岛破产危机（2010年）。 新冠疫情引起的全球经济危机（2020年）。 俄乌战争（2022年）。

在之前的房地产泡沫、次贷危机和信贷危机中，传统风险管理遭遇惨败，并对企业界造成了恶劣的影响。传统风险管理将风险从大多数战略决策中分割出来，形成了一种孤立的观点。它主要关注潜在的财务损失，而忽略了品牌和声誉受损的风险，这导致许多管理团队在公关危机中做出了错误的决策。传统风险管理因此更片面化、单一化，孤立于组织架构，缺少与企业战略、执行和运营的整合。

为应对不断变化的风险环境，在COSO《企业风险管理框架》（2017版）的理论指导下，全球一流企业应建立全面的风险管理框架，明确风险管理政策和流程，建立有效的风险识别、评估和监测机制；将风险管理融入企业战略制定和决策过程中；运用科技手段和数据分析工具支持风险管理决策；建立跨部门和跨职能的合作机制，促进信息共享和风险协同管理；持续开展风险管理培训，增强风险意识；建立应急响应和恢复机制，以应对突发风险事件。

作为全面风险管理体系的重要组成部分，合规管理体系在防范合规风险中发挥重要作用。为应对不断严格的内外部监管合规要求，全球一流企业应建立健全合规框架和政策，确保企业遵守相应的法律、法规和行业标准；设立专门的合规部门或职能岗位，负责合规事务的监督和执行；进行全面的风险评估和合规审查，识别潜在的合规风险；制订明确的合规培训计划，提高员工对合规要求的认识和遵守程度；建立有效的内部控制和监督机制，确保合规政策的执行和监督。

二、中国企业现状

经过近20年各个国家、地区及中国各级监管机构的大力推动与建设，中国企业不仅在内部控制、全面风险管理、法律合规风险管理、风险内控评价监督、内部审计等综合性风险应对方面取得了长足的进步，也在风险管控意识、内控规范运营、合规管理的"红线意识"和"底线思维"，以及风险管控的机制和制度建设等方面取得了较好的成效。与此同时，自2016年以来，伴随着中国企业"走出去"的浪潮，企业的海外经营风险频发，其中合规风险较为突出。[①] 例如，中兴通讯股份有限公司的合规事件给其他企业敲响了合规的警钟。近年来，中国政府不断加大依法治国、依法治企、合规管理的力度。2022年，在总结《中央企业合规管理指引（试行）》实践经验的基础上，结合企业面临的新形势新要求，国务院国资委发布《中央企业合规管理办法》，进一步明确了中国企业建立健全合规管理体系的整体要求。具体而言，中国企业的良好实践包括以下内容。

1. 风险意识与合规意识提升

随着近年来一系列风险事件的发生，中国企业愈加重视风险管理。越来越多的企业开始意识到风险管理的重要性，并将其纳入企业战略制定和决策过程中。同时，随着中国法律法规的不断完善和执行力度的加大，中国企业对合规管理的重视程度逐渐提高。越来越多的企业开始意识到合规管理对企业的可持续发展具有重要作用。

2. 风控和合规体系建设

许多大型企业和上市公司建立了较为完善的风险管理体系，包括风险管理制度、流程和组织结构。与之相比，中小型企业在风险管理体系建设方面还存在一定的差距。在合规体系建设方面，越来越多的中国企业开始建立健全的合规框架和制度，明确合规责任和流程。企业制定合规制度，并建立相应的合规部门和职能，负责合规事务的监督和执行。

3. 风险识别和评估

中国企业在风险识别和评估方面取得了一定的进步，但仍有提升空间。部分企业的风险识别和评估工作还较为粗糙，缺乏系统性和科学性。企业普遍采用的风险库等技术由于缺乏实时动态信息，无法及时准确地反映企业的风险状况。在合规风险评估方面，中国企业普遍通过分析合规义务，识别潜在的合规风险，同时运用科技手段和数据分析工具，加强对合规风险的监测

---

① 张英南，孟繁俊. 北大荒集团举办企业管理提升对标专题辅导［N］. 北大荒日报，2020-09-14.

和预警,有利于企业及时采取措施防范和控制风险。

4. 风险应对和控制

中国企业风险应对和控制的能力在逐步提升。许多企业建立了风险应对机制和控制措施,能够对各种风险进行有效的管理和控制。但是,对于影响企业长期发展的战略风险和颠覆性风险,缺乏针对性的技术与方法,风险防控效果不佳。

5. 合规培训与合规文化

中国企业注重员工的合规培训与教育,提升员工的合规意识和能力。企业定期开展合规培训,加强对员工进行合规要求和规范的宣传教育,确保员工遵守相关法律法规和企业内部规章制度。企业也逐渐意识到合规文化的重要性,通过建立良好的企业文化和价值观,强调诚信、透明和合规的重要性,企业注重建立合规的组织文化,通过制定激励机制和奖惩措施,鼓励和鞭策员工自觉遵守合规规定。

6. 技术应用

随着科技的发展,越来越多的中国企业利用大数据、人工智能等技术进行风险管理。这些技术的应用不仅可以提高风险管理的效率,还能够帮助企业更好地识别和预测风险。但整体来说,中国企业的风险信息化建设进度较为缓慢,只有部分企业建立了风控管理信息系统。信息技术在企业各项风险管控工作中的应用仍不充分,无法满足企业对信息收集、风险评估、预警测试、沟通报告等工作的信息化要求[1]。已建立风控管理信息系统的企业,其风控系统与其他业务系统融合不足,无法有效量化风险水平,做到实时预警。此外,部分企业尚未建立完善的智能化风险管理体系,缺乏统一的标准和规范,导致各个部门之间无法实现风险管理信息的共享和协同管理。同时,部分企业在智能化技术的应用方面也存在若干的技术瓶颈和人才短缺问题,需进一步加强技术研发和人才培养。

尽管中国企业在风险管理、合规方面取得了一定的进步,但仍然面临较大的挑战,主要包括以下四个方面。

---

[1] 陈伟. 风险管理与信息化的融合 [J]. 现代国企研究,2013(10):18-21.

1. 复杂的市场环境、法律法规环境

中国市场竞争激烈，行业变化快速，企业面临市场风险、竞争风险和供应链风险等。企业需要及时了解市场动态，制定灵活的风险管理策略。同时，中国的法律法规体系庞大复杂，不同行业和地区的法规要求各异，企业需要花费大量时间和精力理解和遵守这些规定。

2. 风险识别和评估困难

企业面临着资金流动性风险、汇率风险、利率风险等多样化的风险，同时，中国市场的快速变化和不确定性增加了企业对这些风险识别和评估的难度。企业需要具备敏锐的市场洞察力和风险预测能力，以及有效的风险评估工具和方法，也需要进行有效的资金管理，制定风险对冲策略，以降低金融风险带来的影响。

3. 品牌与声誉风险影响迅速且巨大

企业的品牌声誉是核心竞争力之一，然而在信息时代，品牌声誉风险更易被传播和攻击。企业需要建立危机管理机制，及时应对和修复品牌声誉受损的情况。

4. 灾害与安全管理不足

自然灾害、劳动安全管理等风险对企业的正常运营和资产安全构成威胁。近期多个案例说明，企业在灾害、安全等方面的应对能力存在明显差距。企业需要采取制定灾害应急预案、提升员工安全意识等一系列措施，以降低灾害和安全风险带来的影响。随着数字化时代的到来，企业面临着信息技术和数据安全的挑战。在合规管理中，企业需要借助有效的信息系统和数据保护措施，以确保合规数据的安全和可靠。

三、最佳实践

自 20 世纪初理论界提出企业风险管理概念以来，全球各大组织发布了一系列内控和与风险管理相关的理论框架，丰富了风险管理的内涵和范畴。相较于 2004 年 COSO 发布的《企业风险管理框架》，2017 年 9 月 COSO 发布的更新版《企业风险管理框架》强调风险驱动绩效，并在以下五个方面发生变化（表 2-16-2）。

表 2-16-2　COSO《企业风险管理框架》更新内容

序号	主要方面	具体内容
1	重新定义了风险与风险管理	新版《企业风险管理框架》将企业风险管理的本质从"管控过程"转变为"文化、能力和实践",后者不只局限于过程。风险管理的目标由"为实现主体目标提供保证"转变为"企业价值的创造、保护和实现",更加强调风险与价值的结合,突出价值创造而不仅是预防损失,也避免了与内部控制定义界限不清的问题。[①]
2	加强风险管理与战略的协同作用	新版框架将企业风险管理融入战略及目标设定的过程中。同时,定义了风险管理工作的高度,包括战略和业务目标与使命、愿景和价值观不匹配的可能性;选定的战略隐含的意义;执行战略过程中的风险。
3	加强风险管理与绩效的联系	新版《企业风险管理框架》将旧版五要素之一的"执行中遇到的风险"更改为"绩效",并提出了"风险绩效曲线",建立了风险与绩效的关联关系。同时指出,企业的整体风险与绩效相关,绩效的提高将会导致风险的增大。风险绩效曲线是新版《企业风险管理框架》的创新,它使用图形的方式展现风险、风险偏好、绩效、目标绩效、绩效偏差等概念之间的关系。[②]
4	强调信息技术在风险管理中的应用	新版《企业风险管理框架》对旧版中的五要素及23项基本原则进行调整,将"监控风险管理效果"变更为"信息、沟通和报告",并在原则中强调风险信息沟通需要充分利用信息和技术。
5	二道防线的改变	COSO也更新了二道防线的表述。二道防线的组成由风险管理职能部门和风险管理委员会扩大至所有支持部门,包括法务、合规、财务、人力、质量、安全等所有可以协助一线业务部门进行风险管控的支持部门。

2017年,COSO发布的《企业风险管理框架》将风险管理要素和原则贯穿并融入企业战略、绩效和价值提升中,从企业治理和管理的角度嵌入风险管理内容,为风险管理工作真正融入公司治理与管理打下了基础。

世界一流企业明白风险是竞争优势的来源,更有效地管理风险有助于其发挥全部潜力,为各利益相关者创造并保护其价值,实现风险管理驱动企业绩效。

风险管理是企业的日常工作,而不是后台智慧。德勤中国总结认为,世界一流企业为了实现战略目标,将在当今与未来重点关注五大风险管理领域（表 2-16-3）,从而实现企业价值的创造、保持和提高。这五大风险管理领域与国务院国资委提出的中国企业应注意的五大风险管理相重合,与后者相比补充了网络安全风险。

[①] 阮江波. 平衡计分卡在LH公司风险管理中的应用研究[D]. 武汉：中南财经政法大学, 2019.
[②] 缪锦春. 商业银行新型全面风险管理理念探究和导入思路建议[J]. 湖南人文科技学院学报, 2017, 34 (3)：38-44.

表 2-16-3　世界一流企业重点关注的五大风险管理领域

序号	风险管理领域	具体内容
1	战略风险管理	行业经济周期性及技术变迁会影响企业战略。许多传统风险管理方法主要关注执行战略和目标时可能遇到的风险，而忽略了战略及目标本身的风险。战略风险要求持续验证假设的成立，进行情景规划和敏感性分析，明确行业经济的周期性及技术变迁两个要素对战略假设的影响，从而做出业务一或业务二的决策。企业需要通过风险识别，结合所在国家的经济、环境、社会制度，制定可持续的战略及目标，从而化风险为机遇，创造企业价值。
2	财务与金融风险管理	在企业投资与经营的全生命周期中，财务与金融风险管理十分重要，主要包括市场与信用风险，资本管理、流动性及资金风险管理，会计与财务报告风险等。
3	运营风险管理	运营风险管理的重心与方法在各个行业存在较大差异，但归根结底都是利用对人才、第三方合作、技术、数据、流程等关键因素的控制措施，整合管控业务运营风险，提高绩效。世界一流企业在运营风险管理中最注重四点，即时刻保持警惕、管理的内部协同和复杂性、把握风险发展的进度和动量因素，以及预测失败的原因。
4	合规风险管理	自全球金融危机以来，企业面临的法律问题变为结构性问题。西方国家政治局势持续动荡，导致当地的法律法规不断变化。严苛政策的不断提出（如劳动法、反托拉斯政策）意味着企业必须进行有效的合规管理。在国际化进程中，企业面临的合规问题将不仅是国内的法律法规，还有国际的法律法规，违反了任何一种法规，都将遭受严重的处罚。因此，合规风险被列为未来几年企业将面临的最重要的风险类型之一。
5	网络安全风险管理	随着数字化时代的来临，跨领域、跨行业的整合发展日趋频繁，而新兴科技衍生出的安全风险及挑战也将传统信息安全升级为企业运营等更高层次的信息风险等级。因此，维护企业核心信息安全成为企业对自身价值保护和提升的必修课题。

（一）战略风险管理

为实现可持续发展，企业需要通过风险识别，结合所在国家经济、环境、社会制度，制定可持续的战略及目标，从而化风险为机遇，创造企业价值。一流企业在战略讨论中主要关注以下几点：

（1）企业在什么行业经营，如何保持行业竞争力。

（2）如何为顾客和股东创造价值。

（3）如何提高通过顾客及其他关系传递和获取的价值。

（4）面对机会风险，我们应采取怎样的整体态度。

（5）企业的风险偏好是怎样的。

（6）哪些风险是企业愿意承担的，哪些是企业不愿意承担的。

（7）企业愿意承担多少风险，愿意承担多少损失。

（8）企业最多能承担多少损失。

企业在实施战略风险管理时应重点关注以下两个方面。

1. 挑战战略假设

在战略制定中，一流企业更加关注战略假设本身。

（1）是否已明确行业和企业的基本转变方向及转变路径（正论）。

（2）是否已识别出这些假设的对立面（反论）。

（3）对企业的业务模式来说，假设对立面的影响是什么。

（4）如何结合假设及假设的对立面。

（5）有假设对立面发生的信号或迹象吗？

（6）能否通过假设对立面及假设与其对立面相结合的方法来获得竞争优势，有哪些选项。

（7）能否成功挑战传统，还是允许竞争对手抢先一步。

首先，这些国际企业的董事会和高管层会要求团队明确战略假设的要点，包括但不限于对产业结构、企业战略、细分市场、产品定位、客户的价值主张、竞争力、成长潜力和驱动因素、价值链、资源需求、成本和投资结构，以及人才的评估、留任和管理，投资者的价值主张，企业特有的其他假设领域进行分析。之后，其还会要求团队挑战每个重要的假设，尤其关注与行业经济周期性及技术变迁相关的领域。最后，请团队进一步优化战略方案，对成本、资源、时间和实施难度产生的挑战进行排序，并最终针对几个主要假设进行情景规划和敏感性分析。

2. 情景规划和敏感性分析

常见的情景分析因素包括，汇率变化影响竞争格局、天然气价格上涨、原油价格上涨、技术变迁、对手降价、供应链中断等。以一家中型公司为例，可能发生的情景及影响的程度和持续时间如表 2-16-4 所示。

表 2-16-4 战略情景分析举例

情景描述	具体的假设
1. 汇率变化影响竞争格局	（1）销售额减少 15%； （2）价格降低 20%； （3）持续 9 个月； （4）还需要 9 个月才能复原。

续表

情景描述	具体的假设
2. 天然气价格上涨	（1）上涨 5 美元/百万英热单位； （2）持续 12 个月； （3）无法将价格上涨传递至下游企业。
3. 原油价格上涨	（1）涨价 100%； （2）持续 3 个月； （3）25%的成本增加能够传递至下游企业。
4. 技术变迁	（1）销售额每年减少 15%； （2）价格每年下降 15%； （3）减少 200 万美元研发支出。
5. 对手降价	（1）价格降低 10%； （2）持续 24 个月。
6. 供应链中断	（1）销售额减少 10%； （2）持续 6 个月。

对上述情况中影响收益的因素进行敏感性测试。表 2-16-5 中显示了销售额和价格每变化 5%对税前利润的潜在不利影响。若该公司价格下降 5%，则销售额将减少 200 万美元；若该公司价格下降 20%，则销售额将减少 500 万美元。当然，可进一步分析得出价格和销售额减小的趋势，但仅根据这些推断可知，公司已经面临巨大的风险敞口。敏感性分析引出了两种提高弹性和灵活性的方法。首先是识别成本降低的可能性，包括销售费用、财务费用及行政费用。其次是提高收入的质量，即找出在经济衰退中最有可能幸存的客户和供货商，并评估它们的信誉，与其中最理想的客户合作。

表 2-16-5　战略敏感性分析举例

敏感性分析：情景 1（货币的变化）息税前利润的影响（百万美元）		销售额减少		
^	^	5%	10%	15%
价格下降	5%	200	225	250
^	10%	250	275	300
^	15%	325	350	400
^	20%	400	450	500

采用该种方法，管理层需要倒逼团队思考外界因素变化导致的最差情景，从而迫使团队找到进一步降低成本和提高收入质量的方法。

（二）财务与金融风险管理

财务风险存在于企业管理中的每个环节，企业对财务管理过程中存在或可能存在的各类风险进行辨识、分析和控制，并通过科学可行的方法加以处理，从而保证企业财务管理工作的正常有序开展，最大限度保障企业利益。现代化企业在新时期要想有所发展，必须正确地辨识风险、把握风险，洞悉环境变化与财务风险之间的特殊关系，强化财务管理风险控制，提高企业核心竞争力。[①]

对于防范财务风险，一流企业的管理者会重新确定财务管理目标的正确定位。受经济利益驱使，很多企业管理者往往将最大化利润作为企业财务管理的最终目标。然而，以利润作为目标的弊端在于，容易在财务管理过程中过于追求短期效益，往往忽略货币的时间价值和潜在的风险。因此，财务管理风险控制需要以正确的财务管理目标为引导，在综合考虑最大化利润的基础上，将企业的长远利益与短期效益相结合，让企业做出财务管理决策的同时综合考虑相应的财务管理风险。此外，一流企业会建立健全财务管理风险预警机制。企业的财务环境不断变化，财务管理过程中各个环节都有可能存在风险因素，这需要企业建立健全的财务管理风险预警机制，关注市场的各种变化，及时掌握可能因资金链中断和财务成本上升而引发的财务困境。企业需认真分析相关的财务指标从而建立财务管理风险预警机制，对问题与风险做到早发现、早分析、早处理。

金融风险存在于所有企业的商业活动中。企业需要进行货币、股票、债券、商品等金融方面的操作，很容易受到市场波动、经济变化、政策限制等因素的影响，从而出现金融风险。针对这种情况，企业需要采取有效的金融风险管理措施，以减少金融风险对企业运营的不利影响。

对于防范金融风险，一流企业强调健全各类金融风险管理体系，覆盖风险识别、评估、计量、监测、控制和报告等管理流程，并明确将其纳入公司相关管理制度中，以进一步落实和完善金融风险管理。同时，强调完善各类金融风险防控体系，常态化各类金融风险防控体系修订工作，结合业务工作开展实际，梳理标准化流程和风险防控关键节点，进一步规范、优化业务流程，识别金融风险类型和等级，完善长效机制，做好动态管理。建立与金融风险信息系统建设相结合的金融风险排查机制，定期排查已开展的业务，坚

[①] 陈朱炎．浅议企业财务管理与财务管理风险控制［J］．现代营销（学苑版），2014（1）：22-23．

持业务开展过程中随时排查新开展的业务,科学评估风险,提前制定应对措施。[①]

在当今数字经济时代,相对于财务与金融风险的传统防范方式,随着财务数字化转型的驱动,企业逐步建立了业财数据池,引入了RPA、流程挖掘、大数据等先进技术。企业在新技术的驱动下产生了新认知,创新出了新的防控模式。如图2-16-1所示,某大型企业集团建立了新防控体系,该体系的底端以"一座两库"为基础,提供大数据源、关键指标、防控规则、风险案例等信息;中端打造五类RPA风险防控机器人,为各类业务场景提供智能防控服务;顶端搭建多维展示与输出平台,实时展示防控动态。通过这三个层级的构建,形成了风险分析、识别、应对、评价的闭环管理机制。

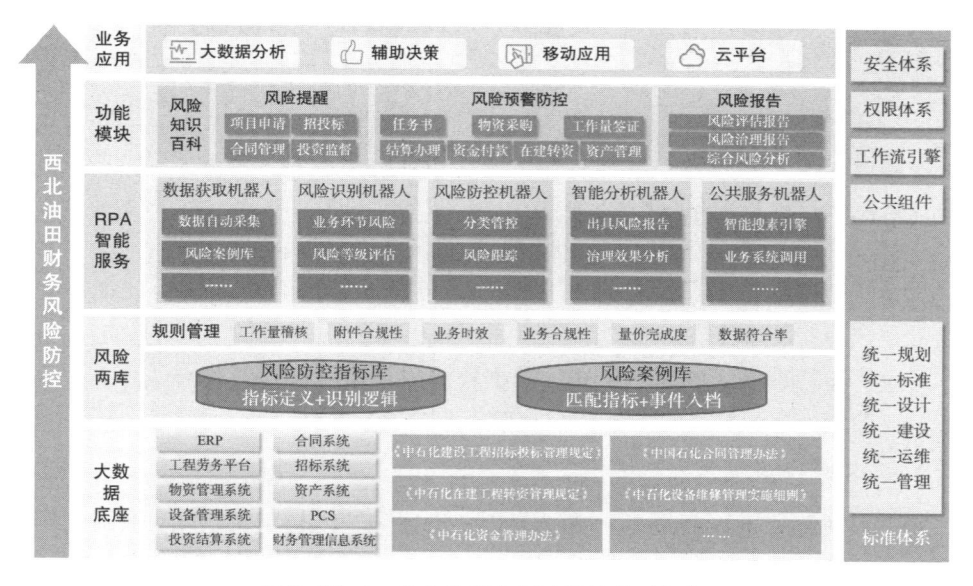

图2-16-1　数字化财务风险防控体系框架

新防控体系根植丰富的数据基础,以数据中心、业财数据池、各业财数据系统提供的大数据为底座,为风险逻辑判断提供依据。数字化财务风险防控基于业务场景,以实现专业化、精细化防控。一流企业按照业务场景梳理关键风险识别指标和逻辑,将标准校验逻辑预置于风险防控体系,通过比对从大数据底座中调用实时多维数据,实现风险智能识别和判断。

风险两库嵌入业务环节的校验规则中,两库包括风险防控指标库与风险

[①] 洪毅芬. 国有企业集团财务公司财务金融风险管理研究[J]. 会计师,2021(10):32-33.

案例库，其中风险防控指标库分为合规性指标和考核性指标。风险防控指标库涉及业务流程、职责权责、附件证明、规定比例、阈值区间等领域。而考核性指标则设计业务时效、量价完成度、数据符合率、财务比率。风险案例库主要用于收集归纳近年审计重点关注问题及历史风险事件。通过案例拆解，形成新的风险识别和判断逻辑，为系统自我学习提供素材。通过人与机器的共同学习，不断深化防控体系的精细化、智能化程度。

在线上流程中配置处理逻辑时，一流企业运用 RPA 机器人实时比对指标库，实时监控业务单据流转情况，从业务处理合法合规性、流程标准规范性、业务办理时效性、附件合规性等角度审查比对，及时辨别异常情况、捕获风险和预警管控。目前主要有五大类机器人，分别是数据获取机器人、风险识别机器人、风险防控机器人、智能分析机器人和公共服务机器人，它们分工合作，共同提供智能财务风险防控服务。

1. 数据获取机器人

获取风险防控所需的基础数据资源，搭建标准规范，健全严谨的风险两库。按照数据提取对象划分为四类。

财务管理数据：ERP、财务管理信息系统、税务等。

经营管理数据：通用管理信息服务、招投标管理系统、投资共享平台、物资系统等。

生产运行数据：PCS、EPBP、数据资源中心等。

风险两库：风险防控指标库、风险案例库。

2. 风险识别机器人

由不同业务风险类型的机器人组成，配置了完善严谨的风险识别规则，不间断扫视全环节业务流转情况。一旦发现隐患，立刻评估风险发生概率与严重性，在流转环节中实时提报业务风险及防控等级，信息提报后将数据移交至风险防控机器人。

3. 风险防控机器人

配置了完善严谨的风险管控规则，接收风险识别机器人输出的风险信息数据，根据风险等级自动采取相应的管控手段，提出应对措施建议。详细记录风险事件始末，跟进风险应对实施结果并反馈至风险识别机器人，直至业务正常，风险隐患消除。[1]

---

[1] 安媛，梁莉. 数智财务下的企业三层次体系架构的模式探索：以西北油田采油三厂财务管理创新为例 [J]. 管理会计研究，2021（3）：15-24，87.

4. 智能分析机器人

通过跟踪风险事件并锁定处理结果，定期自动生成各单位风险评估报告。结合案例库，对重点区域和高发业务提供应对参考，强化治理管控。以风险出现的频次、级别、所处业务环节、处理时效、管理效益等属性为考评条件，推出各单位风险管理排名，以奖惩促进管理。结合内部管理报告，将风险管控成效作为分公司经营管理报告的依据。

5. 公共服务机器人

配置了完善严谨的风险管控规则，在日常运行中保持随时待命的状态。提供各业务环节的检查调用、其他业务系统的风险检查调用、智能搜索、信息推送等公共服务，与风险两库配合紧密，可用于外部系统监管检查调用。业务环节风险管控调用与不间断运行的管控机器人互补互助，以确保风险得到有效管控。

此外，一流企业搭建了财务风险智能监控平台，实时总揽全局财务风险。该平台按风险类型、等级、识别方式、管控手段等多重属性逐层提取数据，以业务环节、场景、区块分布等多维视角组建数据模型，实现财务风险立体透视、逐级提取，直观展现数字化风险防控，为敏捷型财务管理提供支撑。同时，配套风险百科，为用户提供更多个性化查询服务，包括对制度、法律法规、问题库、风险防控知识等信息进行创建、索引、关键词提取，通过标签化归类和用户行为日志分析，为用户提供智能搜索、全文检索、热点分析、智能推荐等服务。

（三）运营风险管理

企业运营风险是指企业在日常运营过程中可能出现的各种风险。由于企业类型、主营业务的不同，运营风险差异较大，但归根结底都是利用对人才、第三方合作、技术、数据、流程等关键因素的控制举措，整合管控业务运营风险，提升绩效。

随着数字经济时代的到来，企业的信息科技创新正在加速进行。越来越多的企业开始或正在进行数字化、智能化升级转型。在整个过程中，企业需要考虑信息化管理的统筹规划，确保业务与信息化的深度融合，以及不同数字化平台间的互联互通。与此同时，企业也应关注数字化转型中可能存在的风险，并采取相应措施。这些风险包括风险防范意识不强、合规管理不到位、存在网络安全隐患等。企业也需要应用数字化手段，对可能存在的潜在风险做好监测预警、识别评估和研判处置。

一流企业致力于打造智慧风控（图2-16-2）解决方案，以业务为导向，专注风险监控、分析和预测。智慧风控解决方案采用领先的数据分析模型和技术，实时监控企业各个业务领域的运营情况，其中包括基于流程挖掘的业务安全风险识别、业务流程风险的预警、追溯根本原因，以及模拟分析。同时，结合零信任安全理念，持续监控分析与感知敏感数据资产，实现安全自动化与编排，为企业的风险管控保驾护航。

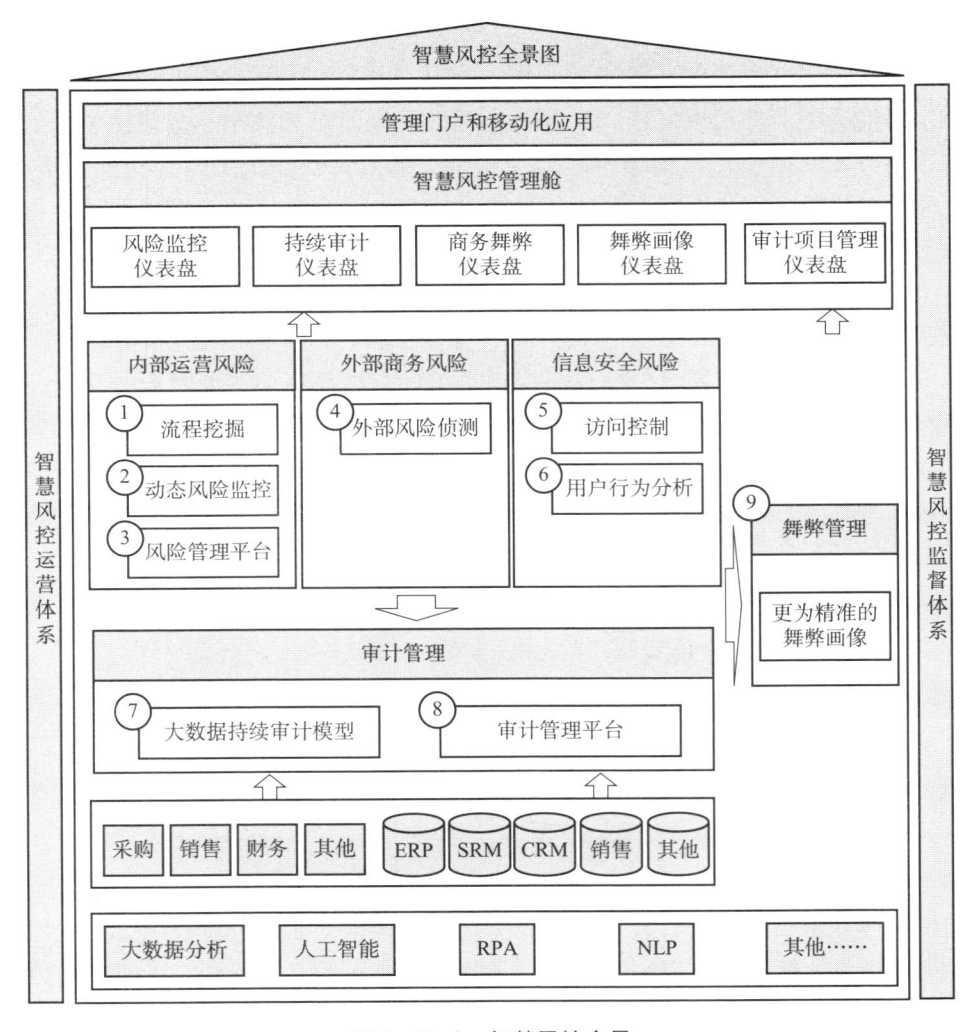

图2-16-2 智慧风控全景

在内部运营风险管理方面，一流企业主要应用流程挖掘、动态风险监控、风险管理平台等数字化工具对风险进行防控，这里我们主要介绍流程挖掘及动态风险监控。

1. 流程挖掘

流程挖掘作为当代流程数字化运营的核心工具，助力企业数智化风险预警、风险识别及敏捷应对风险，起到发现流程问题、定位问题、侦测问题影响，提出改进措施和持续监控等作用。

为企业还原业务实际流转路径，实现业务流程可视化，展现端到端流程图，构建真实流程模型并持续监测过程数据，进行流程模拟预测；动态识别、分析流程瓶颈，从而规范流程路径，促进流程改善，实时、主动发现需要关注的问题，下钻追寻根因，深挖企业最根本的问题；帮助业务分析人员、内控团队发现流程中的潜在业务安全风险，实现数据库直连，支持实时监控和风险预警。如 2-16-3 图所示，在从采购到付款流程中，有效识别在资金付款环节存在的早于发票付款期限的提前付款。

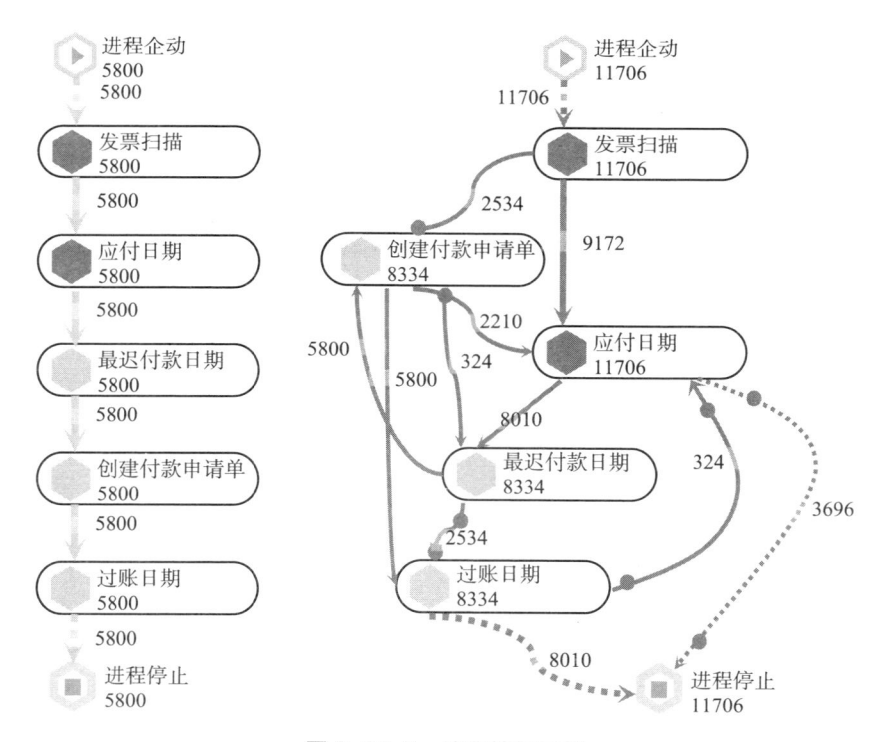

图 2-16-3　流程挖掘示例

流程挖掘利用系统数据实现主要业务流程端到端的透明化，驱动复杂问题的量化，帮助业务分析人员、内控团队发现流程中的潜在运营风险。对于发现的每个潜在运营风险，应用大数据人工智能技术进行多维度的下钻分析，查找导致风险发生的根本原因并提出优化建议。

流程挖掘大幅度提高了企业对风险识别的敏锐度、企业风险应对措施的针对性和有效性，协助企业识别现有流程中的冗余控制，分析自动控制的发生量，了解企业资源的分配情况，寻找控制自动化、流程标准化的切入点，以便企业更合理地调整控制流程，分配企业资源。

以某企业的采购流程和控制转型为例，企业依托流程挖掘与优化解决方案实现了如下核心内容。

（1）通过关键信息的提取，成功实现了采购业务流程可视化。

（2）流程异常环节定位及根源追溯。结合采购申请、采购合同签订、采购付款等流程数据的分析结果，德勤中国协助客户识别了包括合同风险在内的若干业务流程风险，如手动控制的工作量较大，缺乏自动化；延迟交付等问题导致流程中断；付款期限较长导致供应商吸引力下降等问题。

（3）流程再造及控制优化设计。通过查找风险发生的根本原因，提出包括提升控制自动化、加强预防控制及流程监控、提升流程透明度等若干建议。

图 2-16-4 所示为采购流程分析的可视化示例。

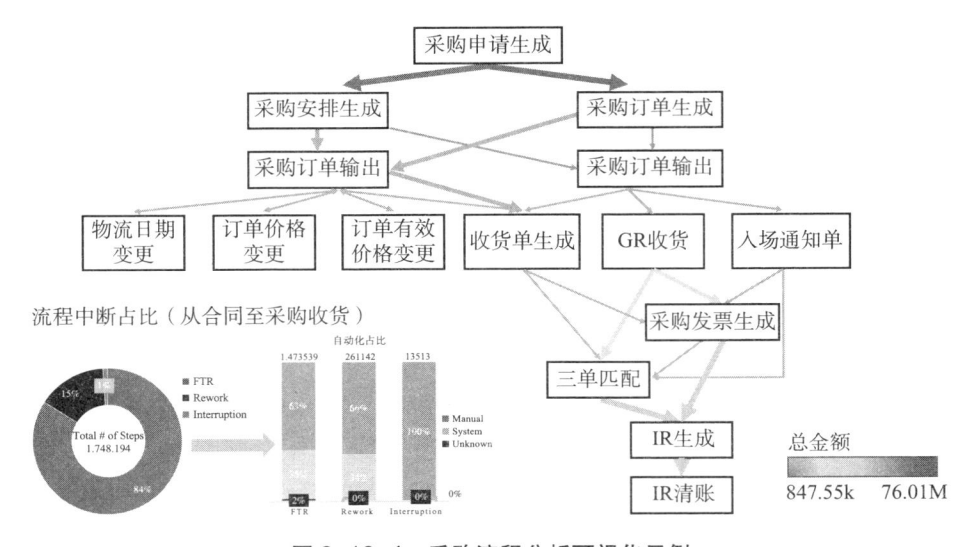

图 2-16-4 采购流程分析可视化示例

2. 动态风险监控

基于在流程挖掘过程中识别到的业务风险，动态风险监控从业务资源的安全访问控制与业务流程控制入手，实时分析监控潜在的异常行为与业务安全风险，并对业务及内控人员进行预警，提供风险整改、跟进等管理功能。

以前文识别的从采购到付款流程中的提前付款风险为例。在访问控制层面，动态风险监控基于零信任架构的数据访问策略分析付款相关高风险敏感操作（如发票校验、付款申请审批、过账等）和职责权限冲突风险，并通过策略引擎、安全事件和事件管理、威胁情报、行业合规等进行持续性诊断和缓解风险，实现自动化安全管理与编排。在流程控制层面，实时监控是否存在提前付款的事件，并将所发现的潜在风险通知控制负责人进行后续的调查、整改与跟踪。

通过流程与控制转型，企业能够有效提升组织持续运营风险监控和自动化控制的水平，持续监控会计和财务报告、风险评估和内部控制系统的相关流程，实现全生命周期管理，为企业的风险管控保驾护航。

（四）合规风险管理

尽管中国企业在合规管理方面进行了若干实践，但仍然处于起步阶段，尤其是与合规管理体系较为完善的跨国企业相比，存在缺乏系统性、组织性、有效性等问题。与跨国企业相比，中国企业在开展合规管理工作时，缺少统一的规划，合规职能散布于内审、财务、人事、监察等多个部门，导致重复建设和工作真空的情况并存，合规管理体系不完整；绝大部分国内企业尚未建立合规管理组织架构，缺乏明确的合规管理机构，尚未配备专业合规人员；对于已探索开展合规管理的企业，也普遍存在着管理手段匮乏、针对性和实效性不强的问题。[①] 国际合规风险管理法律与中国政策指南如表2-16-6所示。

表2-16-6　国际合规风险管理法律与中国政策指南

法律、指导文件名	特点
英国 《2010年反贿赂法》	"预防贿赂失职罪"：员工、子公司、其他第三方出于公司利益而实施贿赂，这些行为无论发生在英国还是国外，公司都会受到指控，只能借助"充足程序"进行抗辩。 充足程序：证明公司具有充足的合规程序，能够有效预防贿赂发生。
美国 《海外反腐败法》	1977年制定，1988年修订，禁止商业机构或个人（不限于美国企业）为获得或保留业务向外国官员行贿。 降低处罚方式：证明企业存在有效的合规制度；自愿披露、积极合作与认罪。

---

① 德勤中国. 企业合规管理的重点与难点［EB/OL］. 2019-2-21. https://baijiahao.baidu.com/s?id=1626046991630801979&wfr=spider&for=pc

续表

法律、指导文件名	特点
ISO 19600	为组织建立、发展、实施、评估、维护、改进一个有效的合规管理体系提供指南，遵循持续改进原则，实现对合规风险的预防、发现和回应。
世界银行黑名单制度与《世界银行诚信合规指南》	不给任何涉嫌贪污受贿的国际公司投标资格，禁止其参与该行自主的所有项目。 制定并实施符合世界银行要求的合规诚信体系是提前终止、终止或有条件免于制裁的主要条件。
经济合作与发展组织《应对税基侵蚀和利润转移》	"利润在经济活动发生地和价值创造地征税"总原则，将对跨国企业海外业务整体组织架构和商业模式产生重大影响。 以往，跨国企业常常在投资国和被投资国之间安排一家或多家中间控股公司，这些公司通常设立在低税率或零税率地区。通过将大量利润转移至这些低税率的地区，跨国公司能够有效降低税赋。然而，这一做法将不再可行。
国务院国资委《关于全面推进法治央企建设的意见》	要求按照全面依法治国的战略部署，全面建设法治央企的工作。 强化依法合规经营，健全依法决策机制，依法参与市场竞争，依法开展国际化经营，严格按照国际规则、所在国法律和我国法律法规开展境外业务。
国务院办公厅《关于建立国有企业违规经营投资责任追究制度的意见》	第一次提出建立重大决策终身责任追究制度及责任倒查机制，明确了违规经营投资责任追究工作的九大方面54个雷区。 中国企业经营管理有关人员违反国家法律法规和企业内部管理规定，未履行或未正确履行职责造成国有资产损失及其他严重不良后果的，应当追究责任。
国务院国资委《关于进一步深化法制央企建设的意见》	强调不断深化法治央企建设，为加快建设世界一流企业筑牢坚实法治基础，提出要着力健全合规管理体系，持续完善合规管理工作机制，探索构建法律、合规、内控、风险管理协同运作机制，加强统筹协调，提高管理效能。
国务院国资委《中央企业合规管理办法》	进一步明确了中国企业建立健全合规管理体系的整体要求。国家在宏观政策层面将企业合规管理的重要性提高到前所未有的高度，合规管理也从企业治理层面上升到落实国家顶层设计要求。作为中国特色社会主义经济的"顶梁柱"，中央企业承担着政治责任、经济责任和社会责任，必须在全面推进依法治企、提升合规管理能力中有作为、树形象、做表率，持续推进"法治中国企业"建设，促进依法合规运营。[1]

注：杨斌. 新形势下国有企业合规管理体系建设研究[J]. 江西师范大学学报（哲学社会科学版）2020，53（4）：96-102.

德勤中国认为，合规管理是企业可持续发展的基石。企业应建立切合经营实际、行之有效的合规管理体系。

结合相关监管要求及合规管理体系要素，企业应实施合规义务识别与风险评估，并建设鼓励道德行为和依法合规的企业文化。此外，合规和道德程序需要合理设计、实施、执行，以保证程序能够有效地预防和监测违规行为。

根据德勤中国分析，完善的合规管理体系的最佳实践包括如下五个部分：

（1）公司需建立规范的流程，以预防和监测违规行为。

（2）公司应当明确在合规管理中管理者的责任，特别是决策层与高级管理人员。

公司管理层（董事会或高管）需了解关于合规和道德程序的内容及操作，并应对程序的实施和有效性进行合理监管。

公司高层人员应确保公司具有有效的合规和道德程序。高层中的特定个人应对程序负有完全责任。

公司中的特定个人应承担处理合规和道德程序的日常运营职责。承担程序日常运营职责的个人应定期向高层人员报告程序的有效性，在适当情况下应向管理层或管理层的部分人员汇报。为保证责任的实施，该负责人应被给予充足的资源、适当的授权，以及直接接触管理层的权利。

（3）公司应采取具体的合理措施来落实合规管理体系运行职责。

努力避免拥有实权的人员或了解尽职调查实施的人员做出非法或违反合规道德程序的行为。

定期与员工沟通合规道德程序的标准流程及其他相关方面。

对相关人员（公司管理层、高层人员、实权人员、公司员工，在恰当时可包括公司代理机构）进行符合角色和责任的有效培训，以确保他们能够正确遵守和执行相关规定。

确保公司合规道德程序有效执行，包括对监测违法行为的监控和审查。

周期性评估公司合规道德程序的有效性。

建立并公示保证匿名和保密性的机制，以确保公司员工和代理机构在上报潜在或实际违规行为时无须惧怕被举报者的报复。

（4）公司合规道德程序需在全公司内推广实施，并制定适当的奖惩措施。

对符合合规道德程序表现的员工进行适当的奖励。

对做出违规行为的员工，或未能采取合理手段预防或监测违规行为的员工，进行适当的惩戒。

（5）在监测到违规行为后，公司需采取合理手段适当处理违规行为，防止再次出现类似的违规行为，其中包括对公司合规道德程序做出必要调整。

在实施以上具体要求时，公司需定期评估风险，并采取适当手段设计、实施或修改以上要求，以通过合规道德程序识别并降低违规行为风险。

（五）网络安全风险管理

2017年6月1日，《中华人民共和国网络安全法》（以下简称《网络安全法》）施行。随后，《中华人民共和国数据安全法》（以下简称《数据安全法》）的出台为我国数字化转型的健康发展提供了法治保障，为构建智慧城市、数字政务、数字社会提供了法律依据。《中华人民共和国个人信息保护法》（以下简称《个人信息保护法》）的出台为保护个人信息提供了更加全面有力的法律保障，有助于规范个人信息处理活动，保障个人信息安全，维护公民的合法权益。《数据安全法》和《个人信息保护法》弥补了《网络安全法》的空缺，三部法律相辅相成，为我国数字经济的健康发展提供了坚实的法治基础。

德勤中国分析，中国网络风险管理与全球网络风险管理的要点具有以下共性（表2-16-7）。

表2-16-7　中国网络风险管理与全球网络风险管理要点的共性之处

序号	共性	具体内容
1	将网络风险纳入现有风险管理和治理流程中	网络安全对于企业来说不单单是实施一系列检查列表，还要通过有效管控将网络风险维持在一个持续的、管理的、可接受的水平上。
2	持续关注网络安全管理	有效的网络安全管理依托于管理层对网络安全的重视程度。定期与负责管理网络风险的员工沟通，提高企业对影响组织和相关业务风险的意识。
3	实施行业标准和最佳实践	利用行业标准和最佳实践保证企业建立全面的网络安全规划，制定安全有效的网络安全管理实施方案。
4	评估及管理特定网络安全风险	通过网络风险识别重要资产及其影响，发现企业存在的风险敞口。基于风险评估结果确定具体的网络安全防范措施、优先级、资源分配策略及制度管理政策和战略，对提升企业的风险管理能力至关重要。
5	设立监督和审查机制	企业管理层有责任监督和管理网络安全，可采用网络安全预算评估、IT采购计划、云服务、事故报告、风险评估等手段实施监督。
6	开发和测试网络安全事件响应计划和流程	全面识别预测可能的网络威胁，制订相关响应计划和措施，整合企业现有业务连续性计划和灾难恢复计划，建立企业级的全面网络安全事件响应计划，以保证企业可以有序处理突发应急事件。

续表

序号	共性	具体内容
7	时刻对网络安全风险保持警惕	时刻监控企业自身网络风险环境，识别企业自身存在的网络管理漏洞，持续分析、改进、总结网络管理流程，同时加强行业合作，提高员工安全意识。

资料来源：张其仔. 新工业革命背景下的世界一流管理：特征与展望［J］. 经济管理，2021，43（6）：5-21.

随着互联网技术的不断普及，网络化的速度遥遥领先于网络安全的部署，依赖于网络空间的任何事物都可能面临风险。蓄意的网络攻击、无意的安全疏漏，以及互联网本身尚不成熟和缺乏监管等弱点，都可能对隐私数据、知识产权、网络基础设施乃至军事和国家安全造成损害。

在当前的网络安全环境下，高效的网络安全和合规的风险管理要求企业在制定有效的战略规划的同时，能够结合业务要求、监管要求和IT技术，有效实现对网络安全合规风险的管理。网络安全和合规风险管理框架如图2-16-5所示。

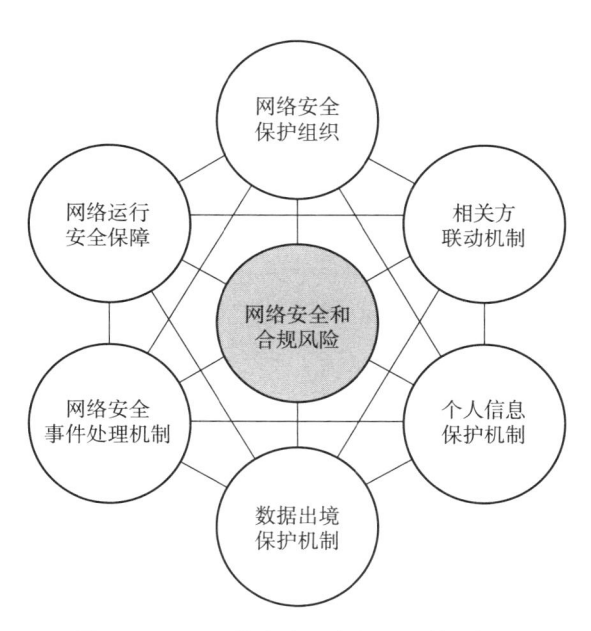

图2-16-5 网络安全和合规风险管理框架

为实现最佳网络安全和合规风险管控模式，企业应解决网络安全组织架构的相关问题，明确各部门在企业中的定位；企业应当在组织架构、角色和责任、网络安全部门内部互动、与各相关部门互动、技术能力、问责等方面进行完善。此外，企业应完善网络运行安全与合规风险管理体系，包括网络安全保护组织、相关方联动机制、个人信息保护机制、数据出境保护机制、网络安全事件处理机制、网络运行安全保障等，具体内容如下。

1. 网络安全保护组织

企业应建立网络安全保护组织，清晰定义各方职责，完善内外部沟通机制，构建网络安全保护管理制度体系，全面提升网络安全和合规风险管理能力。

2. 相关方联动机制

企业应建立与中央网络安全和信息化委员会办公室（以下简称中央网信办）、公安部、工业和信息化部、行业主管部门之间的联动机制，加强各方合作，共同管理网络安全。

3. 个人信息保护机制

企业应识别自身角色，确认企业所持有和使用的个人信息，建立基于互联网和大数据时代的新型数据保护机制，形成具有回馈机制的动态生态型闭合环，有效增大个人信息全过程中的数据保护力度。

4. 数据出境保护机制

企业应全面识别数据出境场景，建立数据出境合规管理机制。在数据合规方向，特别是跨国企业，应当逐渐筹划与组建专属于自己的资料合规团队。企业应根据国内外相关法律法规及要求，结合企业自身技术条件、业务需求等内容，系统化、全面化地对企业数据及数据资源进行管理。①

5. 网络安全事件处理机制

企业应当设计主要利益相关者认可的跨部门事件响应计划，提升网络安全事件处理水平，使其在遭遇安全事件时能够增强公共信任和品牌信誉，化危机为机遇。

6. 网络运行安全保障

企业应当建立健全的网络运行安全管理机制、采取安全技术措施，保障网络免受干扰、破坏或者未经授权的访问，防止网络数据泄露或者被窃取、篡改，全面防范网络攻击、检测网络运行状态并留存日志，采取数据分类、

---

① 钱颜. 数据出境首先做好安全评估［N］. 中国贸易报，2018-11-20（A6）.

备份及加密等措施以确保网络的安全运行。

随着大数据、云计算、移动互联网、物联网等新一代信息技术的普及应用，当前网络大环境下国家各个行业领域的网络化和信息化发展正在受到持续不断的网络安全威胁和挑战。在传统网络安全和合规风险管控的基础上，世界一流企业已逐步建立针对新一代信息技术的安全管理体系，具体如下。

（1）云安全领域。云安全覆盖了现实生活中的诸多行业，如银行金融业、医疗保健、社交媒体、物联网、教育等，随之而来的风险也在不断增加，如在使用云服务的过程中，应用程序漏洞、恶意攻击、员工错误配置等原因导致的数据泄露，伴随云服务及各类软硬件的使用带来的供应链安全风险，使用不安全的应用程序接口导致恶意攻击者获得权限并在云环境中进行恶意操作的风险，如虚拟化软件中的漏洞、虚拟机之间的网络通信漏洞等虚拟机风险，以及恶意软件攻击风险、身份认证和访问控制风险等。

因此，在云安全领域中，全面的数据保护和风险管理显得尤为重要。企业一般使用数据加密、访问控制和数据备份与恢复等方式为数据提供保护；采用多因素认证、单点登录和角色分配技术等管理身份和访问权限；部署防火墙、入侵检测、防御系统及分布式拒绝服务，以保护网络安全；参考各类法规条例等制定完善的合规性审计流程；制定数据备份、故障切换和冗余设计等制度降低业务中断带来的风险，提升业务连续性和灾难恢复的能力等。

（2）人工智能领域。智能化发展使得人工智能被应用于越来越多的领域，但广泛的应用往往会带来许多连带风险。①数据安全风险。人工智能技术需要大量数据的支持，黑客可能会通过攻击数据存储设备、网络传输过程或者数据应用系统，窃取、篡改或者破坏数据。此外，由于人工智能技术需要处理大量的个人数据，如个人信息、生物特征等，因此也存在隐私泄露的风险。②算法安全风险。人工智能技术依赖复杂的算法和模型，这些算法和模型可能存在安全漏洞，如被恶意攻击者利用，则可能导致系统失效、产生错误决策等问题。例如，对抗性攻击可以利用机器学习模型的漏洞，通过添加扰动或者对抗样本误导模型，使其产生错误的分类结果。③软件安全风险。由于人工智能技术的实现需要依赖各种软件工具和服务，而这些软件工具和服务可能存在安全漏洞，如被攻击者利用，可能导致系统被恶意攻击或者数据泄露。例如，黑客可能会利用机器学习框架或者深度学习框架的漏洞注入恶意代码或者窃取数据。④应用安全风险。人工智能技术的应用范围越来越广泛，包括但不限于智能家居、自动驾驶、金融风控等领域。这些应用场景的安全性也成了人工智能领域的一个重要问题。例如，黑客可能会利用人工智能技术攻击智能家居系统或者自动驾驶车辆，导致人身安全受到威胁。⑤伦理和法律风险。人工智能技术的发展也带来了一些伦理和法律问题，如数据歧视、算法偏见等。

为了解决这些风险，企业通常采用一系列成熟的技术手段应对，如采用数据加密、访问控制、数据审计等方式增强数据的安全性和隐私性，通过加强安全漏洞的检测和修复工作，使用对抗性攻击的防御技术来提升模型的抗攻击能力，使用更加健壮的算法和模型来提高系统的稳定性和安全性。在智能家居系统中，通过采用加密通信、访问控制等措施保护家庭网络的安全，以确保应用场景的安全性和稳定性。

（3）大数据领域。数字化的高度发展意味着企业的数字资产和数字存储都在增加，与传统存储方式相比，虽然数据存储更加便捷，但会面临新的风险。①数据泄露和黑客攻击。大数据涉及海量的数据，包括个人隐私、企业机密等敏感信息，因此数据泄露和黑客攻击是大数据领域的重要安全风险。黑客可能会通过攻击数据存储设备、网络传输过程或者应用程序来窃取、篡改或者破坏数据。②隐私泄露。大数据技术可以分析和挖掘个人的行为、偏好和隐私信息，因此隐私泄露也是大数据领域的一个重要问题。③安全漏洞和恶意软件。大数据技术需要依赖各种软件工具和服务，而这些软件工具和服务可能存在安全漏洞和恶意软件，如不安全传输、系统漏洞、网络攻击等，这些都会对大数据的安全性产生威胁。④高级持续性威胁（Advanced Persiten Threat，APT）攻击。这种攻击方式可以针对大数据系统进行，如通过社交平台、恶意软件等方式获取系统权限，长期潜伏和进行持续的破坏活动。⑤数据安全法规和合规性风险。随着数据保护法规的日益严格，大数据企业需要遵守各种数据保护法规和标准，如欧盟的《通用数据保护条例》、中国的《网络安全法》等，否则可能会面临合规性风险和法律责任。

尽管企业面临着来自新一代信息技术领域的网络安全挑战，但传统的数据保护措施如数据脱敏、数据加密、访问控制等手段，仍可确保数据的安全性和隐私性；企业一般通过建立完善的安全管理体系，包括安全策略、安全流程、安全培训等方面，并借助各类安全技术和工具提升员工的安全意识和安全技能，最大限度地降低大数据领域面临的安全风险；此外，企业还可以通过定期进行安全测试和审查，及时发现和修复安全漏洞，同时采用更加安全的编程语言和框架，以减少安全漏洞的存在；建立威胁情报和安全预警机制，及时掌握威胁情报，提前做出预防和决策，避免遭受 APT 攻击等。

新形势下的网络化和信息化发展对企业的网络安全保护体系提出了更高的要求，企业应结合自身的网络资源优势支持网络空间结构创新，致力于打造智慧高效、安全可靠的网络运行体系。具体来讲，企业要实现网络安全和合规风险的高效管理，应在履行网络安全保护管理职责的过程中，建立由上而下的执行蓝图（图 2-16-6）。

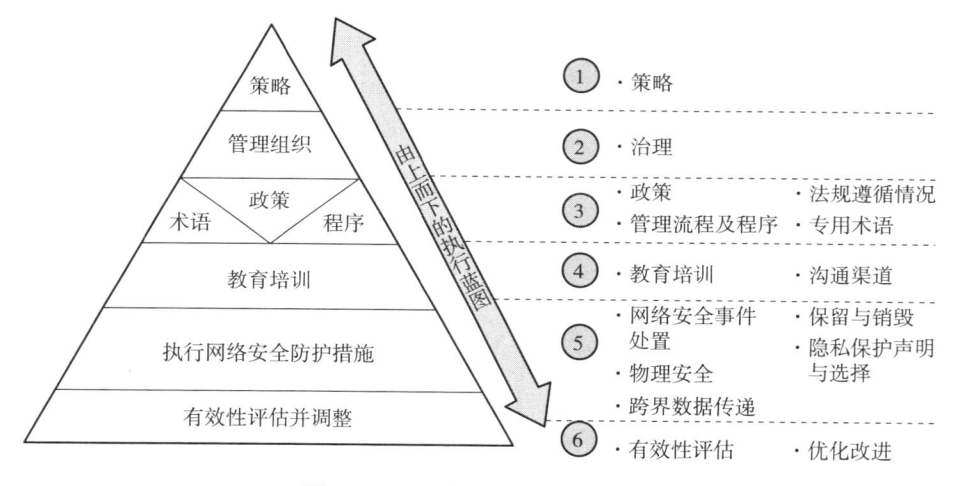

图 2-16-6　由上而下的执行蓝图

构建网络安全和合规风险管理体系，企业的核心目标是紧跟国家网络空间发展趋势，立足国家安全、社会稳定和人民利益，力求在总体战略下将该体系落实到各个重要行业和关键技术，进而保障网络运行安全、数据安全、信息内容安全等，大力提升全员网络安全意识，全面保障各行各业的网络安全。在此过程中，企业首先要回答如下几个问题。

（1）在既定网络安全保障能力的前提下，为实现相关方的价值目标、保障网络空间安全，如何构建网络安全和合规风险管理体系。

（2）在相关法规、标准的不断完善和指引下，为满足国家、各个行业领域的网络空间安全防护和保障要求，以及企业自身的安全要求，如何开展网络安全防护和合规风险处置。

（3）人是网络安全保障体系的重要一环，提升人们的网络安全意识至关重要。企业应如何采取措施提升社会的网络安全意识，以增强风险意识、全局意识、责任意识。

企业需要从以下三个方面着力，完善自身网络安全与合规风险管理体系，提升管理能力。

1. 构建网络安全和合规风险管理体系

企业应采用PDCA（Plan-Do-Check-Act）过程方法，充分识别企业内外部环境，确定其中影响网络安全和合规风险管理体系的关键因素，并持续监测和审查企业内外部环境及其中的关键因素。明确相关方对网络安全和合规风险管理体系的要求，充分发挥领导力与全员作用，通过明确网络安全方针、目标、管理职责夯实基础保障，明确网络安全和合规管理要求，开展风险评估，实施绩效评价等，推动网络安全管理各个领域的联动与持续改进，实现网络安全和合规管理的螺旋式提升，以应对内外部条件的动态变化。具体如图2-16-7所示。

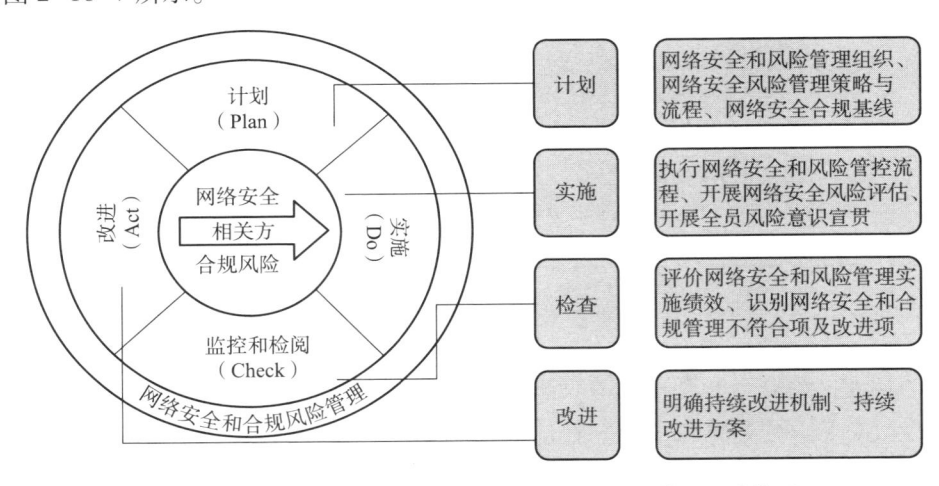

图2-16-7 构建基于PDCA的网络安全和合规管理风险体系

2. 处置网络安全与合规风险

企业应加强对网络安全风险的把控，全面提升网络安全保障水平，"没有绝对的安全"是网络安全从业人员的共识，实施网络安全风险管理，将安全风险控制在可接受的水平是网络安全工作的基本方法论。[①] 在法律的基础上，企业实施网络安全和合规风险管理时，还应依赖科学先进的网络安全标准。

---

① 叶纯青. 人工智能之投资界的"阿尔法狗"[J]. 金融科技时代，2016，24（12）：73-77.

2016年8月24日，中央网信办、国家质量监督检验检疫总局、国家标准化管理委员会联合印发《关于加强网络安全标准化工作的若干意见》。此后，为了推动数据化、信息化的高速发展，在2020年6月实施了《网络安全审查办法》，确保关键信息基础设施供应链安全，以维护国家安全；《"十四五"国家信息化规划》对我国信息化发展做出了全面部署和安排，以推动数字经济高质量发展，完善社会信用体系，提高网络安全保障水平等；2023年6月实施了《个人信息出境标准合同办法》，规范个人信息出境的合法性，保障个人信息跨境安全；2023年8月实施了《生成式人工智能服务管理暂行办法》，促进生成式人工智能健康发展和规范应用，维护国家安全和社会公共利益。网络安全领域相关法律法规颁布范围的扩大和频率的上升，显示出国家对网络安全的重视程度日益增强。这些法律旨在加强网络安全防护措施，保护国家的信息安全和公民的隐私权，推动各领域企业高质量快速发展。企业应以法律法规为基，以安全标准为纲，只有"立得稳，行得正"的网络安全风险管理措施才能真正发挥效用。企业应加强对网络安全和合规风险的把控，应全面识别网络安全风险，以传统网络信息系统为基础，进一步扩展到国家关键信息基础设施、公民个人信息保护、数据出境、网络产品和服务、内容数据安全等多个方面，采用科学方法论进行风险评价与处置，提高网络安全技术手段的应用水平，扎实落地网络安全风险管理。具体如图2-16-8所示。

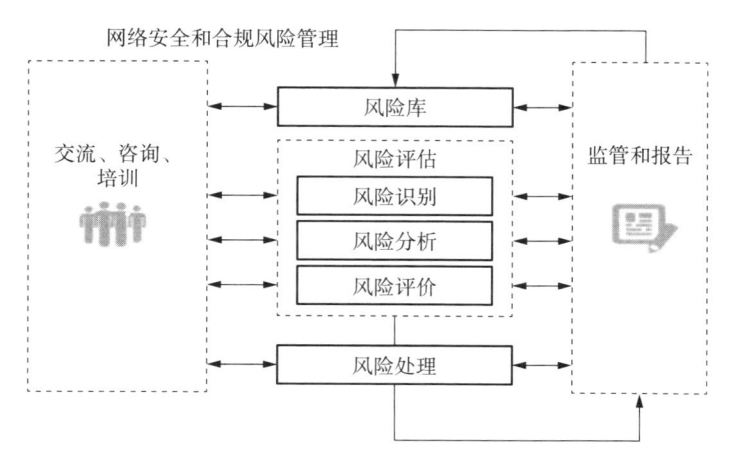

图2-16-8 处置网络安全和合规风险

3. 开展网络安全与合规风险意识宣贯

网络空间深刻影响着人类社会历史发展的进程，网络安全形势日益严峻，全力保障网络安全是建设网络强国的核心任务。人是网络安全保障体系的重要一环，提升人们的网络安全意识至关重要。[1]

综上所述，在不确定和动荡环境中，企业的生存和发展需要打破传统的思考方式，有计划地进行风险承担。风险应当被视为可以优化和利用的机会，而非仅仅是成本。企业必须明白风险是相互联系的，像野火一样会越过人为边界，因此必须设法防止其蔓延。如果某个风险与企业相关联并可能引起重大损失，那么企业必须做足应对准备。世界一流企业在五大风险管理领域总结了十条金律，这些才是实现"风险管理助力绩效实现"的精髓。

四、参考对标体系

借鉴"德勤中国卓越管理企业"的评价模型，建议企业从以下五个方面进行对标评价（表2-16-8）。

表2-16-8　德勤中国风险管理评价体系

一级要素	职责	二级要素	
风险治理	董事会	建立治理架构	• 重视风险智能文化建设。 • 制定统一的风险管理标准和清晰的风险管理战略。 • 批准建立风险管理准则。 • 明确风险管理角色、职责和授权的定义与描述。 • 定期接受风险管理培训。
		建立风险框架	• 完善风险框架，满足客户化、合规化、标准化的要求。
		发展并部署战略	• 将风险因素纳入企业战略决策。 • 建立风险清单，必要时评估风险事项影响的广度与深度。
		分配风险管理职责	• 授权组建风险管理委员会，提高风险管理透明度。 • 定期进行风险容忍度及现行风险管理的适当性测评。 • 定期进行公司的风险偏好及道德文化评估。 • 积极与执行管理层沟通风险期望。

---

[1] 邓若伊，余梦珑，丁艺，等．以法制保障网络空间安全构筑网络强国：《网络安全法》和《国家网络空间安全战略》解读［J］．电子政务，2017（2）：2-35．

续表

一级要素	职责	二级要素	
风险架构及监督	执行管理层	建立风险管理基础	• 使用风险信息系统，推动数字化风险管理。 • 数字化持续监控风险及风险预警。 • 设立并鼓励使用匿名风险举报热线。 • 运用大数据提高报告的准确性与可靠性。
		实施监督	• 收集、分析、汇总、沟通并向董事会报告风险管理的进程。 • 整体分析各项关键要素，全面考虑应对风险。 • 复核并加强风险管理的战略、政策、框架、模型和流程。 • 确保风险管理战略与公司的整体战略一致，并在公司范围内统一推行。 • 明确风险管理指标和模型的局限性，并通过定性方法来弥补该局限性，包括引入专家的判断。 • 多维度持续评估风险战略执行有效性。 • 建立风险综合考虑机制，包括舞弊风险管理、安全和保密风险、环境风险、业务持续风险和税务计划风险等领域。
		维护并持续改善	• 具备统一、详细的程序，持续改进内部复核、内部或外部评估、用户反馈、投诉和其他问题。 • 及时与相关的人员沟通各渠道反馈的风险。 • 准确记录人员、流程和技术变革。 • 建立风险管理考核措施。 • 定期进行风险沟通与总结，及时纠偏。
	内部审计、合规、风险管理等职能部门	确认	• 识别并评估面临的重大风险。 • 积极、主动、客观评价风险管理程序的落地性与有效性。 • 风险评估结果中风险语言、框架和方法具备统一性。 • 风险沟通渠道明晰开放。 • 风险管理执行过程中工具、流程和其他资源具备前瞻性。 • 建立权责分离机制，防范利益合谋。
		监督	• 风险监控具备独立性、持续性。 • 风险应对的资源投入不局限于高影响性和高脆弱性的风险事项。
风险归属	业务单位	建立并培养对风险的认知及学习相关知识	• 数据捕获时间与深度符合公司对于识别、评估、回应风险的需要并维持在公司风险容忍度范围内。 • 将信息系统融入公司运营的绝大多数方面。 • 具备公司层面的数据管理程序，包括相关信息的取得、维护和传播。

续表

一级要素	职责	二级要素	
风险归属	业务单位	建立并培养对风险的认知以及学习相关知识	• 具备可靠的内部培训机制。 • 企业内外沟通畅通有效。 • 推进员工遵守诚信文化。 • 使部门与管理层保持风险管理事项沟通。
		识别事件与风险	• 风险有效识别。 • 所有重大风险均被识别并定义。 • 将风险与价值驱动、财务和非财务等因素相结合。 • 关联风险识别与分析。 • 多渠道风险应对能力测试。 • 多场景关联风险应对分析。
		评估与衡量	• 风险评估涵盖已发生和未发生事件。 • 风险评估具备统一的固有风险（未考虑风险应对措施）和剩余风险（考虑风险应对措施后的脆弱程度）标准。 • 风险评估具备可持续性，且包含对公司价值的财务和非财务的影响程度和其他因素。例如，风险的种类、动荡性、复杂性、关联性及风险发生和蔓延的速度。 • 风险评估的过程有内部和外部的专业人士参与。
		风险应对	• 公司有充分的能力识别潜在的可能发生的事件并建立应对机制（措施）来降低其带来的影响和损失。 • 风险按照其影响和脆弱程度进行评级，并且制订相应的应对计划。 • 公司建立并测试了针对重大风险而设立的第一应对计划（比如，业务中断、名誉受损；相应计划应包含应急机制和恢复计划等）。 • 风险应对计划包括具体工作任务、需要的资源、人员的职责及时间要求等。 • 基于公司的风险容忍度形成并评估备用风险应对计划。 • 对于重大灾难事件，公司制订并测试了其灾难恢复计划。 • 财务报告包括公司重大风险及相应的应对措施的披露。
		设计针对风险的控制	• 建立重大风险管控机制，例如最高管理层的复核、直接的职能和行为管理、信息处理、实物管理、绩效指标和职责分工等。 • 持续跟踪并及时通知各业务部门相关政策的变化，各业务部门及时修订相关制度以保证合规。
		执行针对风险的控制	• 风险相关的控制活动有效执行，确保重大风险的应对及时进行。
		测试针对风险的控制	• 适当测试各个流程、系统和职能与风险相关的控制活动，避免控制活动失效或冗余。

续表

一级要素	职责	二级要素
风险归属	业务单位	监督风险	• 对各项风险指标，设立早期预警系统通知董事会和管理层。 • 风险管理的监控和报告的频率恰当，能够保证及时发现重大的问题。 • 管理层跟踪并监控任何针对控制活动失效而实施的整改活动。
		风险上报	• 有效递承风险相关问题及风险应对分析至管理层和董事会。
	风险管理的支持部门	支持业务单位的风险管理	• 风险责任承担。 • 风险定期评估、更新与加强。 • 风险宣贯。

资料来源：中国企业风险管理白皮书。

五、参考对标案例

（一）杜邦公司

> 杜邦公司（DuPont）始创于1802年，是一家基于全球研究和技术的科技公司，凭借创新的产品、材料和服务，为全球市场提供世界级的科学和工程能力，协助应对各种全球性挑战，包括为全球各地的人们提供充足健康的食物、减少对化石燃料的依赖，以及保护生命与环境，让全球各地的人们生活得更美好、更安全和更健康。杜邦公司在全球70个国家经营业务，共有员工79000多人，提供广泛的创新产品和服务，涉及电子科技、下一代汽车、水处理、防护、工业技术等众多领域。杜邦公司致力于创造可持续解决方案，以帮助世界各地的人过上更美好、更安全、更健康的生活。2017年，杜邦公司与陶氏化学公司成功完成对等合并，合并后的实体为一家控股公司，名称为"陶氏杜邦"。

总结杜邦公司的风险管理智能举措，可概括为以下七个部分。

1. 风险管理的综合视角

风险管理其实是整个企业尝试通过最优化正面的机会，消除或者最小化负面的风险，调整企业以产生好的商业效益的过程。为了更多地关注企业，杜邦公司使用了一系列风险管理工具，调整传统风险管理的方法。风险并不是独立的危机，而是一种整体的战略，因此杜邦公司确保公司里的每个人都理解，风险管理不仅是管理层或内部控制、财务、安全部门的责任，还是每个人的责任。

2. 处理复杂性与杜邦公司的风险领域地图

提及复杂性，如杜邦公司之类的主流公司、上市公司的复杂程度超出想象。这并不是因为管理层刻意为之，而是因为它运作于一个充满各种需求和限制的环境。因为难以事先知道某件事会产生积极影响还是产生消极影响，导致高度的复杂性与不确定性相叠加。杜邦公司建立了风险地图，以识别所有可能会受影响的领域（图2-16-9）。该地图永远不会完整，因为风险是由无数互相作用的变量组成的，需要持续的动态分析才能确保实现真正基于风险的决策。杜邦的地图直观展示了公司必须应对的风险类型及范围。该图识别并排列了公司运营和风险的复杂程度。吉姆·波特说："我们的风险地图试图展示所有的风险领域，从而使我们能够设置工作流程和系统进行早期预警。一旦被警示，你就可以采取最好的应对。我们尝试变得更积极主动，而非被动，并且利用我们的学习成果。"[1]

3. 安全和操作纪律

安全是风险管理的一个方面，而综合的安全不仅仅是物质安全。安全并不只是扎紧篱笆，装上摄像头，而是从信息、人员、知识产权等各个角度形成全面的安全概念。杜邦公司的安全实践基于一个安全模型，从而在整个企业贯穿始终，各业务部门负责安全保障事务，因为他们必须全面管理企业的风险。操作纪律是基本安全保障的组成部分，预防意外事件。对杜邦公司来说，操作纪律就是帮助公司理解各部门想要建立什么资产，想在什么地方建立这样的资产，以及可以为这样的资产投入多少。一旦做出这些决策，杜邦公司就全力以赴执行有关工作流程。杜邦公司的操作纪律形成于数十年经验累积的工程原则和最佳实践。在这个意义上，操作纪律是杜邦公司开展工作最有效、最具效率的方式。

4. 弹性的优点

操作纪律是商业成功的关键，但弹性同样必不可少。如果所有工作从研

---

[1] 吉姆·波特对标找差一流跨国企业[J]. 董事会, 2019 (4): 42-45.

发、供应链管理到客户管理都通过有纪律、有秩序的方式去做，就更能确保企业的可持续发展。而弹性就是成功地应对预料之外的事件，它也要求用可持续的方式去做正确的事。

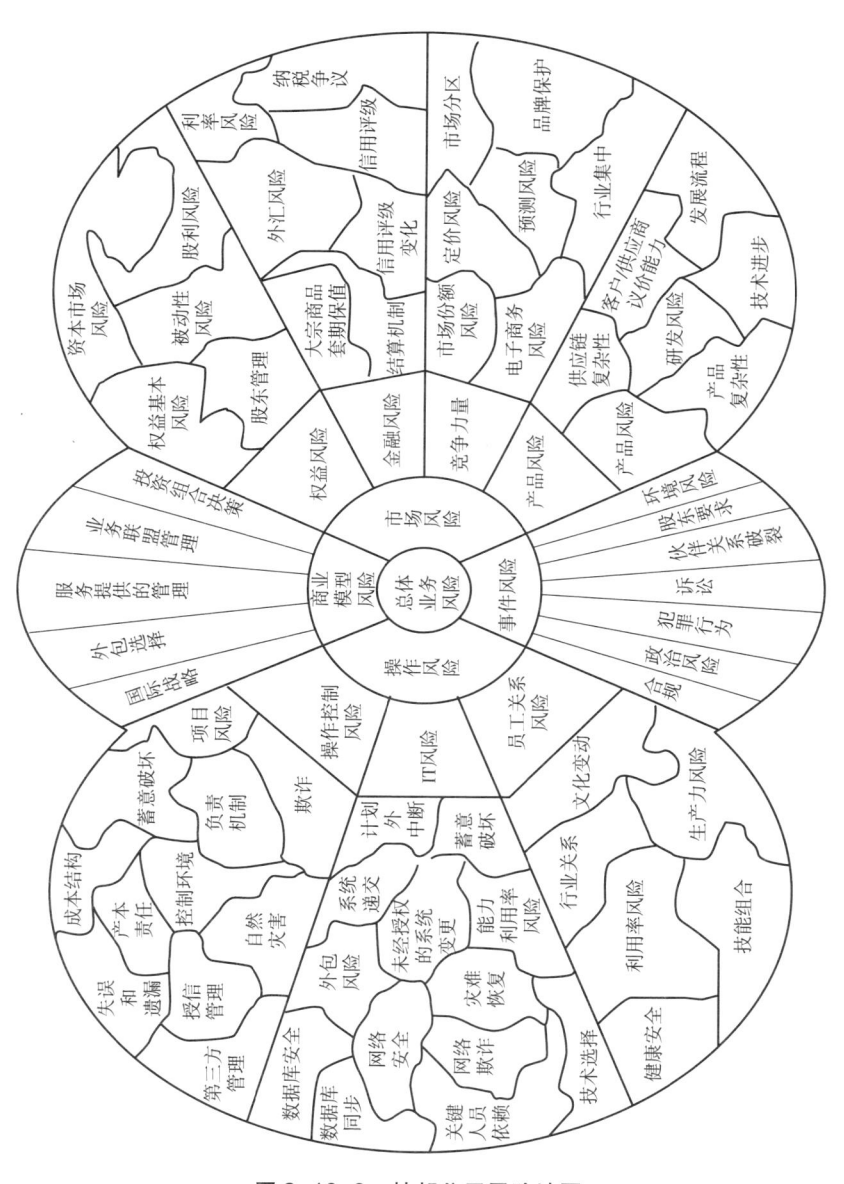

图2-16-9 杜邦公司风险地图

5. 价值观是基石

企业需要建立核心价值观，也就是建立做正确事情的文化。在杜邦公司的案例中，价值观围绕安全，以全力实现"零受伤"的目标。除此之外，杜邦公司的价值观还围绕保护环境、尊重个人、遵循高水准的职业道德操守。杜邦公司的目标是零伤害事故，同样体现于对待环境负面影响、职业道德及员工待遇。这一目标是杜邦公司管理企业、协同工作的基础。如果每个人都有一样的价值观，操作纪律的确立就会容易得多。显然，一家公司在创新中很难做到零错误发生，但杜邦公司使用严格的创新流程管理，对创新采用"门坎"的管理方式。这一方式不会对怎么工作、在哪个领域工作设定限制，但必须事先取得批准才能执行。强大的操作纪律能够防止开支过大的研发项目，或者后期无法产生实际效益的试运行。杜邦公司常常引入拥有专业知识，而不是直接参与项目的专家来评估项目，目的是获得更多的观点。真正的关键是谨慎开始而非迅速扩张。

6. 危机管理：你的后盾

即使做出了最大的努力，也会有些事情无法按计划进行，这时该怎么处理？杜邦公司建立了由 CEO 领导的完善的危机管理流程。假设在墨西哥湾发生了一起飓风，而杜邦公司的某家工厂可能会受其影响，就会启动危机管理流程。飓风登陆前 5 天公司就开始跟踪，如果飓风登陆地点在工厂附近，公司不会让它在飓风来袭时还维持运作，也不会在不必要的情况下关闭工厂，让生产遭受损失。

7. 危机管理会成为公司的后盾

当然，公司应该通过建立正确的目标、妥善管理信息、严守操作纪律、建立完善的流程，从经验中学习等方式来避免危机。但还有很多事情在预期、控制之外而无法预防。这就是为什么需要完善的、基于操作纪律的危机管理流程。

（二）戴姆勒

合规、诚信和法律责任与戴姆勒集团的日常业务活动密不可分。作为全球化经营的先进企业，戴姆勒集团在充分考虑了相关的国家监管要求与国际施行标准的基础之上，建立了全球范围内适用的合规管理体系（Compliance Management System）。该合规管理体系由七个要素组成，彼此相辅相成，从宏观到微观、从指导思想到实施举措，形成了合规管理闭环，强化了合规管理能力，筑牢了公司发展根基，为实现稳步增长的经营目标保驾护航。合规管理体系七要素包括合规价值与目标、合规组织架构、合规风险、合规管理程序、沟通与培训、监测与改进。戴姆勒集团颁布的诚信守则在 2016 年和 2019 年两度被德国《合规经理》杂志评为德国股票指数前 30 位公司榜首。

1. 合规组织架构

根据《德国资合公司法》（The German Stock Corporation Act），董事会作为管理层，负责管理公司，监事会则负责监督与指导董事会。为体现合规管理的重要性，2010 年戴姆勒集团成为首个在董事会中增设一名专门负责合规与法务的董事成员的德国公司，该成员的职责涉及公司全球合规组织、产品管理及技术合规、数据保护和内部审计。董事会定期向监事会报告有关合规的议题。每年，董事会与监事会一起发布关于遵守《德国公司治理准则》（German Corporate Governance Code）的申明，确保公司遵守了相关法律法规。

戴姆勒集团董事会下设合规委员会（由首席合规官领导，其成员来自合规和法务部门），负责全球范围内合规与法律相关工作，参与决策所有与合规管理体系有关的事项，为合规管理提供指导监督，每年召开四次会议，不断推进、完善合规管理体系。首席合规官属于高级执行管理人员。

在集团层面，戴姆勒集团设立合规管理部门，各职能部门设立合规联络人；在全公司层面，戴姆勒集团按业务或地区设立区域合规官，管理各子公司的合规管理机构。

戴姆勒集团全球合规管理组织逐年壮大。2013—2019 年，全球合规管理人员增加 98%，截至 2019 年末，总部合规工作人员达到 574 人，全球其他地区合规工作人员达到 569 人。每年根据年度合规风险评估结果，集团决定是否需要增加合规管理预算及岗位投入。

2. 重点领域搭建合规专项子体系，专业条线专业管理（横向）

在"万物皆数"的时代，海量的数据是各种新商业模式的基础，也是企业的基础战略性资源和重要生产要素。基于汽车行业的特性，面对近年来不断发展的数字化业务，以及对产品安全、技术合规等方面日益严格的监管要求，戴姆勒集团设立数字合规官、分管产品与技术合规的副总裁，成立产品及技术合规部门、数据保护部门，并基于整体的合规管理体系，分别搭建技术合规子体系（tCMS）和数据合规子体系（Data CMS），以便有针对性地开展合规管理工作。目前，由首席合规官兼任分管产品与技术合规的副总裁。

技术合规：为预防性地解决与产品创造过程相关的风险，戴姆勒集团在整个集团范围内，根据国家和国际标准，针对汽车领域搭建了技术合规子体系，由产品及技术合规部门负责管理，其负责人直接向负责合规与法律事务的董事成员汇报，该部门与集团合规部门相互独立，各自向监事会下属审计委员会报告工作。产品及技术合规部门与研发部门、认证部门相互独立，由跨学科的专家团队组成（法律人员占比40%，其中多数人有技术背景；工程师占比30%；商业领域专家占比30%），作为连接业务部门与合规组织的桥梁，对汽车领域业务部门提出的技术合规问题进行评估、分析，并提供合规或法律意见。例如，为遵守德国《道路交通安全法》等对自动驾驶系统的相关监管要求，在开发车辆自动驾驶系统时，软件开发人员需借助技术合规专家的力量，在充分考虑技术、合规、产品安全等方面后，将法律要求转化为程序语言。此外，汽车领域的员工会定期接受有关技术合规的培训，业务合作伙伴和供应商也会定期与戴姆勒就技术合规开展交流，以共同提高对监管环境的认识。

数据合规：对戴姆勒集团而言，数据安全更是发展自动驾驶、驾驶辅助系统、车辆安全等服务的基石。近年来，与数据保护有关的监管要求变得更加严格，在遵守合规要求的前提下处理数据对于公司的竞争能力已经变得至关重要。戴姆勒集团数据保护部门在数字合规官的带领下负责建立并管理数据合规子体系，由数字合规官直接向集团负责合规与法务的董事汇报。此外，数字合规官还负责处理数据保护投诉、与监管机构进行沟通、就数据保护与业务部门进行沟通、提出建议和开展培训。各地均设有数据保护联络员（涵盖全球合规管理网络），负责及时了解当地的数据合规性要求，并为当地合规负责人提供支持。每年数据保护部门组织开展数据合规风险专项识别、分析和评估工作，制定并实施应对措施。对于集团层面的数据合规风险，数字合规官会与管理层一起制定应对措施。

3. 形成合规人员网络，促进交流进步

在上下贯穿的全合规组织基础之上，各地方的合规管理人员组成了一个戴姆勒集团全球合规网络，监督、确保集团的合规标准能够得到有效落实。另外，他们还可以帮助集团各公司的管理层在当地开展合规管理工作，为各部门提供支持和建议。例如，戴姆勒大中华区的区域合规官建立了一个互通有无的合规人员交流网络。通过每年组织中国合规会议、可持续发展对话，定期或不定期与各子公司的合规团队开展单独交流，参与各公司重要合规活动，以及通过微信或者邮件，及时分享一些合规方面的发展动态和最佳实践等方式，不仅大中华区合规官可以与所有控股及非控股公司的合规团队进行密切、持续的交流，各子公司的合规管理人员也可通过上述活动进行持续、深入、友好的沟通，互相学习借鉴优秀的合规管理实践，不断促进发展，最终达到共同进步。

4. 直接对接全球首席合规官，保证合规职能的高度与独立性

为确保能够独立履行合规管理职责，突出对合规管理的重视，强化合规管理的高度，在组织结构上，集团合规部门及所有业务或地区的合规管理负责人均独立于各业务部门，且能够跳过该区域董事会或其他领导层级，直接向集团总部的首席合规官汇报工作，并由首席合规官向集团负责合规与法务的董事成员、监事会下属审计委员会汇报工作。此外，集团的首席合规官和总法律顾问还需定期向反垄断委员会、风险管理委员会等汇报工作。

通过上述直接、独立的汇报方式，确保合规管理的动态信息可以及时、有效地汇报给最高决策者，且在当前风谲云诡的国际化经营环境中，能够保障随时汇报合规方面的风险和事项，以便用最快的反应速度积极展开应对，尽可能减少对公司的负面影响。

5. 合规管理领导人员专业能力过硬

戴姆勒集团负责合规与法务的董事自韵格（Renata Jungo Brüngger）拥有法律硕士学位，加入戴姆勒集团前曾担任律师及多家大型公司的法律总监或总法律顾问。集团现任首席合规官 Juergen Gleichauf 和前首席合规官 Wolfgang Bartels 均拥有法律博士学位，并在法律合规领域深耕多年。大中华区的区域合规官刘剑拥有对外经济贸易大学 MBA 学位，在加入戴姆勒集团之前曾在 IBM 有着多年内部控制、合规管理及财务方面的工作经验，曾在戴尔公司担任合规高级经理。

6. 合规管理评价考核机制

（1）不断适应环境变化，将管理成效纳入绩效考核。每年戴姆勒集团通过对合规管理体系的充分性和有效性进行评价，促进其适应全球发展、不断变化的风险和新的法律要求。对已经实施的合规管控措施，从效率性和有效性切入，开展年度评估，对于重点流程、重点领域，还会持续监测事先制定

的措施是否得到有效执行。根据措施执行的时长和质量等要素设置 KPI，通过指标结果显示合规管理工作的设计与执行是否完整、有效。此外，合规运行的有效性也会参考其他具备独立性的内外部评估结果。

合规管理成果不仅被纳入管理者考核评价标准和薪酬制度，也被纳入离任审计和责任审计范围。管理者需定期向合规委员会汇报合规管理体系运行效果。

（2）重点领域开展专项审计。对于反腐败与反贿赂、反垄断、反洗钱等重点领域，除在制度层面通过制定专项制度开展合规管控外，还定期聘用外部专业审计机构对上述领域合规管理工作设计的恰当性、可操作性，以及执行的有效性开展专项审计工作，根据审计结果不断完善相关制度，改进合规管控措施，形成有效的闭环管理。

第三篇

建设世界一流企业,实现价值创造

方法与路径

第十七章　对标世界一流企业方法体系

一、对标管理基础

国际管理学界将对标管理、流程再造和战略联盟列为20世纪90年代兴起并被证明有效的三大管理工具。当时，全球产生了许多大型企业，其发展到一定阶段都需要转型和提升。而对标管理的本质就是为了提升企业运营效率，即企业不断地寻找最佳实践，并以此为基准进行分析与持续改善，最终成为行业标杆。

（一）对标管理的价值

对标管理的核心是使组织全方位地降本增效，帮助企业在行业内建立竞争优势。

（1）竞争性学习。在激烈的市场竞争和困难的生存环境中取得领先地位的企业，必有其独特的成功之道，对标管理可以通过借鉴他人的优点来弥补自身的不足。

（2）模仿性创新。对标管理通过向业内或业外的最优企业学习，进行重新思考和改进经营实践，从而创造出自己的最佳经营实践。

（3）追踪性目标。对标管理为企业提供了一种可信可行的奋斗目标，以及追求不断改进的思路，是发现新目标及寻求如何实现这一目标的合理性和可操作性的手段。

（4）速度性优势。创新速度已成为竞争成功的关键因素，对标管理涉及为获取竞争优势而搜寻、发现和实施创新思维的全过程，从而确保自身的创新速度超过竞争对手。

（5）战略性战术。对标管理站在全行业，甚至更广阔的全球视野上寻找基准，突破企业的职能界限和行业边界，重视实际经验和具体的操作接口、流程。

进行对标管理，旨在建立一家"学习型企业"，即上文提及的，对标的核心理念就是"行动学习"。学习型组织实质上是一个能熟练地获取、传播及利用知识的组织，同时善于利用知识快速提升管理水平。

（二）对标管理的常见问题

在成为具有全球竞争力的一流企业的道路上，企业在对标管理工作上往往不能回答好三个关键问题，即对标的广度、细度和深度。同时，企业无法协同性地在对标后落实变革，前瞻性地发展和培育关键能力。项目领导组（通常由企业战略部、变革部门负责）、业务部门（生产制造部门、研发部门等）和职能部门（财务部门、人力部门等），分别在对标管理的三大阶段面临挑战。具体而言，企业在对标管理中常见的难点包括以下几种（表3-17-1）。

表3-17-1 对标管中的主要挑战

	准备阶段	对标阶段	变革阶段
项目领导组	• 对标项目使命过多，变革重点目标不清晰。 • 在组织对标范围、阶段设定上缺乏经验，难以确定广度、细度、深度。 • 难以确定核心对标指标及引导各业务与职能部门系统性分析对标指标落后的软能力差距。	• 缺乏人手与经验，难以有效推动组织多部门参与对标，并持续、系统性地对标。 • 难以把关对标最佳实践的前瞻度。 • 差距过大，难以确定如何战略布局，同时促进基层持续提升。	• 难以制定有效的监督机制，以评估对标与变革后对核心对标指标的改进作用。 • 难以确定什么样的对标成果能引发管理层深层次的思考，务实促进企业经营改善与业务发展。
业务/职能部门	n/a	• 难以获取对标数据。 • 难以创新性地提出可落地的改进要点。 • 更难说服集团优先考虑推动变革中战略性投资决策。	• 难以推动跨职能变革，强化协同效果。 • 难以持续实现创新落地。

（1）管中窥豹。对标不够全面，仅仅关注某一个方面（如财务）或某几个方面的指标，没有综合衡量企业业绩的重要方面。

（2）浅尝辄止。对标"精细度"不够，往往停留在较高层面的指标上，观察到差距便急于照搬"最佳实践"以消除不满意的结果，没能进一步分解对标并深入寻找造成差距的深层次原因。不能找准自身真正的短板所在，不能"对症下药"，从而造成接下来的针对性提升工作方向不准，甚至误入歧途。

（3）逐末忘本。只关注结果性的、硬性的业绩指标，而忽略了过程性的、软性的指标。对标管理未能转化成具体行动，不能实现速赢。

与此同时，成功的对标管理不仅要聚焦解决眼前问题，还需要通过多维度、标准化与持续性地对标，全方位提升企业管理能力与长期业务竞争力。

1. 开展多维度对标

（1）同监管要求对标在国际化道路上十分重要。明确当地市场监管要求，对标后快速实现合规是本地化的前提。通过综合的跨地区监管要求对标，中国企业能够以全局观了解各国市场趋势的异同之处，总结全球趋势。

（2）与客户需求对标在当今世界一流企业中仍旧盛行，是一流企业以客户需求为企业立足之本，创新性地、突破性地在对标后找到未来产品、服务的独门绝技。

（3）同行业对标虽然能够帮助企业解决很多问题，但是它仍然具有很大的局限性。即使能够找到行业内最好的企业作为标杆，并且模仿其经营管理模式，不断改善自身的不足，但仍有可能无法在短时间内有突破性发展的核心能力。跨行业对标则能够较好地解决对标中的这一瓶颈。跨行业对标（异业对标），即选择行业以外的国内外一流企业的某些先进管理模式或最佳实践作为标准，结合自身实际找出差距，并创造性地引入本行业的管理实践中。

（4）目前更多的企业只考虑对标同行业竞争对手，而对多维度的对标管理概念应用还不太广泛。除了对标同行业竞争对手外，企业还可以考虑与监管要求对标、与客户需求对标及跨行业对标。

2. 进行标准化与持久的对标管理

做到"实时对标、人人对标"实属不易。标准化的对标体系可以帮助企业巩固提升对标管理的思路与方法，从而在市场快速变化的当今世界找到持久对标、不断升华的路径。

（三）对标管理常用工具

过去的项目经验告诉我们，对标过程中集团及子企业的工作成果、案例和数据，非常需要一个系统平台分享最佳实践，提炼其中精华，并加速分享与复制。所以，企业可考虑以下五个方面的数据与工具，以便高效集中，及时分享。

1. 现状诊断

调查问卷、对标成熟度模型评价、过程指标分析等材料是理解细节差距，支持分析与整个对标项目推进部署的重要基础材料，值得系统化收集、保存、比较、分析。图 3-17-1 展示了对标成熟度模型的测试结果。

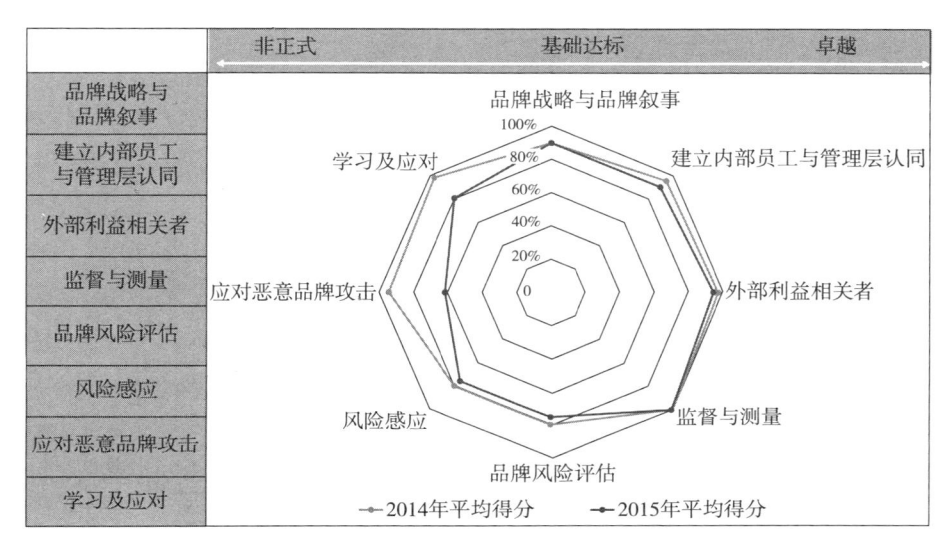

图 3-17-1　成熟度测试结果举例

2. 一站式信息管理系统

对标项目中大量信息、指标、案例、绩效的提升进程需要信息管理系统助力，以积累经验，透明化提升效果。德勤中国全球对标项目拥有可与企业现有数字化管理对接的系统，方便个性化落地。该系统具有以下特点：

（1）移动应用支持。通过移动端德勤中国将提供更便捷、更迅速的使用方式，使得信息更快速地流转并传递给用户。管理层将能够更方便地获取信息，并迅速做出应对。

（2）高可配置性及易用性。系统可以通过灵活配置以适应不同用户的需要，具体体现在数据接口、工作流、界面等可配置性方面，并通过报表工具、在线帮助、灵活展现等提升用户的满意度。

（3）轻量化。系统采用轻量化的底层架构，可针对需求进行单一模块的迅速开发和部署，针对不同服务提供专项系统的解决方案。可一站式安装，实施简单快速，标准化产品部署仅需 2~3 周。

3. 一流企业"走出去""走进来"的交流与培训

企业需要用"走出去""走进来"相结合的方式与一流企业交流。"走出去"：受邀到全球一流企业做深度交流，针对核心问题系统化地了解发展路径与解决方案。"走进来":更高效地利用企业培训、企业大学等形式,让全员更快地了解一流企业与背后的故事。

在"走进来"的培训中,最好能结合企业现有主要挑战安排定制化的培训课程(图3-17-2)。课程本身不应仅仅是讲师展示一些国际企业的案例、做法、数据,更多地还需要组织中层管理层去看、去听、去想,多讨论,出点子。最后,将一系列宝贵的成果承载于系统平台。

定制化课程清单
基于公司实际情况快速诊断、对标结构,为企业高管量身定制培训课程: 1.战略制定与战略绩效改善　　7.内控与制度流程优化 2.创新管理　　　　　　　　　8.风险管理(战略风险、合规风险、网络风险) 3.公司治理与集团管控　　　　9.司库管理 4.领导力提升　　　　　　　　10.并购管理 5.数字化管理能力提升　　　　11.人才与团队管理 6.国际化与变革管理　　　　　12.品牌与企业文化
培训与知识转移

图3-17-2　课程清单举例

4. 对标案例库与指标库

企业可以建立对标数据库,长期跟踪行业和典型企业,为开展对标管理、建立对标案例库和指标库提供良好支撑。对标数据库基于云计算解决方案的集成化信息处理中心,长年实时监控、收集公开的行业数据和信息,并进行统一存储与索引。企业除了可以直接调用或购买市场化数据库的已有信息外,还可以利用对标数据库提供的工具具体设计自己的调查问卷,开展网络调查,进行分析对比,以高效建立专属的行业对标指标库。

5. 专业工具

德勤中国的"企业价值地图"与成熟度模型等管理专业工具是对标项目中的核心工具,企业基于这些通用工具定制自身的对标管理工具,举例如下:

(1)成熟度模型。其分为基本级、标准级、先进级、智能级,明确"软能力"的阶段化目标与能力要求(图3-17-3)。

(2)价值地图。以股东价值为核心,从收入、利润、资产效率、软能力四大维度入手,解剖企业制胜的"价值驱动力",有利于寻找"过程性"和"结果性"的KPI(图3-17-4)。

第三篇 | 建设世界一流企业，实现价值创造：方法与路径

	非正式	基础达标	卓越
品牌战略与品牌叙事	◀-----	---------	------▶ 具备与品牌愿景和品牌叙事相应的全面的品牌战略，有强有力的品牌故事在所有的公关渠道中为人所知；同时，内部员工与领导层定期接受全面培训增强品牌意识。
建立内部员工与管理层认同	◀-----	---▶	员工能够积极主动地将品牌发展融入自身的商业活动和个人发展计划。员工识别、组织及时上报品牌风险，并有相应的政策、准则及激励措施鼓励员工的此类行为。
外部利益相关者	◀-----	---▶	战略性并有效地培养一批外部的利益相关者，能够为品牌背书，尤其在品牌经历危机时为品牌发声。
监督与测量	◀-----	---▶	有一套管控机制来优先处理、测量及重塑品牌认知；能够有效地测量品牌提升活动的影响。
品牌风险评估	◀-----	---▶	有品牌声誉控制章程；建立健全的风险报告流程和机制；通过情景设计及模拟的方式更好地测量及理解品牌风险及其对组织的影响。
风险感应	◀-----	---▶	风险感知系统运用于全组织，及时感知识别影响品牌的潜在风险，支持风险应对，并且有提前的操作演练。
应对恶意品牌攻击	◀-----	---▶	持续性演练危机应对，对品牌攻击行为进行抵制及时刻待命，具备完整全套的相关工具、策略体系来增强应对危机的反应，包含预演剧本及演练行为。
学习及应对	◀-----	---▶	形成完整连贯的危机和危机应对手段记录，及时归档，并形成定期回顾的机制。

图 3-17-3　品牌成熟度模型举例

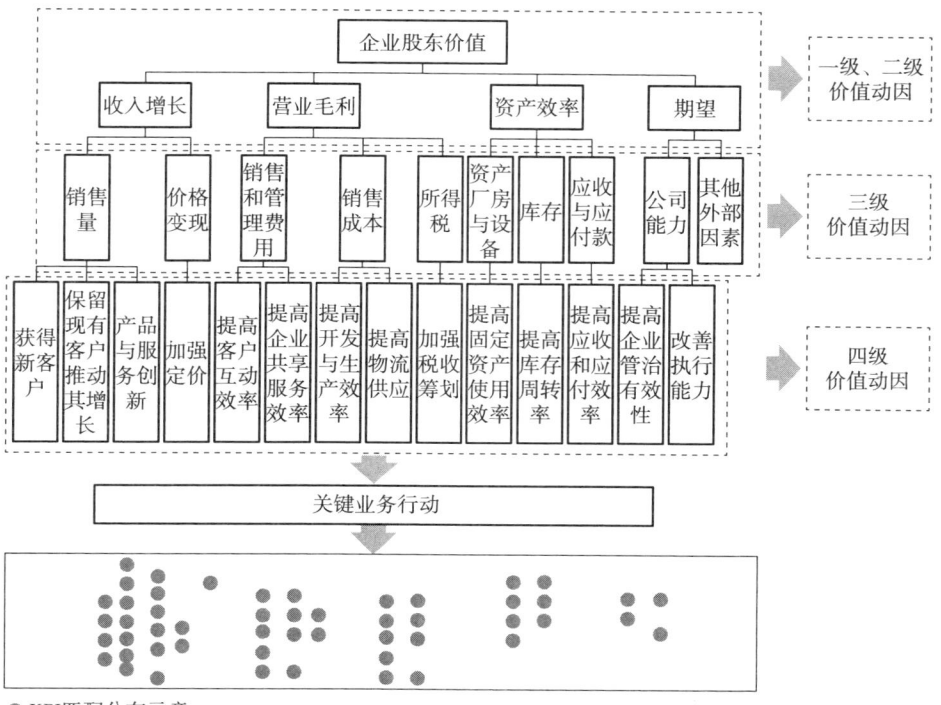

图 3-17-4　价值地图

● KPI匹配分布示意

361

二、对标世界一流企业方法体系

（一）对标世界一流实施方法

根据前文讨论，国家内外环境的未来趋势给企业带来了挑战与机遇，国内出台的各项政策及全球领先企业的不断进步，促使中国领先的大型企业包括国有企业及民营企业，很多都在通过对标一流企业的方式不断提升自身，提升核心竞争力，逐步走向全球。在德勤中国辅导众多企业建设世界一流企业的过程中，发现企业普遍反映的难点、问题如下：

（1）世界一流企业的特征与要素。很多企业认为，对标世界一流企业的主要难点是无法找到一流企业的标准和合适的对标对象，难以形成一个整体的"世界一流"企业画像。

（2）世界一流对标指标体系。企业日常以业务、财务指标和考核指标指导经营，尚未按照价值链的逻辑，建立完整的从战略、经营和财务打通的完整指标体系，尤其对各业务板块核心指标背后的价值驱动因素的分析不够深入；如何确定标杆值及指标取值比较困难。

（3）对标完成后的价值提升举措。对标分析、找到差距后，得出的参考做法及提升重点，受资源、体制、机制及文化的限制，企业实际无法或者未能有效落实。

（4）常态化对标管理工作体系。对标组织机构、对标跟踪机制、对标知识管理、对标评估机制等常态化管理方面仍需进一步优化；对标后提升效果复盘与跟踪评价不足，导致很多企业仅把这项工作当作定期方案，并无专人持续研究与推进。

德勤中国认为，必须建立以对标一流为手段、以价值创造为目的、以管理提升为支撑、以深化改革为保障的对标管理体系，这应是企业在设计整体建设世界一流企业实施方案时的基本思路。具体而言，企业可以参照德勤中国在实践中总结的对标世界一流"三层六步"法（图3-17-5）。

我们认为必须建立以对标一流为手段、以价值创造为目的、以管理提升为支撑、以深化改革为保障的对标管理体系，这应是企业在设计整体建设世界一流企业实施方案时的基本思路。具体而言，企业可以参照德勤在实践中总结的"对标世界一流'三层六步'法"。首先，企业需建立对标责任体系，明确集团一二级公司的任务分工，将责任落实到职能部门，并强化集团在资源调配、统筹协同、监控督导方面的作用，提升跨层级、跨部门、跨业务的

	行业及一流企业研究，逐步建立价值创造体系	
1	（1）**是什么** 建立一流价值创造框架 · 行业标杆分析，深入理解行业先进企业的一流特征，分析价值驱动要素，搭建一流价值创造核心要素及指标体系框架。	（2）**对什么** 统筹规划对标提升主题 · 根据核心要素一流标准与指标分析，结合内部诊断，选择重点、短板、瓶颈领域，实现突破。 · 建立专案项目管理PMO机制，建立专案团队。

	专项对标提升方案和持续改进		
2	（3）**和谁对** 优选对标对象 · 针对具体领域的提升目标，建立科学的对标企业筛选办法，优选对标对象。	（4）**怎么对** 信息收集与分析 · 搭建数据来源渠道，分析关键数据和最佳实践模式，通过定性、定量方法分析当前绩效和期望绩效。	（5）**怎么用** 制定实施提升方案 · 借鉴标杆企业实践和指标数据，从目标、组织、流程、人员、系统等方面制定并实施变革方案。

3	（6）**对标管理常态化机制** ·诊断、责任、执行、评价、激励和保障体系。

图 3-17-5　德勤中国对标世界一流"三层六步"法

价值协同，确保责任落实到相关单位、部门和责任人。

其次，"三层六步"法具体实施为：

（1）是什么：通过行业标杆分析，深入理解本行业先进企业的一流特征，分析价值驱动要素，搭建一流价值创造核心要素框架及指标体系，明确建设本行业世界一流企业分阶段目标与价值创造指标目标。对于不同行业，世界一流企业的核心要素即价值驱动因素会有所不同。因此本书的要素框架只是抛砖引玉。明确本行业未来发展独特的核心要素一流标准，是引领行业发展的关键。

（2）对什么：统筹规划对标提升主题，根据核心要素一流标准与指标分析，结合内部诊断、第三方评估，选择重点、短板、瓶颈领域，实现突破；建立专案项目管理PMO机制，建立专案团，分阶段突出重点要素对标。

（3）和谁对：针对具体领域的提升目标，建立科学的对标企业筛选办法，优选对标对象；建议同业对标兼顾异业对标；对标对象选择可以遵循整体对标与分类对标相结合、同业对标和跨界对标相结合的原则。

（4）怎么对：搭建数据来源渠道，分析关键数据和最佳实践模式通过定性、定量方法分析当前绩效和期望绩效。在传统对标后，围绕客户期望值对标也是一种创新方式。塑造核心竞争力的关键在于根据客户期望值，敏捷调整核心要素的一流标准。

（5）怎么用：借鉴标杆企业实践和指标数据，从目标、组织、流程、人员、系统等方面制定并实施综合变革方案，明确分阶段实现行业引领的重点任务。

（6）对标管理常态化机制：建立评价体系，强化日常监督检查和动态评估评价，及时查找不足、纠偏补漏、及时总结经验、成功案例，形成价值创造工作的闭环。建议企业将一流企业建设评价与经营业绩达成评价有机结合。明确保障体系，落实价值创造的资源配置与激励机制，强化激励约束，综合运用多种手段，有效调动全员参与价值创造的积极性和主动性。

上述方法的核心有两个，一是建立"世界一流价值创造核心要素框架"，二是确定"价值创造指标体系"。

对于第一点，未来企业在制定世界一流企业要素框架时，建议遵循以下原则。

1. 战略引领

要素框架需要聚焦企业战略目标的推动，发挥指标体系的引领作用，确保企业始终在战略目标的引领下行稳至远，指导加速世界一流企业建设步伐。

2. 价值优化

符合聚焦效益效率、聚焦创新驱动发展、聚焦治理效能提升、聚焦共建共享、聚焦国家战略落实、聚焦可持续发展、聚焦体系能力建设的价值创造行动思路。

3. 系统全面

既涵盖硬实力和软实力指标，又反映行业特性。因此，企业可在本报告中的通用框架基础上，调整反映本行业世界一流企业特性。

4. 重点突出

抓住关键要素分析与差距寻找，不宜面面俱到，仅做数字上的对比。重视关键要素数值对标背后，同时对标世界一流企业的战略方向、价值实现路径、一流的管理工具与管理实践。中国一流企业推动价值实现时，破解国有企业改革难题的实践也是对标一流企业的关键。在此基础上，才能实现对标的真正作用，推动企业尽早实现成为世界一流企业的目标，同时持续创造更大的综合性价值。

5. 通用可比

尽量沿用国际通用指标，强化普适性和公认度，易于衡量全球竞争力。

6. 中国特色

应根据企业属性制定符合战略定位的要素框架，反映中国特色的企业治理模式和行业发展要求，并同时引领全球行业发展。

对于第二点，建议利用类似德勤中国的"企业价值地图"搭建指标体系（图 3-17-6）。其重点思路是：以阐述企业价值创造的基本逻辑入手，以价值导向的对标指标体系为抓手，实现精准化问题定位，助力全要素管理提升，实现企业价值增值。

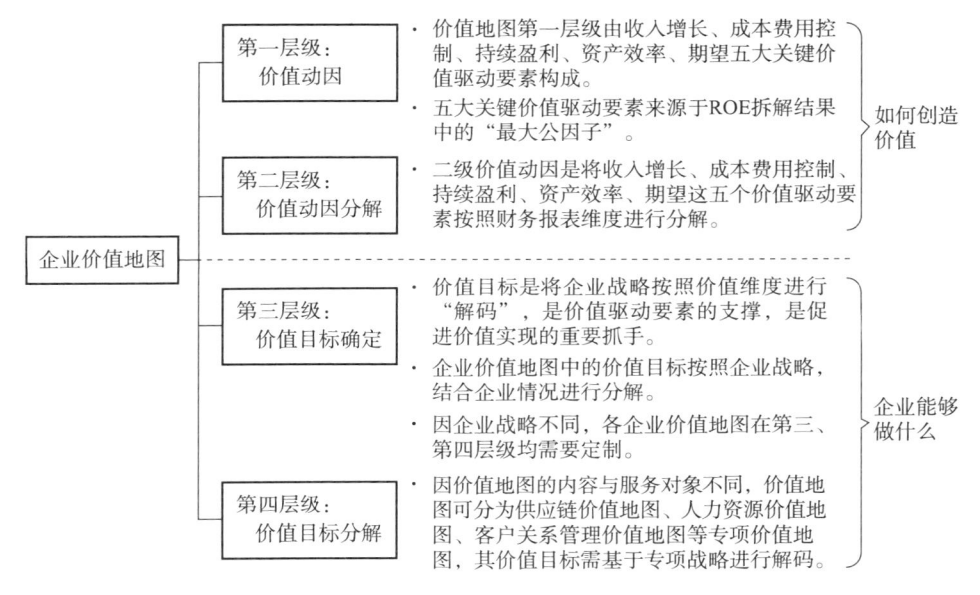

```
企业价值地图 ┬─ 第一层级：  · 价值地图第一层级由收入增长、成本费用控
           │   价值动因      制、持续盈利、资产效率、期望五大关键价
           │               值驱动要素构成。                    ⎫ 如何创造
           │             · 五大关键价值驱动要素来源于ROE拆解结果 ⎬  价值
           │               中的"最大公因子"。                    ⎭
           ├─ 第二层级：  · 二级价值动因是将收入增长、成本费用控制、
           │  价值动因分解    持续盈利、资产效率、期望这五个价值驱动要
           │               素按照财务报表维度进行分解。
           ├─ 第三层级：  · 价值目标是将企业战略按照价值维度进行
           │  价值目标确定    "解码"，是价值驱动要素的支撑，是促
           │               进价值实现的重要抓手。               ⎫
           │             · 企业价值地图中的价值目标按照企业战略，  │ 企业能够
           │               结合企业情况进行分解。                ⎬ 做什么
           │             · 因企业战略不同，各企业价值地图在第三、  │
           │               第四层级均需要定制。                  │
           └─ 第四层级：  · 因价值地图的内容与服务对象不同，价值地  │
              价值目标分解    图可分为供应链价值地图、人力资源价值地  │
                           图、客户关系管理价值地图等专项价值地    │
                           图，其价值目标需基于专项战略进行解码。  ⎭
```

图 3-17-6　德勤中国"企业价值地图"应用

（1）明确"价值如何创造"，即围绕集团战略规划，明确总部及下属核心产业价值创造的逻辑，包括价值创造的内涵、目标、方式、路径、能力等。

（2）明确"价值如何衡量"，即通过梳理价值来源，建立价值指标体系，对各级企业创造的价值建立指标、明确衡量标准。通过价值指标的绝对值、相对值分析，明确企业的价值创造能力和水平。不仅要明确集团整体的"一利五率"核心价值指标在行业中的位置，即利润总额、净资产收益率、营业现金比率、资产负债率、研发经费投入强度、全员劳动生产率，还要能细化分解，指导集团各级持续提升。

（3）明确"价值如何实现"，即通过价值指标分析，连通"财务指标→业务指标→核心能力→能力要素"的管理链条，识别指标差距背后的短板，进行针对性提升，将提升举措落实到组织机构、制度流程、管理工具、数字化平台、人才团队等具体能力要素上，进而实现能力提升。

(二)对标世界一流企业价值创造参考指标建议

为方便企业衡量价值创造成果,作为示例分析,首先按照前述"十六字方针"的四大维度作为"世界一流企业总体特征",其次建立围绕总体特征的一组价值创造能力,这里按照本书前述的 14 项能力要素来列示,最后企业还需要一组量化的价值创造指标来衡量企业的"一流程度"。此外,示例性地选取 29 个定量指标,通过具体核心能力要素的定性特征说明和对应的定量指标二者相结合的方式,全面对标世界一流企业。

企业需要结合行业特点进一步细化和定制化价值创造能力要素。细化价值创造能力要素,根据集团、产业、专业等层面进行分层设置,进一步确定各个细分要素的定性特征说明和对应的量化指标。在全球和全国、行业内和行业外,选定可对标的世界一流标杆企业,针对每项能力要素进行定性分析,并针对定量指标进行对标取值测算,系统全面地诊断本企业的现状和一流企业的定性和定量差距,采取有效措施以促进重点领域针对性、可落实的提升。

建议在企业的经营分析和管理报告系统中增加对标指标分析和对标差异分析等环节,推动对标管理与企业生产经营的有机融合。具体而言,企业可以建立或完善自身的"管理报告"系统,打通业务和财务指标分析,同时在"业财指标"中增加对标指标的"标杆值",实现基于"对标一流"的业财分析体系。表 3-17-1 所示为建设世界一流企业的定性要素和对应的部分参考定量指标。

表 3-17-1 世界一流企业价值创造参考指标库

一流特征	价值创造能力要素	定量指标参考(部分指标示例)	
产品卓越	1. 经营实力 • 经营规模和增速 • 经营效益 • 产品质量	(1)	营业收入及增长率
		(2)	利润及增长率
		(3)	销售利润率
		(4)	净资产收益率
		(5)	总资产收益率
		(6)	国内外权威产品质量大奖数量/国际质量认证
	2. 战略引领 3. 投资并购 4. 国际影响力	(7)	市场占有率(国际及国内)
		(8)	行业排名(国际及国内)
		(9)	国际化指数(三个指标平均)
		(10)	参与制定国际标准数量

续表

一流特征	价值创造能力要素	定量指标参考（部分指标示例）	
品牌卓著	5. 品牌影响力	（11）	品牌价值排名（国际及国内）
		（12）	国际信用评级
	6. 可持续发展	（13）	ESG、社会责任管理体系及万得咨讯 ESG 评分（环境与社会）
		（14）	单位产值能耗（及碳排放量）
创新领先	7. 创新发展	（15）	研发经费投入强度
		（16）	国内外专利数量
		（17）	研发人员占比
		（18）	国际及国家级创新奖项
	8. 数字化转型	（19）	数字化经费投入占比
治理现代	9. 公司治理	（20）	董事会效能及万得咨讯 ESG 评分（治理）
	10. 组织管理	（21）	人均营业收入
	11. 风险控制 12. 财务管理 13. 供应链管理	（22）	国际安全认证
		（23）	零重大安全或零环保事故
		（24）	资产负债率
		（25）	营业现金比率
		（26）	流动资产周转率
		（27）	总资产周转率
治理现代	14. 领导力与企业文化 15. 人才管理	（28）	优秀企业家及经理人表彰
		（29）	员工满意度

世界一流企业对标指标体系可同时与企业经营业绩考核指标及国务院国资委对企业负责人的经营业绩考核指标体系互相补充延伸。这些指标分为数值类、排名类、评级类三种。各指标均可按权重形成综合评价指数，并给予权重。通过将对标的每个指标评价分数乘以权重，可清晰地评价每个维度下企业与世界一流企业的差距。同时，加总各维度加权评分得到总评价分数。总分排名前列的企业必然是行业的世界一流水平。通过该方式所构建的完整的"企业价值地图"，可以更好地助力企业规划、复盘、分解、考核关键补差的阶段性成果，更加推动企业引领发展、稳健经营。

（三）对标世界一流企业价值创造的案例

北京能源集团有限责任公司（以下简称"京能集团"）是北京市国有企

业中建设世界一流企业的优秀典范。[①] 作为首都国有企业及全国能源行业的领先企业，京能集团始终保持强劲的发展势头，以"建设国际一流具有中国特色的首都综合能源服务集团"为愿景，着力打造"绿色京能、数字京能、创新京能"，彰显企业核心职能与核心竞争力。

京能集团从站位上提出"对标世界一流作为国有企业的责任担当，也是京能集团高质量发展的迫切需要"。企业认为"对标世界一流是应对新挑战新要求、提高企业发展质量效益的关键抓手，是提升企业核心竞争力、推动高质量发展的重要举措"。

京能集团开展对标工作近10年，从企业的实践经验看，对标工作经历了三个阶段，推动企业管理提升持续深化。第一阶段是2012年到2020年中，是自发探索阶段。企业组织了所属电厂开展生产指标对标，制定了《企业全方位对标管理规定》，通过制度明确规范了对标的范围、内容等。第二阶段是2020年到2022年底，是管理提升阶段。企业依据国务院国资委印发的《关于开展对标世界一流管理提升行动的通知》贯彻北京市关于对标一流管理提升的要求，部署实施了"1+6+N"的对标提升行动，集团组织各二级企业评估了对标提升的进展和成效。第三阶段是2023年初至今，依据中央有关加快建设世界一流企业的文件，以及国务院国资委印发的《关于开展对标世界一流企业价值创造行动的通知》等要求，经过全面分析评估及第三方咨询机构的辅导，企业制定了全面、系统、具有前瞻性思维和领先方法的价值管理体系（图3-17-7）。

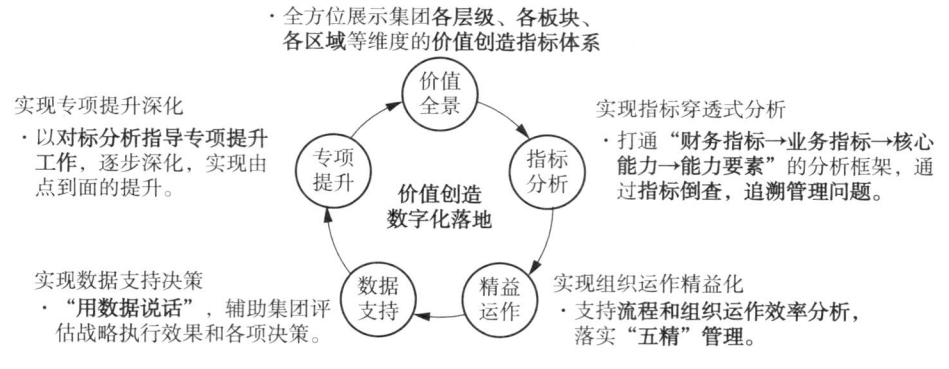

图3-17-7 京能集团构建以价值创造为核心的价值管理体系

[①] 白凡. 围绕对标世界一流开展交流座谈携手共促高质量发展［EB/OL］. 2023-6-19. https：//www.sohu.com/a/687264787_121106842

京能集团认为，价值创造是国有企业实现高质量发展的重要途径，是企业提升全球竞争力的本质要求。经过多年的持续对标完善，京能集团的管理体系已建立了较好的基础。然而，要在竞争激烈的市场中保持优势，必须最大限度地提升价值创造能力，加强对世界一流企业的了解和学习，不断优化自身产业结构，提高集团管理和服务水平，切实增强国有企业的经济竞争力、创新力、控制力、影响力和抗风险能力。为此，京能集团构建了以价值创造为核心的"价值管理体系"，形成了从价值识别、价值创造、价值衡量、价值监控到价值评价、价值分配，以及价值保障的闭环管理体系，为京能集团建设世界一流综合能源服务集团提供了坚实基础。

京能集团力求抓实对标管理，确保常态长效，由集团董事长亲自领导推动，并总结形成了一套系统的对标经验。

经验一：要找好标杆企业，敢于亮剑。对标管理是一个找问题的过程，各企业在选择对标企业的时候，一定要选择行业的先进一流企业，不要担心差距大，只要选好了对标企业，就有了追赶的对象。

经验二：要走出去，多借鉴学习。要多学别人的长处，然后结合自身的特点来增强自己的能力。要勇于求教，多发现其他企业做得好的地方，虚心学习，敢于向全球最优秀的大型企业学习其业务发展模式，敢于向不同行业的先进企业学习其战略发展和管理模式，更要敢于向规模小的企业学习其优秀的单项管理。"他山之石，可以攻玉"，多学习、多交流、多借鉴，是对标管理很重要的方法。

经验三：要敢于找差距，敢于暴露弱项。暴露短板不会抹杀成绩，在对标管理工作上，各企业要敢于暴露自己的弱项。不暴露自己的弱项，对标就失去了意义，对标管理就是要拿别人的长处比自己的短处，敢于找差距也是一种积极进取的工作态度。

经验四：要有针对性地采取措施。优化和完善管理措施、管理手段、管理制度，必须要有针对性，要坚持问题导向、目标导向、结果导向，不能为了发布而发布。要研究每一项制度和措施发布的最终目的是什么，想要解决的问题是什么，是否针对企业的短板弱项。要精准施策，不能大水漫灌，否则即便取得了效果，也不明确、不明显。要精细化研究，推进"精细、精准、精确、精益、精美"五精管理的目的就在于此，解决问题要精准发力，措施要强调针对性，要定期评估效果，持续改进。要对发布的措施进行定期跟踪、及时评估效果，是否对弱项起到了改进提升作用；如果没有则继续分析，采取更有针对性的措施。

经验五：引入"外脑"，专业化对标。借助咨询机构力量，为对标工作开展提供有力支撑。明确为什么找、找什么样的、找来做什么、如何提要求、要什么样的成果。

经验六：开展对标要常态化。对标管理绝对不是一时的事，要把对标管理作为永续开展的工作，作为一个不断提升管理的过程，在各层级企业持续开展全过程、全方位的对标管理，在工作计划制订、过程管控、绩效考核激励等日常管理中推行，把对标管理贯穿生产经营管理的方方面面，全面、深入、持续地开展对标管理工作。

具体而言，京能集团统筹集团总部、6家主业平台公司、N个实体企业，于2020—2022年开展了"1+6+N"对标提升工作。比如，在集团层面，工作围绕战略管理、组织管理、运营管理、财务管理、科技管理、风险管理、信息化管理、人力资源管理8个重点领域，形成30项提升策略、70项提升举措。通过精准选择标杆、制定落地举措、持续跟踪进展，在战略、投资、财务等多领域开展了提升专项，管理能力显著提升，逐步向国内一流水平靠拢。例如，集团总部对标一流企业，打造出了领先的战略管控型总部。京能集团作为国有资本投资公司，战略管控能力是集团高质量发展的重中之重，通过对标一流企业，认识到强化战略执行力、提高投资管控力、优化授权体系是增强战略管理能力的三个重点，具体如图3-17-8所示。

所属企业层面，为保证与集团公司层面的对标提升的范围、目标、重点和方式相一致，各二级企业根据自身的管控定位，在各自重点管理领域承接集团要求，制定定制化对标指标体系，明确自身优劣势和与一流企业的差距，并就重点管理领域提出190项对标提升举措，企业管理能力和业绩得以有效提升。

N个实体企业突出特点、精准对标，选择基础较好、提升潜力较大的运营管理领域开展专项对标，形成了高质量的对标提升成果。集团所属北京京西燃气热电有限公司、宁夏京能宁东发电有限责任公司基于大数据的生产经营测算模型标杆项目，分别被国务院国资委评为"标杆企业"与"标杆项目"。

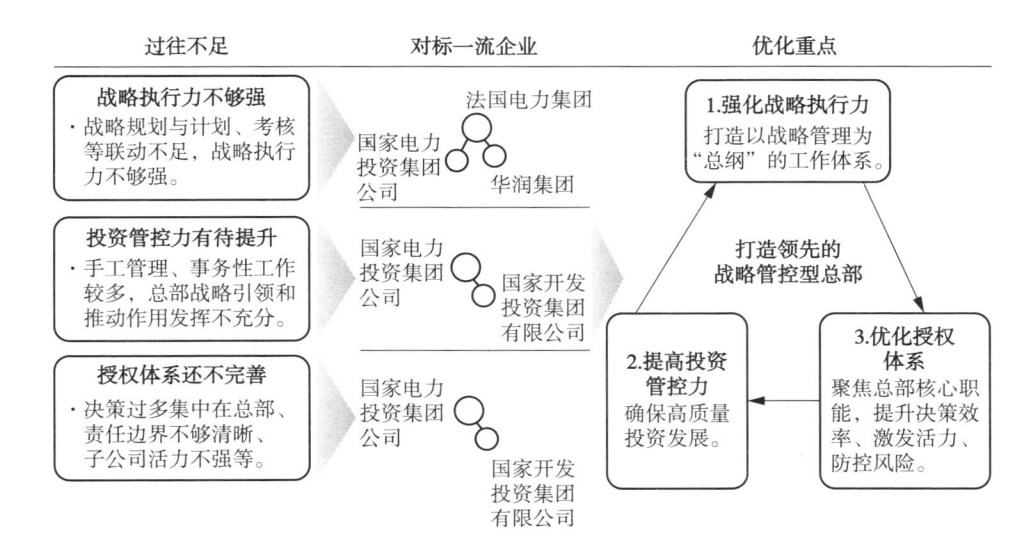

过往不足	对标一流企业	优化重点
战略执行力不够强 ·战略规划与计划、考核等联动不足,战略执行力不够强。	国家电力投资集团公司 — 法国电力集团 华润集团	**1.强化战略执行力** 打造以战略管理为"总纲"的工作体系。
投资管控力有待提升 ·手工管理、事务性工作较多,总部战略引领和推动作用发挥不充分。	国家电力投资集团公司 — 国家开发投资集团有限公司	**打造领先的战略管控型总部**
授权体系还不完善 ·决策过多集中在总部、责任边界不够清晰、子公司活力不强等。	国家电力投资集团公司 — 国家开发投资集团有限公司	**2.提高投资管控力** 确保高质量投资发展。 **3.优化授权体系** 聚焦总部核心职能,提升决策效率、激发活力、防控风险。

图 3-17-8　京能集团对标世界一流推动企业价值创造

随着集团公司"1+6+N"对标提升工作的基本完成,为了形成管理闭环,从"重学习、促开展、树理念"的角度出发,集团对所属企业对标提升的进展、质量进行整体全面的评估,总结工作成效、识别薄弱环节,并为下一阶段工作明确重点和方向。通过闭环评估,企业明确了下一阶段对标一流价值创造行动的方向和重点,并在此基础上完善了集团对标管理办法。2023年至今,在全面诊断、外部调研及充分讨论的基础上,企业制定了《北京能源集团有限责任公司对标世界一流企业价值创造行动实施方案》,坚持探索建设世界一流企业的实现方式和路径,形成以战略层面导入为引领、以对标管理提升为重点、以示范标杆创建为抓手、以深化国有企业改革为依托、以完善推进机制为保障的做法。具体落实了七大工作任务并制订了分阶段实施计划。

其中一项核心任务,即本次价值创造行动的核心就是开发"京能集团价值创造对标信息化平台",融合先进的信息技术,实现对标过程信息化、对标效果数字化、价值创造具象化。

京能集团精心组织价值创造工作,为对标世界一流价值创造行动的开展,明确具体工作计划和实施安排。同时,京能集团优化完善创建工作机制,为对标世界一流价值创造行动的开展提供坚强保障(图3-17-9)。

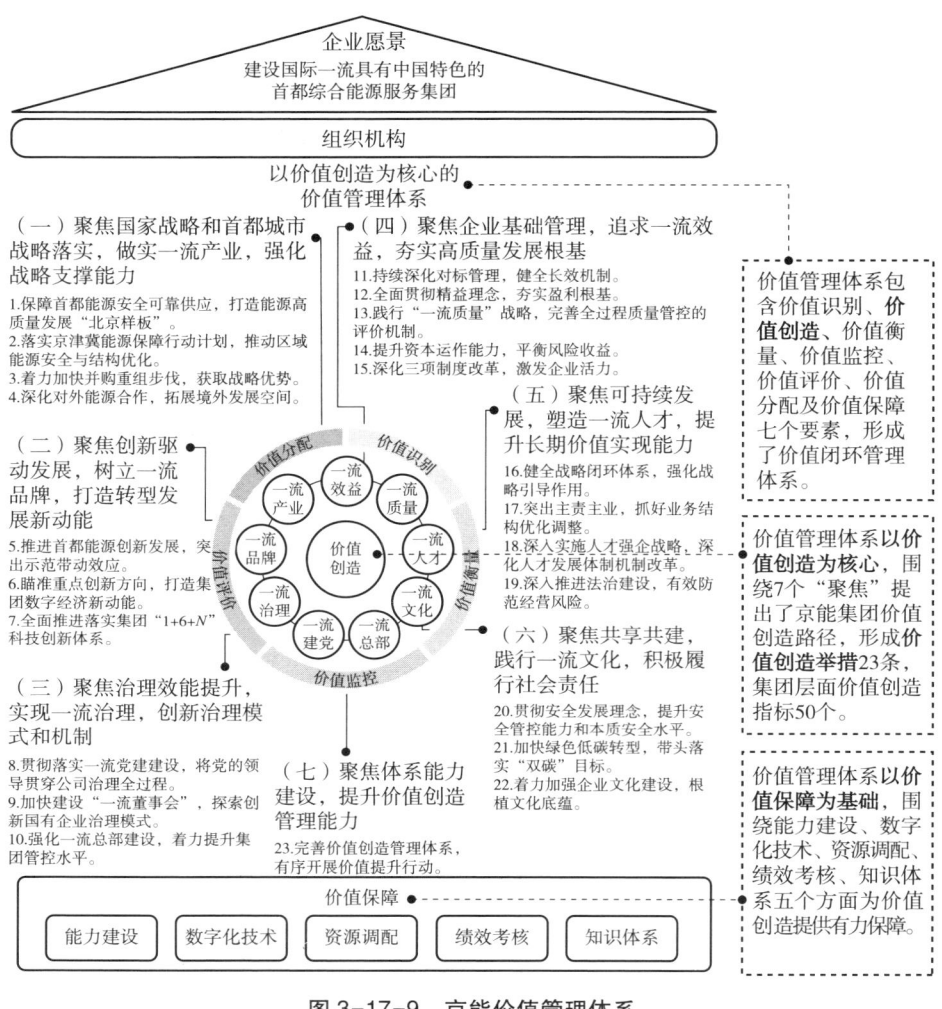

图 3-17-9 京能价值管理体系

（一）聚焦国家战略和首都城市战略落实，做实一流产业，强化战略支撑能力
1. 保障首都能源安全可靠供应，打造能源高质量发展"北京样板"。
2. 落实京津冀能源保障行动计划，推动区域能源安全与结构优化。
3. 着力加快并购重组步伐，获取战略优势。
4. 深化对外能源合作，拓展境外发展空间。

（二）聚焦创新驱动发展，树立一流品牌，打造转型发展新动能
5. 推进首都能源创新发展，突出示范带动效应。
6. 瞄准重点创新方向，打造集团数字经济新动能。
7. 全面推进落实集团"1+6+N"科技创新体系。

（三）聚焦治理效能提升，实现一流治理，创新治理模式和机制
8. 贯彻落实"三重一大"党建建设，将党的领导贯穿公司治理全过程。
9. 加快建设"一流董事会"，探索创新国有企业治理模式。
10. 强化一流总部建设，着力提升集团管控水平。

（四）聚焦企业基础管理，追求一流效益，夯实高质量发展根基
11. 持续深化对标管理，健全长效机制。
12. 全面贯彻精益理念，夯实盈利根基。
13. 践行"一流质量"战略，完善全过程质量管控的评价机制。
14. 提升资本运作能力，平衡风险收益。
15. 深化三项制度改革，激发企业活力。

（五）聚焦可持续发展，塑造一流人才，提升长期价值实现能力
16. 健全战略闭环体系，强化战略引导作用。
17. 突出主责主业，抓好业务结构优化调整。
18. 深入实施人才强企战略，深化人才发展体制机制改革。
19. 深入推进法治建设，有效防范经营风险。

（六）聚焦共享共建，践行一流文化，积极履行社会责任
20. 贯彻安全发展理念，提升安全管控能力和本质安全水平。
21. 加快绿色低碳转型，带头落实"双碳"目标。
22. 着力加强企业文化建设，根植文化底蕴。

（七）聚焦体系能力建设，提升价值创造管理能力
23. 完善价值创造管理体系，有序开展价值提升行动。

价值管理体系包含价值识别、**价值创造**、价值衡量、价值监控、价值评价、价值分配及价值保障七个要素，形成了价值闭环管理体系。

价值管理体系**以价值创造为核心**，围绕7个"聚焦"提出了京能集团价值创造路径，形成**价值创造举措**23条，集团层面价值创造指标50个。

价值管理体系**以价值保障为基础**，围绕能力建设、数字化技术、资源调配、绩效考核、知识体系五个方面为价值创造提供有力保障。

1. 明确责任机制和分工

京能集团成立以董事长、总经理"双组长"制的价值创造行动领导小组，负责审定集团价值创造行动实施方案和任务清单，负责价值创造行动的组织领导和整体推进，统筹协调推进工作中的重大问题。领导小组办公室设在战略发展部，负责落实价值创造行动领导小组的工作要求。所属各单位成立由本单位主要负责人担任组长的专项工作组，负责本单位价值创造工作，并加强专项工作人员团队建设和资源投入，全面落实价值创造行动评价、考核等工作。

2. 明确对标对象和指标

选准对标对象，开展集团与国际、国内同类能源企业对标、战略对标，跟踪国内外行业动态。收集行业和上市公司数据，发布对标指标标杆值及参考值，指导集团各单位选择国际、行业、区域的同类企业进行细分产业的全面精准对标。集团层面对标五大发电集团中的国家电力投资集团公司，产业层面对标芬兰富腾公司、法国电力公司、国家电网有限公司、北控水务集团有限公司、太原市热力集团有限责任公司、华电国际电力股份有限公司、华能国际电力股份有限公司、大唐国际发电股份有限公司、国电电力发展股份有限公司、上海电力股份有限公司、内蒙古蒙电华能热电股份有限公司、中国三峡新能源（集团）股份有限公司、中国大唐集团新能源股份有限公司、龙源电力集团股份有限公司等；精选对标指标，强化价值创造，深化集团公司对标指标体系，统筹选择对标指标，聚焦创新效能、治理高效、资本运作、运营效率、规模增长、盈利能力、品牌与影响力七大价值驱动要素，围绕50项核心价值指标开展对标分析，突出效率提升、成本控制，聚焦净资产收益率、利润总额、资产负债率、研发经费投入强度、全员劳动生产率等，并在此基础上开发京能集团自主知识产权的价值创造对标信息化平台，赋能对标工作向纵深领域发展；开展对标诊断，补短板、强弱项，明确改进目标、工作举措、完成时间，切实提高效益、效率核心价值指标，支撑集团可持续、高质量发展。

3. 完善对标制度和流程

集团层面率先完善对标世界一流价值创造行动工作制度，将《北京能源集团有限责任公司对标提升管理办法》升级为《北京能源集团有限责任公司对标一流价值创造管理办法》，完善对标管理组织与职责，细化价值识别、价值衡量、价值监测、对标诊断、对标评价、对标改善、对标管理控制、考核评价等操作流程，深度整合对标管理与价值管理体系，实现对标一流价值创造工作常态化开展。

4. 完善对标督导和评价

以对标一流价值创造行动方案的完整性、对标一流价值创造行动的执行情况、对标一流价值创造行动的效果实现为重点，组织开展对标一流价值创造行动有效性检查，集团各企业先行开展全面自查，集团公司再根据工作开展情况进行重点评价。

5. 落实对标考核与监督

将价值创造行动落实情况及重点目标任务纳入集团总部各部门、所管各企业经营业绩考核范围，对各企业按年度实际进度和改进绩效开展评先选优，确保价值创造行动扎实有效，京能集团价值创造能力和水平持续提升。

6. 推广标杆示范和宣传

在集团内部深入挖掘先进典型，结合实际，在所属企业、不同业务板块、不同层级打造一批价值创造标杆，并注重总结提炼其中优秀的经验做法，采取多种形式总结推广，充分发挥优秀实践的示范引领效应，在价值创造行动中形成"比学赶帮超"的浓厚氛围。加强宣传引导，综合运用各种媒介，借助国内外交流合作平台，多维度、多视角、多层面扩大宣传，塑造良好的社会形象，讲好京能集团的价值创造故事。

第十八章 建设世界一流企业路径建议

一、针对监管机构、行业协会等主管部门的路径建议

采用循序渐进、逐级提升的方式方法,寻找提升企业全球竞争力的突破口。

(1)以对标管理作为建设世界一流企业的实施手段。引导企业从自身实际出发,分层分类实施对标一流企业的工作,按照"业内一流—国内一流—世界一流"的工作顺序,分别以标杆企业为标准开展对标工作,找差距、定措施、补短板,赶超标杆企业,加快促进我国企业跻身世界一流企业行列。

(2)以能力建设作为建设世界一流企业的落地载体。通过对标改进,提升企业协同运营能力、资源配置能力、自主创新能力、风险管控能力、国际化经营能力等,提升我国企业整体的全球竞争力。

(3)以全员参与作为建设世界一流企业的实现路径。牢固树立"争创世界一流"的理念,动员企业各级干部、员工积极参与,培养主人翁意识,注重激发自下而上、自动自发的工作活力。

主管部门推进世界一流企业建设的工作重点有以下内容。

(一)建立完善的行业/领域世界一流企业评价体系

以对标评价为先导,深入开展对标世界一流企业研究,构建完善世界一流企业评价体系,分析短板差距,明确建设目标、建设标准和重点任务。

在本书初步建立的世界一流企业能力要素框架和参考指标基础上,探索建立综合评价指南与技术标准,推动企业加快迈向一流企业的步伐,并把好的"中国故事"向全球推广,促进领军企业加快"走出去"的进程,强化全球影响力。通过企业年度遴选,分层分类推进建设世界一流企业工作。

(二)开展重点企业的调研和对标试点工作

配合上述世界一流企业评价体系的制定和完善,选取重点企业进行调研,研究我国企业与国际领先企业的差距,推动企业开展对标评价试点工作。总

结积累典型经验和典型案例，结合企业的实际数据和发展情况，验证指标体系的适当性，为进一步制定、完善世界一流企业评价体系奠定基础。

（三）组织"示范企业"遴选、优秀企业家评选

根据世界一流企业要素框架和参考指标，采取分层分类有梯度的推进策略，统筹组织年度遴选"世界一流示范企业""国内一流示范企业"与"专精特新全国示范培育企业"（"三类示范"）的活动。

"世界一流示范企业"，是指已具备世界一流企业的重要基础，但规模及综合实力与世界一流企业仍有一定差距的企业，目标是成为世界500强或者综合实力世界一流的企业；"国内一流示范企业"，是指已经具备国内一流企业的重要基础，但规模及综合实力与世界一流企业仍有一定差距的企业，目标是成为中国500强或者行业综合实力国内一流的企业；"专精特新全国示范培育企业"，是客观条件难以达到世界一流企业标准（尤其在细分行业整体规模上），但产品突出、创新驱动、管理精益、特色明显的一批科技型、创新型企业，目标是成为"国家级专精特新'小巨人'企业"及国务院国资委"全国专精特新示范企业"，或者行业的"独角兽"。

（四）建立行业领军企业定期交流机制

促进一流企业交流价值创造经验，对标一流、建设一流经验。统筹整合世界一流企业对标数据与最佳实践。整合系统内外研究机构、高端智库及参与行业评价对标企业的对标数据库、国内外最佳实践案例，深化对世界一流行业企业未来趋势的研究，提高企业分散对标研究的效率，围绕整个行业价值提升目标，制定行业整体促进策略。

（五）组织培训与调研学习

组织开展培训与国内外一流企业现场学习调研，就关键补差开展"建设一流企业管理提升"实验室，帮助关键培养企业促进外部典型经验交流与内部关键举措，统一认知、创新发展。

二、针对企业的有关路径建议

（一）积极参与主管部门组织的调研、对标试点和参选"示范企业"工作

配合主管部门进行调研及对标试点工作，积极参加"示范企业"遴选。

不断强化精准对标，科学识别集团价值创造重要领域关键环节的关键要素，找准短板弱项，明确改进目标、提升举措、完成时间，切实提高效益、效率核心价值指标，支撑企业可持续、高质量发展。

（二）建立对标组织体系

成立由主要领导牵头、专职部门负责的世界一流对标实施工作小组，完善对标工作机制，在公司上下统筹推进对标世界一流企业工作，持续优化执行机制，提升管理水平，切实提升价值创造能力。企业可考虑与第三方中介机构持续合作，持续获取对标数据与信息，客观对标与诊断，因地制宜，找到解决之道，全方位推动企业提升全球竞争力。

（三）根据"行业通用指标体系"开展对标诊断，明确企业发展差距与短板

根据世界一流企业要素框架与参考指标进行行业标杆分析，深入理解细分行业国际领先企业的一流特征，分析价值驱动要素，建立符合企业自身特色的要素框架和指标体系，明确建设世界一流企业分阶段目标，并对相关指标选取标杆参照值，收集内部数据进行对标测算，诊断企业发展差距与内部短板及瓶颈。

（四）根据差距分析，明确重点提升方案

对照差距清单，逐项明确任务，统筹规划对标提升主题与目标，针对具体领域的提升目标，建立科学的对标企业筛选办法，优选对标对象，并建议同业对标兼顾异业对标。根据核心要素一流标准与指标分析结果，结合内部诊断、第三方评估，选择重点、短板、瓶颈领域，建立专案项目管理 PMO 机制，明确综合行动目标，分解重点任务措施至具体行动任务。

（五）推进变革，落实整改

根据重点提升方案，落实具体改进措施，并明确相应的时间表和责任人，以确保改进计划的顺利实施。抓实找问题、找短板及整改完成的各个环节，紧扣问题导向、目标导向、结果导向，对整改成效进行复盘评审，切实提高企业的竞争力。

（六）总结对标经验，形成常态化对标

强化日常监督检查和动态评估评价，及时查找不足、纠偏补漏。完善评价体系，及时总结成功经验和案例。

建议在企业的经营分析和管理报告系统中增加对标指标分析和对标差异分析等环节，推动对标管理与企业生产经营的有机融合。具体而言，企业可以建立或完善自身的"管理报告"系统，把业务和财务指标分析打通，同时在"业财指标"中增加对标指标或者增量指标的"标杆值"，实现基于"对标一流"的业财分析体系。

完善保障体系，落实价值创造的资源配置与激励机制，强化激励约束，综合运用多种手段，有效调动全员参与价值创造的积极性和主动性。

参 考 文 献

［1］阿里云，德勤中国．数智化转型升级的企业组织变革白皮书［EB/OL］．2021-12-16. https：//summit. aliyun. com/2021/material.

［2］班娟娟，王文博，陈灏，等．踔厉奋发启新程——新时代企业迈向高质量发展综述［J］．经济参考报，2022.

［3］陈立彤．合规师光有考试是不够的：专访戴姆勒大中华区合规官刘剑［EB/OL］．2022-01-27. https：//www. sohu. com/a/519476194_121123736.

［4］德勤中国．在中国提供卓越的客户体验建立客户忠诚度的必要因素［EB/OL］．2014-11-05. http：//www. linkshop. com/news/2014308678. shtml.

［5］德勤中国．以"人"为本深化改革从国企改革新一轮十项试点看国企人才体系转型［EB/OL］．2016-08-02. https：//www. waitang. com/report/10642. html.

［6］德勤中国．品牌弹性［EB/OL］．2017-08-06. https：//news. jstv. com/a/20170806/1501978934472. shtml.

［7］德勤中国．RPA、人工智能与财务数字化报告［EB/OL］2018-03-09. https：//www. 163. com/dy/article/DCFUDJ5O0519APOB. html.

［8］德勤中国．科"创"未来，价"值"千金；德勤中国构建企业科创价值评估体系［EB/OL］．2020-10-01. https：//www. doc88. com/p-90959252390003. html.

［9］德勤中国．国企数字化转型全面提质增效［EB/OL］．2020-09-02. https：//www2. deloitte. com/cn/zh/pages/soe/articles/soe-digital-transformation-2. html.

［10］德勤中国．"固·合·术"：探寻供应链风险管理新模式［EB/OL］．2020-03-09. https：//www. docin. com/p-2324231333. html.

［11］德勤中国．国企改革三年行动背景下国有资本投资公司、运营公司改革的思考和实践［EB/OL］．2021-11-26. https：//www2. deloitte. com/cn/zh/pages/operations/articles/soe-transformation-whitepaper-series. html.

［12］德勤中国．助力国企发展：变局下的城投，何去何从［EB/OL］.

2021-10-17. https：//www.chnmc.com/wisdom/Insights/2021-10-17/16733.html.

[13] 德勤中国．新阶段、新理念、新格局——中共十九届五中全会及十四五规划建议再思考[EB/OL]．2021-03-03. http：//finance.sina.com.cn/tech/2021-03-03/doc-ikftpnnz0854763.shtml.

[14] 德勤中国．中国企业全球化中的不确定与确定[EB/OL]．2022-11-07. https：//accesspath.com/report/5793143/.

[15] 德勤中国．2022年中国首席财务官调查报告[EB/OL]．2022-05-10. https：//www.chnmc.com/wisdom/Insights/2022-05-10/17525.html.

[16] 德勤中国．后疫情时代物流应对之策[EB/OL]．2022-08-18. https：//www.renrendoc.com/paper/217803540.html.

[17] 德勤中国．计划管理数字化转型实施指南——提升转型成功率的经验教训和致胜五招[EB/OL]．2022-06-29. https：//www.sgpjbg.com/baogao/80383.html.

[18] 德勤中国．国内车企采购数字化转型实践探索[EB/OL]．2022-11-10. https：//www.sohu.com/a/604437893_121135611.

[19] 德勤中国．发力提升订单到交付（OTD）能力，迎接制造业后疫情时代的挑战[EB/OL]．2022-07-26. https：//baijiahao.baidu.com/s?id=1739405940735537381&wfr=spider&for=pc.

[20] 德勤中国．快消行业供应链转型思考与实践[EB/OL]．2023-04-17. https：//www2.deloitte.com/cn/zh/pages/operations/articles/fmcg-supply-chain-transformation.html.

[21] 德勤中国．2023年全球人力资本趋势[EB/OL]．2023-02-20. https：//www2.deloitte.com/cn/zh/pages/human-capital/articles/global-human-capital-trends-2023.html.

[22] 德勤中国．全球化人才布局[EB/OL]．2023-07-27. https：//www2.deloitte.com/cn/zh/pages/tax/articles/accessing-global-talent.html.

[23] 德勤中国．新形势下国有企业国际化经营重点问题研究[EB/OL]．2023-11-07. https：//finance.sina.com.cn/wm/2023-11-07/doc-imztvaun6281955.shtml.

[24] 德勤中国．高科技集团企业跨组织协同的全域流程整合思考与实践[EB/OL]．2023-05-11. https：//finance.sina.com.cn/wm/2023-05-11/doc-imytmfyw7431887.shtml.

［25］德勤中国．第一财经．中国企业全球化新纪元白皮书［EB/OL］．2023-09-04. http：//rss. jingjiribao. cn/static/detail. jsp？id=477167.

［26］德勤中国．哈佛商业评论(中文版)：第五届中国卓越管理公司项目白皮书［EB/OL］．2023-07-17. https：//baijiahao. baidu. com/s？id=1771651732508443229&wfr=spider&for=pc.

［27］德勤中国．羚羊数智服务公司、阿里研究院：DAAS 数字化新世代的最优解［EB/OL］．2022-11-09. https：//www. lydaas. com/articles/detail？id=1037.

［28］丁小溪，范思翔．聚天下英才而用之——党的十八大以来我国人才事业创新发展综述［EB/OL］．2021-09-28. https：//baijiahao. baidu. com/s？id=1712103672368673422&wfr=spider&for=pc.

［29］郭倩．中国移动：深耕数智生产方式变革助力数字经济发展［N］．经济参考报，2021-11-08.

［30］德勤中国．国企改革三年行动方案(2020—2022 年)［EB/OL］．2020-06-30. http：//www. sasac. gov. cn/n2588020/n2877938/n2879597/n2879599/c27111973/content. html？eqid=f9d1db3b0024dcdd0000000464317a4e.

［31］国务院国资委党委．深入实施国有企业改革深化提升行动［J］．求是，2023(19)：42-46.

［32］西蒙．隐形冠军 2.0［M］．邓地，译．北京：经济日报出版社，2005.

［33］郝鹏．弘扬企业家精神，加快建设世界一流企业［J］．中国产经，2021(1)：76-81.

［34］华润集团．2022 年可持续发展报告［EB/OL］．2023-07-18. https：//www. sohu. com/a/701511467_121118719.

［35］黄宗彦．超三成上市金融企业 ESG 评级 A 环境与社会维度呈现两极分化［N］．每日经济新闻，2023-08-29.

［36］柯林斯，拉齐尔．卓越基因［M］．陈劲，姜智勇，译．北京：中信出版社，2022.

［37］刘俏：中国为什么比以往更需要伟大企业［EB/OL］．2017-06-16. https：//www. sohu. com/a/149421279_787001.

［38］李政．激发和保护企业家精神　促进国企国资高质量发展［J］．支部建设，2019(8)：11-14.

［39］刘铮筝．赢在工业数字化转型，西门子做对了什么［J］．哈佛商业评

论(中文版)，2020(7).

[40] 刘铮铮．海尔、GE 与人单合一：企业的选择与命运[J]．哈佛商业评论(中文版)，2022(9).

[41] 临江，从文，晓瑗，等．奋楫新时代，中国移动勇做网络强国、数字中国、智慧社会主力军[N]．人民邮电，2022-09-26(2).

[42] 宁高宁．五步组合论[M]．北京：企业管理出版社，2023.

[43] 深圳国家高技术产业创新中心．2020 深圳市集成电路产业发展白皮书[EB/OL]．2021-03-24．http：//fgw.sz.gov.cn/hiic/zlzx/zyztyj/cydj/content/post_8538532.html.

[44] 深圳市发展和改革委员会．深圳市培育发展半导体与集成电路产业集群行动计划(2022—2025 年[EB/OL]．2022-06-06．http：//www.chuangze.cn/third_1.asp？txtid=5628.

[45] 佟伟．原生数字化从精益工厂到透明工厂：西门子全球首座原生数字化工厂在南京正式投运[J]．智慧工厂，2022(5)：9.

[46] 王晶晶．中小企业数字化转型走深向实的四个妙招[N]．中国经济时报，2022-11-21.

[47] 习近平．深入实施新时代人才强国战略加快建设世界重要人才中心和创新高地[J]．求是，2021(24)：4-15.

[48] 习近平．不断做强做优做大我国数字经济[J]．求是，2022(2)：4-8.

[49] 夏国成．传统大型企业数字化转型的困境分析及成功路径[J]．中国管理信息化，2022，25(21)：94-97.

[50] 西门子．西门子中国领导力白皮书：百年造英才，领航向未来迈入"动态多元"的领导力新篇章[EB/OL]．2022-07-18．https：//w2.siemens.com.cn/download/hr/Talents-and-Future-Leadership-whitepager_cn.pdf.

[51] 袁跃．叶军：百年壳牌的财务基因[J]．首席财务官，2011(10)：44-48.

[52] 易会满．努力建设中国特色现代资本市场[J]．求是，2022(8)：52-58.

[53] 杨鹏，刘如旭，方波．不能转、不敢转、不会转，企业如何自主推进解决数字化转型难题[N]．中国企业报，2023-02-14(8).

[54] 赵健．中国企业对标管理的九个方向[J]．哈佛商业评论(中文版)，

2014年．

[55] 张书文，黄磊，赵前，等．企业开放式研发创新初探及对中国油气企业的启示：壳牌、华为和洛克汽车的研发体系建设［J］．国际石油经济，2020，28（3）：70-77．

[56] 中国社会科学院，中国市场学会品牌管理专业委员．中国企业品牌竞争力指数（CBI）［EB/OL］．2011-06-08. https：//ishare.iask.com/f/2mPEiHoNFzT.html.

[57] 中国银行研究院．2022年经济金融展望报告［N］．金融时报，2021-11-30．

[58] 中国人民银行．2022年金融市场运行情况［EB/OL］，2023-01-20. http：//www.pbc.gov.cn/jinrongshichangsi/147160/147171/147173/index.html.

[59] 中诚信绿金科技（北京）有限公司．2022年度中国上市公司ESG信息披露分析报告［EB/OL］．2022-08-31. https：//mp.weixin.qq.com/s?__biz=MzIyNzgyNTYxOA==&mid=2247498239&idx=4&sn=d2b61fd2c6a91b6115ed54bb29de6ac7&chksm=e859fb42df2e7254d37059b25a46032edd0798032d685e1389d2f5567cc468f636caa71df31a&scene=27.

[60] 中国平安．中国平安2022年度可持续发展报告［EB/OL］．2023-03-16. https：//stock.stockstar.com/SN2023031500033512.shtml.

[61] 中国神华．2022年环境、社会责任和公司治理报告［EB/OL］．2023-03-27. http：//www.shenhuachina.com/zgshww/shzrbg/202303/338c4e66b1ae49a59d8134a270ca8a14.shtml.

[62] 中国神华．中国神华2022年度报告［EB/OL］．2023-8-25. https：//doc.mbalib.com/view/84f492af658cee846e7c08c195576e01.html.

[63] 中国移动．网格数智化转型白皮书［EB/OL］．2022-12-12. https：//baijiahao.baidu.com/s?id=1752005676722772905&wfr=spider&for=pc.

[64] 中国移动通信集团有限公司．中国移动：聚焦主责主业加强能力布局优化与结构调整［EB/OL］．2022-08-15. http：//www.10086.cn/aboutus/news/groupnews/index_detail_42884.html.

[65] 中国移动通信集团有限公司．中国移动：引领产业创新勇担时代使命加快构建世界一流信息服务科技创新公司［EB/OL］．2022-11-22. http：//www.sasac.gov.cn/n4470048/n22624391/n26505260/n26505265/c26553501/content.html.

［66］中国移动通信集团有限公司．中国移动发挥大数据价值赋能千行百业［EB/OL］．2023-02-23．https：//baijiahao．baidu．com/s？id＝1758621590733399226&wfr＝spider&for＝pc．

［67］中国科学技术发展战略研究院．国家创新指数报告2022—2023［M］．北京：科学技术文献出版社，2023．

［68］Brand Finance. The annual report on the world's most valuable and strongest brands［EB/OL］. 2023-01. https：//brandirectory．com/rankings/global/．

［69］C. K. Prahalad，Gary Hamel. The Core Competence of the Corporation［EB/J］. Harvard Business Review，1990（5-6）. https：//openurl．ebsco．com/xth%3A9006181434/detailv2？sid＝Primo&volume＝68&date＝19900501&spage＝79&issn＝0017-8012&issue＝3&genre＝article&title＝Harvard%20business%20review．

［70］COSO. Enterprise Risk Management（ERM）Framework［EB/OL］. 2018-05-15. https：//www．chinacoop．gov．cn/UploadFiles/Article/2018/5/201805151041303841．pdf．

［71］Daimler AG. Daimler AG Operational Technology，Environment，Compliance Operations Project［EB/OL］. 2020-09-14. https：//www．justice．gov/enrd/consent-decree/file/1316471/dl．

［72］Daimler AG. 2022 Annual Report［EB/OL］. 2023-05-24. https：//www．daimlertruck．com/fileadmin/user_upload/documents/investors/reports/annual-reports/2022/daimer-truck-holding-ag-annual-financial-statements-entity-2022．pdf

［73］Daimler AG. 2022 Sustainability Report［EB/OL］. 2023-01-20. https：//www．daimlertruck．com/fileadmin/user_upload/documents/investors/reports/annual-reports/2023/daimler-truck-ir-annual-report-2023-incl-combined-management-report-dth-ag．pdf．

［74］Gartner Group. Top 5 Priorities for HR Leaders in 2023［EB/OL］. 2022-10-04. https：//www．gartner．com/en/articles/what-will-hr-focus-on-in-2023？src_trk＝em65efb63725ab06．327599901377445564．

［75］OECD. G20/OECD Principles of Corporate Governance［EB/OL］，2023-09-11. https：//www．oecd．org/publications/g20-oecd-principles-of-corporate-governance-2023-ed750b30-en．htm．

［76］Schneider Electric Global. 2022 Annual Report［EB/OL］. 2023-03-

28. https：//flipbook. se. com/ww/en/998-22385455/2023/#page/1.

［77］Schneider Electric Global. 2022 Sustainable Development Report［EB/OL］. 2023-03-28. https：//www. se. com/ww/en/assets/564/document/396659/2022-sustainability-report. pdf.

［78］Stephanie Jensen. How Does the Amazon Supply Chain Work？AMZ Advisers. 2024-01-25. https：//amzadvisers. com/amazon-supply-chain-works/.

［79］Temasek. Temasek Review 2023［EB/OL］. 2023-07. https：//www. temasek. com. sg/content/dam/temasek-corporate/our-financials/investor-library/annual-review/en-tr-thumbnail-and-pdf/Temasek-Review-2023-Highlights. pdf.

［80］World Brand Lab. The World's 500 Most Influential Brands［EB/OL］. 2022-12-15. https：//brand. icxo. com/？news_27/1287. html.

后 记

当翻阅完这本沉甸甸的著作，看到这篇后记时，我相信读者一定经历了一段愉快及有收获的学习体验，并发现这是一本在工作中用得到的、值得推荐的好书。与各位读者一样，我也喜欢这本由德勤合伙人发扬合伙精神、精诚合作、贡献专业智慧而形成的作品。

《建设世界一流企业——全球竞争力进化之道》这部著作的第一版《对标世界一流——做优做强，管理提升之路》和第二版《对标具有全球竞争力的世界一流企业——国际前瞻视野，领航管理创新》，分别出版于2013年和2019年，得到了国资国企主管机构、企业界和专业服务机构同行的认可和好评，成为国资国企改革中被广泛阅读、使用和推荐的参考书。转眼间，第二版出版也已有近五年了。在这五年时间里，《财富》世界500强的上榜中国企业数量从2019年的129家，增加到2023年的142家，连续5年位居世界第一位。中国企业的平均规模持续扩大，治理能力和管理水平持续上升，而国有企业改革发展的政策环境和目标定位也随着调整和改变。5年间，我们从抱着谦虚学习心态的"对标世界一流"，前进到更加自信的"加快建设世界一流"。我们应当为已经取得的成就而感到自豪。

虚心使人进步，骄傲使人落后。我们应当清醒地认识到，虽然有少数中国大型企业已经达到实至名归的世界一流水平，但更多的中国大型企业，只是在规模上进入了世界前列，而在品牌价值、创新能力、管理水平、经营效率、业绩指标、资本市场估值等诸多方面，并没有达到公认的世界一流水准。对于中国企业，"建设世界一流企业"仍然是一个进行时，而不是完成时。真正伟大的中国企业，仍然在孕育之中。我们需要始终保持谦虚谨慎的心态，清醒地认识到存在的不足和差距，持续地学习企业治理、经营和管理领域的国际先进实践经验。

作为一家立足本土、连接全球的专业服务机构，德勤中国始终坚持专业报国的使命和责任，致力于以"审计+咨询"双轮驱动的多元专业服务模式，

后　记

帮助客户解决复杂商业问题和专业问题，提升客户企业的价值创造能力和可持续发展能力。在建设世界一流企业的道路上，德勤中国要做中国企业的好参谋、好助手、好伙伴。

本书凝聚了近 20 位德勤中国合伙人的心血和智慧，具有以下闪光点：第一，为建设世界一流的中国企业，贡献了德勤全球的方法论和路线图。建设世界一流企业是一个复杂的系统工程，我们搭建了世界一流企业核心能力要素框架，揭示了不同要素之间的逻辑关系，有利于中国企业制定建设世界一流企业的整体规划，明确工作重点和抓手。第二，具有操作性强和实用性高的特征。针对每一个核心能力要素，我们都提供了目标特征、先进实践、操作模型、实施案例和评标指标，反映了我们在服务客户的第一线积累的实践经验。第三，本书各章的作者，均是专精于特定领域的实务专家，他们对于客户的需求和实务的痛点、难点有着深刻的理解，能够为读者提供独到的洞察和解决问题的诀窍。

读者的满意，是我们出版这部著作的根本目的。我们希望这本兼具实用性和前瞻性的著作，放在读者案头，能管用、好用，有助于企业改革发展政策的制定，有助于企业持续提升经营管理水平、不断走向卓越，有助于同行提升专业服务的质量和价值。

我们期待，未来五年不仅有更多的中国企业进入《财富》世界 500 强的行列，也有更多中国企业成为国际公认的一流企业和伟大企业。

吴卫军
德勤中国副主席
2024 年 1 月